KB274156

김정일 이후, 북한은 어디로 가는가
전쟁과 평화

전쟁과 평화

김정일 이후, 북한은 어디로 가는가

저자_ 장성민
1판 1쇄 인쇄_ 2009. 1. 16.
1판 4쇄 발행_ 2011. 12. 27.

발행처_ 김영사
발행인_ 박은주

등록번호_ 제406-2003-036호
등록일자_ 1979. 5. 17.

경기도 파주시 교하읍 문발리 출판단지 515-1 우편번호 413-756
마케팅부 031)955-3100, 편집부 031)955-3250, 팩시밀리 031)955-3111

값은 표지에 있습니다.
ISBN 978-89-349-3300-7 03340

독자의견 전화_ 031)955-3200
홈페이지_ http://www.gimmyoung.com
이메일_ bestbook@gimmyoung.com

좋은 독자가 좋은 책을 만듭니다.
김영사는 독자 여러분의 의견에 항상 귀 기울이고 있습니다.

김정일 이후, 북한은 어디로 가는가

전쟁과 평화

장성민 지음

김영사

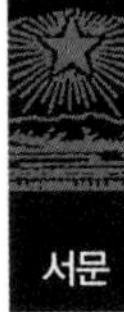

전쟁과 평화의 기로에 선 한반도

한반도가 지금과 같은 불안정하고 불확실한 상황을 벗어나 영구적으로 안정되고 평화로운 지역이 될 수 있을까. 지금 한반도를 뒤흔들고 있는 위기의 본질은 무엇인가. 이 책은 이같은 의문들을 해결하기 위한 치열한 사색과 모색의 결과이다.

- 김정일이 이후 북한의 통치자는 누가될까
- 북한은 핵을 포기할 것인가, 포기하지 않을 것인가
- 지난 20년 동안 미국의 대북한 핵외교는 왜 실패했을까
- 김정일은 왜 핵시설을 중국 국경 가까이에 설치했을까
- 김정일의 지하 벙커는 어디일까
- 자본주의 경제로 전환하지 않은 유일한 공산주의 국가 북한의 체제 유지 비밀은 무엇일까
- 김정일의 건강 악화 이후 당으로부터 권력을 넘겨받은 북한 군부는 어떻게 움직일까

- 북한 군부를 약화시키고 있는 치명적인 요인은 무엇인가
- 북한 군부는 왜 외부로부터 지원 받는 식량 원조에 불만이 많을까
- 북한은 왜 햇볕정책이란 말을 싫어할까
- 북한에서는 왜 쿠데타가 일어나지 않았는가
- 중국지도부는 왜 김정일의 후계승계를 반대했을까

북핵과 김정일 건강 이상설로 한반도는 다시 뜨거워지고 있다. 북한이 만든 핵무기가 중동의 알 카에다와 같은 테러주의자들, 이스라엘로부터 무차별 군사공격을 받고 보복심에 불타있는 팔레스타인의 하마스와 같은 집단으로 흘러 들어가 미국과 이스라엘에 반격을 가한다면, 전 세계가 어떤 충격과 재앙을 맞게 될 것인가. 또 북한 핵무기가 티베트, 신장 위구르, 체첸 지역의 분리주의자들의 수중으로 들어가서 중국과 러시아의 중앙정부를 공격할 경우 동북아시아와 유럽 일대에 어떤 불확실한 상황이 전개될 것인가. 지금 북한 핵문제에 대해 전 세계가 관심을 갖고 있는 이유는 바로 여기에 있다. 미국, 중국, 일본, 러시아가 북한 상공에 첩보위성을 띄워 북한 핵물질의 이동과 김정일의 동향을 24시간 관찰하고 있는 것도 이 때문이다. 즉, 북한 핵과 김정일의 리더십이 자국의 안보에 치명적인 타격이나 파멸적인 위험을 초래할지도 모른다는 불안감이 커지고 있는 것이다. 미국, 중국, 일본, 러시아는 김정일이 뇌졸중으로 쓰러진 이후부터 초미의 관심을 갖고 북한상황을 지켜보고 있다.

특히 미국과 중국은 과연 누가 김정일의 후계자가 될 것인지, 그리고 그 후계권을 놓고 북한 내부의 치열한 권력투쟁이 어떻게 진행될지 촉각을 곤두세우고 있다. 미국과 중국은 한편으로는 북한에 군

부쿠데타가 발생하여 핵통제권이 통제 불능 상태에 빠질 가능성도 매우 우려하고 있다. 핵무기가 북한 밖으로 유출되거나 호전적인 군부집단에게 유입되어 한반도와 동북아 평화안보에 치명적인 위협을 야기할지 모른다는 불안감이다.

미국은 지난 20여 년 동안 북한 핵문제 해결을 위한 외교적 노력을 기울여 왔다. 그러나 미국의 대북한 핵외교는 실패했다. 미국은 북한 핵문제 해결에 대한 외교적 접근의 한계를 느낄 때마다, 북한 핵시설에 대한 군사적 선제공격의 유혹을 떨치지 못했다. 1994년에는 영변 핵시설에 구체적인 폭격 계획도 세웠고, 이라크와의 전쟁으로 사담 후세인 정권을 붕괴시킨 이후에는 다음 공격목표로 북한의 김정일을 거론하기도 했다. 이러한 사실이 언론을 통해 알려지자, 김정일은 약 한 달 이상 잠적해 버렸다. 당시 김정일이 자신의 최후 은신처를 금강산에서 북·중 접경지역인 백두산 삼지연 쪽으로 옮겼다는 징후들이 나왔다. 김정일이 지하 벙커를 삼지연 쪽으로 옮긴 이유는 다분히 전략적인 판단이었다.

북·중 접경선이라는 민감한 지역에 위치해 있는 북한 핵시설들에 대해서 미국이 군사공격을 가할 경우, 과연 중국은 어떻게 대응할 것인가. 구체적인 상황에 따라 달라질 수 있겠지만, 미국이 북·중 국경지역의 북핵 시설에 대해서 군사적인 공격을 가하더라도 중국이 한국전쟁 때처럼 군사적으로 대응하지는 않을 것이다. 왜냐하면 북한의 핵무기는 이제 미국과 중국의 공동의 적이기 때문이다.

북한 핵개발이 그들의 의도대로 이루어질 경우, 가장 치명적인 위협을 받게 될 나라는 한국과 중국이다. 특히 중국의 동북3성 지역의 3억 2천만 인구는 하루아침에 북한 핵 위협 앞에 그대로 노출될 수

밖에 없게 된다. 중국은 북한과 여전히 〈조·중 우호협력 및 상호원
조조약〉을 맺고 있지만, 최근 중국이 북한의 핵실험으로 야기되는
제3국의 침략에는 군사적으로 개입하지 않겠다는 내용을 골자로 한
조약 개정안을 북한에 제시했다는 점, 그리고 북한이 2006년 7월과
10월에 미사일 시험발사와 핵실험을 했을 때에도 이를 사전에 중국
과 충분히 논의하지 않았다는 점에서 북·중간의 군사동맹은 사실
상 유명무실화된 것이나 다름없다. 이런 점에서 북·중 갈등은 점점
심화되어 가고 있다고 할 수 있다. 특히 중국을 견제하기 위해서 북
한이 핵협상을 구실로 북·미 관계정상화를 성급하게 시도하고 있
는 배경도 이 문제와 관련이 깊은 것으로 보인다.

　이 책은 김정일에 초첨을 맞추고 있다. 도대체 김정일은 어떤 인
물인가 하는 점이다. 그는 서방 언론에서 보도한 것처럼 '미친 통치
자'이거나 '미친 독재자'가 아니다. 김정일은 오히려 자신의 체제와
권력유지를 위해서는 매우 냉철하고 치밀한 전략가이다. 미국을 비
롯한 서방국가들이 '미친 행동'을 하는 김정일의 감추어진 의도를
정확히 읽어 내지 못하고 김정일의 행태를 그저 감정적으로만 평가
하고 있는 것이다. 김정일은 미국을 협상테이블로 끌어 들이기 위해
서 매우 치밀한 계획을 세워 진행해 왔다. 자신이 '미친 지도자'인
것처럼 행동하는 것은 철저한 외교행위인 것이다. 국제사회의 규범
과 관례를 깬 김정일의 엉뚱한 행위가 매우 빈틈없는 전략적 행동임
을 알아야 한다. 그래야 미국의 대북정책이 실패를 되풀이 하지 않
을 것이다. 김정일은 '벼랑 끝 전략'을 펼칠 때에도 미국과 한국, 그
리고 주변 국가들이 자신의 전략에 어떠한 반응과 행동을 보일 것인
지 모두 계산하고 행동에 들어간다. 구상했던 전략을 하나하나 단계

적으로 밟아 나가고 있는 것이다. 즉, 북한이 저지른 일련의 돌발행위는 예측할 수 없는 미친 행동이 아니라, 그 이면에 감춰진 북한의 의도를 파악하면 정확히 예측할 수 있는 것이다.

한편 김정일 혹은 김정일 체제와 관련하여, 북한 군부는 지금까지 김정일에 불만이 없는 것으로 알려져 왔으나 실제로는 다른 것으로 드러나고 있다. 북한 군부는 김정일이 외부로부터 식량 원조를 받고 있는 현실에 대해서도 불만이 많다. 왜 북한 군부는 외부로부터의 식량 원조를 싫어하는 것일까. 그리고 북한군을 약화시키는 치명적인 요인들은 무엇일까. 북한에서는 왜 군사 쿠테타가 일어나지 않으며, 북한체제는 붕괴하지 않는지도 하나하나 체계적으로 분석했다.

한반도는 지금 전쟁과 평화의 기로에 서 있다. 평화를 지켜내지 못하면 참혹한 전쟁의 혹한기를 맞을지도 모를 불안한 운명을 맞고 있다. 전쟁은 억지되고 있지만 평화는 정착되지 못했다. 그래서 한반도의 평화는 불완전한 평화이다. 이 평화를 어떻게 하면 완전한 영구평화로 만들 수 있을까 하는 것이 이 책을 쓰게 된 동기이다.

우리나라는 5천 년 역사 속에서 주변 강대국들로부터 수없이 많은 외침을 받아 왔다. 우리 역사는 강대국들의 속국, 조공국, 식민지였던 핍박과 통한의 역사였다. 정상적인 삶의 둥지를 틀어보지조차 못한 우리 민족에게, '조국'과 '국익'이란 말처럼 절대적인 호소력을 지닌 말이 또 있을까. 잠자는 우리 민족 혼을 흔들어 깨워 대한민국이 대한강국이 되고, 대한강국이 민주적 평화강국으로 발돋움해, 한반도가 유라시아 대륙과 태평양을 잇는 평화와 경제의 허브로 거듭났으면 하는 바람이 뇌리에서 떠나지 않았다. 우리의 미래 세대는 영구평화가 보장된 한반도를 물려받아야 하지 않을까.

　　최근 한반도의 불확실성이 전례없이 높아지고 있다. 북한의 핵문제를 평화적인 정치외교 수단으로 풀어내지 못하면 한반도는 또다시 지금의 평화 상태로부터 멀어질지도 모른다는 불안한 생각을 떨칠 수 없다. 그러나 정작 우리 국민들은 북한 핵문제가 얼마나 심각한 사안인지 과연 제대로 인식하고 있을까. 오히려 무감각한 진공상태에 빠져 있는 것은 아닌가. 북한의 통치자 김정일에 대한 우리 사회의 인식은 너무도 안일한 수준에 머물고 있다. 사실 우리는 한 국가의 지도자를 평가할 때 그 지도자가 가진 리더십의 본질을 보지 못하고, 사생활과 같은 지엽적인 문제에만 집착함으로써 북한의 현실을 보는 데 핵심을 놓치고 있다. 그동안 우리 사회와 학계에는 북한문제에 관한 전문연구가 많이 축적되어 있다. 그러나 북한의 체제나 통치자를 현실적인 정치권력의 관점에서 보고 분석하는 책들은 그리 많지 않다. 그런 점에서 가능한 한 철저하게 현실적인 정치권력의 관점에서 북한의 내부 문제를 들여다 보고 최고 통치자의 정치적 의도를 정치심리학적으로 읽으려 했다. 북한의 통치자 김정일과 북한체제, 그리고 북한과 관련된 일체의 이슈들에 대해서는 어떤 이데올로기적 편견을 앞세워 분석하려고 하지 않았다. 단지 정치권력의 본질을 어느 정도 체감했던 경험자의 관찰력을 살려 김정일의 통치 권력을 철저히 현실정치의 입장에서 살펴보려 노력했을 뿐이다. 북한을 지나치게 이념의 관점에서 보면 또 다른 현실을 놓치게 된다. 나는 김정일을 철저히 한 사람의 현실 권력자의 관점에서 보려고 했다. 그리고 그의 건강문제와 북한의 체제변화의 상관관계를 진단하고, 김정일 이후의 북한의 후계구도 문제도 짚어보면서 김정일 이후의 북한과 한반도의 미래가 어떻게 전개될 것인가를 전망해보고자 했다. 그래서 학술 이론에 치우치기보다는 생생한 정보와 전략적 분석에 기초한 예측과 전망을 담은 내용으로 엮었다.

적지 않은 사람들이 김정일이 죽으면 북한이 붕괴할 것이라고 하는 감상적인 주장을 펴는데, 과연 김정일 이후의 북한이 붕괴할지 섣불리 단언하기 어렵다. 오히려 북한이 붕괴하지 않는다면 왜 그런지에 대한 체계적인 분석이 더 설득력이 있다. 또한 김정일의 선군외교를 포함하여 미·중 사이에서 북한이 어떤 생존외교 전략을 펼칠지 예측해보고자 북·미, 북·중 관계를 역사적 시각에서도 분석해보았다. 김정일이 앞으로 추구하려는 헌정체제는 어떤 체제인지도 여러 자료들을 토대로 살펴보았다. 이런 가운데 김정일이 왕조체제를 현실화하려는 징후도 포착했는데, 이는 향후 북한의 체제 변화를 전망하는 데 매우 흥미로운 대목이라고 생각한다. 결국 이 모든 문제의식과 분석은 전쟁과 평화의 갈림길에 선 한반도가 어떻게 영구평화 지대로 거듭날 수 있을 것인가 하는 물음으로 집약된다.

이제 저자로 하여금 세기적 고뇌인 한반도의 평화를 모색하는 데 더욱 장대한 독수리 같은 눈으로 태평양을 응시하고 유라시아 대륙을 질주하도록 힘을 준 내 주변 사람들에게 감사의 말을 전할 차례가 된 것 같다. 먼저 아내인 지은주, 나의 큰 기둥 세영, 작은 기둥 세린에게 고맙다는 말을 전하고 싶다. 아내는 원고 내용을 읽고부분적인 소감도 전해줬다. 탈고하기까지 많은 수고를 아끼지 않았던 안미경 씨에게도 고마운 마음이다. 아울러 이 책이 좀 더 좋은 책이 될 수 있도록 물심양면으로 애써준 김영사의 모든 분들과 박은주 사장님께도 깊은 감사의 마음을 전한다.

이 책을 쓰면서 나는 육체적 심장이 아닌 정신적 심장이 뛰는 것을 몇 번이고 느꼈다. 지금도 내 정신의 심장은 두근거린다. 분단된 조국에 평화적 통일의 서광이 비치는 그날이 보였기 때문이다. 끝으로 너무나 보고 싶고 늘 내 곁에 함께 계시는, 지금은 하늘 어디에선가 반짝이는 큰 별이 되어 계실 어머님과 아버님의 영전에 이 책을 바치고자 한다.

2009년 기축년 원단에
세계와 동북아 평화포럼 연구실에서
장 성 민

6/ 김정일 이후의 북한 어디로 가나

7/ 김정일과 미국

8/ 김정일과 중국

9/ 한반도 영구평화의 조건

1

김정일은
누 구 인 가

세계 파워 엘리트에 오른 김정일 | 탁월한 선전술의 이면 | 철저한 후계자 수업과정 | 지적인 독재자, '김정일 쇼크' | 능란한 외교적 수사력 | 치밀한 전략가의 두 얼굴

세계 파워 엘리트에 오른 김정일

미국의 시사 주간지 〈뉴스위크〉는 2008년 세계 최고의 파워 엘리트 50인을 발표했다. 세계 약 200개 나라의 지도자 가운데 북한의 김정일 위원장은 12위에 랭크되었다. 북한은 현재 세계 최빈국 중 하나이다.

한국은행에 따르면, 북한의 경제규모는 남한 경제와 비교해 약 17분의 1 수준이다. 제3세계 국가들 가운데서 가장 열악한 빈곤국 중의 하나가 북한이다. 그런 북한의 지도자 김정일을 세계는 왜 주목하고 있는 것일까. 그것은 북한이 핵무기 제조의 주원료인 핵물질을 보유하고 있기 때문이다.

실제로 북한은 지난 2006년 10월에 핵실험을 했다. 무엇이 세계 최빈국 북한의 최고통치자 김정일로 하여금 핵무기를 보유하게 했을까. 김정일이 핵무기를 갖는다는 것은 미국을 포함한 세계체제와 대결을 하겠다는 일종의 정치적 도박이며 모험이다. 김정일이 핵을 가지고 핵강대국들과 게임을 한다면 이는 매우 위험한 게임이다. 그러나 그는 이미 초강대국 미국을 상대로 약 20년 동안이나 핵 게임을 해오고 있다. 그러면서 아직까지도 자신의 체제를 공고히 유지하고 있다. 이것이 가능한 일일까. 이 문제는 여러 가지 측면에서 김정일이란 북한 통치자의 성격을 탐구해 보게 만든다.

북한은 자원이 부족한 나라이다. 인간의 과학기술을 이용한 에너지 자원도 없는 나라이다. 인구도 2천 3백만 밖에 안 되는 나라이며, 경제발전의 수준이 열악한 것은 물론 기본적인 식량조차 자급자족이 불가능한 나라이다. 그런 북한이 지구촌 최강대국 미국을 상대로 게임을 벌인다는 것은 지극히 비정상적인 것이다. 그런데도 북한은 지금 미국과 국제사회를 상대로 핵 게임과 외교전을 펼치고 있다. 북한은 핵을 반대하는 세계 여론은 물론이고 핵 기득권을 유지하고 있는 유엔 안보리 상임이사국 핵클럽에도 도전장을 던지고 있다.

그리고 미국이 유엔을 통해 북한의 핵개발에 대해서 경제제재를 가하려고 하면 이를 전쟁선포로 간주하겠다고 맞서면서 유엔의 대북제재를 완화시키고 주춤하게 만들기도 했다. 또 북한은 국제 핵확산 방지를 위한 NPT(핵확산금지조약) 체제와 IAEA(국제원자력기구)도 탈퇴했다. 그리고 국제사회로부터 고립된 길을 걷고 있다. 북한은 스스로 고난의 행군이라 말하면서도 자존심을 잃지 않는 '주체'의 명분하에 험난한 길을 걷고 있다. 이런 측면에서 본다면 북한의 최고 통치자 김정일은 분명 담력도 있고 배짱도 있어 보인다. 사대事大를 배제하고 주체의 길을 걷겠다고 표방한 통치 원칙을 충실하게 지키고 있는 것이다. 김정일은 남북 간의 각종 접촉이 베이징에서 이루어지고 있는 것에 대해서도 "베이징 무대를 쓰지 맙시다. 불편해서 하고 있기는 하지만, 역시 베이징은 '사대적'입니다. 늘상 연락할 수 있는 체계를 가집시다"라고 말할 정도로 사대를 싫어한 측면이 있다.[1]

탁월한 선전술의 이면

김정일은 누구에게도 굽실거리기 싫어하는 성격을 가지고 있다. 그래서 자신의 처지가 아무리 어려워도 다른 나라에 직접적으로 도와 달라고 요청하거나 고개 숙인 적이 없다. 그리고 지금까지 단 한 번도 자신이 직접 전면에 나서서 적국의 수장을 비판하거나 공격해 본 적도 없다. 미국의 부시 대통령으로부터 '피그미'라는 모욕적인 비난을 들었을 때도 그는 부시 대통령의 발언에 직접적인 대응을 하지 않았다. 김정일은 남한의 지도자들에 대해서도 직접적인 평가나 언급을 공개적으로 한 적이 거의 없다. 남측의 대통령들이 그에 대해서 이렇다 저렇다고 평가해도 김정일은 본인이 직접 나서서 반론을 펼치거나 반응을 보이지 않는다. 필요하다면 모든 대응은 중앙방송이나 북한의 언론 매체를 통해서 대신한다.

한편, 김정일은 자신에 대한 책이나 서구 언론들의 보도에 대해서는 높은 관심을 갖고 있다. 자신에 관련된 책이나 신문, 잡지 등은 매우 빠른 시간 내에 구입해서 읽어본다. 그리고 필요한 신문이나 책들을 비서들에게 넘겨주면서 그 책의 내용과 신문 기사를 참고할 것과 앞으로 어떻게 활용할 것인지에 대한 아이디어가 담긴 지시를 내린다고 한다. 워싱턴 특파원을 지냈던 일본의 한 언론인이 '미국의 북조선 정책은 어떻게 결정되는가?' 라는 기사를 일본의 한 월간지에 게재한 적이 있었는데, 김정일은 번역된 그 기사를 읽고 외교부에 '좋은 논문이니까 참고하여 잘 연구하라' 고 명령했다고 한다.[2]

또한 김정일은 자신에 관한 외국에서의 언론 보도와 평판에 대해서 반드시 보고하도록 지시를 해놓고 있는데, 술과 여자를 좋아한다고 쓴 따위의 기사까지도 전부 읽고 있는 것으로 알려져 있다.[3] 그러면서도 김정일은 이런 부분에 대해서 그다지 화를 내지 않는다고 한다. 오히려 "외국인은 우리나라를 잘 이해하지 못하고 있다며 웃고 만다."[4]

세계 지도자들 가운데 김정일처럼 자신에 관한 언론 보도문들을 꼼꼼히 읽고 직접 챙기는 지도자는 그리 많지 않을 것이다. 이는 아주 소소하고 작은 부분인 것 같지만 김정일의 성격을 단적으로 파악할 수 있는 아주 중요한 부분이다. 김정일은 바깥세상을 많이 의식하고 있다. 크고 굵은 일들에는 매우 호탕한 성격임을 선전하여 대범한 인물처럼 보이게 하는 광폭정치廣幅政治를 내세우지만, 보고서를 읽거나 자신이 결심한 사항들을 지시 내릴 때에는 매우 치밀한 사람으로 보인다. 크건 작건 간에 북한의 국정에 관련되는 모든 일들을 직접 챙기고 관장하는 세심한 스타일의 인물이다.

그동안 김정일은 공개적으로 드러나는 행동을 극도로 꺼려해왔다. 그 이유에 대해서는 내외부적 요인, 성격이나 심리상의 문제, 통치술이나 신변안전 차원, 전략적인 측면 등을 종합적으로 고려해서 판단할 문제이지만, 일차적으로 김정일이 대외적으로 노출을 꺼리는 것은 외부의 위협적인 행동에 대해서 많은 불안감과 위기의식을 느끼고 있다는 반증이다.

김정일은 말로는 미국과의 전쟁을 선포하면서도 실제로는 미국의 군사적 공격을 두려워하는 것으로 보인다. 김정일은 미국이 이라크 와의 전쟁을 개전할 때는 아예 잠적해 버렸다. 그리고 미국 부시 행정부가 막강한 파워를 가지고 공격적인 외교정책을 펼칠 때는, 미국의 군사적 공격을 두려워 한 나머지 미국에 대한 공개적인 비난방송도 중단했다. 이때가 바로 미국이 이라크를 폭격해 들어가는 순간이었다. 당시 김정일은 이라크에 대한 미국의 공격이 끝나면 그 다음은 북한 차례가 되지 않을까 전전긍긍했다.

또 김정일은 지금까지 단 한 번도 공개적인 대중연설을 하지 않은 것으로 알려져 있다. 정치 지도자로서 군중들을 상대로 자신감 있는 직접적인 행동을 하는 것을 꺼려하는 측면도 없지 않다. 아버지인 김일성의 전방위적인 행보와는 큰 차이를 보인다. 김일성은 대중연설을 통한 여론몰이로 정적들까지도 쫓아내는 정치적 연설의 힘을 갖고 있었다. 그런데 김정일은 1992년 조선인민군 창건 60주년 기념 행사에서 "조선인민군 장병에 영광 있으라"고 짧게 한 발언이 공식 연설의 전부이다.[5] 이는 김정일이 대중연설에 서툴러서 연설을 꺼린다는 관측을 낳고 있으나, 체제유지의 마지막 수호자라는 측면에서 신변안전을 위해 자신을 쉽게 드러내지 않는 것이라는 관점도 있다. 김정일이 인덕정치仁德政治와 광폭정치를 의도적으로 내세우고 있는 것도 그의 소심한 성격을 가리기 위한 선전술은 아닐까. 특히 선글라스를 쓰고 다니는 대외행보는 자신을 상대방에게 완전히 드러내보이기 싫어하는 측면도 있는 것으로 보인다. 지금까지 그는 한 번도 폭넓은 개혁개방 정책을 자신감 있게 펼쳐 보여 준 적이 없다. 김정일의 개혁개방 정책의 폭은 덩샤오핑의 그것에 비하면 너무 좁다.

　반면에 김정일은 체제의 선전과 매스컴을 이용한 홍보 전략에는 아주 뛰어난 능력을 발휘한다. 서방의 언론과 남한의 언론 매체를 어떻게 자신들의 체제 선전에 이롭게 활용해 나가야 할 것인지에 대한 선전술에 있어서는 탁월한 전략가인 셈이다. 예를 들어 김정일은 자신이 외국에 나갈 때 비행기를 이용하지 않고 전용열차를 타고 이동하곤 하는데 서방언론들이 이를 놓고 김정일은 겁이 많거나 아니면 고소공포증이 있기 때문이라고 기사를 쓰면 "나의 꿈은 원래 비행기 조종사였다"라는 발언으로 자신의 약점을 금세 덮어 버린다.[6] 그러면서 김정일은 "외신들은 나를 '고소공포증 환자'로 묘사하고 싶어합니다. 비행기를 타고 가면 내가 뭘 알 수 있겠소? 아무것도 없소. 정치가들하고만 대화를 나누겠지요. 나는 내 눈으로 러시아의 장단점을 직접 보고 싶은 거요. 앞으로 모스크바 방문이 성사되면 비행기를 타고, 만일 극동으로 간다면 다시 기차를 탈 것이오"라는 말로 외국 언론 보도의 부정적 이미지를 단번에 탈색시켜버리는 것이다.[7]

철저한 후계자 수업 과정

　김정일은 세계적으로 널리 알려진 독재 정치인 가운데 한 사람이다. 그는 1942년 2월 16일 러시아 연해주 브야츠크Vyatsk에 있는 빨치산 야영지에서 항일 유격대 지도자 김일성과 유격대원 김정숙의 3

남매 중 장남으로 태어났다.

'정일正日'의 이름은 '세상을 올바르게 비춰주는 태양이 되라'는 의미라고 하는데 모친인 김정숙의 '정正'자와 부친인 김일성의 '일日'자를 한 자씩 합하여 지은 이름이라고도 한다.

김정일의 어린 시절 러시아 이름은 '유라Yura'였다. 그리고 남동생 김평일의 이름은 '슈라Sura'였는데 이 동생은 러시아로부터 평양으로 돌아온 후, 당시 소련 군정의 민정담당인 레베데프 소장의 아들과 분수지에서 물놀이를 하다가 익사했다.[8] 김정일의 유일한 형제인 여동생 김경희(현재 노동당 경공업부장)는 평양에서 태어났다. 또 이복동생 김평일이 있는데 그는 현재 주 폴란드 북한대사로 재임 중에 있다. 김정일의 생모인 김정숙은 김정일이 8살 되던 해인 1949년 9월 22일 평양 남산병원의 특별병실에서 출산 중 과다 출혈로 사망한 것으로 전한다.[9]

김정일은 고난과 시련의 환경 속에서 태어났다. 항일 빨치산의 야영지에서 태어나 무장투쟁을 일상생활로 하는 부모 밑에서 자랐다. 김정일은 4살 되던 해인 1945년 11월 말에 러시아 블라디보스토크 항에서 군함을 타고 어머니 김정숙과 함께 함경도 옹기 항을 통해 북한에 들어 왔다. 당시 김정일을 등에 업고 귀국한 사람이 조명록(현 북한 국방위원회 제1부위원장) 차수였다.[10] 김정일은 빨치산 부모 밑에서 태어난 것만으로도 이미 호전적이고 투쟁적인 기질을 타고 난 것이다. 여기에 게릴라전을 펼치며 군대밥을 먹고 사선을 넘나드는 유격대원들과 함께 한 그의 유년 생활은 김정일의 호전적인 의식 형성에 영향을 주었을 것이다. 그는 어려서부터 군복을 입은 군인들과 함께 총을 만지면서 때로는 군인들이 씌워준 군모를 쓰고 놀면서 자랐다. 이런 점에서 김정일에게 있어서 선군정치의 길은 피할 수 없는 예정된 운명의 코스였는지도 모른다.

이런 와중에 그에게 전쟁과 전투의식을 일상적인 것으로 받아들이도록 영향을 미친 중대한 사건이 발생했는데 다름 아닌 한국전쟁이었다. 한국전쟁은 김정일이 9살 때 발발했다. 한국전쟁 당시 조선인민군 총사령관인 아버지 김일성은 자신의 동생인 김영주金英柱를 시켜 딸 김경희와 함께 아들 김정일을 자신이 과거에 항일운동을 했던 만주로 대피토록 했다.[11] 이때 김정일을 수행했던 인물은 우리에게 소설 〈임꺽정〉으로 널리 알려진 작가 홍명희의 딸인 홍기연이었다. 홍기연은 김정일의 어머니 김정숙이 사망한 이후 김일성의 두 번째 부인이 된 김성애와 함께 김일성 수상관저의 살림을 맡았었다.[12]

김정일은 한국전쟁이 끝나갈 무렵인 1952년이 되어서야 다시 평양에 돌아왔다. 김정일은 비록 전투와 전쟁이 일상인 거친 환경속에서 자랐지만 아버지 김일성과 옛 빨치산 혁명동지들의 보살핌으로 좋은 교육을 받으면서 자랐다. 김일성은 한국전쟁의 와중에도 아들 김정일이 쉬지 않고 공부할 수 있도록 배려한 점으로 보아 자식에 대한 교육열은 아주 높았던 것 같다.

사실 이 지구상에 김정일만큼 철저히 후계 수업을 받아 온 지도자도 드물 것이다. 지구촌의 대기업 자본가들이 자식들에게 기업을 물려주기 위해 후계자 교육에 열심인 것과 거의 비슷하다는 생각을 가질 수도 있겠다. 하지만 국가 경영의 후계자는 그들에 비해 더욱 높은 정치력을 요구한다. 국가 지도자는 자본을 얻는 것이 아니라 민심의 지지를 얻어야 하기 때문이다. 따라서 엄격한 후계수업을 거치지 않으면 국가를 유지해 나갈 수가 없다. 국가 경영에는 보장된 자신의 지분이라는 것이 있을 수 없다. 항상 체제 전복을 노리는 권력 투쟁의 불씨가 잠재해 있기 때문이다. 민심을 잘 관리하지 않으면 이는 곧장 반정부 투쟁이나 폭동으로 이어진다. 그래서 국가의 최고 통치자는 항상 성난 호랑이의 등에 타고 있는 것에 비유된다.

김정일은 어떤 면에서는 유교의 덕목과 가치를 통치 이념의 중요한 요소로 생각해 온 북한의 최고 지도자 김일성의 장남으로 태어나면서부터 북한을 이끌어 갈 잠재적 후계자로 예정되어 있었다고 할 수 있다. 김정일은 어렸을 때부터 철저히 지도자 수업을 받아 왔지만 본격적인 북한의 후계자로서 지도자 교육을 받게 된 것은 그가 김일성종합대학에 입학하면서부터었다.

그는 1974년 2월 당 중앙위원회 제5기 전원회의에서 당시 나이 32세에 당내 핵심권력기구인 정치위원회 위원으로 선출되면서 공식 후계자로 지명되었다. 다만, 북한이라는 공산국가가 처해 있는 독특한 상황과 문화 그리고 정치 제도와 환경에 적합한 통치술과 교육을 받음으로써 북한 밖의 세계가 수용할 수 없는 의외성은 있었지만, 김정일은 분명 출생과 더불어 북한이라는 한 나라를 이끌어 나갈 후계자로서 그 지도력과 자질을 김일성과 그의 빨치산 동지들에 의해 계도받아 왔다. 일찍이 지구상에서 자신들의 체제유지를 위해 북한만큼 후계자 육성에 막대한 국가적 자원과 비용을 쏟은 나라는 없을 것이다. 김정일을 북한의 지도자로 만드는 데 투여한 북한 내부의 노력과 비용은 마치 조선조의 왕들이 후계자를 키우기 위해서 심혈을 기울였던 모습을 연상케 한다. 아니, 어쩌면 그 이상인지도 모른다. 그러나 김일성이 김정일에게 후계수업을 시켜왔던 그 모든 관심은 김일성 체제를 유지하는 데 성공적인 계승자로서의 교육이었지, 북한을 새로운 국가로 발전시키는 데 필요한 교육은 아니었다.

북한은 1989년 구 소련의 붕괴와 더불어 동구 공산주의 국가가 모두 해체되었을 때에도 붕괴되지 않았다. 공산주의 종주국인 구 소련이 15개의 공화국으로 분리 독립되고 북한과 국경선을 맞대고 있는 사회주의 중국이 붉은 자본주의 노선으로 변형되어 갈 때도 북한은 붕괴되거나 노선 수정을 하지 않았다. 그리고 여전히 그 체제를 유지하고 있다. 50여년 전 건국 때부터 채택해 왔던 공산주의 체제의 노선과 본질을 그대로 유지하고 있는 공산국가는 북한과 쿠바뿐이다. 왜 북한의 정치 체제는 이처럼 장수하고 있을까. 그것은 바로 자신들의 체제를 지키고 유지해 나가기 위한 북한 엘리트들의 철지한 인적 카르텔 형성과 후계양성 작업, 북한주민들로 하여금 체제에 순응하고 북종하도록 하는 사상교육에 그 성공의 비밀이 숨어 있다. 그리고 보이지 않는 빨치산 혁명유자녀들의 결속에 있다. 결론적으로 말해 북한 체제 유지를 위한 김일성의 성공적인 후계 작업 때문인 것이다.

김정일이 후계자로 내정될 때 그의 나이는 불과 32세였다. 생각해 보건대 32세에 국가를 경영한다는 것은 쉬운 일은 아니다. 후계자 본인이 권력에 관심이 없었다면 후계구도는 이루어질 수 없는 일이다. 이런 점에서 어린 김정일은 일찍부터 권력에 상당히 집착하는 권력 지향적인 인물이었다. 과거 미국의 케네디, 클린턴 대통령 그리고 영국의 블레어 총리 등은 모두 40대에 들어서서야 국가 수반이 됐다. 그리고 지금의 오바마 미국 대통령을 비롯하여 메드베데프 러시아 대통령 역시 40대 대통령들이다. 이들은 당연히 민주적 제도하에서 국민들로부터 지도자로 선임되었기 때문에 아버지로부터 권력을 상속받은 독재체제하의 김정일의 권력 장악과는 비교가 될 수 없는 부분이 많다. 하지만 북한도 UN에 가입되어 있는 하나의 주권국가라는 입장에서 본다면 독재국가의 독재자도 국가의 통치자이고 민주국가의 지도자도 국가의 통치자인 것이다. 한 나라를 이끌어 나가는 통치자로서의 영역은 비슷한 측면이 있다. 이런 점에서 볼 때 김정일이 30대에 권력의 정점에 오른 것은 왕조정치 시대를 제외하고서는 세계권력사에서 거의 찾아볼 수 없는 매우 드문 사건이라 할 수 있다.

김정일의 공부는 계속되었다. 그는 이어서 평양 제1초급 중학교에 진학했고, 그 다음에는 남산 고급 중학교에 입학하여 1960년에 졸업했다. 중학교 때부터 특수 과외를 받고 자랐으며 중학교 3학년 때는 아버지의 동유럽 공산국가 순방길에 동행하기도 했다.

김정일은 북한에서 가정교사를 두고 과외수업을 받은 첫 학생일 것이다. 그는 아버지와는 달리 정식 교육을 철저히 받고 자랐다. 김일성은 학력이 중학교 2학년까지가 전부였다. 중학교에서 퇴학당함으로써 끝을 맺었기 때문이다. 당시 퇴학의 이유는 불법 학생활동이었던 것으로 알려져 있다.[13] 김정일은 1960년 9월에 자신의 아버지 이름을 따서 지은 김일성종합대학의 경제학부 정치경제학과에 입학하여 1964년에 이 대학을 졸업했는데 다른 특권층 자녀들처럼 얼마든지 해외 유학을 갈 수 있었음에도 그는 외국 유학을 가지 않았다. "민족교육의 중요성과 조국의 현실 속에서 참된 학문의 길이 있다고 믿었기 때문"이란 것이 그 이유였다.[14] 그러나 김정일이 유학가지 않은 배경에는 여러 가지 이유가 있을 수 있다. 주된 이유 중 하나는 주체철학에 입각하여 아버지가 설립한 김일성종합대학에 대한 남다른 자부심을 갖고 아버지에 대한 높은 충성심을 보여주기 위한 것일 수 있다. 그리고 자신이 유학을 가게 될 경우, 국내 후계 자리를 비우게 된 틈을 타서 또 다른 권력 공백이 일어날 것에 대한 두려움이 컸기 때문일 수도 있다. 김정일이 모스크바 유학을 선택하지 않았던 것은 무엇보다 학문보다는 권력에 더욱 많은 관심을 갖고 있었기 때문일 것이다. 다만 그는 청소년 시절부터 세계청소년학생축전에 참가하거나 구 소련과 동유럽 지역을 여행하기도 하면서 나름대로 국제적인 견식과 견문을 넓혔다.

김정일은 단계적으로 후계자로서의 수업을 거쳤다. 그는 김일성종합대학 정치경제학부를 졸업하고 노동당 조직지도부 지도원으로 시작하여 1967년부터 선전선동부에서 과장, 부부장, 부장을 거쳐 32세 때인 1974년에 이미 후계자로 내정되었다. 1980년에는 정치국 상무위원, 당 비서, 당 중앙군사위원이 되었으며, 국방위원회 제1부위원장(1990. 5.), 인민군 최고사령관(1991. 12.), 공화국 원수(1992. 4.), 국방위원장(1993. 4.)에 취임하고, 김일성 주석 사망(1994. 7.)후에는 당 총비서(1997. 10.)에 추대되었다. 이런 과정을 통하여 북한 통치를 위한 전략과 노하우를 철저히 익혔던 것이다.

지적인 독재자, '김정일 쇼크'

그동안 우리에게 알려진 김정일은 기쁨조를 두고 헤네시 코냑이나 마시며 매일 밤낮없이 술과 담배 그리고 주지육림酒池肉林에 빠져 세월을 보내는 방탕한 지도자로 알려져 있다. 그러나 우리가 알고 있는 이와 같은 김정일에 대한 정보와 지식이 과연 한반도 절반을 차지하여 통치하고 있는 북한의 지도자 김정일에 대한 정확한 정보일까. 그리고 이런 정도의 인식만을 갖고서 김정일을 평가한다면 김정일의 리더십을 객관적으로 평가할 수 있을까. 그동안 한국과 서방에서의 김정일에 대한 평가는 부정적인 기류가 주류였다. 한마디로 말해 김정일은 '괴물 같은 존재'로 인식되어 왔다.

그럼 김정일은 과연 괴물일까. 김정일 자신도 자기의 존재가 남한 사회에서 어떻게 그려지고 있는지를 잘 알고 있다. 그는 올브라이트 전 미국 국무장관에게 서로의 대화가 상호간의 오해를 씻는 데 많은 도움이 되었다면서 "남한사람들이 왔을 때, 그들이 내 이마에서 뿔을 찾았는지 묻습니다. 그러면 그들은 '아니요'라고 말합니다. 우리들 사이에도 많은 오해가 있었습니다. 예를 들어, 우리는 우리 자녀들을 올바르게 교육시키지 않았습니다. 우리의 어린 아이들도 당신 나라 사람들을 '미국 사람' 대신에 '미국 놈'으로 부르도록 가르침을 받았습니다"라고 말했다.[15] 이처럼 김정일은 본인도 미국이라는 적국에 대해서 자국의 어린이들에게 왜곡된 교육을 시켜왔다는 점을 인정하면서 자신 또한 외부로부터 이상한 존재로 그려지고 있다는 점을 잘 알고 있다.

그러나 독재자 김정일을 직접 만나 본 세계 지도자들이나 정치인, 외교관 들은 물론 심지어 기자들까지도 왜 그에 대해서 새로운 평가들을 내리고 있는 것일까. 그리고 김정일을 직접 만나 본 사람들은 왜 의외의 인물을 만난듯 모두 약간의 놀랍다는 표정들을 지어보일까. 그것은 김정일에 대한 새로운 사실을 알게 되었기 때문일 것이다. 즉 김정일을 직접 만나본 이후의 인식과 그 전에 알고 있던 인식과의 차이는 너무 큰 것이다. 그를 직접 만나 대화를 나눠봤던 사람들은 대체로 공통된 견해를 보인다. 그것은, 김정일이 머리가 비상하고 지적 호기심이 많으며 국제정세에도 밝고 아주 해박한 지식의 소유자라는 점이다.

이 모든 사항들이 궁금해지지 않을 수 없다. 이 의외성의 단초는 그가 엄청난 독서광이었다는 점에서부터 찾아야 할 것이다. 김정일은 지도자 수업을 받고 있었던 대학시절에 많은 책을 읽었다고 한다. 이와 관련하여 조선노동당 고위간부로서 1960년대 후반부터 김정일과 인연을 맺었던 신경완 씨는 김정일의 독서에 대해서 이렇게 말했다. "그는 《김일성선집》을 비롯하여 역사학, 경제학, 법학, 철학 등 온갖 사회과학에 관한 고전서적들을 독파했다. 그리고 군사, 지리, 기술 등과 관련된 서적들도 탐독했다. 일찍이 원자력과 핵문제에도 많은 관심을 갖고 있었다. 특히 대남문제, 자본주의와 관련된 자료들을 찾아 읽으려고 대남사업부서인 3호 청사에 새로 지어진 도서관에 도시락을 싸들고 다니면서 책을 읽었다. 영화, 문화 예술에 관련된 책들은 밤 11시까지 도서관에 앉아 읽다가 다 못 읽으면 이런 책들을 집으로 빌려가 읽을 정도로 그는 열광적인 독서광이었다."[16] 또한 "김정일은 김일성종합대학 경제학부 정치경제학과에 다니면서 1년에 만 페이지씩 읽는 '만 페이지 책읽기운동'을 주도하기도 했고, 북한의 내부 사정에 눈멀지 않기 위해 〈로동신문〉을 탐독하기도 했다."[17] 1년에 1만 페이지 정도의 독서를 하려면 한 권당 300페이지 분량의 책을 약 34권정도 독파를 해야 한다. 한 달에 평균 3권 정도를 독파해야 하는 셈이다. 실로 엄청난 독서량이다.

오늘날 북핵 문제, 중단거리 미사일 시험발사와 6천km 이상 날아

갈 수 있는 대륙간 탄도 미사일 개발에 박차를 가하면서 주변국들을 위협하는 그의 군사 외교 전략은 하루아침에 나온 것이 아니라 방대한 독서량과 아버지 김일성으로부터 배운 통치행위가 조합된 결과이다.

미국의 해리 트루먼 전 대통령은 "책을 읽는 모든 사람이 지도자가 되는 것은 아니지만, 지도자는 책을 읽는 사람이다Not all readers are leaders, but leaders are readers"라는 말을 했는데, 이는 김정일에게도 매우 실감나는 표현이다. 김정일은 김일성종합대학 4년 동안 정치경제학을 공부하면서 많은 책을 읽기도했지만, "그 외에도 대학의 최고교수진들을 지도교수로 모시고 특별지도를 받았다. 이 지도교수들을 조직하는 문제는 김정일의 숙부인 김영주 당시 노동당 소식시도부 제1부부장이 맡았다. 김정일은 당 투쟁사 부문을 포함하여 정치경제학, 혁명사, 어학 등을 각각 배웠는데, 김정일의 지도교수 중 눈에 띄는 특별한 인물도 있었다. 김정일에게 당 투쟁사를 가르쳤던 장성엽張成燁이란 교수였다. 그는 김정일의 여동생인 김경희의 남편 장성택 노동당 중앙위원회 행정부장의 형이다."[18]

아무튼 김정일이 이처럼 체계적인 현장실습과 이론을 통해 몇 십 년 동안 북한을 이끌어갈 탄탄한 후계수업을 받아 왔다는 사실을 남한정부나 대부분의 자유진영 국가에서는 의도적으로 인정하지 않으려 한다. 김일성과 김정일에 관해서는 감정적이고 부정적인 평가로 일관한다. 그래서 북한의 통치자 김정일을 이성적으로 정확히 판단하는 데 항상 실패해 왔다. 이런 점에서 한국과 미국은 지금 북맹北盲이고 김정일맹金正日盲이다. 잘못된 정보와 판단에 기초하여 세워진 대북전략과 정책은 성공할 가능성보다는 실패할 가능성이 훨씬 높다. 그래서 한국과 미국의 대북정책은 항상 실패했다. 북한과 김정일에 대해서 객관적인 눈을 갖고 보지 못하면 앞으로도 계속 한·미 양국의 대북정책은 실패할 수밖에 없다.

그렇다면 김정일을 직접 만났던 사람들의 평가를 들어 보자. 그들은 김정일을 어떻게 평가하고 있을까. 1997년 남한으로 망명한 전 북한 노동당 서기 황장엽은 김정일에 대해 다음과 같이 평가하고 있다.

"나는 1958년부터 65년까지 김일성의 곁에서 일했습니다만, 그는 근면하고 두뇌회전도 빨랐어요. 그때까지만 해도 김일성은 지도자로서 손색이 없었어요. 그러나 74년에 김정일이 정권을 장악하고부터 김일성도 점점 변질되었습니다. 김일성이 과오를 범하게 된 것도 김정일에게 원인이 있어요. 경제를 이 지경으로 악화시킨 것은 전적으로 김정일 탓입니다. 국내 정치가로서 그는 0점입니다. 정치가로서의 자격은 전혀 없어요. 그러나 그는 지독한 상태에서도 체제를 유지해가는 것을 보면 그에게는 그럴만한 능력이 있다고 생각됩니다. 그는 군부나 당의 간부를 완전히 장악하고 있습니다. 그런 의미에서의 정치적인 수완은 나름대로 발달해 있어요. 또 대외정책에서도, 가령 미국과의 교섭에서도 김정일의 두뇌회전은 아주 빨라서, 이해관계를 계산하는 능력은 주변의 누구보다도 뛰어났습니다."[19]

황장엽의 이런 주장은 김정일의 리더십에 대해서 많은 것을 시사해 주고 있다. 물론 황장엽의 김정일에 대한 평가는 액면 그대로 받아들이기는 어렵다. 소위 김일성, 김정일 두 북한 지도자에 대한 황장엽의 평가는 일정한 객관성을 잃고 있는 측면이 있어 보이기 때문이다. 그것은 자신과 좋은 관계를 맺고 있었던 김일성에 대해서는 우호적인 평가를 내리고 있는 반면, 자신과 불편한 관계에 있었던 김정일에 대해서는 매우 감정적이고도 부정적인 평가를 내린 측면이 없지 않기 때문이다. 그럼에도 불구하고 김정일에 대한 황장엽의 평가 가운데 눈여겨봐야 할 부분은 김정일이 군부나 당의 간부를 완전히 장악하고 있다는 점, 정치적인 수완이 발달해 있다는 점, 미국과의 교섭에서도 이해관계를 계산하는 능력이 아주 뛰어나다는 점 등이다.

김정일을 직접 만나 봤던 각국 지도자들은 김정일에 대해서 어떤 평가를 내리고 있을까. 김대중 전 대통령을 비롯하여 러시아의 푸틴 총리, 일본의 고이즈미 전 수상, 미국의 올브라이트 진 국무장관 등의 평가를 들어 보자.

"김정일은 매우 총명한 지도자입니다. 결단력도 있고 남북문제를 협력을 통해 해결할 의지도 갖고 있는 사람입니다. 대화가 가능한 인물이라는 것을 알고서는 대단히 만족했습니다."[20] (김대중 전 대통령)

"북한 지도자에 대한 온갖 악소문을 들었으나 김정일은 교양을 갖춘 사람, 국제관계를 잘 파악하는 지적인 정치가, 유머 감각이 있는 사람, 다른 이들처럼 음악과 영화를 좋아하는 인물임을 확인했다."
[21] (러시아 푸틴 총리)

"차분하고 쾌활하며 농담을 던지는가 하면 머리 회전이 빠른 사람이다." (일본의 고이즈미 전 수상)[22]

"평양 방문 이틀째 김 위원장을 다시 만나 북한 대표들에게 미사일 문제에 관한 질문 사항을 건네주었던 사실을 상기하며 오늘까지 그들이 답을 주었으면 한다고 말하자, 김 위원장은 바로 그 자리에서 질문 리스트를 달라고 하더니 참모들과 상의하지도 않고 즉석에서 답을 해 놀랐다."[23](미국 올브라이트 전 국무장관)

또 올브라이트가 김정일에게 "북한에 컴퓨터가 몇 대 있느냐"고 묻자 "수십만 대가 있으며 나도 3대의 컴퓨터로 인터넷을 한다"면서 미 국무부의 웹사이트 주소를 물어 올브라이트를 깜짝 놀라게 한 일화도 전한다.[24] 이처럼 김정일을 직접 만나본 외국 수반과 지도자들은 듣는 우리의 귀를 의심할 정도로 그에 대해 호평을 하고 있다. 이들은 물론 김정일을 기본적으로 세계 최악의 독재자라고 인식하고 있지만, 통치자로서 그가 지닌 성격과 능력에 대해서만큼은 한결 같이 긍정적인 평가를 내리고 있다.

바로 이 점이 김정일을 이해하는 데 매우 중요한 핵심이다. 그를 그저 독재자로만 치부하고 무시하기보다는 독재 체제를 떠받치는 리더십의 본질이 무엇인지 파악하기 위해서라도 그의 존재를 인정하는 게 우선이라는 것이다. 김정일이 어떻게 북한을 통치해 나가고 있는지와 관련, 그의 통치 스타일을 분석하는 일이 중요한데, 이를 위해서는 그의 출생과 성장 배경, 지적 수준과 행태 등 일체의 사항들을 파악할 필요가 있다.

능란한 외교적 수사력

김정일은 말의 외교를 할 줄 아는 인물이다. 그의 말투는 군인처럼 매우 거칠고 호탕한 스타일이지만 실제로 말의 내용을 자세히 분석해 보면 언어 구사 능력과 수사력이 정교한 부분이 적지 않다. 그는 사적인 대화자리에서 편안하고 부드럽게 분위기를 만들어 가면서도, 상대방이 긴장하면서 약간의 위협을 느낄 수 있는 화법을 매우 능란하게 구사한다. 이러한 김정일의 화법은 정확히 말해 외유내협外柔內脅의 화법이다. 말을 전달하는 외양적인 태도는 활짝 웃으면서 소탈한 표정을 짓지만, 그 말의 내용은 상대방을 긴장시키는 언중유골식 화법인 것이다. 김정일의 이런 대화방식이 가장 잘 드러닌 것은 2000년 남북정상회담 때였다.

백화원百花苑에 도착한 김대중 전 대통령을 맞이하는 자리에서 김정일은 "동방예의지국임을 자랑하고파서 인민들이 많이 나왔습니다. 대통령의 용감한 평양 방문에 감동한 인민들도 용감하게 거리로 뛰쳐나왔습니다"[25]고 말했다. 여기서 주목해야 할 김정일의 발언은 '동방예의지국'이란 말과 '용감한 방문'이란 말이다. 그는 상대방이 연장자임을 자인하여 김 전 대통령의 어려운 평양방문을 예우해주겠다는 뜻을 내비치면서도 다른 한편으로는 여기가 어디라고 적성국가인 평양을 겁 없이 오기로 결심을 했느냐는 식의 수사력을 구사하며 김 전 대통령의 평양 방문을 '용감한 방문'으로 표현했다.

김정일의 이와 같은 외유내협의 외교적 화법은 백화원이라는 영빈관에서 김 전 대통령에 대한 인사말을 할 때 더욱 두드러졌다. 김정일은 "대통령께서는 무서움과 두려움을 무릅쓰고 용감하게 평양에 오셨습니다. 전방에서는 군인들이 총부리를 맞대고 방아쇠만 당기면 총알이 나갈 판인데, 대통령께서는 인민군 명예의장대의 사열까지 받으셨습니다. 이건 보통 모순이 아닙니다. 그렇지 않습니까?"라고 말했다. 대통령을 환영하는 인사말에 '무서움'과 '두려움', '방아쇠만 당기면 총알이 나갈 판'이란 단어들을 선택하여 환영의 말로 표현한다는 것 자체가 일종의 위협이었던 것이다. 겉으로는 상대방을 편안하고 포근하게 환대해 주면서도 속으로는 상대방을 긴장시키고 놀라게 하는 김정일의 화법은 대화에 주도권을 자신이 쥐어가고 상대방의 모든 신경을 자기의 말과 행동에 집중시키는 효과를 가져다준다.

　김정일의 이런 외교적 언어 구사력은 하루아침에 쉽게 이루어진 것이 아니다. 평소에 많은 학습이 되어 있거나, 아니면 사전에 충분한 준비를 했거나 둘 중의 한 가지를 갖추지 않으면 정상회담장에서 이런 발언을 자유자재로 구사하기란 불가능하다. 김정일의 언어 구사력은 단순히 사용하기 쉬운 몇 가지 단어들만을 조합하여 선택하는 형식으로 표현된 문장이 아니다. 김정일의 말은 상대나라 국민들의 정서를 정확히 읽고 심리까지도 반영한 철저히 준비된 말들인 것이다.

치밀한 전략가의 얼굴

　김정일은 매우 철저한 현실주의 정치인이다. 북한을 자신의 나라로 만들었고 북한 주민들을 자신의 주민으로 만들어 왔다. 김정일은 북한의 절대통치권자인 아버지 김일성의 주변에서 권력이 무엇인지를 보고 자랐으며, 정적과 동지를 어떻게 구분해 내는지도 배웠다. 또한 그는 나름대로 국정전반을 읽을 수 있는 눈을 키웠고, 권력투쟁도 경험해 봤다. 지금도 자신의 스케줄을 철저히 비밀에 부치면서 현장지도를 다닐 만큼 자기관리에 용의주도하다. 외교적으로 주변국가들을 어떻게 이용하고 활용해야 할 것인지에 대해서는 아주 빠른 두뇌회전 능력을 가지고 있다. 그는 주변 강대국들 틈에서 북한이 살아남으려면 북한이 처해 있는 지정학적 이점을 활용하고 외부로부터 위협을 차단하는 핵무기를 가져야 한다는 생각을 갖고 있다. 한반도를 둘러싸고 있는 강대국들이 자신들의 영향력을 확대하기 위해서는 북한의 전략적 가치를 무시할 수 없다는 것을 김정일은 계산하고 있는 것이다. 핵무기 프로그램을 작동시켜야 세계 여론이 북한에 집중한다는 것도 잘 알고 있다.

김정일은 자신의 부하로부터 보고를 받을 때면 그 부하가 김정일에 대해서 진정으로 충성스런 마음을 가지고 있는지, 그렇지 않은지를 본능적으로 파악하는 능력과 카리스마도 있다. 심지어 보고서 한 줄 한 줄을 읽을 때면 일일이 밑줄을 그어 가면서 꼼꼼히 읽는다고 한다. 그러다가 만일 보고서에 오타가 보이면 붉은 사인펜으로 오타를 잡아내어 교정체크를 해 준다. 새벽 3시까지도 보고서를 읽다가 모르는 부분이나 이해가 잘 되지 않은 부분이 나오면 해당 보고자에게 즉각 전화를 걸어 의문 사항을 물어 본다고 한다. 그래서 김정일에게 보고서를 제출한 날이면 중앙당 간부들은 한밤중에라도 전화가 걸려 올까봐 잠을 자지 못하고 전전긍긍한다고 한다. 아무리 늦은 저녁시간이라도 그날그날 올라온 보고서는 다 읽고 체크를 해서 지시사항을 내린다. 군부대를 수없이 시찰하면서 왜 북한이 선군정치를 지향해야만 생존할 수 있는지에 대해서도 군 간부들에게 직접 설명을 해 주고, 군이 곧 나라의 생명임을 강조하여 군의 자부심과 사기를 힘껏 높이는 일을 최우선으로 한다.

그런 김정일에게 당면한 최대의 과제는 무엇일까. 그것은 자신의 권력체제를 공고하게 유지하는 것이다. 즉 자신의 정치권력을 지키는 것이다. 이것이 김정일의 절대목적인 것이다. 그 절대목적을 이루는 방법은 무엇인가. 그것은 외부세계와 적이 나를 모르게 하는 것이다. 철저히 자신을 감추고 북한체제를 폐쇄시켜 외부에서 내부를 들여다보지 못하도록 차단하는 것이다. 외부세계가 북한 내부상황을 모르게 함과 동시에 북한주민들 또한 바깥세계를 알 수 없도록 완벽하게 정보를 차단하는 것이 바로 김정일의 체제유지 비결인 것이다. 김정일의 대남전략이나 대미전략이 상당히 성공하고 있는 원인도 그들이 남한사회와 미국사회의 특성과 생리를 훤히 꿰뚫고 있는 반면에 한국과 미국은 독재체제를 유지하고 있는 북한과 독재자 김정일에 대해서는 아무것도 모르게 만드는 데 성공하고 있기 때문이다. 북핵문제를 둘러싼 핵 게임에서 미국이 북한에 끌려 다니고 있는 근본 원인도 바로 여기에 있다. 즉, 미국이 북한을 전혀 모르기 때문이다.

그렇다면 미국은 북한을 어느 정도로 모를까. 1994년 북·미 제네바 핵협상에서 미국 측 실무대표단으로 참가했던 로버트 갈루치 전 국무부 차관보의 고백이다.

"북한과 첫 번째 회의 때 미국 측은 북한의 강석주 대표가 도대체 어떤 인물인지, 어느 기관에 소속한 사람인지, 정부 내 서열이 어느 정도인지, 이 사람이 어느 정도의 파워를 가지고 있는지에 대해 알지 못했다. 그래서 협상을 하다가도 회담 초반에 자주 커피 브레이크 타임을 요청하여 쉬는 시간마다 커피 잔을 들고 북측 대표인 강석주에게 접근하여 그의 신상을 파악하기 위해 신경을 썼다. 솔직히 말해 북측과 핵협상을 하러 협상장에 들어가기 전까지는 우리 미국 측 일행은 북한 대표단을 무슨 외계인과 비슷하게 보려는 선입견이 있었다."[26]

그런데 미국이 북한을 모르는 정도는 15년 전이나 지금이나 별 차이가 없다. 김정일의 건강에 대해서 미국을 비롯한 서방언론들의 보도 내용을 보면, 이들이 얼마나 북한을 모르고 있는가 하는 점이 여실히 드러난다. 이 점은 다른 측면에서 보면 김정일이 체제 유지의 비밀을 그만큼 외부에 노출하지 않은 채 성공적으로 잘 관리해 오고 있음을 반증하는 것이기도 하다. 김정일 건강 이상설이 불거진 이후 일본과 미국 언론들의 관련 보도를 접해 보면, 김정일이 거의 완전히 회복되었다거나 아니면 유고 상황이라는 등 전혀 상반된 내용이 보도된다. 하루는 김정일의 건강이 완전히 회복되었다가 다른 날에는 이미 사망한 것으로 나오는 식이다. 일본의 〈요미우리신문〉은 "김 위원장의 건강 등과 관련한 중대 발표를 앞두고 재외 공관에 외출 금지령을 내렸다"고 보도한 반면, 〈산케이신문〉은 "북한은 (2008년 10월) 20일 외국인 입국 금지령을 내릴 것"이라고 보도했다. 더욱이 미국을 대표하는 ABC방송은 "김정일이 두 달 만에 공식 재등장했다"며 "김정일 위원장 활동 재개"란 오보를 냈다. ABC방송은 2002년 러시아를 방문한 김 위원장의 사진을 북한 조선 중앙 TV가 방송한 화면을 그대로 받아 내보냈는데 사진 속 수행원 가운데 이미 세상을 떠난 연형묵 총리가 등장한 것이다. 이렇듯 미국을 대표하는 언론조차도 북한의 최고위 각료들이 누구인지 모르고 있음이 드러난 것이다. 미 국무부의 입장발표도 시간에 따라 달라졌다. 어느날은 "김정일의 건강이 매우 위독한 것으로 알고 있다"고 했다가 "김정일의 현장지도 사진은 사실이다"라는 논평을 발표하여 미 국무성의 대북정보가 정확하지 않음을 극명하게 드러냈다. 이후 미 태평양사령부의 티모시 키팅 사령관은 "김정일의 건강에 문제는 있지만 북한은 현재 김정일이 통치하고 있다"고 발표하여 미 국방부와 국무부 간에도 대북정보가 불일치함을 보여줬다.

이처럼 김정일은 외부세계가 절대로 자신과 북한을 모르게 하는 것을 체제유지의 비결로 삼고 있다. 전 세계 거의 모든 공산주의 국가가 붕괴되었음에도 북한만 아직까지 정치경제적으로 공산주의 독재체제를 유지하고 있는 데에는 김정일 나름대로의 체제 유지 비결이 있었던 것이다. 그것은 첫째, 지금의 김정일이 20년 동안이나 후계자로서 체제유지 수업을 받아 왔다는 점이다. 김일성의 권력승계 작업이 성공한 것이다. 둘째, 김정일이 자신의 체제유지를 위해 모든 국정운영을 폐쇄적이고 비밀스럽게 운영한다는 점이다. 외부의 어떤 세력도 북한의 내부를 알지 못하도록 소위 북맹北盲을 만드는 데 성공하고 있기 때문이다. 셋째, 그는 철저한 권력자로서 북한 내부의 반대파를 완벽하게 숙청했고, 군과 당을 완전히 장악했기 때문이다.

김정일의 전처인 성혜림의 언니 성혜랑은 "김정일은 매우 위험한 인물이지만 단순히 정신 나간 독재자라고만 본다면 김정일의 다른 면의 진실을 놓친다"고 말했다.[27] 김정일의 주변에서 생활한 사람들은 김정일에 대해 매우 치밀하고 빈틈이 없으며, 사람 마음을 꿰뚫어보기 때문에 그의 앞에서는 거짓말을 하기 힘들다고 말한다. 어떤 판단이 필요한 순간에는 즉각적이면서도 상황파악 능력이 뛰어나고, 권력유지에 철두철미함을 보인다는 것이다.

제1차 남북정상회담을 취재했던 한국의 기자들의 평가를 들어 보면 김정일이 어떤 인물인지를 더욱 현장감있게 알 수 있다. 한 기자는 "남북정상회담장의 첫 날 모습은 김 위원장의 원맨쇼 같았다. 순발력 있게 농담을 잘하고 무례하다고 할 정도로 대화가 자유로웠다. '김정일=김일성'이라는 교육이 철저히 이뤄져 김 위원장이 북한 사회를 완전히 장악하고 있다는 느낌이었다"고 했고, 다른 한 기자는 "우선 솔직하고 소탈했다. 그가 쏟아 내는 말은 거침이 없었다. 대단한 카리스마의 소유자였다. 아는 게 많았다. 경제면 경제, 환경이면 환경, 음식이면 음식…… 상황에 맞게 새로운 화제들을 끊임없이 꺼냈다. 공부를 많이 한 것인지, 교육을 잘 받은 것인지는 모르겠으나 어쨌든 대단히 유식했다. '우리식 사회주의'의 지도자답게 '우리 것'에 대한 집착이 강했다. 그의 한마디 한마디에 우리 산하에 대한 애정이 묻어 나왔다. 거침없는 태도를 보이면서도 기본 예의는 깍듯했다. 연장자인 김대중 전 대통령을 예우하는 모습이 역력했다. 그동안 남쪽 사람들이 알고 있던 김정일의 모습은 허상에 가까웠다. 그것이 왜곡된 학습의 결과이든 제한된 정보 탓이든 어쨌든 우리가 알고 있었던 인물과는 달랐다"고 했다. 또 다른 한 기자는 "중요한 것은 김정일이 사람을 장악할 줄 알고 자신의 계획대로 몰고 나갈 줄 안다는 것이다"라고 했다.[28]

이상의 평가들은 김정일이 훈련된 통치자이자 매우 치밀한 전략가로서의 면모를 갖추고 있음을 보여준다. 설령 그가 뇌졸중을 앓고 쓰러져서 병상에 누워 있을지라도 그는 병상에서 자신의 체제와 권력을 지키기 위한 전략을 구상하고 있을 것이다. 이제 그는 병상의 전략가로서, 제왕들이 간신과 역모자를 뿌리뽑기 위한 방법으로 병든 것처럼 위계를 써서 역모자를 색출해 냈듯이, 김정일 또한 지금 병상에 누워 있다면, 이 기회를 체제반란자를 색출하는 절호의 기회로 활용할 것이다. 자신의 체제 유지를 위한 무서운 전략가가 바로 북한의 통치자 김정일이다. 따라서 그가 북한의 통치자로서 생존하는 한, 그에 대한 치열한 연구가 없는 대북전략과 정책은 실패할 수밖에 없다. 그리고 한반도의 평화와 화해도 한여름 밤의 꿈으로 끝날 수밖에 없을 것이다.

2

김정일은
건강한가

동북아 지정학의 뇌관, 김정일의 건강

지난 해 10월을 전후로 김정일의 건강이상설이 전 세계 언론의 갑작스런 주목을 받기 시작했다. 1994년 김일성이 사망한 지 꼭 14년이 되는 해다. 세계 최대의 수퍼 강대국인 미국도 쓰러뜨리지 못한 김정일을 넘어뜨린 것은 병이었다. 병명이 무엇일까. 세상의 관심은 온통 그의 건강문제에 쏠려 있다.

왜 그의 건강문제가 중요한가. 그것은 아마도 그가 이 지구상에 남은 마지막 공산주의 독재자 리더십의 소유자이기 때문일 것이다. 그리고 북한이라는 나라의 정치적 안정과 불안정이 그의 건강문제와 직결되어 있고, 동북아시아의 국제정세가 어쩌면 그의 건강문제 하나에 따라 격변할 수도 있기 때문이다. 특히 김정일이 쓰러지면 북한이 소유하고 있는 핵무기는 누가 통제할 것이며, 군부의 강경파가 핵 통제권을 가지게 되면 한반도의 운명은 어떤 상황을 맞게 될 것인가 하는 문제 등에 결정적인 영향을 미칠 수 있기 때문이다. 소위 김정일의 건강은 매우 심각한 부수적 피해 효과collateral damage effects를 불러일으킬 수 있다. 즉 한반도의 안보상황을 매우 불확실한 상태에 빠뜨릴 수 있으며, 주변 정세를 매우 불안정하게 만들 수 있는 것이다.

2000년 6월 15일 김대중 전 대통령과 1차 남북정상회담을 할 때만 해도 프랑스산 붉은 포도주를 담은 큼직한 리델Riedel 글라스 잔을 들고 건배 제의를 하는 김정일의 모습은 매우 건강해 보였다. 그런 김정일이 뇌졸중으로 쓰러졌다는 뉴스를 미국 언론이 세계 최초로 전했다. 그가 얻은 병의 원인은 무엇일까. 그리고 왜 그는 쓰러졌을까.

김정일 건강악화의 주원인

가장 큰 원인 중의 하나는 술이다. 그는 평소 술을 즐긴다. 젊어서는 밤을 지새우며 술을 마셨다. 그가 즐기는 술은 조니워커 스윙과 프랑스 코냑 헤네시 XO이다. 그는 독한 코냑을 얼음이나 물을 타지 않고 벌컥벌컥 들이켰다고 한다. 그래서 젊은 시절에 김정일은 심각한 수준의 알코올 중독 증세가 있었으며, 1978년에는 재활치료가 필요한 상황에까지 이르렀다고 한다.[1]

그의 가장 절친한 술친구는 아태평화위원장을 맡아 제1차 남북정상회담을 주도했던 김용순 전 비서였다. 김용순은 국제부 비서를 맡으면서부터 같은 부서 과장으로 있는 김정일의 여동생 김경희와 사이가 가까워졌고 결국 김정일의 신임을 받아 김정일의 술파티에도 거의 빠지지 않고 참석하는 고정멤버가 되었다. 김용순은 김일성대학 법학부 국제관계학과를 다닐 때부터 문예서클 책임자를 맡았었는데, 노래는 거의 전문가 수준이고 춤도 잘 추었으며 노는 재간이 뛰어났다고 한다.[2] 김정일은 거의 매일 저녁마다 김용순과 술을 마셨다고 한다. 두 사람은 그만큼 가까웠다. 오죽했으면 김일성이 살아생전에 이 두 사람이 서로 만나지 못하도록 떼어놓으라는 엄명까지 내릴 정도였을까. 김정일과 김용순이 만나기만 하면 술을 마시니 김일성 주석은 두 사람을 만나지 못하도록 김용순 비서에게 금족령을 내리기도 했다고 한다. 그래도 두 사람은 김일성 몰래 만나 술잔을 돌리곤 했다. 그런 김용순은 결국 과음 상태에서 차를 몰다 2003년 10월 26일 교통사고로 세상을 떠났다. 김정일의 절친한 술친구 한 사람이 세상을 떠난 것이다. 그러나 북측 정부가 공식적으로 밝힌 김용순의 사망원인은 자동차 브레이크 고장으로 인한 교통사고였다. 김정일이 주최하는 비밀파티에 참석하여 만취된 상태에서 차를 몰고 가다 교통사고가 난 것이다. 김정일이 주최한 비밀파티에는 엄격한 정보통제로 인하여 어떤 고위직 인사라 하더라도 자동차 기사를 대동할 수 없게 돼 있다. 그렇다 보니 파티에 초청을 받으면 직접 차를 몰고 갈 수밖에 없는데, 파티가 끝나면 만취된 상태라 하더라도 직접 차량을 몰고 가야 했던 것으로 전한다. 그때 김용순의 나이 71살이었다.

김용순은 1931년생이다. 그는 평소 자기보다 10살 아래인 김정일에게 "저는 오래 살겠습니다. 그러니까 김 위원장님은 항상 저보다 무조건 10년은 더 오래 사셔야 합니다. 그래야 죽어서도 나이가 동갑이 되는 것 아니겠습니까"라고 너스레를 떨 정도로 김정일의 기분을 맞추는 데 무척 능했다. 김용순은 성격이 매우 쾌활하고 활달해서 김정일에게 듣기 좋은 아부도 잘했고 능청도 잘 떨었다. 그래서 김정일은 그만 만나면 기분이 좋아졌다고 한다.

황장엽의 증언에 따르면, 언젠가 국제부 운영문제로 김용순과 갈등관계에 빠졌을 때 김정일에게 국제부의 실무를 김용순에게 넘기고 자신은 국제부의 정책문제나 다루겠다고 하자 김정일은 "혼자만 알고 있으시오. 김용순을 수령님께서 좋아하시지 않습니다. 수령님은 김용순이 아첨기가 심해 믿지 말아야 하며, 조용한 일은 맡기지 말라고 하셨다"고 했다.[3] 김일성은 김용순이 어떤 인물인지 정확히 파악하고 있었던 것 같다.

그런 김정일도 1994년 7월 9일 아버지 김일성이 심근경색으로 세상을 떠난 후부터는 술과 담배를 많이 절제했다고 한다. 1998년 8월 주한 미국대사관의 스티븐 보즈워스 대사는 올브라이트 국무장관에게 보낸 비밀 전문에서 김정일에 대해 "김일성 사망 후 보좌관들과 술 파티하며 폭음하는 버릇을 고쳤으며, 예의 바른 행동을 의식적으로 하는 경우가 많아졌고 의사결정에도 신중성을 보이고 있다"고 분석했다.[4]

김정일이 술과 담배를 줄이고 절제하게 된 시기는 정확히 1994년 이후부터다. 그러나 그가 술과 담배를 줄이게 된 원인이 아버지를 잃고서 대신 나라를 책임져야 할 위치에 오른 이후부터 과중한 국가의 일을 떠맡기 위해 건강한 체력을 유지해야겠다는 결심 때문인지, 아니면 자신의 건강에도 적신호가 왔기 때문이었는지는 정확히 알 수 없다. 이 두 가지 요인이 모두 복합적으로 작용한 것으로 보인다.

그러나 김정일의 건강에 이상신호가 왔기 때문에 술과 담배를 줄였다는 쪽이 훨씬 더 설득력이 있어 보인다.

김정일은 2000년 남북정상회담 직전 남한의 언론인들에게 "주치의가 나를 이겼습니다. 이들은 독주를 마시지 말라고 내게 말했습니다. 또 하루에 적색 포도주 반 병 이상을 마시지 말라고 권고했습니다. 나는 보르도Bordeaux 또는 부르고뉴Bourgogne 와인을 좋아 합니다. 나는 의사들의 권고를 철저히 지키고 있습니다"라고 말했다. 그러면서 자신은 "50세 이전에는 술을 많이 마셨다"고도 했다.[5] 북한에서 김정일을 이길 수 있는 유일한 사람은 다름 아닌 김정일 주치의인 것으로 보인다.

김정일이 2001년 7월 26일부터 8월 18일까지 러시아 국빈으로서 장장 24일간 지구촌에서 가장 긴 여정에 올랐을 때 일이었다. 김정일은 모스크바로 향하는 도중 러시아의 여러 지방을 관광한 적이 있는데 그 중 한 곳이 다름 아닌 블라디보스토크의 쇼핑센터 '이그나트'였다. 이 백화점은 6층까지 있었다. 김정일은 5층까지 둘러보면서 주류 코너에 오래 머물렀던 적이 있었다. 러시아산 주류 제품들이 늘어선 진열장을 둘러보기 위해서였다. 하지만 누구도 북한 통치자에게 술을 선물할 생각은 하지 못했다. 시베리아 횡단철로를 따라 여행하면서 김정일은 "쉰 살이 되자 의사들이 음주를 자제해 달라고 요구했다"고 러시아 수행원들에게 말했다. 백화점의 한 점원이 우수리스크 공장에서 제조되는 술 종류들을 보여 주면서 '마가목 열매가 든 코냑'을 손에 들고 이 술을 찾는 사람이 많으며 24도라 그리 독하지도 않고 맛이 좋으며 몸에 좋은 성분들을 함유하고 있다고 말하자, 김정일은 관심 있게 술병의 상표를 들여다만 보고는 결국 러시아산 코냑을 사지 않았다. 코냑이나 위스키와 같이 자신이 과거에 즐겼던 술들이 건강에 좋지 않다는 의사의 조언에 따라, 술 종류를 포도주로 바꿨기 때문이다. 이와 관련하여 "전에는 위스키며 코냑이며 술을 워낙 많이 마셨습니다. 하지만 요새는 의사의 권고에 따라 건강에 좋다는 붉은 포도주만 마시게 되었습니다"라고 직접 말한 바 있다.[6]

　김정일과 술에 관한 일화는 많다. 이 부분과 관련하여 황장엽은 자신이 직접 김정일의 술파티에 초대받아 겪은 일화를 다음과 같이 회고하고 있다. "하루는 김정일이 오랜만에 나를 술자리에 불렀다. 한창 연회가 무르익는데 김정일이 나더러 들으라고 말하는 것이었다. '황 비서가 술을 쭉 마시는 걸 보면 죽어도 여한이 없겠소.' 그러자 동료들이 내 양쪽으로 달라붙어 강제로 술을 먹이려고 난리였다. 나는 입을 꼭 다물고 그들이 붓는 술을 절대로 입에 넣지 않았다. 그러자 술이 흘러 옷이 젖고 말았다. 동료들이 질려 물러가자 이번에는 김경희(김정일 여동생으로 황장엽과 사이가 좋음)가 나섰다. 나는 그녀와 관계도 있고 또 많은 사람들 앞에서 그녀가 무안해지지 않게 하려고 조금 마시는 척 했다. 그걸 본 김정일이 직접 나섰다. '모두 그만 두시오. 내가 책임지고 마시게 할 테니.' 김정일은 자기 자리에 있는 술병을 들어 따라 주면서 덧붙였다. '버티려면 끝까지 버텨야지. 경희가 먹인다고 드시면 됩니까.' 듣고 보니 그 말이 맞아 그가 따라준 술을 눈 딱 감고 입에 털어 넣었다. 그런데 놀랍게도 그 술은 맹물이었다. 아마도 김정일은 술을 마시지 말라는 의사의 권고가 있어서, 색깔만 술과 같이 낸 맹물을 마시고 있었던 모양이었다. 물론 간부들은 모르고 있었다."[7] 김정일은 건강문제로 술파티에서도 맹물만 마셨던 것이다.

불안정한 병상통치

김정일의 건강 문제는 어쩌면 선천적으로 타고난 것이었는지도 모른다. 그의 건강과 관련하여, 1985년 당시 평양 주재 소련 대사였던 미하일 슈브니코프는 소련 공산당 중앙위원회에 제출한 극비 보고서에서 "김일성 일가는 모두 신장결석에 잘 걸리는 체질로, 김정일도 만성적인 신장결석을 앓고 있으나 그 이상의 질환은 없다"고 기록했다.[8] 이 보고서 내용이 사실이라면 김정일은 지금의 당뇨합병증, 뇌졸중, 심장질환 이외에 이미 신장결석에 잘 걸리는 체질을 선천적으로 타고난 셈이다. 아버지인 김일성이 심근경색으로 세상을 떠났기 때문에 아들인 김정일도 심장병이 유전됐을 가능성을 배제할 수 없다.

선천적으로 비만 체질이었던 김정일은 술과 담배를 가까이하며 자신의 건강관리에 소홀했던 것이다. 특히 젊어서 독한 술을 즐기고 담배 또한 많이 피웠던 것으로 알려져 있다. 김정일의 약간 허스키한 쉰 목소리는 지나친 흡연 때문이라는 주장도 있다. 김정일의 극동방문을 동행했던 한 러시아 기자는 "김정일의 약간 쉰 듯한 목소리는 아마도 오랜 세월 즐겨온 흡연 탓인지도 모른다. 그는 측근들에게 원하기만 하면 담배를 끊을 수 있다고 말하곤 했다. 그리고 실제로 21세기에 들어와서 김정일은 담배를 끊기로 모진 결심을 했고, 이제는 담배를 피우지 않는다. 수많은 고위 군장성들, 군단과 사단의 지휘관들은 김정일 최고사령관을 본받아 담배를 끊었다. 물론 일반 인민들에게는 양질의 담배가 계속 제공되고 있다"[9]면서 "김정일이 심장 수술을 받은 이후로 의사들은 김정일에게 술과 담배를 끊으라고 조언했다. 그래서 그의 집과 사무실, 그가 자주 가는 관공서는 비흡연 지역으로 지정되었다. 심지어 고위 당간부들도 이러한 지시에 따르고 있으며, 담배를 피우려면 건물 밖으로 나가야만 한다"고 증언했다.[10] 1999년 11월 20일 내각 기관지《민주조선》은 김정일 총비서가 "담배를 삼가하는 것이 좋을 것이다. 흡연은 명백히 건강에 해롭다"고 말했다고 보도했다.

김정일이 최근 뇌졸중으로 쓰러진 이유도 젊은 시절 과도한 음주와 흡연, 선천적으로 타고난 비만 체질이 주된 요인이었던 점은 부인하기 어려운 것이다. 그가 건강을 유지하지 못한 또다른 이유 가운데 하나는 운동을 좋아하지 않기 때문인 것으로 보인다. 그는 축구, 배구, 농구, 조깅 할 것 없이 몸을 과도하게 움직이는 운동은 좋아하지 않는다. 그는 역대 미국 대통령들이 캠프 데이비드 별장을 누비면서 조깅하듯이 뛰어다니는 운동을 거의 한 번도 한 적이 없다. 한자리에 앉아 비디오나 영화감상을 한다거나 축구장 같은 데에서 경기관람을 하는 것은 좋아하지만, 직접 뛰면서 운동하는 것은 체질적으로 싫어하는 것으로 알려져 있다. 과다한 체중은 선천적으로 타고난 것이기도 하지만 결국 먹는 만큼 뛰거나 에너지를 소비하지 못한 데서 온 결과인 셈이다. 김정일이 즐기는 스포츠는 사격, 승마, 사냥이라고 한다.[11] 김정일은 러닝머신을 사용하지 않으며, 테니스 같은 구기종목도 즐기지 않는다고 한다. 그의 건강이 안 좋은 주된 원인은 과음과 운동부족에서 비롯한 당뇨합병증으로 보인다.

무리한 현장지도

　김정일은 이렇다할 운동을 즐기지 않으면서도 전국을 누비며 현장지도는 철저히 강행하고 있다. 심장질환에 당뇨병까지 앓고 있는 몸으로 낮에는 최전방 군부대까지 시찰하고 다니느라 과도한 피로가 쌓이고, 이런 하루하루의 고단한 일상이 김정일의 건강을 더욱 빠른 속도로 악화시키고 있다.

　여운형呂運亨의 둘째 딸로 북한 최고인민회의 부의장을 역임했던 여연구 씨는 한 재미 언론인과의 인터뷰에서 이렇게 증언했다. "한마디로 그 분은 우리 공화국에서 가장 늦게 자고 가장 일찍 일어나는 분입니다. 모두들 총화짓고 가면 밤 11시나 되는데, 그때부터 그 보고서들을 다 읽으시니까 잠이 부족해서 눈이 빨개집니다. 그걸 보면 수령님께서는 가슴이 아파서 '혁명 하루 이틀 하나. 잠은 자야지' 하면서 근심하시니까, 수령님께 보고 들어갈 때면 일부러 수령님 저만큼 (멀리) 섭니다. 가슴 아파하실까봐."[12]

　김정일은 자신이 밤늦도록 국정보고서를 읽다가 궁금한 점이 있으면 한밤중이라도 실무자에게 전화로 확인하는 버릇이 있다고 한다. 그리고 현장지도를 철저히 다니는 것도 후계수업 과정에서 익힌 습관이기도 하지만, 자신이 명령하고 지시한 사항들이 잘 이행되고 있는지 여부를 점검하는 확인행정적인 측면이 강하다고 한다. 그는 현장지도를 다니면서 주로 낮에 차속에서 '쪽잠'을 즐기기 때문에 현장지도를 마치고 돌아오면 곧장 잠을 자지 않고 밤늦은 시간까지 자신에게 올라온 보고서를 모두 읽는다고 한다. 이런 생활은 건강할 때라면 몰라도 건강하지 못할 때는 건강을 급속히 악화시키는 요인이 된다. 김정일은 지금도 여전히 자신의 수령체제를 유지하기 위해 최전방 군부대까지 빼놓지 않고 다니며 시찰한다. 건강 상태를 감안할 때 엄청나게 무리한 강행군을 하고 있는 것이다. 한때 북한의 선전매체들은 김정일이 1964년 6월 당사업을 시작한 때부터 1999년 6월까지 35년 간 3,900여 일에 걸쳐 7,400여 단위의 각급 당 기관들과 혁명 사적지, 군부대, 공장, 기업소, 협동농장, 과학 교육 보건 출판 보도기관들을 현지지도했다고 선전했다. 1년 365일 가운데 평균 111일, 211개 단위를 지도한 셈이다.[13]

이게 사실이라면 김정일은 거의 매일 평양을 떠나 현장에 나가 있는 셈이 된다. 지난 2000년 정상회담을 논의하기 위해 김정일을 만나러 방북했던 남측특사는 순안비행장에서 특별기를 타고 35분 간 비행한 후 평북 신의주 근처의 군용비행장에 내려 다시 그곳에서 경호대의 인민군 대위가 운전하는 벤츠 세단으로 약 30분 정도 구불구불한 비포장도로를 달려 김정일을 만났다. 1999년 재방북한 정주영 회장도 평양이 아닌 함흥에서 김정일을 만났다.[14] 이처럼 김정일은 평양을 자주 비우고 지방에 장기간 머무는 때가 많은데 1년이면 약 40%의 시간을 지방에서 보낸다고 한다. 세계 어느 나라 대통령보다도 현장에 가장 많이 나간 지도자인 셈이다. 미국의 부시 대통령은 지난 2005년 뉴올리언즈 주가 카트리나 재앙을 맞았을 때 현장 시찰을 한다면서 헬기를 타고 상공만 슬쩍 한 바퀴 돌고서 떠나 버렸다. 그래서 미국민들로부터 집중적인 비난을 받은 적이 있다. 그런 후 부시는 자신에게 쏟아지는 비난 여론을 잠재우고자 며칠 후 다시 뉴올리언스 주를 방문해 피해를 입은 주민들을 직접 만나 위로했다. 하지만 그의 현장 방문은 모두 정치적이고 형식적인 제스처에 불과하다는 혹평 속에 결국 민심을 얻지 못했다.

한편 김정일로서는 잦은 현장지도야말로 북한의 민심을 아우르고 군부의 불만을 잠재울 수 있는 카드 중 하나라고 여기기 때문에 건강이 좋지 않은 상태임에도 현장지도를 중단할 수 없었을 것이다. 김정일의 철저한 현장지도가 없었더라면 김정일에 대한 군부의 불만은 지금보다 더 커졌을지도 모른다. 북한 군부가 김정일에 대해서 높은 충성심을 보이는 이유 가운데 하나가 사시사철 가리지 않고 김정일이 직접 군부대를 현장지도하기 때문일 것이다. 사실 북한의 최전방 도로는 아직도 비포장도로가 대부분인 것으로 알려져 있다. 모든 길들이 꼬불꼬불하며, 심지어 비가 조금만 와도 자동차 바퀴가 황톳길에 빠져 운행이 중단되는 경우도 비일비재하다고 한다. 북한의 군인들은 이런 낙후된 도로사정이 얼마나 험악한지 잘 알고 있다. 그렇기 때문에 어려움을 뚫고 자신의 부대를 방문해 주는 김정일에게 한없이 깊은 충성심을 보낸다고 할 수 있다. 김정일 역시 군부의 불만을 잠재우는 지름길이 현장지도에 있다는 점을 잘 알고 있을 것이다. 북한에서 수령은 곧 국가이다. 이는 루이 14세의 말처럼 짐은 곧 국가이듯이 수령은 곧 북한 자체인 것이다. 그래서 수령은 초헌법적인 국체國體나 다름없다. 김정일의 권력은 제2차 세계대전 당시 일본 천황의 절대권력을 능가한다. 북한의 수령절대주의 체제는 수령인 김정일의 건강 상태에 그 운명이 좌우된다고 해도 과언이 아니다.

김정일 이후, 가능한 시나리오

평소 만성폐질환과 당뇨합병증, 심장기능 이상을 앓아온 김정일은 2007년 4월 말 심혈관 확장수술 후 2주 정도의 회복기를 거쳐 활동을 재개했다가 2008년에 다시 뇌졸중으로 쓰러졌다. 김정일의 건강이 회복세라고는 하지만, 이미 심장병과 뇌졸중으로 쓰러진 적이 있는 그에게 완전한 회복을 기대하기는 어려워 보인다. 그리고 당뇨합병증으로 인하여 다음번에는 또다시 어떤 병으로 쓰러지게 될지 장담할 수 없는 상황이다. 과거 심장수술은 독일 의사들에게 받았고, 이번 뇌졸중 치료는 중국의 군의관들이 한 것으로 전해진다. 나중에는 프랑스 의사까지 가세했다. 촌각을 다툴 만큼 이번 병세가 심각했음을 방증한다.

김정일이 완쾌 수준으로 건강을 회복하지 못할 경우, 현장지도를 통한 북한체제 관리는 이제 사실상 과거에 비해 매우 어려운 상황으로 접어들게 될 것이다. 그렇게 되면 북한 군부에 대한 활발한 현장지도도 예전처럼 할 수 없어진다. 이같은 상황은 군심과 민심의 불만을 달래는 유효한 방편으로 현장지도를 활용하면서 수령 절대체제를 유지해 왔던 김정일에게는 커다란 숙제가 아닐 수 없다.

김정일의 건강 회복이 늦어질 경우 북한 내부에서 발생할 수 있는 또 다른 문제는 김정일 이후의 후계구도 문제이다. 누가 과연 김정일의 권력을 승계할 것인가 하는 점이다. 그리고 권력 구조는 어떤 형태가 될 것인지도 논란거리이다. 당과 군의 집단지도체제로 갈 것인지, 아니면 김정일이 지명하는 인물에게 절대적 권력을 집중하는 또 다른 수령체제로 갈 것인지, 그것도 아니면 한 명의 상징적인 지도자를 전면에 내세우고 군과 당이 협력하는 단일성 집단지도체제로 갈 것인지가 상당한 관심사로 떠오르게 될 것이다. 이 모든 문제는 김정일의 건강 여하에 달려 있다. 그의 건강이 단시일 내에 회복되어 뇌졸중 이전과 같은 활동을 재개한다면 현 통치체제는 별 이상 없이 지속될 것이다. 즉, 김정일을 정점으로 한 수령체제는 '현상유지'할 수가 있다. 그러나 건강 악화로 활발한 현장지도가 불가능해질 경우 김정일은 새로운 대리 통치자를 내세워 북한을 이끌어가되, 후계구도 작업에 상당한 속력을 낼 것이다. 그렇더라도 김정일의 섭정에 바탕한 대리통치 체제일 공산이 크다. 의식을 회복할 수 없을 정도로 그의 병세가 악화될 경우는 어떨까. 당장은 북한 군부가 국가운영의 통제권을 쥐고서 노동당과의 협의하에 국정운영에 나서는 군·당협의체제가 자리잡을 것으로 보인다. 여기에는 제3의 인물을 상징적으로 옹립하여 새로운 지도체제를 구축해 나가는 과정도 포함된다.

김정일의 건강회복이 지연될 경우 나타날 수 있는 세 번째 문제는 북한의 핵통제권을 누가 갖게 될 것인가 하는 점이다. 이 문제가 정리되지 않은 상황에서 북한 군부 내에서 권력투쟁이 일어난다면 한반도와 동북아 정세는 급격히 불안정한 상황에 빠져들 수 있다. 현재 북한은 적게는 2, 3기 많게는 약 10기 정도의 핵탄두를 보유하고 있는 것으로 알려져 있다. 그리고 핵무기를 제조할 수 있는 기술과 능력이 있으며, 실제 핵실험도 성공적으로 치른 나라이다. 이런 나라가 정치적으로 불안정한 상황을 맞게 될 경우에 북한의 핵이 외부로 유출될 것인지도 국제사회 초미의 관심사이다. 북한의 핵물질이 잘못 관리되어 중동에서 활동하고 있는 알 카에다에게 흘러 들어간다면 이는 중동에 재앙의 씨앗이 될 수 있다. 또한 러시아로부터 독립을 주장하고 있는 체첸 반군이나 중국의 중앙정부로부터 분리 독립운동을 주장하고 있는 신장 위구르, 티베트 지역으로 북한 핵탄두가 흘러가게 된다면 이 또한 상상할 수 없는 위험을 몰고 올 수 있다. 미국과 중국, 러시아 등 한반도 주변 국가들이 북한 핵문제에 민감한 반응을 보이고 있는 것은 다름 아닌 북한 핵을 잘못 관리하면 북핵이 주변국들에게 치명적인 위협이 될 수 있다고 보기 때문이다.

김정일의 건강문제는 우리에게 이렇게도 위험하고 불확실하며 불안정한 문제들을 유발한다. 미국의 전 국방부 장관 로버트 게이츠는 김정일의 건강 문제로 인한 불안정이 이라크와 아프가니스탄에 발이 묶여 있는 미국에 미칠 영향에 관한 질문을 받고 "설사 한반도에서 갈등이 발생하더라도 지상군 투입을 하지는 않으므로 군사력 측면에서는 무관하다. 그러나 우리는 불안정 가능성에 대해 매우 면밀히 주시하고 있다"고 답했다. 그는 "북한과 이웃한 국가들은 모두 대규모 난민 유입 가능성 때문에 북한의 불안정을 우려하고 있다"고도 덧붙였다. 중국에서 북한통으로 잘 알려져 있는 류훙차이 대외연락부 부부장도 일본 공명당의 오타 아키히로 대표와 만난 자리에서 "(북한에서)혼란이나 중대한 사건이 발생했다는 징후는 없다. 북한에 혼란이 일어나지 않는 게 좋다. 동북아시아의 평화가 무너진다. 이는 모든 나라에 이롭지 않은 일"이라며 북한 내 불안정 가능성에 대한 관심을 표명한 바 있다.[15] 세계 어느 나라든지 그 나라 지도자의 건강은 그 나라 체제의 건강을 상징하는 작은 지표가 되고 있다. 푸틴 전 러시아 대통령이 웃옷을 벗고 자신의 근육을 내보이며 사냥총을 들고 사냥하는 장면을 연출한 것도, 전 세계인들에게 자신의 강인한 건강미를 보여줌으로써 러시아의 역동적인 이미지를 대외적으로 심기 위한 상징조작인 것이다. 수령 한 사람에게 절대적으로 충성·의존하는 수령체제 국가인 북한은 지금 수령인 김정일의 건강 회복 여부에 따라 체제의 존망도 벼랑 끝에 걸려 있는 상황이다. 북한이 통제 불능의 상태에 빠질 것인지, 아니면 새로운 출발을 할 것인지는 전적으로 수령인 김정일의 건강상태에 달려 있다. 김정일이 건강을 되찾아 자신이 좋아하는 프랑스 와인을 다시 마실 수 있을까. 설사 그렇더라도 북한의 지도체제는 변화가 불가피할 것이다. 김정일은 과거와 같이 자주 현장지도를 하지는 못할 것이다. 그렇게 되면 누군가 이 권력의 공백을 메워야 할 것이다. 그렇다면 이에 따라 북한의 후계구도 작업 또한 빨라질 수밖에 없다. 누가 김정일의 후계자가 될까.

3

김정일의 후계자는 누구인가

태국의 왕조체제를 꿈꾸다

김정일은 현재 수령제 사회주의체제를 유지하고 있지만 그가 실제로 원하고 있는 북한의 체제는 왕조체제이다. 어떤 점에서 보면 북한은 아직 민주화되지 않은 중동의 나라들처럼 왕조국가인지도 모른다. 김정일의 권력은 역대 어떤 왕조보다 더욱 막강하고 절대적이다. 내부에 이를 견제할 만한 세력이나 제도도 마련되어 있지 않을 정도이다. 북한의 국명인 '조선민주주의인민공화국'에 '조선'이란 말이 들어 있는 것도 과거 500년 동안 봉건왕조체제를 유지해 왔던 조선 왕조처럼, 자신들의 왕조체제를 꿈꾸는 김정일에겐 딱맞는 국명일지도 모른다. 2001년 10월 올브라이트 당시 미 국무장관을 만난 자리에서 김정일은 "태국은 강력한 전통적인 왕실체제를 유지하고 있고, 오랜 격동의 역사 속에서 독립을 보존해왔으며, 그럼에도 시장경제 체제를 갖고 있다. 나는 태국 모델에 관심을 갖고 있다"라고

말해 실제로 왕조체제에 관심이 많음을 드러냈다.[1]

따라서 북한의 김정일이 현재 심중에 품고 있는 미래의 북한 체제 모델 가운데에는 시장경제가 작동되는 태국의 왕조체제가 유력한 하나의 대안체제로 자리 잡고 있는 것이다. 즉 자신과 그 가족들은 태국에서와 같이 왕가王家로 대우를 받고 대신 권력은 자신의 대리인에게 이양할 가능성이 있다. 정치는 왕의 위치에 있는 자신보다 하위체제인 당이나 행정부에서 맡아서 결정하며, 시장경제를 도입하여 경제를 살려 나가는 구상인 것으로 보인다. 김정일은 자신과 자신의 가족들을 왕과 왕족으로 격상시키고 실질적인 국가운영에 관한 정치와 경제 및 행정은 대리 통치자를 내세워서 전담시켜 나갈 것으로 보인다.

김정일이 지금까지 자신의 아들들 가운데 한 사람을 선택하여 실질적인 후계자로 내세울 만큼 후계구도에 공을 들인 흔적이 뚜렷하게 보이지 않은 것도 이런 측면에서 본다면 나름대로 그 이유를 짐작할 수 있을 것이다. 3대인 자신의 아들들에게까지 최고 통치자의 자리를 대물림하는 것보다 자신과 자신의 가족은 영원히 왕족으로 남는 왕조체제를 구축하여 왕조체제의 하위체제로 정당과 시장경제를 작동시킨 후, 이를 자율적으로 운영해 나갈 수 있는 북한의 새로운 체제 수립 작업을 모색해 나가고 있는 것은 아닌지 관심 있게 지켜 볼 필요가 있다.

사실 자신의 어린 아들들이나 후손을 계속해서 보존해 나갈 수 있는 방법으로도 왕조체제가 바람직한 체제라고 생각했을 수 있을 것이다. 그렇다고 본다면 지금의 북한 경제특구는 실제로 단계적인 시장경제체제를 도입하기 위한 예비단계로서 중국과 베트남의 경제특구를 벤치마킹한 것으로 해석할 수 있을 것 같다. 이런 상황에서 김정일에게 가장 중요한 것은 역시 자신의 후계자를 누구로 내세울 것인가 하는 문제이다.

이 시점에서 김정일의 뜻에 맞춰 북한에 왕조체제와 시장경제를 동시에 구축해 낼 수 있는 신뢰와 능력을 모두 갖춘 인물은 누구일까. 현 상황에서 최적임자는 역시 김정일의 매제인 장성택 행정부장으로 보인다. 김정일의 입장에서 본다면, 장성택은 김일성-김정일 가를 북한의 왕족으로 규정하여 새로운 왕조체제를 구축하고 제도화해가면서 한편으로 시장경제를 도입·착근시킬 수 있는 최고 적임자인 것이다.

당과 군부의 파워게임

북한 김정일 국방위원장이 뇌졸중으로 쓰러진 이후, 2008년 9월 9일 북한 정권 수립 60주년을 기념하는 9.9절 행사는 세계 언론의 주목을 받았다.

김정일이 와병중일 때 국가 행사와 관련한 결정권을 누가, 어디서 행사하느냐 하는 문제는 북한 권력체계에 주목하는 사람들에게는 아주 흥미로운 관심사였다. 결론부터 말하면, 9.9절 60주년 행사를 당일 저녁 늦게나마 치르기로 결정한 건 군부 내 집단지도회의였다. 결정이 늦어진 건 물론, 김정일의 유고라는 '돌발상황'으로 행사준비와 추진에 관한 군 내부의 사전 의견조율이 미처 이뤄지지 못했기 때문이다. 이 대목을 눈여겨봐야 하는 건, 비록 기민한 모습을 보여

주지는 못했지만, 북한에서 비상 상황이나 김정일 이후 어떤 세력이 권력을 승계할 것인지 가늠케 하는 대목이기 때문이다.

이런 점에서 김정일 이후 북한의 리더십은 군부의 영향력이 더욱 커지는 양상을 띠게 될 것이다. 김정일 국가의 권력 중심은 이미 당에서 군으로 넘어갔다. 노동당은 1980년 이후 한번도 전체회의를 소집하지 않았고, 노동당 중앙위원회는 1993년 12월 이후에는 소집된 예가 거의 없었던 점으로 보아 북한의 파워하우스는 이제 당이 아니라 군부집단이다. 당은 평상시 형식적인 파워그룹이고 비상위기시에는 군부가 실권을 행사할 것으로 보인다. 이런 점에서 북한이란 국가와 체제의 특성도 '공산당 독재를 특징으로 한 사회주의 일당독재체제'에서 '김정일 절대 지배를 특징으로 한 선군형 독재체제'로 변모중인 셈이다. 이는 공산당과 사회주의 이념이 국가운영의 절대적 가치로 자리잡으면서 모든 결정은 당이 중심이 된다는 일당독재체제에서 김정일 개인의 생각과 실용이 우선하고 당보다는 군의 영향력이 커지고 있다는 것을 의미한다. 이런 군부의 당 우위체제는 북한이 국제사회로부터 고립되면 될수록, 그리고 북한이 내부분열과 외부위협으로 인해 체제 위기를 더 크게 느끼면 느낄수록 정당화될 것이고 지배력도 더 강화될 것이다.

북한에 위기 상황이 발생하면 국제사회와 미국이 가장 우선적으로 북한 군부의 동향에 촉각을 곤두세우고 있는 것도 북한의 파워하우스가 군부집단이기 때문이다. 얼마 전 김정일이 뇌졸중으로 쓰러졌을 때 크리스토퍼 힐 미 국무부 차관보가 베이징에 가서 중국과 머리를 맞대고 걱정했던 점은 지금까지 진행해 온 북핵 협상을 만약 김정일이 실권失權할 경우, 북한 군부를 상대로 어떻게 해 나갈지에 대한 모색이었다. 북한의 핵문제를 관리해야 할 미국의 입장에서 보면 김정일 이후 북한 핵의 통제권이 군부의 수중으로 넘어갈 가능성을 매우 우려하고 있다고도 볼 수 있다.

김정일 이후 북한을 누가 이끌어 갈 것인가 하는 문제에서 빼 놓을 수 없는 또 하나의 집단은 조선 노동당과 행정관료 집단이다. 이들이 권력에 진입하는 단계가 되면 북한은 어느 정도 체제위기와 정치적 혼돈으로부터 서서히 정치적 안정을 회복해 나가는 국면에 다다른 시점이 될 것이다.

그렇게 되면 북한의 권력체제는 순수 군부 중심의 집단지도체제에 노동당의 행정관료가 투입된 군과 당의 복합지도체제 혹은 군과 당의 집단 혼합체제가 될 것이다. 그러면서 북한은 외형적으로는 직접적 군부지배체제에서 간접적이고 제한적인 군부지배체제로 전환될 것이다. 당의 역할과 비중이 살아나면서 대내외적으로 중요한 행정·외교적인 문제는 당과 정부가 주로 다뤄 나가면서 핵심 사항에 대해서만 군부의 동의를 구해 나가는 전당후군부前黨後軍部 협력체제가 될 것이다. 그 이유는 국가나 행정부를 이끌어 나갈 집단으로서 북한의 군부집단은 충분한 능력을 갖고 있지 못하기 때문이다. 실제로 그들에게 국가경영을 맡긴다 해도 무력을 사용할 수 있는 기술은 확보하고 있으나 통치능력은 결여되어 있다. 따라서 군부만으로는 북한이란 나라를 장기간 이끌어 나갈 수 없다.

사실 북한의 내부행정부서를 효율적으로 이끌고 나갈 수 있는 집단은 노동당의 전문 테크노크라트들이다. 북한 전역의 모든 조직을 관장하고 있는 조직부, 북한 내부는 물론이고 외부에까지 체제선전을 하여 동의를 얻어낼 수 있는 선전부, 해외에 자국의 활동을 선전하고 외교활동이나 북핵협상을 이끌면서 국제사회의 동조를 얻어내는 국제부 등의 역할을 군부가 대신하지는 못한다. 북한 군부에게는 남한의 과거 박정희 군부와 같은 국가경영 능력이 없다. 전쟁수행 능력은 있을지 몰라도 경제재건 능력은 없는 것이다. 이 때문에 북한 군부는 노동당 전문 테크노크라트와 연합하지 않을 수 없다. 그들의 도움이 없이는 장기적인 국정운영을 해 나갈 수가 없는 것이다. 그래서 북한 군부는 민간인 내각을 통하거나 적어도 군정이 아닌 다른 형태로 할 수밖에 없다.

북한을 통치하는 데 군부는 두 가지 치명적인 약점이 있다. 첫 번째로 통치능력이 없다는 것이고, 두 번째는 정통성의 부족이다. 김일성-김정일 수령체제 하에서 50년 넘게 주체사상 교육을 받고 자라온 북한 주민들의 입장에서 김 부자 이외의 제3의 권력집단이 김 부자의 권력을 대체하는 세력으로 등장할 경우, 이를 권력의 실체로 받아들이기보다는 권력의 이단자로 생각하여 그들의 통치행위를 쉽게 따르지 않을 것이다. 심리적 안정을 찾지 못해 불안해 할 가능성이 높다. 그렇기 때문에 이러한 상황에 직면하는 일 없이 후계 체제를 구축하려면 김정일이 생존해 있는 동안 그의 권력을 위임받을 수 있는 잠정적인 권력대행자가 필요하다. 이러한 권력 대리자를 통해 김일성-김정일 가와 관련된 제3의 인물을 선택하여 후계구도를 정착시켜 나가는 일정한 과도기적 권력이양 기간이 필요할 수밖에 없을 것이다.

김정일 권력대행자는 누구인가

김정일의 권력이양 과정도 완벽한 후계구도가 만들어지기 전까지는 김정일의 의중을 전달하고 집행하는 '권력대행자' 의 역할이 불가피하다. 그렇게 될 경우 의문은 김정일의 권력대행자로 과연 누가 적합할까 하는 점인데, 현재 그 역할을 대신해 줄 수 있는 인물은 단 한 사람 뿐이다. 다름 아닌 김정일의 매제 장성택이다.

장성택은 김정일이 병상정치를 하고 있는 동안 이미 그의 의중을 당과 군에 전달하면서 권력대행자 역할을 충실히 하고 있는 것으로 알려져 있다. 지금 북한 내부에서는 장성택의 권력에 도전할 수 있는 라이벌은 거의 없다. 장성택에게 도전하는 집단이나 세력은 곧 김정일의 권력과 통치행위에 도전하는 세력으로 간주될 수 있을 정도이며, 국가운영과 관련된 중요한 대소사에 대한 결정은 김정일의 지시와 서명을 받아 장성택이 집행한다고 한다. 그리고 민감한 문제들에 관한 정책적 결정도 장성택이 김정일의 동의만 구하여 처리하는 방식으로 이루어지고 있다. 일상적인 작은 행정적 처리도 모두 장성택이 전담하여 대신 맡았는데, 김정일의 병상을 자유자재로 드나들 수 있는 인물도 아들들을 제외하면 김정일의 주치의와 김옥 과장, 그리고 장성택 세 사람 정도이다. 김정일의 병실은 완벽하게 통제되어 장성택의 동의 없이는 누구도 마음대로 드나들 수 없었다고 한다. 이런 상황과 맞물려 장성택은 김정일의 권력대행자 역할을 충실하게 수행한 셈이다. 장성택은 지금 자신의 지위와 상관없이 북한의 최고 실세로 자리 잡아가고 있다. 오히려 장성택에게 충성하고 복종하려는 움직임이 고위관료들 사이에서 드러나고 있다는 증언도 있다. 이처럼 장성택이 김정일의 절대적인 신임을 얻을 수밖에 없게 된 이유는 무엇일까?

여기에는 두 가지 요인이 있다. 첫째, 김정일의 두 아들인 김정철, 김정운의 어머니이자 김정일의 두 번째 부인이었던 고영희가 2004년 6월에 세상을 떠남으로써 장성택에 도전할 수 있는 김정일의 최측근이 사라졌다는 점이다. 둘째, 이 지구상에 남아 있는 김정일의 형제뻘되는 가장 가까운 피붙이는 여동생 김경희 경공업부장 뿐인데, 장성택이 바로 김경희의 남편이란 점이다.

북한 내부에는 지금 후계자를 누구로 내세울 것인가 하는 문제를 놓고 김정일의 참모들 사이에, 김정남계와 김정철계 간의 파워 게임이 아주 치열하게 전개되고 있다고 한다. 차남 김정철의 생모인 고영희가 죽기 전에는 김정철이 어느 정도 힘을 썼으나, 고영희의 사망으로 지금은 김정남이 다시 부상하고 있다.

그렇다면 김정일의 권력대행자 장성택은 무슨 생각을 하고 있을까. 장성택은 작년 2008년 자신의 건강문제로 러시아에 있는 한 병원에 입원한 적이 있었는데, 귀국길에 잠시 싱가포르에 들러 이곳 마카오에서 활동하고 있는 김정남과 만났다. 그리고 두 사람은 곧장 아프리카로 여행을 떠났다. 두 사람은 상당히 장기간 아프리카에 머물면서 북한의 후계구도에 대한 논의를 했다고 한다. 김정남이 원래 정치하는 것을 좋아하지 않고 어디에 묶여 있는 것을 바라지 않기 때문에 이런 김정남을 데리고 아프리카로 여행을 다니면서 김정남에게 후계자가 되어야 한다는 문제를 설득시키고 돌아왔다고 한다. 이런 사실은 물론 김정일에게도 보고가 되었다. 이 일은 김정일의 묵인 아래 진행된 것이었다고 한다. 현재 북한 내각에는 많은 해외

사업체를 가지고 대북 지원자금을 조달하는 역할을 김정남과 함께 수행하면서 그와 돈독한 관계를 유지해왔던 인물들이 다수 포진해 있다. 2007년 4월 북한 내각 총리로 임명된 김영일 육해운상도 싱가포르 등지에서 해운업 총책임자로서 북한 경제를 재정적으로 뒷받침하는 데 중추적 역할을 해온 인물인데, 그 또한 김정남을 심정적으로 옹립·지지하는 입장인 것으로 알려져 있다.

장성택의 역할은 과거 김일성 밑에서 김정일을 옹립한 김영주의 역할이 될 가능성이 있어 보인다. 원래 김정일은 장성택이 김정남을 후계자로 옹립하는 일에 전념하는 것을 별로 달가워하지 않았으나 측근들의 요구로 할 수 없이 김정남의 후계작업 추진을 묵인하고 있는 정도라고 한다.

그러나 김정철을 둘러싸고 있는 참모들은 여전히 반대를 굽히지 않고 있다. 김정남이 아직 지도자 수업이 안 되었다는 점과 책임감이 없는 자유 한량이나 다름없는 사람이란 점 때문이다. 한량과 같은 인물에게 나라를 맡길 수는 없다는 입장이라고 한다. 그러나 그 반대편에서 김정남을 옹립하려는 세력은 김정철이 아직은 어린아이와 다름없다는 점과 어린아이와 같은 사람에게 나라를 맡기면 그 나라의 체면이 서겠느냐는 점을 내세우고 있다. 다만 김정일의 세 아들 가운데 김정남이 후계자로서 가장 유리한 위치를 확보하고 있는 점은 북한 사회가 유교적인 장자 상속사회라는 사회 구조와 정서 때문이다. 김정일이 김일성의 후계자가 될 때도 일부에서는 차남 김평일과 김정일의 삼촌 김영주를 거론한 바 있었다. 하지만 김정일은 별 무리 없이 후계자로 옹립됐는데, 여기에는 유교적 가치관에 따라 장자상속 전통을 당연시해온 북한 정치문화의 영향이 컸다. 이 문제로 지금 김정일 비서실은 보이지 않는 신경전을 펼치고 있으며, 비서들 간에도 이해관계가 매우 복잡하게 얽혀 있는 상황이라고 한다.

북한에서 후계구도와 관련하여 무시할 수 없는 마지막 한 사람은 고영희의 사망 이후 김정일의 최측근으로 자리잡은 국방위과장 김옥이다. 이 여비서가 영부인 역할을 내부에서 하고 있고 그의 가족들까지도 상당히 고무되어 있다고 한다. 그러나 김옥 과장은 김정일 이후 후계자로서 직접 나서기보다는 어디까지나 김정일의 후계 결정에 일정한 영향력을 행사하는 선에서 자기 역할을 할 것으로 보인다.

결국 김정일의 후계문제는 김정일의 의식이 살아 있는 한 김정일의 의중에 달려 있으며, 여기에 김정일 일가의 영향력이 상당히 크게 작용할 것으로 보인다. 김일성은 자신의 나이 62세였던 1974년에 김정일을 후계자로 지명했다. 당시 김정일의 나이는 32세였다. 지금 김정일의 나이는 67세이다. 김정남의 나이는 37세이다. 김정남은 후계수업을 아버지인 김정일처럼 철저하게 받아 오지 않았다. 그리고 김정일도 자신의 아버지였던 김일성처럼 아들의 후계 작업에 몰입하지 않았다. 이런 측면에서 본다면 김정일이 과연 아들인 김정남을 내세워 자신의 권력을 이양해 줄 생각을 갖고 있는지에 대해서도 의문을 가져 봐야 한다.

김정남과 장성택. 이 두 사람은 김정일 이후 북한의 후계구도에서 가장 주목해야 할 인물이다. 장성택이 김정남의 '킹메이커'로 남을 것인지 아니면 자신이 '킹'으로 등극할 것인지의 문제는 그래서 더욱 흥미롭다.

김정남은 친중국 개방파인가

북한의 지도자 김정일이 뇌졸중으로 쓰러진 이후 북한에 대한 세계인들의 관심은 북한 핵이나 미사일보다는 누가 김정일의 후계자가 될 것인가에 모아지고 있다.

현재 북한에서 김정일 이후를 대비하여 후계자 물망에 오르고 있는 유력 인물은 셋이다. 바로 김정일의 장남 김정남과 차남 김정철 그리고 매제인 장성택이다. 이 세 사람 가운데서도 김정일의 후계자로 직계 혈통을 이어 받고 있는 인물은 장남 김정남과 차남 김정철이다.

이 두 아들은 모두 김정일의 자식이긴 하나 이복형제들이다. 김정일 자신도 이복동생이 있는데 그는 현재 주폴란드 북한대사를 역임하고 있는 김평일이다. 김정일에게는 공식 비공식적으로 결혼을 하거나 동거를 하여 자식을 얻은 경우가 몇 차례 있었는데 이중 김정남은 김정일의 첫 번째 자식에 해당된다. 김정남은 김정일과 성혜림이라는 북한의 인민배우와의 사이에서 태어났다. 그러나 김정일은 성혜림과 정식 결혼을 하지 않고 동거만 해 온 것으로 전한다.[2] 원래 성혜림은 한국전쟁 때 서울 풍문여중에 다니다가 어머니와 함께 월북했는데, 당시에 자신들과 똑같이 월북하여 소설가로서 조선작가동맹 중앙위원회 위원장이었던 이기영씨의 첫째 아들 이평과 결혼해 딸을 낳고 살고 있었다. 이평은 조선아태평화위원회 부위원장을 맡고 있는 이종혁의 형이다. 그런데 김정남의 생모 성혜림은 이평과 이혼을 하고 김정일과 만나 김정남을 얻었다고 한다. 이 두 사람이 사귈 때 성혜림의 나이는 33세, 김정일은 28세로 성혜림이 김정일보

다 5살이나 더 많았다.[3]

　이후 김정일은 아버지의 권유로 결혼을 서두르게 되어, 청진공산대학 부학장의 딸로 결혼 전 당 조직부 간부등록과 등기원으로 일하고 있던 김영숙과 1974년에 결혼을 하여 설송雪松이란 딸을 낳았다.[4] 아마 이 딸이 김정일로서는 정식 결혼한 본부인에게서 얻은 사실상의 첫 자식이다. 김정일은 이미 김영숙과 결혼하기 전에 성혜림과 동거를 하여 김정남을 낳았는데 김일성은 이런 사실을 모르고 있었던 것 같다.

　그 후 김정일은 세 번째 부인인 무용수 고영희를 만나 두 아들 정철과 정운을 얻었다. 원래 고영희 아버지의 고향은 제주도이며 북송 재일교포 출신인데, 고영희는 어린 나이에 부모를 따라 북으로 갔다.[5] 문제는 김정일의 이런 복잡한 가계가 김정일의 후계구도와 직접적인 상관관계를 맺고 있다는 점이다. 김정일은 본처인 김영숙과의 사이에는 아들이 없고 딸만 둘을 얻었다. 최근들어 큰 딸인 설송의 남편이 후계자로 거론되기도 했다. 김영숙에게서 아들을 얻었다면 김정일 이후의 북한의 후계구도는 김영숙의 아들이 가장 유력했을지도 모른다. 그렇게 되었으면 지금의 김정남과 김정철의 후계 각축전은 수면 아래로 가라앉았을 것이다.

　김정남은 김정일이 얻은 첫 번째 아들인 때문인지 김정일에게 무척 많은 사랑과 애정을 받고 자랐다. 물론 정식결혼을 하여 낳은 자식이 아니라는 점에서 일정기간 동안은 은둔의 양육을 해 온 것은 사실이지만 지금은 대내외적으로 공인된 김정일의 첫 번째 아들이다. 그는 어려서부터 김정일의 특별한 배려 속에 자랐다. 생모 성혜림은 그를 낳고 젖이 잘 나오지 않아 평양에서 튼튼한 유모를 골라

관저로 데려와서 젖을 먹이곤 했다. 김정일의 생모 김정숙도 김정일을 낳고 젖이 잘 나오지 않아 유모가 키웠다는 점에서 부자 간에는 닮은 점이 있다.[6] 김정일은 김정남이 어려서 생일이 되면 소련 육해공군 원수복과 조선 인민군 원수복을 맞춰 입혀서 긴칼을 차게 하고 아들의 손을 잡고 관저를 지키는 대대를 사열했다고 한다. 그리고 김정남의 생일에는 김경희와 남편 장성택이 잊지 않고 찾았다고 한다. 어린 아들에 대한 김정일의 애정은 여느 아버지의 자식사랑 못지않았던 것 같다.

한번은 김정남이 서너 살 때 쉬하고 싶다고 하니 김정일이 내의 바람으로 우윳병을 들고 아들의 오줌을 직접 받아 내는 일도 있었고, 김정남이 대여섯 살 때까지 김정일이 혼자 식탁에서 밥을 먹을 때는 밥상 위에 김정남을 올려놓고 얘기하면서 밥을 먹을 정도였다.[7] 김정남에게 김정일은 매우 자상한 아버지였고 선군정치의 나라에서 큰 아들을 지도자로 키우기 위해 많은 공을 들였던 흔적도 보인다. 오후 5시가 되면 김정남은 저녁을 먹고 7시가 되면 잠자리에 들었는데 김정남이 잠을 잘 때는 여자 보모들이 동화책을 읽어 주곤 했다. 김정남에게 읽어주는 동화책 가운데는 남한의 《한국사 이야기》《저 하늘에도 슬픔이》《세계 소년소녀 위인전집》 같은 책도 있었다. 김정남이 어려서 자란 관저에는 남한의 텔레비전도 볼 수 있었다고 한다. 개성의 수신탑에서 남한의 전파를 잡아 평양 중계탑에 보내고 거기서 김정일의 관저와 집무실로 전파를 보낸다. 관저에서는 그 밖에도 일본 NHK와 러시아 블라디보스토크에서 송출하는 러시아 방송도 나왔다고 한다. 어려서 김정남은 관저에서 남한의 TV 프로그램을 보다가 김정일이 들어오면 끄곤 했다. 김정남은 남한의 코미디언 이주일이 나오는 코미디 프로그램도 즐겨 보곤 했고, '코미디 올스타 청백전'이나 남한의 어린이 만화 프로그램을 거의 다 보았을 정도였다. 한번은 이주일을 직접 만나보고 싶다는 말도 한 적이 있다.[8]

김정남은 이미 어려서부터 닫혀진 북한 사회에서 성장하면서 북한 이외의 지역에 또 다른 자본주의 남한 사회가 있다는 것을 느꼈으며 자본주의 사회의 풍물을 보고 자랐다. 그런 김정남의 시각이 북한 이외의 외부세계를 전혀 모르고 자란 북한의 일반 어린이들과는 성장과정에서부터 전혀 다르다는 점을 인식해야 한다. 일찍부터 김정남에게 외부 서방세계는 낯선 곳이 아니었다. 북한 주민들은 외부세계의 정황을 전혀 모르고 지내지만 김정일은 세계정세를 꿰뚫고 있다는 점에서 북한의 지배계급들만이 가진 특수한 환경과 상황이 있다는 점을 이해해야 한다.

김정일은 김정남이 5살이 되어서야 김일성에게 사정의 전말을 이야기하고 인사를 시켰다고 한다. 그런 뒤 김정남을 스위스에 유학을 보낸다. 당시 김정남을 유학 보낸 뜻은 평양에서 가르쳐서는 우물 안 개구리가 되기 쉽고, 앞으로 아버지를 이어 정치를 하려면 바깥 세상을 알아야 한다는 것이었다.[9] 이 부분은 과거 김정일 자신이 고급중학교(남한의 고등학교)를 마친 후 외국유학을 가지 않겠느냐는 질문을 받았을 때 '평양에도 김일성종합대학이라는 훌륭한 대학이 있어요. 나는 김일성대학에서 공부할 것입니다'라면서 자신의 전기에서 해외유학을 하지 않은 것을 '참된 학문과 교과서는 다른 나라에 있는 것이 아니라 조선의 현실 속에 있기 때문'이라고 밝힌 유학관과는 많이 다르다.[10] 김정일은 김정남을 유학 보내기로 결심을 한

이후 어느 나라로 보내야 할지 고심하다 러시아를 보내자는 주위의 권고에 러시아는 안 된다고 했다. 그 이유는 러시아는 크게 배울 것이 없는 나라이며, 자본주의의 질곡 속에서 고생하는 남조선 인민들을 해방시키려면 교육은 자본주의 국가에서 하는 게 좋겠다는 것이었다. 그는 결국 자본주의 국가 중에서 가장 교육시스템이 잘 되어 있는 나라를 선택, 스위스에 김정남을 보냈다.[11] 이렇게 보자면 현재 중국과 서방권을 넘나들며 김정남이 보이는 여러 활동을, 후계승계에 필요한 훈련의 일환으로 해석할 수 있는 측면이 있다.

김정남이 다닌 제네바국제학교는 스위스에서 가장 명망 있는 사립학교로서 인도의 전 수상 인디라 간디, 유럽의회의 리차드 코벳 의원, 걸프전쟁 당시 사막의 폭풍작전을 주도했던 노만 슈와르츠코프 장군, 스리킷 키티야카라 태국 왕비 등과 같은 국제적으로 유명한 사람들을 졸업생으로 배출한 역사와 전통이 있는 학교이다. 1924년에 설립된 이 학교는 3개의 캠퍼스를 보유하고 있으며 수업은 영어와 불어로 진행하는데 한 클래스에 학생수가 약 10여 명 내외로 원탁형 토론 수업을 진행하는 것이 특징이다. 등록금은 한 달에 약 1천 달러 정도 들어간다고 한다. 당시 북한의 로열 패밀리의 자녀들이 거의 동구 사회주의 국가가 아니면 소련이나 중국 등으로 유학을 갔던 것이 일반적이었음을 감안하면, 김정남은 북한 출신으로서 자본주의 국가에 유학한 첫 번째 인물이었다.

김정남이 스위스에 유학하여 정착하는 초기단계에는 그의 고모부인 장성택도 따라 갔었다.[12] 김정남은 스위스 유학시절에 익힌 프랑스어를 유창하게 구사한다. 스위스에서 김정남이 유학한 기간은 약 2년에 불과하지만 그가 어릴 적 시간을 보냈던 곳이라 불어에 빨리

능통했던 것 같다. 그는 그 후에도 모스크바의 프랑스대사관에서 운영하는 학교를 다녔다. 일본 후지TV에 따르면 그는 얼마 전 뇌졸중으로 쓰러진 김정일의 병을 치료할 의사인 프랑스 파리 생트안느병원 뇌신경외과 과장인 프랑수아 사비에르 루Roux(57)와 함께 2008년 10월 24일 중국 베이징을 거쳐 평양으로 들어갔다. 사실 루는 프랑스 최고의 뇌종양 치료전문가로 특히 레이저를 이용한 뇌종양 제거 수술에 뛰어난 솜씨를 가진 의사라고 한다. 이렇게 김정남이 프랑스 의사를 데리고 평양에 들어갈 정도의 비밀스런 역할을 맡게 된 것은 그를 일찍이 국제적인 인물로 키워온 후계교육이 큰 몫을 하였다.

김정일은 김정남이 어린시절부터 자본주의 사회를 잘 알 수 있는 인물로 키워 왔고, 평양의 좁은 세계를 벗어나 보다 큰 국제사회를 자유스럽게 활보할 수 있는 인물로 자라도록 교육적 뒷받침을 해 왔다. 여기서 왜 김정일이 자신의 장남인 김정남을 북한이라는 폐쇄적인 국내에 가두지 않고, 보다 개방된 국제사회에다 풀어놓고 그를 교육시켜 왔는가에 관심을 가질 필요가 있다. 남한과 서방사회는 김정일에 대해 타락한 지도자라는 매우 부정적인 평가를 내리고 있듯이 김정남에 대해서도 타락한 지도자의 사생아라는 식의 극단의 평가를 내리고 있다. 즉, 북한 내부의 후계경쟁에서 밀려나 정적들 때문에 해외를 전전긍긍하며 떠돌아다니는 국제낭인 정도로 김정남을 평가하고 있는 것이다.

김정남이 이런 평가를 받게 된 배경에는 두 가지 요인이 있다. 첫째, 김정남이 해외에 장기간 머물면서 활동하게 된 것은 후계구도에서 김정남과 라이벌 관계에 있는 차남 김정철을 키우기 위해 정철의 생모인 고영희가 김정남을 북한 밖으로 밀어냈다는 주장이 그것이다. 그래서 김정일이 김정남의 해외생활을 보장해 주는 조건으로 그동안 김정남을 외유시켜 왔다는 주장이다. 북한 내부의 권력갈등설에서 보면 타당한 측면도 있지만, 김정일의 입장에서는 김정남이 북한 내부에 있을 경우에 불필요한 권력다툼에 휘말릴 것을 염려한 측면도 있을 것이다. 일종의 보호조치인 셈이다. 또 한편에서는 후계구도를 둘러싼 파벌과 알력으로 자신의 통치력이 약화될 것을 막으려는 생각도 있을 것이다.

둘째, 남한과 서방세계가 김정남에 대해 타락한 방탕아 혹은 국제미아라는 부정적인 평가를 내리게 된 배경에는 지난 2001년 그가 일본 나리타 공항에 내려 일본에 밀입국하려다 일본 경시청에 잡혀 추방된 사례 때문일 것이다. 당시 김정남은 왜 일본에 가게 되었을까? 당시 그는 20대 후반과 30대 초반으로 보이는 두 여자와 함께 약 7세 정도의 어린 아이를 데리고 일본에 밀입국하려다가 실패했다. 그를 조사한 후 일본 경시청은 놀라운 사실 하나를 발견했다. 그는 이미 지난 2000년 10월과 12월에도 세 차례나 일본에 입국했던 것이다. 당시 김정남이 갖고 있었던 여권은 도미니카 공화국 여권이었으며 여권에 기재된 이름은 중국인 '팡시옹PANG XIONG'이었다. 이 여권의 생년월일은 1971년 5월 10일로 되어 있었고 여권을 만든 것은 2000년 4월 1일이며 만료기간은 2006년 4월 1일이었다. 여권의 생년월일은 실제의 생년월일과 같았다. 김정남은 이 여권으로 2000년 10월 3~6일, 12월 2~9일, 25~29일 등 세 차례 일본에 입국한 사실이 밝혀졌다.[13]

왜 세 차례나 자유롭게 드나들었던 일본 입국이 네 번째 시도에서는 실패하게 되었을까. 그리고 무슨 일로 이렇게 일본을 자주 왕래했던 것일까. 김정남이 네 번째 일본 밀입국 도중 추방당한 결정적인 배경은 그를 추적하고 있었던 미국의 CIA가 위조 혹은 차명 여권을 갖고 김정남이 일본에 밀입국하려 한다는 사전 정보를 일본 경시청에 알려준 덕분이었다. 왜 미국 CIA는 김정남의 동향을 추적해 왔으며 그의 일본 입국을 저지해야만 했을까. 김정남이 북한의 미사일 수출 대금을 일본에서 수금하기 위해서 일본에 입국하려는 것으로 미국 CIA는 파악하고 있었기 때문이다.

일본 나리타 공항에서 김정남 일행을 체포하여 66시간 동안 조사했던 일본 공안조사청은 김정남의 입국 목적이 북한의 미사일 수출 대금을 수금하기 위해서라는 사실을 밝혔다고 말했다. 북한은 당시 SAM16A(견착용 대공 미사일) 300기를 이라크에 수출했고 김정남은 이 수출 대금을 찾기 위해 일본에 들어 왔다고 한다. 이라크는 SAM16A 대금을 스위스, 홍콩, 시드니, 도쿄 등 4곳의 비밀은행 계좌에 분산 예치했고, 이 대금을 송금한 지역은 국제 금융중심지인 런던이었다. 국제금융유통망이 투명해진 오늘날 거액의 검은 돈이 한꺼번에 이동하면 이 돈의 흐름이 모두 미국의 감시망에 포착되는 것은 상식이기 때문에 이라크는 미국과 서방 정보당국의 눈을 피하기 위해 미사일 매입대금을 네 곳에 분산 송금했던 것이다. 김정남이 일본 나리타 공항에 입국하기 전 그의 해외여행 일정을 보면 정확히 이 정보 내용과 일치한다. 김정남은 일본에 오기 전 호주 시드니에 가서 미사일 판매 대금 네 패키지 가운데 하나를 중국의 비밀계좌로 송금했다.

김정남이 미사일 판매대금을 세탁하는 장소는 중국이었다. 중국에서 돈을 세탁하여 평양으로 보내는 형식을 취한 것이다. 그는 스위스, 홍콩, 시드니에 분산 예치된 돈을 모두 처리한 후, 마지막으로 일본에 들러 도쿄 구좌로 보내온 미사일 판매 대금을 처리하기 위해 일본에 입국하려다 미국 CIA의 정보망에 잡힌 것이다. 여기서 미국 CIA가 파악하고 있는 김정남의 역할에 대해서 한 가지만 더 보기로 하자. 김정남은 그동안 중국령 마카오에서 거주해왔다.[14] 그러나 그가 마카오에서 살고 있는 줄 아는 사람들은 그리 많지 않았다. 그런데 그가 마카오에서 생활하고 있다는 사실은 북한 핵문제 때문에 세상에 알려지게 되었다.

2007년 한 해는 북핵 협상이 마카오의 방코델타아시아(Banco Delta Asia : 이하 BDA)에 동결된 북한돈 2,500만 달러 때문에 6개월 동안이나 정지된 상태에 있었다. 결국 이 돈을 미국측이 풀어 줌으로써 북핵 협상은 다시 시작되었지만, 당시에 미국이 동결한 BDA의 2,500만 달러라는 북한 돈의 성격을 놓고서 많은 이야기들이 있었다. 미국 CIA에서 이 자금의 성격에 대해서 내린 결론은 김정일의 해외 통치자금이라는 것이었다. 그리고 이 돈의 최종 관리자는 마카오에 거주하고 있는 김정일의 장남인 김정남이라는 것이었다. 북한이 이 돈을 미국이 풀어주지 않으면 6개월이 아니라 1년이 지나도 북핵문제 협상은 진행될 수 없다면서 모든 핵협상의 전제조건으로 BDA에 동결된 2,500만 달러의 해제에 두었던 이유도 그 돈이 김정일의 통치자금이었기 때문이라고 한다. 이 즈음 마카오에 거주하고 있었던 김정남의 동선이 본격적으로 외부에 노출되기 시작했고 김정남은 중국과 평양을 드나들면서 매우 바쁘게 움직였다. 미국이 BDA에 예치된 북한돈 2,500만 달러를 불법자금으로 규정하여 동결한 것은 정확히 2005년 9월이었다. 미국정부는 북한이 중국의 BDA

를 통해 위조달러 지폐를 유통시키고 마약 밀매 등으로 벌어들인 불법 국제거래 대금을 세탁해 이를 조달·융통해 온 것으로 드러났다고 발표하면서 북한 계좌 2,500만 달러를 동결했다. 그리고 정확히 2007년 3월 14일에 18개월에 걸친 조사를 종결한다고 미 재무부가 밝힘으로써 BDA 문제는 해결의 가닥을 잡았다. BDA 문제가 발생했을 때 김정남은 평양을 수시로 드나들면서 김정일에게 이 문제를 직접 독대하여 보고해 왔었던 것으로 미국 측은 파악하고 있었다.

급기야 김정일이 2006년 1월에 중국을 방문했을 때 김정남이 김정일을 수행했다는 외신 보도가 나왔다. 당시 김정일 방중의 최대 고민은 미국이 불법자금으로 규정한 BDA 문제를 중국 측으로부터 협조를 얻어내는 것이었다. 김정일은 이 문제와 관련하여 중국 측의 해법과 입장이 무엇인지 직접 듣고 싶어했다고 한다. 이때도 김정남은 문제 해결에 일정한 역할을 했다. 그러다가 김정남은 2007년 6월 미국이 BDA에 동결된 북한의 불법자금 2,500만 달러를 해제할 무렵에 북한으로 귀국하여 북한의 당, 군, 정을 모두 통제하는 핵심 부서인 노동당 조직지도부에서 일을 하고 있었다.

이후 김정남의 행보는 더욱 거침이 없었다. 2007년 2월에 베이징에 모습을 드러낸 김정남은 일본 후지TV와의 짧은 인터뷰에서 "북한을 자유롭게 드나들며 가끔씩 아버지를 만난다"는 파격적인 발언을 공개적으로 했다. 그리고 세상을 더욱 놀라게 했던 건 그가 마카오에서 베이징으로 향하는 비행기를 타면서 자신의 신분을 '조광무역 총책임자'로 적었다는 사실이었다. 이런 사실은 세상을 두 번 놀라게 했다. 조광무역은 노동당 39호실 산하 회사로서 마카오에 설립되어 북한의 대외자금 결제와 무역에 관여해 왔으며, 좀더 정확히는

BDA에 묶여 있던 북한 예금 2,500만 달러의 상당 부분을 관리해왔기 때문이다.[15]

이쯤 되면 김정남이 왜 김정일의 후계자로서 부상할 가능성이 매우 높은지 가늠해볼 수 있을 것이다. 아직도 많은 한국 사람들과 서방 언론들은 김정남을 돈이나 쓰고 돌아다니면서 아버지 김정일의 눈에 나서 북한에 들어가지도 못하고 국제부랑아처럼 떠돌아다니는 패륜아라는 생각을 떨쳐버리지 못하고 있다. 소위 방탕한 술꾼의 이미지로 그를 바라보고 있다. 그러나 김정남에 대한 이런 시각은 그를 현실적이고 객관적으로 보지 못한 편견이며 감정적인 오해일 수 있다. 이는 김정남의 일부만을 보는 극히 제한적 시각인 것이다. 김정일이 김정남의 해외 활동에 대해 왜 별다른 제지를 하지 않는지, 나아가 김정남이 해외에서 벌이는 여러 사업이 북한의 대외적인 숨통으로서 김정일에게 얼마나 중요한 위상을 지니고 있는지 곰곰이 따져볼 필요가 있다.

그는 어려서부터 자본주의 사회를 익숙하게 알고 지내왔다. 남한의 TV를 보고 자랐으며 자본주의 나라에서도 가장 교육제도가 잘 되어 있는 스위스에서 유년시절을 보냈고, 스위스 국제종합대학을 졸업했다. 그는 프랑스어와 영어가 유창하다. 지금 그가 북한의 권부로부터 쫓겨난 떠돌이처럼 행세하면서 국제사회를 유유히 돌아다녔던 것은 그의 활동을 감추기 위해 의도된 행동일 가능성이 있다. 자신이 하는 일에 대한 세간의 관심을 다른 데로 돌리기 위한 행위였을 수 있다. 이제 오늘의 시점에서 김정남을 정확히 읽어야 한다.

그는 세간의 북한 전문학자들이 이야기한 것처럼 북한 밖을 떠돌아다니고 있는 사람이 아니다. 권력의 핵심으로부터 멀어져서 북한에 들어가지도 못한 권력의 곁가지가 아니다. 북한의 국제금융 결제를 일정 부분 책임지는 위치에 있다는 사실이 확인되었으며, 북한의 미사일 수출대금을 처리하러 국제사회를 누비며 거침없는 행보를 하면서 돌아다니고 있다는 놀라운 사실도 드러났다. 그리고 그는 김정일의 통치자금을 마련하는 북한의 외화벌이 총책임자 역할을 해왔고, 그런 지위에 있었다. 조광무역 총책임자였다는 사실이 이를 말해준다. 여기서 더 나아가, 김정남은 최근에는 프랑스로 날아가 뇌졸중으로 쓰러진 아버지를 구하기 위해서 뇌종양 치료 전문인 프랑스 의사를 평양으로 데리고 드나들고 있다.

이상과 같은 김정남의 역할들은 무엇을 의미하는가. 북한의 체제유지에 절대적 필수품인 외화를 벌어들이는 사업의 총책임자로 활동하면서 미사일 수출로 벌어들인 달러를 수금하여 북한으로 송금하고, 아버지의 건강문제를 책임지고 해외로 주치의를 찾아 나서고 있는 김정남은 이미 북한체제에 절대적인 기여자로 인정받고 있는 것이나 다름없다. 김정일의 가장 비밀스런 부분을 알고 있는 최고 심복 중의 심복인 것이다. 그가 해외에서 벌이는 이 모든 활동은 사실상 북한의 체제유지와 직결된 가장 핵심적인 사업이라해도 과언이 아니다. 보상만 해주면 미사일 수출을 하지 않겠다고 했던 북한이 미국의 눈을 피해 해외 미사일 수출로 외화를 획득하는 데 그의 역할이 막중하다는 사실, 그리고 전 세계가 김정일의 와병 상황에 관심을 쏟고 있을 때 아버지를 치료할 의사를 데리러 프랑스에 나타나는 대담함은 북한의 체제기밀을 그만큼 잘 알고 있는 사람도 없을 것이라는 추측을 가능케 한다. 그는 배짱이 좋다는 측면에서 아버지 김정일을 닮았다고 한다. 그리고 세계를 향하여 아버지를 가끔씩 만난다는 말을 공개적으로 하는 것은 김정일과 북한에 접근하고 싶다면 자신을 거치라는 시그널이자 자신이 곧 김정일의 대리인이라는 사실을 알려주는 것이다. 차남과 삼남에 비해, 장남인 김정남은 해외활동으로 지금 김정일의 체제유지에 절대적인 역할과 기여를 하고 있다 해도 이상할 게 없다.

김정남은 가끔씩 유럽과 중국에서 활동하다 일본 언론들에게 포착되는 경우가 있다. 그때마다 그는 기자들의 몇 마디 질문에 답변을 하곤 했는데, 그의 유창한 프랑스어 구사는 단연 화제가 됐다. 2007년 11월에 프랑스에서 기자들과 짧은 대화를 나눌 때도 그랬다. 치통 때문인 듯 볼이 부은 채로 "치과 치료를 받으러 왔다. 미안하지만 지금은 말을 잘 할 수 없는 형편이다"라고 불어로 말하는 데 전혀 막힘이 없었다. 그는 혼자였고 "당신이 북한의 차기 지도자인가"라는 질문에만 답변을 하지 않았을 뿐, 나머지 질문들에 대해서는 스스럼없이 답변했다. 그리고 2007년 2월에 중국 베이징에서는 영어 질문에 영어로 답했다. 간단한 회화 수준을 넘는 실력이었다. 일본 기자가 '니혼고오 와카리마스카' (일본어를 할 줄 아느냐) 하고 물었을 때는 '와카리마셍' (못한다)이라고 답했다.[16] 일본어로 물어본 기자의 질문에 일본어를 못한다고 한 김정남의 답변은 일본어였다. 김정남은 단순한 오렌지족이 아니다. 그는 자본주의를 너무 잘 알고 있고, 그런 가운데 그는 이미 유력한 김정일의 후계자 중의 한 사람이 된 것이다. 한국과 서방세계는 그의 손목에 감겨 있는 하얀 롤렉스시계만 쳐다보지 말고 그가 북한체제 유지와 김정일의 건강을 위해서 어떤 활동을 하고 있는가를 예의주시해야 한다.

김일성의 아바타 김정철

김정일 이후 북한의 후계자로 거론되는 또 한 사람은 김정일의 차남 김정철(28)이다. 김정철은 김정일과 북송재일교포 출신의 만수대 예술단 무용수였던 고영희와의 사이에 2남 1녀 중 장남으로 태어났다. 밑으로는 네 살 터울로 남동생 김정운과 여동생 김여정이 있다.

김정철은 1981년 9월 25일에 태어난 것으로 알려져 있다. 이는 김정일의 전속요리사로 13년 간 북한에서 일해 온 일본인 요리사 후지모리 겐지의 주장이다. 그는 아이들의 생일 때 마다 만찬 준비를 해 왔기 때문에 김정일의 자식들에 대한 생일을 기억하고 있다고 한다.

하지만 김정철은 김정일의 자식으로서는 차남에 해당한다.[17] 김정일과 고영희의 사이에서 보자면 장남이지만 김정일의 입장에서 보자면 차남이다. 김정일은 고영희와의 관계에서 김정철을 얻기 전에 전처 성혜림과 이미 김정남이란 아들을 두었다. 이 부분이 사실상 북한의 후계구도에 미묘한 권력상속 문제를 낳고 있다. 사실 김정남의 생모인 성혜림과 김정철의 생모인 고영희는 김정일과 정식결혼을 한 사람들은 아니다. 성혜림은 1960년대 북한을 주름잡았던 북한 최고의 인민배우 출신이다. 당시 북한 청년들 사이에는 성혜림과 같은 여자와 결혼해 보면 소원이 없겠다는 말이 나돌았을 정도의 미인이었다고 한다.[18] 고영희는 북한 최고 예술단인 만수대 무용수 출신으로서 이 두 사람이 모두 김정일과 연緣을 맺게 된 것은 김정일이 예술에 대한 관심이 많았기 때문인 것으로 보인다. 그러나 이 두 여인 모두 김정일의 아버지인 김일성으로부터 정식 며느리 칭호는 인정받지 못한 것 같다. 그저 처음에는 김정일의 삶을 묵인해 주는 정도에서 이 여자들을 생각하고 있었지만, 나중에 이 두 여인이 김정일의 아들을 낳은 후부터는 김일성의 생각도 많이 바뀌었던 것같다.

김정일은 김영숙과 결혼한 지 2년 만에 다시 고영희라는 만수대 무용수를 만나 1976년 경에 동거하기 시작하였다. 김정일은 "큰 키에 이목구비가 뚜렷하고 늘씬한 몸매를 갖춘 고영희를 눈여겨봤으며, 어떤 때는 연습실까지 찾아가 고영희가 연습하는 것을 직접 지켜볼 정도였다. 나중에 고영희는 주말 파티에 김정일의 옆자리에 앉는 고정 파트너가 되었고, 그녀는 파티장에 들어설 때마다 김정일과 동행했고 직접 겉옷까지 벗겨 주었으며 함께 춤을 추기도 했다. 김정일은 고영희와 연애하면서 벤츠를 타고 드라이브를 즐겼으며 차안에서 한국 노래를 밤새도록 듣기도 했다."(후지모리 겐지) 김정일이 고영희 쪽에 관심이 더욱 깊어지고 고영희의 입김이 서서히 강해지기 시작한 것은 다름 아닌 고영희가 두 아들인 정철과 정운을 낳고 난 이후부터였던 것 같다.

1994년 김일성이 죽고, 김정남의 생모인 성혜림이 우울증 치료를 위해 모스크바를 오가는 사이에 두 아들까지 낳은 고영희의 영향력은 부쩍 커진 것으로 보인다. 두 아들이 성장해 가자 고영희는 자신도 가끔씩 김정일의 군부대 시찰을 동행하였는데 그럴 때마다 자연스럽게 장남 정철을 데리고 현장지도에 나섰다고 한다.[19]

이때부터 고영희의 장남이자 김정일의 차남인 김정철은 김정일의 후계자로 등극할 수 있는 정치적 공간을 서서히 확보해 간 것으로 보인다. 김정철은 외모가 김일성을 빼닮아서 북한의 군부와 인민들이 보기만 해도 절대적인 수령 김일성을 연상시킬 정도라고 한다.

그래서 할아버지 김일성을 꼭 빼닮은 외모만 가지고도 김정철은 자연스럽게 북한을 이끌어 나갈 차기 후계자로 북한 인민들에게 회자될 정도였다. 김일성을 그리워하면서 김일성의 향수에 젖어 있는 북한 주민들 그리고 김일성의 유훈통치로 나라를 이끌고 있는 북한 빨치산 원로들에게 김정철의 외모는 김일성의 모든 것을 채워주는 일종의 대리만족 효과를 가져다 줄 수 있다. 고영희는 할아버지 김일성을 빼닮은 아들 정철의 존재만으로도 북한에서 권세를 얻게 된 것이다. 결국 고영희는 자신과 김정일 사이에 태어난 아들들이 김일성의 종통宗統이라는 의식을 갖게 되었고, 김일성, 김정일 가의 본류本流라는 생각을 하게 된 것이다. 따라서 김정일 이후의 후계자는 당연히 본가의 장손인 김정철이 이어 받아야 한다는 생각이 상식으로 굳어 졌고, 장남인 정철을 후계자로 내세우기 위한 작업은 매우 자연스럽게 진행될 수 있었다.

그런데 김정철의 후계작업에는 적잖은 걸림돌이 있었다. 그것은 김정일이 고영희를 만나기 이전에 성혜림과의 사이에서 태어난 아들 김정남이었다. 김정일에게 첫 아들은 정철이 아니라 정남이었다. 그러나 고영희는 김정남을 장남으로 생각하지 않았다. 그리고 자기의 큰 아들인 정철을 김일성, 김정일 가의 장남으로 생각했다. 고영희는 1994년 김일성 사망 이후부터 김정일의 첫째 부인 성혜림과 본부인 김영숙은 물론 김정일의 첫 아들인 김정남을 견제하기 시작했다. 북한 고위층들 사이에서 김정철이 매우 유력한 김정일의 차기 후계자감이라는 말들이 나돌기 시작한 시점도 바로 이 무렵이었다. 그런데 고영희가 2004년에 유선암 선고를 받고 프랑스에서 세상을 떠남으로써 김정철을 중심으로 진행되어 오던 후계구도에는 결정적인 차질이 생겼다.

그동안 고영희는 자신의 장남인 김정철을 김정일의 후계자로 만들기 위해서 상당한 당내 정비작업을 해 왔다. 김정철의 라이벌이 될 수 있는 김정남을 감싸거나 옹호했던 핵심당원들을 권력의 변방으로 밀어 내고 자신에게 충성하고 김정철의 후계구도에 우호적인 인사들은 차근차근 권력의 핵심부에 포진시키는 등 김정철의 후계구도 작업에 남다른 정치적 수완을 발휘했다.

고영희의 김정철에 대한 보다 구체적인 후계지도 계획과 행동들은 고영숙(50)에 의해서 밝혀졌다. 고영희의 여동생으로서 김정일의 처제이자 김정철의 이모인 고영숙은 김정철이 12살 때인 1993년 9월부터 약 5년 간 박철이란 가명으로 스위스 베른국제학교International school of Berne를 다닐 당시 그를 뒷바라지한 인물이다. 그런 고영숙이 남편 박건(52)과 함께 1998년 5월에 미국으로 망명하여 기자회견을 가졌다. 자신의 언니 고영희가 김정철의 후계작업을 어떻게 진행하고 있는지부터 해서, 후계구도와 관련하여 고영희와 김정남 간에 펼쳐지고 있는 북한 내부의 권력투쟁에 대한 일부 내막도 공개했다.

우선 고영숙은 자신의 언니 고영희의 사인이 암이라는 사실을 잘 믿지 않고 있으며, 교통사고로 사망했다는 사실에도 의문을 표했다. 그 이유는 고영희가 타던 차는 세계 최고의 품질을 자랑하는 최신식 벤츠세단으로 약 10대 가량 되는데 이 차들의 번호판은 한결같이 모두 216으로서 김정일의 생일인 2월 16일에서 따온 것이라고 한다. 그래서 북한에서는 216의 번호판을 달고 있는 차가 움직이면 최소한 교통관들은 그 차가 누구차인지는 대강 알고 있으며, 고영희의 차가 움직일때는 앞뒤로 무장 경호차량이 2중 3중으로 호위하기 때문에 다른 외부차량이 고영희의 차와 충돌할 가능성은 거의 없다고 한다. 그리고 고영희는 운전을 못해 직접 차를 몰지 않는다고 한다. 당시 고영숙은 자신의 언니 고영희의 사인이 교통사고였다면 "결론은 단 하나다. 누군가의 사주를 받은 운전자가 고의로 사고를 낸 것이다. 사고 배경에는 김정남이 있다"고 단언했다.[20] 고영희의 죽음이 교통 사고에 의한 죽음이라면 이 죽음의 배후에는 김정남이 있다는 고영 숙의 김정남연계설은 김정남과 고영희 간의 권력갈등이 얼마나 심 각한 것이었는지를 잘 보여준다. 당시 고영희는 교통사고와 암으로 혼수상태에 있다가 2004년 5월에 사망했다.

그 무렵 북한에서는 후계구도에 영향을 미칠 또 다른 사건이 있었 다. 다름 아닌 김용순 노동당 중앙위 대남담당 비서가 교통사고로 사망한 것이었다. 김용순 비서는 당시 김정일 위원장이 주최한 비밀 파티에 참석한 직후 귀가하다가 음주운전으로 사고를 당했는데, 그 날은 공교롭게도 2003년 6월 16일로 고영희의 생일이었다. 김정일 이 주최한 고영희의 생일파티에 참석한 후 과음으로 죽음을 맞은 것 이 아닌가 생각된다. 이 사고로 중상을 입은 김용순은 결국 10월 26 일에 숨졌다.[21]

일부에서는 김용순 비서의 교통사고의 원인 또한 자동차의 브레 이크 파열로 보는 시각이 있다. 그리고 이 자동차의 브레이크 파열 은 누군가 김용순을 죽이기 위한 의도적인 작업의 결과였고, 바로 이런 숨은 의도는 김정철을 지지하고 있는 김용순을 제거하기 위한 계획의 일환이라고 보고 있다. 이런 해석은 김정남과 김정철 간의 권력투쟁을 너무 확대해석하는 측면이 없지 않지만, 이 두 사람 간 의 후계자를 둘러싼 신경전이 매우 날카로워지고 있음을 보여 준다.

김용순이 음주운전으로 인한 교통사고로 죽었다는 사실은 이미 여러 경로를 통해 확인되었다. 그럼에도 불구하고 김용순에 이어 고영희의 사망 원인도 모두 교통사고였고 그 사고는 의도된 것이라는 의혹에 휩싸였으며 두 사람 모두 김정철의 후계구도에 결정적인 영향을 미칠 인물들이었다는 점, 그리고 그 사람들을 교통사고로 사망케 한 배후자로 한결같이 김정남을 꼽고 있다는 점은 정남과 정철 간의 권력투쟁이 얼마나 극심해지고 있는가를 단적으로 보여 준다. 또한 이 두 사람의 죽음이 김정철의 후계구도에 심각한 차질을 빚게 될 것이라는 점은 불문가지이다. 고영숙에 따르면, 고영희는 1991년부터 김용순 비서가 자신에게 충성할 것을 맹세 받았다고 한다. "김용순은 달리 선택의 길이 없었을 것이며, 언니의 눈 밖에 나면 숙청당하는 수밖에 없었기 때문이다"라고도 말했다.[22] 고영희는 온순하기 그지없는 자신의 두 아들 정철과 정운이 김정남에 의해 무시당하지 않고 무난히 권력의 정상에 올라갈 수 있도록 김정일 주변의 측근 인물들을 서서히 자기 사람으로 만들어 나갔다.

고영숙은 자신이 미국으로 망명을 한 1998년에 "고영희가 김용순 비서와 자식들의 후계문제를 논의하는 것을 여러 차례 목격했다"고 증언했다. 고영숙은 고영희가 1990년대 초반부터 김용순 비서를 자기 사람으로 만들기 위한 노력을 기울이기 시작하면서 김정철, 김정운 형제의 후계자 옹립을 준비해 왔다는 사실을 미국 정보당국에 진술한 것으로 알려지고 있다. 1990년대 중반까지만 해도 북한에서 김정남의 위치는 김정일의 후계자로 진입해 가고 있었고, 10만 병력의 호위총국 간부직을 맡은 적도 있었으며, 총국장 이을설로부터도 많은 지지를 받고 있던 상황이었다. 이을설은 김정남을 자신의 손자처럼 아꼈다고도 한다. 김정남에 대한 노동당의 지지도 확산일로였고 장남을 선호한 유교적인 가부장 문화 때문에 장자인 김정남의 위상은 어느 때보다도 확고해져 가고 있었다. 급기야 김정남은 김정일의 비자금을 관리하는 39호실의 책임자가 되었고 미사일의 해외 판매 업무를 통한 외화벌이의 책임자로도 활동하고 있었다. 김정남의 파워가 커지고 있는 과정이었다. 그는 이을설의 도움으로 호위총국의 장악은 물론이고 노동당과 국가안전보위부의 상당수 간부들로부터도 충성 맹세도 받고 있었다. 그의 세력이 확산되자 고영희 세력과 김정남 세력 간에 약간의 갈등이 시작되었다. 당시 상황에 대해서 고영숙은 "대다수 군 및 당 간부들은 김정남과 고영희 사이에서 중립적인 입장을 유지하려 애썼다. 그들은 겉으로 말은 안 했지만 김정남과 언니(고영희)가 대결 양상으로 치닫자 대단히 곤혹스러워했다. 1990년대 초만 해도 김정남은 세력이 강했지만 그렇다고 김정일이 아끼는 언니에게 노골적으로 반감을 보일 수도 없어 전전긍긍했다"고 말했다.[23]

김정남의 세력 확산은 1995년부터 2000년까지 북한 내부의 큰 간섭이나 방해 없이 이어졌다. 특히 1995년도부터는 김정남을 아끼던 장성택이 당내 최대 실세 자리라 할 수 있는 당 조직지도부 제1부부장직을 맡음으로써, 김정남의 권력기반은 한층 더 탄탄해졌다. 그러다가 고영희가 김정철을 후계자로 만들기 위해 본격적인 인맥 형성에 나선 결과 김용순을 중심으로 한 김정철 후계자 지원세력들의 견제가 서서히 시작되는 2000년을 기점으로 김정남의 파워는 고영희 세력에 의해 견제를 받기 시작했다.

그리고 2001년 5월 위조여권을 소지한 채 일본에 밀입국 하려다 적발되면서 중국으로 강제출국 조치된 뒤, 김정남은 북한에 귀국하여 정착할 수 있는 기회를 잃게 된다. 그동안 김정남이 쌓아왔던 권력기반은 한 순간에 무너지고, 북한과 김정일의 이미지까지 국제사회에서 크게 실추되자 김정남에 대한 김정일의 감정은 매우 좋지 않은 쪽으로 변해갔다는 분석도 나왔다. 일본 밀입국 시도 해프닝으로 김정남의 활동은 위축되자 이런 기회를 김정철을 후계자로 옹립하려는 고영희 세력들이 놓칠 리 없었다. 2000년부터 김국태(6.25 때 죽은 북한의 제2인자 김책의 아들) 비서와 함께 김정일 총 비서의 각종 공개 활동을 각각 37회 넘게 수행했던 김용순은 이미 김정일의 최측근이 되어 있었다. 사실 김정남은 이모인 성혜랑의 망명 사건으로 인하여 북한에서의 입지가 난처했으며 여기에다 일본 밀입국 사건까지 겹친 바람에 '김정남은 통제불능의 문제아', '김정남은 김정일도 내놓은 자식'이라는 식의 소위 '숨은 김정남 죽이기' 여론에 상당히 시달렸던 것 같다. 고영희를 비롯한 김용순 등은 북한 내부에서 김정남에 대해 부정적인 여론을 펼쳤을 것이며, 김정남이 북한으로 들어오지 못하도록 막았을 것이다. 그러나 김정철을 후계자로 만들려는 고영희에게, 김정남만이 암초의 전부는 아니었다. 또 다른 암초가 있었던 것이다.

그 사람은 바로 1994년 김일성의 사망 이후 수 년간 당 중앙위원회 조직지도부 제1부부장을 맡고 있었던 장성택이었다. 장성택의 권력은 대내외적으로 김정일의 후계자가 장성택이란 말이 나돌 정도로 높아져가고 있었다. 고영희는 장성택과 김정남을 견제하기 위하여 95년경부터 김정일의 군부대 시찰에 동행하면서 서서히 자신의 영향력을 키워 나가다가 2002년 경에는 김정일 다음으로 확고한 2

인자로서의 위상을 굳히게 되었다. 이제는 김정남과 김정철을 놓고 양측의 후원자인 장성택과 고영희의 치열한 파워게임이 전개되는 양상이었다. 이 와중에 남한에 망명한 황장엽의 발언도 미묘한 영향을 미쳤다. 공교롭게도 남한으로 망명한 황장엽이 2003년 7월 4일에 "김정일 체제가 무너질 경우, 그래도 그 다음을 이을 사람은 장성택이 제일 가깝다. 그리고 김정일의 장남 김정남과는 비교가 안 된다. 장성택이 노동당 조직지도부 제1부부장으로 있으면서 사방에 자신의 사람을 많이 박아 놓았다."고 한 발언이 알려진 후 장성택은 공식 활동을 접었다. 김정일이 가장 싫어한 황장엽이 남한으로 망명하여 김정일을 공격하면서 그 후임자로 장성택을 거명했으니 그 파장은 클 수밖에 없었다.

그리고 이런 발언이 김정철을 후계자로 내세우려는 고영희의 측근들에게 알려 졌을 때 장성택에 대한 견제와 감정이 얼마나 심했을 것인지는 충분히 짐작이 가고도 남는다. 그러나 황장엽의 이런 발언과 상관없이 장성택의 권력이 너무 비대해지자 김정일과 고영희가 위협을 느꼈을 가능성도 있었을 것이다. 장성택의 대외 활동은 2003년 7월부터 중단되었다가 2004년부터는 아예 직무가 정지되었다. 그리고 최룡수 인민보안상 등 장성택의 주요 측근들도 해임됨으로써 장성택의 영향력은 현저히 약화되었다. 이 무렵 고영희는 김정철을 후계자로 옹립할 수 있는 최고의 원군 김용순 비서를 잃었지만, 다른 한편 김정남의 최대 후원자 장성택을 권력 중심부에서 몰아내는 데 성공했다. 그러나 김정철의 후계작업에 가속도가 붙으려는 시점인 2004년 5월 26일, 김정철에게 뜻하지 않은 일이 생겼다. 가장 든든한 정치적 후원자였던 고영희가 프랑스에서 유선암으로 사망한

것이다. 어머니의 죽음으로 김정철의 후계작업은 중대한 기로에 서
게 되었다. 더욱이 고영희와 그의 측근 세력들에 의해 직무정지당했
던 장성택은 고영희가 세상을 뜨자 2006년초 정치무대에 복귀했다.
김정남의 정치적 후견인 장성택과 김정철의 정치적 후견인 고영희
간의 파워게임은 고영희가 장성택을 권부에서 물러나게 하고 김정
남을 북한으로 들어오지 못하도록 막음으로써 김정철에게 매우 유
리한 상황으로 진행되어 가는 듯 했다. 하지만 어머니 고영희가 죽
자마자 장성택이 복귀하고 김정남이 북한 체제유지를 위해 중요한
해외 활동을 활발히 전개해 나가면서 김정남과 김정철 간의 후계구
도 경쟁은 다시금 김정남에게 유리하게 흐르고 있다.

사실 김정철이 누구인지에 대해서 그에 관한 신상 정보를 많이 갖
고 있는 사람은 별로 없다. 그래서 그에 관한 최소한의 정보는 그가
스위스에서 유학생활을 했을때 어떤 학생이었는가를 통해서 아는
것이 그에 관한 모든 것이라 해도 과언이 아니다.

김정철은 1993년부터 98년까지 10대 시절의 절반을 스위스의 수
도 베른에 있는 베른국제학교에서 보냈다. 당시 그는 같은 반 동료
학생들에게 "대사관 차량 운전수의 아들"로 알려졌었다. 그리고 놀
라운 점은 김정철과 함께 다니며 신변을 보호해 주는 같은 또래의
북한 소년과 함께 통학했다는 것이다. 김정철이 다니는 학교의 학비
는 연간 3천만 원 정도로 유럽국가의 왕족이나 선진국 대사들의 자
제들이 다니는 학교로 알려져 있다. 학교의 홈페이지에는 2006년 4
월 현재 38개국 250명 정도의 학생이 재학하고 있으며 교사들의 국
적도 12개국에 달한다고 한다.

베른은 아인슈타인이 상대성 이론의 논문을 집필했던 유서깊은 도시로, 1983년 유네스코의 세계유산으로 등록된 곳이기도 하다. 김정철은 당시에 가명인 박철이란 이름으로 학교에 다녔다. 이 학교는 영어로 수업을 진행하며 김정철은 영어를 곧잘 했다고 한다. 재학 중 전 기간의 성적은 좋았으며 공부를 열심히 했고 특히 수학은 그의 특기였다. 그는 당시에 미국인 친구들과도 잘 어울렸다. 매우 조용하고 온순했으며 모르는 사람에게는 낯을 가렸지만 친해지면 허물없이 마음을 열고 솔직한 성격이었다. 영화와 스포츠 이야기하는 것을 좋아했는데, 특히 액션영화를 좋아 했고 장 클로드 반담을 매우 좋아했다. 그는 '유니버설 솔져'란 영화를 즐겨 봤고 격투 신이나 강한 액션을 따라 하기도 했다. 그는 나이에 비해 근육이 있었다. 15세에 '나의 이상의 세계'라는 제목의 시를 쓰기도 했는데 그가 말하는 이상은 '범죄와 빈곤이 없는 곳'이라고 했다. 그의 시에는 공산주의자의 이상의 세계인 '유토피아'란 단어가 여기저기서 나왔다. 그의 반 학생들은 그가 김정일의 아들이라고는 꿈에도 생각하지 못했다. 그는 방과 후에는 따로 외출을 하지 못했고 포장된 음식 이외에는 아무것도 먹지 않았다. 김정철은 농구와 축구를 좋아했는데, '베른 베어즈bern bears'라는 농구팀도 만들었다. 그는 특히 미국 NBA 농구선스 데니스 로드맨을 좋아했다. 언제나 로드맨의 등번호가 새겨진 시카고 불스 티셔츠를 입고 농구를 했을 정도였다.[24]

김정철의 성격이 김정남처럼 대범하거나 와일드하지는 않은 것 같다. 김정철은 온순하고 유순한 내성적인 성격으로 정치에는 잘 맞지 않은 것 같은 느낌을 준다. 아버지나 할아버지처럼 배짱이나 권력투쟁적인 면모가 있어 보이지도 않는다. 김정일의 요리사였던 일본인 후지모리 겐지는 김정일이 김정철에 대해 "그 애는 안 돼. 여자아이 같아"라고 이야기했다고 하면서 자주 나쁜 평가를 내렸다고 증언한다. 그리고 실제로 김정일이 가장 마음에 들어했던 아들은 자신을 빼닮은 3남 김정운이었다고 말한다. 그러나 김정철은 1999년에서 2000년 경에 당 중앙위원회 조직지도부 중앙기관 지도과 책임부원으로 사업을 시작했는데 이는 후계자 지명과 관계된 직책이었다. 김정일도 1966년 당중앙위원회 조직 지도부 중앙기관 지도과 책임지도위원의 직책을 맡은 적이 있기 때문이다.

김정철은 2001년부터 2006년 4월까지 군 간부 양성기관인 김일성군사종합대학교 특설반에서 '주체의 영군술'을 비롯해 군사학을 극비리에 공부했다. 김일성군사종합내학교는 평양직할시 만경대 구역에 있는 북한의 최고 종합군사학교이다. 이들이 이 학교에 다니게된 것은 김일성-김정일의 선군정치를 물려받기 위한 후계수업의 일환이란 해석이 있는데 고영희의 강력한 추천으로 김정일의 재가를 얻어 다니게 된 것이었다.

김정철이 김정일의 후계자가 될 가능성을 배제할 수는 없을 것이다. 그러나 문제는 고영희와 김용순이라는 강력한 정치적 후원자가 세상을 떠났다는 점, 김정철의 나이가 너무 어리다는 점, 성격이 유약하다는 점, 장자를 중시하는 북한의 유교전통문화와 김정일의 건강 악화가 나이어린 김정철을 후계자로 옹립하기에는 불리한 환경으로 보인다. 김정남과 가까운 장성택이 현재 최대 실세로 부각되고 있다는 점 또한 김정철이 후계자로 등극하기에 그리 좋은 분위기는 아닌 것 같다. 이같은 불리한 조건들을 어떻게 이겨낼지가 김정철에게는 만만치 않은 도전이다. 그리고 현재 조선노동당 조직지도부 제

1부부장 자리를 맡고 있는 이제강과 같은 실세의 도움을 얼마나 받고 있는지도 중요한 변수다. 물론 김정철을 내심 후계자로 생각하고 있는가 그렇지 않은가 하는 김정일의 의중이야말로 최대의 변수임은 말할 필요가 없다.

북한은 2012년을 강성대국 완성의 해로 규정하고 있다. 2012년은 김일성 탄생 100주년으로, 김정일의 나이가 70세가 되는 해이기도 하다. 그리고 김정철의 나이는 31세로, 김정일이 후계자로 지명되었던 32세에 근접한 나이이기도 하다. 리복 모자와 점퍼 차림의 청바지, 분홍 스웨터 안에 금목걸이를 건 세련된 스타일의 장남 김정남, 그리고 미국의 NBA 농구선수 데니스 로드맨이 좋아 시카코 불스의 티셔츠를 입고서 농구를 즐기는 차남 김정철. 이들 중 누가 김정일 이후 차세대 시노자로 등극할지에 대한 관심은 더욱 높아지고 있다.

김정일을 빼닮은 샛별장군 김정운

북한 김정일의 후계자로 꼽히는 또 다른 인물은 김정일의 3남인 김정운(25)이다. 김정운은 1984년 9월 25일 평양에서 태어났다. 그는 김정일의 세 번째 부인인 고영희에게서 태어나 위로는 형 김정철(28)과 아래로는 여동생 김여정(22)을 두고 있다. 김정운은 김정일의 세 아들 가운데 외부에 전혀 알려지지 않은 '감춰진 아들'이다.

세간에 알려진 그에 대한 경력은 형 정철 그리고 동생 여정과 함께 스위스 베른 국제학교를 졸업했다는 사실과, 2002년부터 2007년 4월까지 김일성 군사종합대학(5년제)에 다녔다는 것이 전부이다. 외모는 아버지 김정일을 꼭 빼닮았고 체형까지도 비슷한 것으로 전해진다. 성격은 형 정철에 비해서 매우 급하고 거칠며 정치적 야심도 많다고 한다. 김정운은 키가 175cm 정도, 체중은 약 90kg 정도로 운동부족에 따른 비만 상태인 데다 20대인데도 불구하고 고혈압과 당뇨가 상당히 심한 것으로 알려져 있다. 그는 '샛별장군'이라는 별칭도 갖고 있으며, 생모인 고영희가 사망하기 전에는 후계자의 가능성이 가장 많은 인물이었던 것으로 전한다.

1988년부터 2001년까지 일본인으로서 김정일의 전속 요리사로 활동했던 후지모리 겐지는 자신의 자서전 《김정일의 요리사》에서 "둘째왕자가 나와 악수를 나눌 때 무서운 얼굴로 나를 노려봤다. '이 자는 가증한 일본인'이라고 하는 듯 하던 그때의 왕자의 날카로운 눈은 지금도 잊지 않고 있다"라고 김정운에 대해 묘사하고 있다.[25]

정치적 야심이 강한 김정운은 이복형인 김정남에 대한 견제의식이 많았다고 한다. 생모 고영희가 사망한 직후 후계자 입지가 어려워지자 2004년 11월 노동당 작전부 공작원들을 동원해 오스트리아에서 김정남의 암살을 추진한 적도 있었던 것으로 알려졌다.[26]

김정운은 김정일의 세 아들 가운데 아버지를 가장 많이 닮았음에도 불구하고 후계물망에 떠오르지 않고 가장 깊숙이 베일에 감춰져 있었다. 왜 그랬을까. 이 점에 대해서 많은 의구심을 가져볼 필요가 있다. 김정운이 세간에 일절 노출되지 않았던 이유는 두 가지 중의 하나일 가능성이 높다. 첫 번째는 김정운이 아직 나이가 어리기 때문에 전혀 후계물망에 올려놓고 논의할 수 있는 인물이 아니었기 때문이다. 두 번째로는 김정일이 일찌감치 김정운을 자신의 후계자로 내정해 놓아 외부에 노출시키지 않고 철저히 베일에 싸이도록 보호해 왔기 때문일 가능성이 있다. 그런데 김정일의 건강이 좋지 않은 시점에 김정일이 김정운을 후계자로 지명했다는 정보들이 다시 흘러나오고 있다. 이것은 무엇을 의미하는 것일까. 정말로 김정일이 어린 김정운을 후계자로 지명했기 때문일까.

김정일이 자신을 제일 많이 닮은 김정운을 후계자로 내심 생각했다 하더라도, 이런 구상은 그가 오랜 기간 통치할 수 있는 건강이 전제됐을 때 가능한 시나리오라고 할 수 있다. 거꾸로 말해 이런 전제를 충족하기 어렵다면, 즉 김정일의 건강에 문제가 있다면 아무리 김정운을 후계자로 내세우고 싶다고 해도 그렇게 하기는 어렵다는 얘기가 된다.

김정일은 자신이 32살이던 1974년 2월 노동당 제5기 8차 전원회의에서 당 중앙위 정치위원이 되면서 '후계자'로 공인되었다. 그런데 이보다 7살이나 어린 김정운을 북한 정치권력의 후계로 지명한 것일까. 과연 20대의 김정운이 북한을 이끌게 되면 권위가 설까. 그리고 김정운이 북핵 협상을 이끌고 나가면서 북한 주민들의 지지를 얻어낼 수 있을까. 어린 김정운이 북한을 외교적 고립의 섬에서 탈출시키고 경제난을 해결할 만한 식견이 있을까. 북한 노동당과 군부 내부의 원로들의 지지 또한 얻어낼 수 있을까.

이는 쉽지 않다고 본다. 김정운이 북한의 통치자가 되면 북한은 아주 어려운 국면에 빠져들 것이다. 설령 김정운의 뒤에 김정일과 장성택이 버티고 있다하더라도 북한의 상황은 지금보다 훨씬 어려워질 것이다. 북한의 체제와 지도자가 모두 동시에 가장 큰 도전을 맞고 있는 지금의 난국을 돌파해 나가기 위한 방편으로 20대의 어린 김정운을 새로운 후계자로 내세운다면 이는 북한의 앞날에 또 하나의 어려움만 가중시키는 것이나 다름없는 것이다. 그리고 북한이 체제유지의 가치로서 그토록 강조해왔던 유교의 장자 우선의 원칙이 깨져버림으로써 북한의 체제유지에도 매우 험난한 길이 예고된다. 특히 북한 핵문제와 관련해 한반도를 둘러싸고 있는 주변 4대 강대국들은 북한의 정치 체제와 권위를 아주 냉소적인 시각으로 볼 것이다. 그 중에서도 중국과 러시아가 북한이 20대의 젊은이에게 권력을 이양하면서까지 3대 세습을 하는 문제를 어떻게 받아들일 것인지도 의문이다. 한 국가의 운영은 그 내부로부터 지지를 받아야 할 뿐만 아니라, 외부로부터의 지지도 받아야 정상적인 통치가 가능하다. 지금까지 전 세계적으로 권력을 세습한 나라는 몇 개국뿐이었다. 우선 북한이 대표적인 경우였고, 싱가포르와 대만이 아버지(장제스, 리콴유)로부터 아들(장징궈, 리셴룽)로 권력을 이양한 대표적인 케이스이다. 그리고 쿠바의 경우는 최고 통치권자였던 피델 카스트로가 동생 라울 카스트로에게 권력을 이양한 경우이다.

그러나 지금 북한에서 아직 20대인 김정운을 후계자로 옹립한다는 내용들이 나오고 있는 것은 실제로 김정운을 김정일의 후계자로 내세울 계획의 일환이라기보다는 김정일 이후의 통치권을 선점하기 위한 북한 내부의 권력투쟁이 매우 심각한 양상으로 전개되고 있음을 반증한 것이다. 이 부분은 김정일의 건강이 더욱 악화되어 가고 있음을 알리는 신호이기도 하다. 북한에서는 김정일이 생존해 있는 한, 어떠한 이유를 내세워서라도 후계문제는 일종의 금기사항이다. 그럼에도 불구하고 후계문제를 공개적으로 논의한다면 이는 수령체제에 대한 반역이자 불충이며 종파분자로 낙인찍힌다. 김정일이 공개적으로 김정운을 자신의 후계자로 지명했다면 이는 그만큼 김정일의 레임덕이 빨라지고 있다는 증거이며 김정일의 건강상태 또한 갈수록 악화되고 있다는 징후인 것이다.

둘째, 김정일이 뇌질환을 앓은 이후 병상통치를 유지했던 기간 동안 김정일의 가장 지근거리에서 병간호를 하면서 사실상의 김정일의 부인역할을 해 왔던 김옥의 영향력이 매우 커졌음을 의미하는 것이다. 김옥이 김정운을 옹립하는 주체라면 이는 갈수록 김옥의 영향력이 확대되고 있음을 보여주는 대목이다.

셋째, 김정남과 김정철 간의 권력투쟁이 극심한 나머지 양쪽 파벌을 배제한 제3의 인물이 어부지리로 부상되고 있는 측면은 없는지도 잘 관찰해 볼 필요가 있다.

넷째, 북한에도 이제 정치지도자의 세대교체가 불가피해졌음을 알리는 신호탄으로도 볼 수 있다.

그러나 김정운이 아무리 권력의지가 강하다고 하더라도 그가 만일 김정일의 후계자로 등극하게 된다면 그는 아직 많은 부분에서 김정일의 참모들로부터 적극적인 도움을 받아야만 북한을 이끌어 나갈 수 있을 것이다. 그런데 김정운이 후계자가 된다면 북한 내부의 권력의 역학관계는 매우 복잡해질 것이다. 우선 김정운은 고영희의 아들이라는 점에서 김정일의 최측근인 장성택의 도움을 얻어내기란 쉽지 않을 것이다. 고영희와 장성택은 정적관계나 다름없었다. 그러나 김정일과 친족관계라는 점을 통해서 장성택과 김정운은 서로 협조관계는 유지할 수 있을 것이다. 물론 이 관계가 얼마나 끈끈한 관계로 발전할 것인지에 대해서는 의문이다. 그리고 김정운을 옹립하는 세력이 조직지도부 제1부부장을 맡고 있는 이강철이라면 장성택, 김정운, 이강철의 관계는 더욱 복잡해질 것이다. 이강철과 장성택은 정적관계이고 서로 경쟁관계에 있기 때문이다. 현재 장성택은 김정남을 적극 지지하고 있고, 이강철은 고영희의 두 아들 중 한 사람을 지지할 수밖에 없는 입장에 놓여 있다. 이런 점을 감안한다면 김정일이 자신의 권력을 장남인 김정남에게 넘겨주게 되면 이강철은 권력의 중심부에서 배제될 가능성이 많고 반면에 차남인 김정철 혹은 삼남인 김정운이 후계자가 될 경우에는 장성택 역시 권력의 중심부에서 배제될 가능성이 없지 않다.

김정일의 입장에서는 어린 김정운에게 자신의 권력을 이양한다면 결국 그를 보호하고 지켜줄 최고의 킹메이커가 필요할 것인데, 현재로서는 장성택만한 인물을 찾기는 어려울 것이다. 그런데 장성택과 고영희와의 관계 그리고 장성택과 이강철과의 관계를 고려한다면 김정운으로의 권력이양은 북한 내부에 새로운 권력투쟁을 예고하는 것이나 다름없다. 그리고 이는 김정일의 레임덕을 급속히 가속화시킬 것이며 북한 내부의 체제이완 현상 또한 연동되어 일어나게 될 것이다. 설령 건강이 좋지 못한 김정일이 자신을 빼닮았다고 해서 어린 김정운에게 권력을 넘겨주게 되면, 김정운 역시 권력을 오랫동안 유지해 나가지 못할 것이다. 그 이유는 그의 건강 또한 좋지 않기 때문이다. 이렇게 되면 북한의 운명은 어떤 점에서 구 소련의 운명과 비슷한 과정을 밟게 될 지도 모른다. 그것은 브레즈네프 서기장의 죽음 이후 연쇄적으로 건강이 좋지 못한 안드로포프, 체르넨코 서기장으로 권력이 이양되면서 구소련의 권력교체가 급속히 진행되었고 그 결과 고르바초프라는 새로운 인물이 출현했기 때문이다. 혹시 건강에 많은 문제점을 안고 있는 김정운을 후계자로 내세운다면 북한에도 예상치 않은 권력변동이 발생하게 될 것이다.

하지만 나이 어린 그가 후계자로 지명됐다는 주장은 후계와 관련한 외부 세계의 전망을 흐리게 하고자 북한 내부에서 흘러나온 역정보일 공산이 크다. 상대적으로 젊은 오바마가 미국 대통령으로 취임하는 시기에 맞춰, 북한에도 새로운 변화의 바람이 일고 있음을 보여줌으로써 외부세계의 주의를 환기하려는 전략의 일환일 가능성도 있다.

떠오르는 장성택, 개혁개방의 설계자인가

장성택, 그는 북한의 최고 통치자 김정일과 처남 매부간이다. 김정일의 유일한 혈육이라 할 수 있는 여동생 김경희의 남편이며, 조선민주주의 인민공화국의 창건자 김일성의 사위이다. 그는 1946년 강원도 천내군의 아주 평범한 가정에서 태어나 김일성종합대학 경제학부 정치경제학과에 재학 중 김경희와 사랑에 빠져 결혼을 했다.

그런데 장성택과 김경희의 결혼에는 몇 가지 에피소드가 있다.

첫째, 장성택은 김경희와의 결혼을 매우 부담스럽게 생각했다는 점이다. 평범한 신분의 가정에서 태어난 자신과, 북한 최고통치자를 아버지로 둔 사람과는 결혼이 성립될 수 없다는 생각을 가졌던 것이다.

둘째, 장성택과 김경희의 결혼에 대해서 북한의 절대 통치자인 김일성 주석도 반대했다는 점이다. 김일성은 장성택의 출생성분을 조사한 뒤 두 사람의 결혼을 다소 껄끄러워했다. 그래서 장성택은 김일성종합대학 정치경제학과 3학년 재학 중에 이 대학을 떠나 강원도 원산경제대학(현 정준택 원산경제대학)으로 전학을 가게 된다. 김일성이 자신의 딸과 장성택을 서로 떼어놓기 위해 취한 조치였다. 그런데 이 두 사람은 북한에서 신적 존재나 다름없는 수령의 반대에도 불구하고 결혼에 골인하게 된다. 김일성도 두 사람의 깊은 사랑을 이기지는 못한 것이다.

이들의 열렬한 러브스토리는 사뭇 흥미롭다. 원래 장성택과 김경희는 경제학부 정치경제학과 재학생들이었는데, 장성택은 그 반에서 공부를 특별히 잘하는 편은 아니었다. 그러나 예술서클 책임자로서 아코디언 연주가 일품이었고, 노래와 춤에도 능했으며, 무엇보다도 사리에 밝고 영리했다.[27] 언제부터였는지는 알 수 없지만, 두 사람이 사귀고 있다는 소문이 은밀하게 들려 왔고, 그 소문은 결국 김일성의 귀에도 들어갔다. 김일성은 당장 장성택의 가족관계를 조사토록 지시했고, 조사결과 장성택의 아버지 쪽의 경력에 문제가 있었다. 김일성은 자기 계열과는 다른 활동가들을 배척하고 있었기 때문에 화를 내면서 딸에게 당장 관계를 끊으라고 했고, 동생 김영주에게 어떻게든 두 사람의 관계를 끊어놓으라고 지시했다. 김일성의 지시로 김영주는 당시 대학 총장을 찾아가 사정을 설명하고는 둘이 만나지 못하게 통제해 달라는 요구를 했는데, 총장은 그저 적당히 집행하는 척만 했다. 그러다가 어쩌다 장성택을 붙잡고 있으라는 지시가 내려지면 할 수 없이 그의 누이 집으로 갔지만, 장성택이 안 들어왔다고 하면 꼬치꼬치 캐묻지 않고 따지지도 않았다. 이런 사실을 안 김경희는 결국 총장실로 찾아가 총장이 왜 사랑문제에 간섭하느냐고 항의했는데, 이 일은 총장에게 그녀가 매우 당차고 똑부러지는 성격임을 각인시켰다. 그래서 그녀의 삼촌 김영주에게 이에 대한 얘기를 했더니, 김영주도 고개를 절래절래 흔들면서 조카가 너무 성격이 독해 오빠인 김정일도 마음대로 다루지 못한다고 했다. 두 사람이 헤어지기는커녕 은밀히 자주 만난다는 걸 알게 된 김일성은 김영주에게 장성택을 출학黜學시켜 원산에 있는 경제대학으로 보내라는 지시를 내렸을 정도였다.

장성택·김경희 러브스토리는 김경희의 성격이 얼마나 적극적인지, 오빠 김정일과 아버지 김일성도 감당할 수 없을 정도의 강력한 캐릭터였는지를 보여준다. 그런 탓이었는지는 모르지만 이 두 사람의 결혼이 성사된 데에는 김경희 쪽에서 장성택을 무척 좋아했던 점이 크게 작용했던 듯싶다. 주석인 김일성이 반대하는 결혼에 그의 딸 쪽에서 적극적으로 나서지 않았더라면 장성택이 감히 주석의 의중을 거스르면서까지 결혼을 하지는 못했을 것이다. 장성택에 폭 빠진 김경희의 거센 성격과 강철 같은 의지에 아버지 김일성도 두 손을 들고 만 것이다.

이 두 사람은 김일성종합대학을 다닐 때 클래스메이트였는데 강의 시간에 앞뒤로 앉았다. 장성택이 앞에, 김경희가 뒤에 앉았었다고 한다. 장성택은 우선 잘 생겼고 무척 매력 있는 남자였으며 학교 다닐 때부터 굉장히 재주가 많았다고 한다. 술도 잘 마시고 말도 재미있게 잘한 남자였다고 한다. 김경희 역시 예뻤고 약간 통통하긴 해도 눈도 크고 피부도 하얗고 해서 어머니를 많이 닮았다고 한다. 김경희는 나름대로 카리스마도 있고 상당히 여장부적인 기질을 타고 났다. 북한의 절대통치권자 김일성의 딸 김경희가 장성택과 결혼하겠다고 마음을 먹었던 건, 오로지 장성택이 갖고 있는 남자로서의 매력 하나 때문이었을까. 장성택의 무한한 정치적 가능성, 그의 타고난 외모와 능력은 김경희에게 안중에도 없었던 요인들이었을까.

장성택이 미래를 가진 사람이라는 생각은 들지 않았던 것일까. 김일성의 반대를 무릅쓰고 선택한 남자를 정치적으로 출세시켜 볼 생각은 없었을까. 성장의 중심복판이 곧 북한 최고 권력 센터나 다름없었던 김경희에게 정치적 야망은 없었던 것일까. 북한의 권력과 파워의 내부 역학관계를 바라보는 대부분의 사람들의 시각을 보면 권력의 본질은 놓친 채, 권력의 형식과 권력주변의 매우 피상적인 수준에 매달려 북한 파워 그룹들의 부침을 보려고 한다. 자리와 형식에 상관없이 최고 권력자와 피를 공유했다는 사실 그 자체가 얼마나 엄청난 권력이며 파워인지를 간과한다. 동서고금을 막론하고 최고 권력자의 아들과 딸, 친인척 주변에 사람들이 그토록 모여드는 광경을 목도하면서도, 정작 북한의 권력을 평가할 때는 자리와 형식에만 근거해 도식적으로 파워 그룹들을 평가해버리는 것이다.

장성택이 북한에서 최고 실세의 자리라 할 수 있는 노동당 조직지도부 제1부부장직을 거머쥐게 된 것은 단순히 그가 김일성의 사위이고 김정일의 매제였기 때문에만 가능했던 일이었을까. 그렇지는 않을 것이다. 그 뒤에는 남편을 최고 지도자로 만들어 보려고 숨어서 노력하고 있는 김경희의 큰 역할이 있다. 장성택이 정치적으로 급성장하고 있는 그 배경에는 억척스럽기 그지없는 김정일의 여동생 김경희의 보이지 않은 역할이 상당히 큰 몫을 하고 있다. 이 점은 지금도 그럴 것이다. 단지 북한이 유교적인 가부장 사회인 점을 감안하여 김경희가 이를 공개적으로 표출하지 않고 있고, 북한 내부에서도 이런 일들에 대한 행위를 공표할 수 없기 때문에 장성택의 막후 후원자 김경희의 역할은 드러나지 않고 있을 뿐이다. 김정일의 여동생인 김경희는 북한에서 유일하게 김정일에게 감정적인 발언까지 숨기지 않고 할 수 있는 인물이다. 김정일의 인사개편 때 자신의 남편이 강등을 당하면 강등당한 대로, 승진하면 승진한 대로 자신의 호불호를 김정일에게 대놓고 말할 수 있는 유일한 사람은 김경희뿐이다. 김정일의 세 아들들도 그렇게 하지는 못한다고 한다. 김정일은 '경희의 말은 나의 말과 같다'고 할 정도로 친동생 김경희를 아낀다. 장성택이 막강한 권부의 자리에 오르게 된 것도 어찌 보면 김정일의 김경희에 대한 배려가 상당한 비중을 차지한다. 실제로 김경희에게는 그럴 만한 힘이 있다.

그녀의 곁에서 출세가도를 달린 대표적인 사람이 바로 김용순 비서였다. 이에 대한 일화가 있다. 1983년 10월 9일 미얀마 아웅산 폭탄 테러 사건으로 남북관계가 살벌해졌을 때, 북한 권력중심에서는 자리 이동이 단행되었다. 국제비서로 있던 김영남이 외교부장 겸 부총리로 자리를 옮기고, 외교부장으로 있던 허담이 대남관계 부서인 통일전선부장 겸 비서로 들어왔으며 국제비서 자리는 김용순이 부부장에서 승진하여 맡게 되었다. 당시에 김영남은 자리 이동을 좋아하지 않았고, 허담의 부인도 남편을 국제비서로 승진시키지 않고 대남 사업을 맡긴 데 대해 불만을 늘어놓고 다녔다. 당시만 해도 국제부는 당내에서 조직부, 선전부 다음으로 힘이 셌으며, 이 세 부서의 부부장들에게는 중앙당 청사 안이나 다름없는 곳에 주택을 제공하고 호위국 보초가 경비를 섰으며, 승용차도 2인이 1대를 쓰는 다른 부서의 부부장과는 달리 1인 1대였다. 병원도 평양에서 시설과 의료진이 가장 좋다는 봉화병원을 이용했다. 당시 국제부에는 김경희가 과장으로 있고 김용순이 부부장으로 있었는데, 김용순이 김경희와 사이좋게 지내다가 결국 김영남을 몰아내고 비서자리를 차지하게 되었던 것이다. 허담 부인인 김정숙은 남편이 국제비서 자리를 차지하기를 늘 바라고 있었으며 당연히 김용순에게 좋지 않은 감정을 품었다. 하지만 김경희가 김용순을 감싸고돌아 함부로 건드릴 수도 없었다. 그 후 김용순은 김경희의 지지만 믿고 춤판 사건을 일으켜 좌천되어 1984년에 평안남도의 탄광노동자로 내려가 혁명화를 겪었다. 김용순이 철직되고 며칠 있다가 김정일은 황장엽 비서에게 전화를 걸어 김용순 대신 국제비서로 일해 달라는 부탁을 했다. 그래서 황장엽은 자신이 국제비서가 되었다고 그 전말을 회고록에서 밝히고 있다.

황장엽이 국제비서가 되어 보니 김경희가 국제부 부부장으로 있었고 그녀 주변에는 신분상승이나 자리를 유지하기 위한 속셈에서 사람들이 많이 모여들었다고 한다.[28] 이런 내용만 보더라도 김경희는 오늘날 남편 장성택의 고속성장에 전력투구하고 있고, 장성택의 정치적 급성장의 뒤에는 억척스런 김경희의 보이지 않은 역할이 있었던 것임을 쉽게 알 수 있다. 그래서 김경희는 혹시 김정일 이후 북한의 퍼스트레이디를 꿈꾸고 있는 것은 아닐까. 김경희는 오빠 김정일 이후의 북한을 생각할 때 당연히 그런 생각을 가질지도 모른다. 더군다나 지금처럼 김정남과 김정철 그리고 김정운이라는 김정일의 세 아들이 충분한 후계수업도 받지 못했을 뿐더러 나이도 상대적으로 적어 장성택을 포스트 김정일 시대의 북한의 리더로 만들어 볼 꿈을 강하게 가지고 있는지도 모른다. 어쩌면 김경희가 너무 일찍 이런 생각을 가진 나머지 고속 출세했던 장성택이 주변의 견제를 당하면서 시련기를 겪어야 했는지도 모른다.

장성택은 김정일의 매제답게 결혼하자마자 출세가도를 달렸다.

1972년 당 조직지도부 과장을 거쳐 81년 경에 당 청년사업부로 자리를 옮겨 부부장, 제1부부장(1985) 및 부장(1989)을 거쳐 당중앙위원회 후보위원(1989), 최고인민회의 9기 대의원(1990), 당 중앙위원회 위원(1992), 김일성 국가 장의위원회 위원(1994), 당 조직지도부 제1부부장(1995)에 오르기까지 그야말로 북한에서 그의 신분은 초 수직 상승이었다. 1989년에는 평양서 열린 제13차 세계청년학생축전을 성공적으로 치러낸 공적으로 '노력영웅' 칭호도 받았다. 특히 장성택은 1995년 당조직지도부 부부장에 오르자 권력의 핵심 요직에 자신의 사람들을 많이 심어 놓기도 했었다.

그가 책임지고 있는 조직지도부는 당 간부의 인사권을 주관하고 있기 때문에 권한이 막강했다. 또 사실상 북한 내에서 권력의 총본산인 사법, 검찰, 인민 보안성(공안기관) 등 그 정보에 관한 핵심기구를 모두 장성택이 장악하고 있었다 해도 과언이 아니었다. 장성택의 가장 큰 형인 장성엽張成燁은 김정일이 김일성종합대학 4학년 재학 중 후계수업을 위해 특별지도를 받을 때 김정일에게 당투쟁사 부문을 가르쳤던 김정일의 개인교수였다.[29] 그리고 둘째형 장성우가 남한으로 말하면 수도방위를 책임지고 있는 수도방위사령관과 같이 평양 방어를 책임진 차수(원수와 대장 사이) 계급의 3군단장이자 당 중앙위 민방위부 부장이었는데, 이는 김정일 총비서가 위원장을 맡고 있는 국방위원회가 2002년 4월 인민군 창건 70돌(4.25.)을 앞두고 장성택 제1부부장의 형인 장성우 제3군단장을 차수로 승진시킨 것이다. 김정일 총비서의 장성택 제1부부장에 대한 신임을 거듭 확인시켜 준 것이기도 했다. 셋째 형 장성길도 인민군 중장으로 군단 정치위원을 지냈기 때문에 장성택은 군부와의 관계에서도 상당한 네

트워크를 갖고 있다. 그리고 그의 매제 전영진은 주 스웨덴 북한대
사관에서 대외문화연락위 부위원장으로 일을 하고 있었다. 장성택
은 사실상 북한의 행정, 조직, 사법, 정보를 총괄하는 자리는 물론이
고 외교부 과장을 할때는 외화벌이도 많이 하여 김정일로부터 신임
을 얻었고 심지어 군까지 장악해 나갈 수 있는 파워를 가지고 있었
다. 그리고 자신이 모스크바에서 유학생활을 했었기 때문에 해외정
세에도 남다른 식견과 인맥을 갖고 있었다. 이런 장성택의 권세는
하늘 높은 줄 모르게 올라만 갔고, 그가 북한의 최고 핵심실세라는
사실이 남한에 알려지게 된 결정적인 시기는 2000년 남북정상회담
이 열린 바로 그때부터였다.

장성택은 2000년 6월 15일 평양에서 열린 남북정상회담 고별만찬
에 나와 남측 기업인들과 대화를 나눈 모습에서부터 세간의 시선을
집중시켰다. 당시 그는 남측 재계대표들과 담화를 나누기도 했었는
데 특히 한 대기업 총수가 옆자리에 앉은 그에게 "투자보장 협정 등
경협의 제도적 장치를 마련해 달라"고 요청하자 "위원장에게 직접
건의하라"며 직접 김 위원장에게 데리고 가 그의 파워를 실감케 했
다.[30] 그는 사실상 95년부터 북한의 전권을 한 눈에 들여다 볼 수 있
는 권력 2인자였다. 그는 김일성종합대학교 경제학부 정치경제학과
를 졸업했기 때문에, 경제문제에 대해서도 식견이 남달라 김정일이
북한 경제를 살릴 수 있는 여러 가지 방안을 놓고 그와 깊은 숙의를
해왔었다. 그런 그가 2002년 8월 서울에서 열린 제2차 남북경제협력
추진위원회의 합의에 따라 박남기 북측 국가계획위원회 위원장(남측
경제부총리)을 단장으로 한 18명의 북한 경제시찰단이 고려항공전세
기편을 이용해 서해 직항로를 통해 인천공항으로 들어왔을 때 그 일

행으로 남한을 방문했다. 김정일이 그를 북측의 대남경제시찰단팀 속에 포함시켜 내려보낸 것이다. 그 이유는 간단하다. 남한과 해외 경제상황을 자신의 심복으로 하여금 직접 둘러보게 하여 경제적 현실을 있는 그대로 정확히 보고할 수 있는 인물이 바로 장성택이었기 때문이었다. 당시 북한의 경제시찰단은 자본주의 시장경제를 확실히 살피고 철저히 학습하겠다는 의지가 짙게 묻어 있었다. 우리 재정경제부의 한 관료는 "북한 시찰단의 규모나 인원구성, 태도 등으로 볼 때 경제개혁에 대한 북한의 의지를 읽을 수 있었다"고 말했다. 이런 부분이 장성택과 어떤 상관관계가 있을까. 장성택이 6.15 남북 정상회담 이후 북한의 경제시찰팀을 이끌고 남한과 동남아시아로 자본주의를 학습하기 위해 순회했던 것은 무엇을 의미하는 것일까. 장성택이 이렇게 움직이고 돌아다닐 수 있었던 것은 다름 아닌 2002년 7월 1일 소위 〈7.1 경제관리 개선조치〉에 따라 북한 경제를 새롭게 개혁해 나가겠다는 의지의 표시였다. 이렇게 북한경제를 새로운 모델로 개혁해 나갈 〈7.1 경제관리 개선조치〉의 주도적인 인물이 바로 장성택인 것이다. 〈7.1 경제관리 개선조치〉 및 후속조치로 불리는 이 일련의 개혁개방 정책은 북한 스스로 1940년대의 토지개혁에 버금가는 사건으로 평가했을 만큼 큰 폭의 변화를 담고 있었다. 이어 2002년 9월과 11월에는 신의주 특별행정구역 설치를 발표하고, 〈금강산 관광지구법〉 및 〈개성공업지구법〉을 공포하는 등 일련의 특구 확대정책을 취하였다. 사실 이 모든 경제개혁 조치들과 경제특구 설치를 비롯해 새로운 경제패러다임이 획기적으로 도입될 수 있는 모멘텀을 마련한 인물은 장성택이었다. 이렇게 하늘 높은 줄 모르게 승승장구하던 장성택에게도 위기는 있었다. 그가 권력의 변방으로 추락하게 된 시점은 언제였을까. 앞에서도 언급했지만, 2003년 7월 김정일의 자강도 현지시찰 이후 한동안 모습을 보이지 않다가 같은 해 8월 잠시 최고인민회의 11기 대의원으로서 모습을 비춘 뒤, 2004년 3월 이후 완전히 사라지면서부터였다.

그 계기는 2004년 2월 당 조직지도부 고위간부 자녀의 호화 결혼식에 그와 가까운 인물들이 대거 참석한 사실이 밝혀져 김정일이 엄벌을 지시한 데에서 비롯되었다. 그러나 이는 어디까지나 명분에 불과했고 실제로는 장성택을 김정철 중심의 후계구도에 최대 걸림돌로 보고 있는 고영희와 그의 측근들에게 표적이 되었기 때문이다. 즉, 장성택은 고영희와의 권력투쟁에서 밀려난 것이다.

이때민 히더라도 장성택은 김정일의 아들 가운데 한 사람을 옹립하는 킹메이커 역할보다는 자신이 직접 킹이 되려는 생각을 가졌던 것으로 보인다. 그리고 그의 아내 김경희도 장성택을 포스트 김정일 시대를 개막하는 북한의 통치자로 만들 계획이 있었던 것 같다. 그래서 고영희 쪽에서는 장성택의 급격한 세력확대가 김정철의 후계구도를 방해할 뿐만 아니라 김정일의 권력까지도 위협할 것이라는 판단으로 미리 그 싹을 자르려고 했던 것이다.

결국 장성택은 엄청난 북한 경제개혁개방의 구체적 플랜을 만들고 경제특구신설에 대한 액션플랜까지 주도했음에도 불구하고 김정일의 후계구도를 둘러싼 권력투쟁으로 중도에 직무정지 당하는 상황을 맞게 된 것이다. 이로 인해서 북한의 개혁개방경제정책에도 큰 손실이 있었던 것으로 보인다. 그 이유는 장성택이 권력의 변방으로 밀려날 때, 리광근 내각무역상과 박명철 체육위원장 등과 같은 소위 장성택파로 분류할 만한 경제관리들도 동시에 해임됐기 때문이다.

또한 지재룡 당 국제부 부부장, 최춘황 당 선전선동부 제1부부장, 최용수 인민보안상 등 장성택과 친분이 있거나 최측근 인물들도 '종파(파벌)행위'와 '권력남용'의 누명을 쓰고 줄줄이 해임되거나 좌천되었다.

북한은 수령 김일성과 수령의 후계자 김정일 이외의 당 간부 주위에 사람이 모이는 것을 '종파행위'로 간주하며 이를 엄격히 금지하고 있다. 김정일의 술파티에 가면 김일성과 김정일을 빼고는 아래위 차이가 없는데, 이런 분위기를 김정일이 의도적으로 몰아간다고 한다. 한번은 김용순이 술에 만취한 채 나이 많은 오진우에게 "오진우, 네가 뭘 안다고 그래?"라며 면박을 준 일이 있었는데, 김정일이 자기 이외에는 누구도 인정하지 않으려는 그런 분위기에 만족해했다고 한다.[31] 김일성과 김정일 이외에 눈치를 보거나 추종하는 대상이 있어서도 안 되고 그 주변에 사람들이 모여도 안될 만큼 북한에서 종파행위는 철저히 금지되어 있다.

김정철이나 김정운을 후계자로 옹립하려는 고영희와 그의 측근들이 고영희의 병세가 악화되어 세상을 떠나기 전에 장성택 계열을 종파주의로 몰아 서둘러 축출하지 않으면 안 될 상황을 맞았던 것이다. 2004년 5월 26일에 고영희가 세상을 떠났다는 시점을 감안하면, 장성택파를 하루라도 빨리 제거해야 한다는 고영희 측근들의 생각은 그만큼 절박했던 것으로 보인다. 당시 고영희 씨의 핵심 인물로는 실세 자리인 당 조직지도부 제1부부장을 맡고 있는 리제강, 현역 장성으로 당 제1부부장을 맡고 있는 리용철 등이 고영희의 최측근들이었다. 리제강은 김정일의 각별한 신임을 받고 있었고 당 인사권을 쥐고 있어서 장성택 라인을 제거하는 데 별 어려움이 없었을 것으로 보인다. 당시 김경희는 남편이 근신당하는 것을 견디지 못해 우울증에 걸렸으며 오빠인 김정일에게 심하게 따져 묻기도 했었다고 한다. 그러나 고영희는 2004년 5월 26일 프랑스 한 병원에서 유선암으로 세상을 떠났고 6월 초 북한에서 장례식이 치러졌다. 한편 노동당 조직지도부 제1부부장으로 막강한 권력을 행사하다가 2004년 2월에 '권력욕에 의한 종파행위'를 이유로 숙청당했던 장성택은 2005년 12월에 다시 노동당 근로단체 및 수도건설부 제1부부장으로 권력의 핵심으로 복귀했다. 1년 10개월 만이다.

김정일이 장성택을 다시 부르기로 결심했던 데에는 몇 가지 이유가 있다. 첫째, 우선 장성택을 강력하게 견제했던 고영희가 죽고 없어진 이후 국정운영을 해 나가는데 있어서 자신의 속내를 털어놓고 상의할 수 있는 최측근이 필요했다는 점이다. 둘째, 고영희 쪽의 세력이 너무 비대해지고 있어서 이를 전반적으로 견제할 수 있는 새로운 측근의 힘이 요구되었기 때문이다. 셋째, 이상의 두 가지 요인보다도 어쩌면 더욱 중요한 이유로 보이는데, 장성택을 통해 북한 경제를 살려야 한다는 요구가 절박해졌기 때문이다. 그동안 장성택은 북한 경제개혁개방조치를 주도해 왔었다. 그러다가 고영희 등과의 권력투쟁에서 밀려 장성택이 구상해 왔던 경제특구신설 문제와 개혁 조치들은 사실상 그 효과를 발휘할 수 없었던 것이다. 이미 장성택은 2005년 12월에 공식 복귀하기 전부터 보이지 않게 일정한 행보를 조금씩 해 왔고, 자신이 복귀하게 되면 해야할 일들에 대한 구상도 나름대로 해왔었던 것으로 보인다. 특히 장성택은 뜻하지 않게 고영희 측근들로부터 정치적인 공격을 받고 자신이 직무정지까지 당한 일들을 겪고 난 이후에는 매우 자숙하는 태도를 보여온 것으로 보인다. 이런 점들이 최고권력자 김정일의 동정심을 산 측면도 있었기 때문에 그의 복귀는 의외로 빨랐던 것 같다. 물론 김정일의 입장에서는 장성택에게 충분한 경고를 한 셈이고 또 자숙하는 태도를 보였기 때문에 이제 경제문제 등 체제유지에 필요한 사안에 적절히 활용할 수 있다는 생각을 해서 장성택을 복귀시키기로 결심했던 것이다.

장성택은 2007년 10월에 새로이 신설된 당 행정부장으로 임명되어 권력의 중심에 완전 복귀했고 김정일이 뇌졸중으로 쓰러지면서부터는 실질적인 권력 2인자로 완전히 부활했다. 김정일은 고영희의 측근인 리제강이 맡고 있는 당조직지도부 제1부부장 자리를 장성택에게 넘기지 않고 조직지도부에 속해 있었던 행정부만을 별도로 떼어내어 이 부서를 장성택에게 맡긴 것은 리제강과 장성택 간의 갈등을 부추기지 않겠다는 측면도 있지만, 이 두 사람을 적당한 거리에 두고 상호견제시키면서 충성경쟁을 유도하려는 측면이 있는 것 같다. 그러나 무엇보다도 조직지도부에서 행정파트를 따로 떼어냈다면 조직지도부가 갖고 있는 사실상의 실권이 유지될 수 있을지 관찰할 필요가 있다. 장성택이 지금 맡고 있는 당중앙위행정부장이라는 자리는 과거 자신이 맡았던 조직 지도부 제1부부장직에 비해 실질적인 권한은 비록 많이 약할지 모르지만, 김정일과 가장 가까운 친인척이라는 점 이외에도 워낙 친화적이고 겸손한 성품에다가 다재다능하기까지 해 주변에는 사람들이 많이 모이는 것으로 알려져 있다.

그는 지난 2002년 북한 경제시찰단과 함께 남한에 왔을 때, 서울시내를 이동하던 중 지하철 3호선에서 나이가 많은 송호경 아태위원장에게 자리를 양보하고, 지하철에서 내릴 때까지 서서 갔었던 인간적인 면모와 겸손함을 보여주기도 했다.[32] 바로 이런 성격 때문에 주변에 사람들이 모여들어 '종파주의'로 몰려 견제를 받아 왔던 측면도 있을 것이다. 장성택은 이미 그가 어떤 자리에 있느냐와는 상관없이 김정일 다음으로 북한 내 최고 실세이다. 그를 견제했던 고영희도 없어졌고, 북한의 권부가 노년기를 향하고 있으며, 개혁개방정책을 통한 경제회복의 필요성도 절박해졌기 때문이다. 그리고 무엇보다도 최근 김정일의 갑작스러운 와병으로 인하여 김정일의 권력 공백기를 메울 수 있는 대리통치자가 필요해졌다는 점이 장성택에 대한 필요성과 의존도를 더욱 높이고 있다. 또 이미 노년기에 접어든 김정일의 건강이 정상적인 상태로 회복될 가능성이 거의 없기 때문에 상성택의 파워는 갈수록 커질 수밖에 없다.

김정일은 그동안 북한의 체제유지를 위한 통치술로 현장지도와 현장시찰을 활용했다. 이것은 지도자가 자신의 집무실에만 앉아서 지시를 내리는 것이 아니라 직접 현장으로 나가 '인민'들과 희로애락을 함께 하면서 '지도자'와 '인민'이 하나라는 일체감을 고취하여 지도자에 대한 충성심이 절로 우러러 나오도록 만드는 통치술이다. 북한이 아직도 자신들의 독특한 체제를 유지해 나가고 있는 비결 중의 하나가 바로 최고지도자의 현장지도인 것이다. 그런데 김정일의 건강이 나빠지면 과거처럼 현장시찰과 현장지도를 할 수 없는 문제가 생긴다. 통치리더십에 커다란 공백이 초래되는 것이다. 이를 무엇으로 대체할 것인가 하는 것이 김정일 건강 악화 이후의 북한이 안게 된 또 하나의 숙제이다. 바로 이 점 때문에라도 김정일은 장성택을 더욱 필요로 하고 있다. 김정일 건강 이상설이 확산되면 자칫 군의 통제가 이완될 가능성이 있고, 행정조직의 권력누수 현상이 빚어질 수 있으며, 인민들의 체제에 대한 결속력이 저하되면서 내부 관료들의 불안심리가 커질 수 밖에 없다. 그렇게 되면 북한은 동원 정치가 불가능해질 수도 있다. 이를 막기 위해서는 김정일을 대신할 수 있는 상징적인 김정일의 복심腹心이 필요한 것이다.

김정일의 권력대행자는 누구 보다도 북한의 전군 상황은 말할 것도 없고 행정, 조직, 당, 정보, 외교 등의 사무를 총괄했던 경험이 있어야 하고 국정 상황을 한 눈에 꿰뚫어 볼 수 있어야 한다. 지금 김정일의 입장에서 북한 내부체제를 유지해 나가는 데 자신의 매제인 장성택만한 인물은 없을 것이다. 장성택은 김정일이 뇌졸중으로 쓰러졌을때 사실상 김정일을 대신해서 북한 전역을 관리하는 2인자로서의 위치에 들어섰다. 장성택은 김정일의 신임 아래 북한 내부를 거의 장악한 것으로 전해 진다. 김정일이 북한의 경제를 개혁개방으로 이끌어 가기 위해서도 장성택의 역할은 필요한 시점이다. 그리고 자신의 권력을 아들에게 이양하기 위한 구상을 마쳤다 하더라도 지금으로서는 장성택의 도움이 불가결하다. 다만 아들에게 권력을 이양하기 위해서는 일정 기간 과도기를 거칠 수밖에 없는 상황이다.

김정일 이후 북한의 후계구도와 관련하여 장성택의 최근 행보는 분명해진 것 같다. 그는 과거처럼 김정일의 세 아들을 제치고 자신이 곧장 김정일이후 시대의 북한을 이끌 지도자로 나서기 보다는 김정남을 옹립하는 작업에 열중해 있다. 이와 관련하여 장성택은 지금 김정남을 차기 지도자로 내세우기 위해 김정일과 김정남 두 사람 모두를 상대로 설득작업에 나서고 있는 것으로 파악된다. 즉 김정일에게는 이제 장남인 김정남을 서서히 후계구도에 올려놓아야 하지 않겠느냐는 것이고 김정남에게는 왜 북한의 최고책임자가 되어야 하는가를 설득 중에 있는 것이다. 이 점과 관련하여, 후계문제에 대해서는 아예 원천봉쇄했던 김정일이 최근에는 침묵을 유지하거나 조금씩 수긍해 나가는 태도로 바뀌었다고 한다.

장성택은 왜 세 아들 중 김정남을 김정일의 후계자로 내세우려고 하는 것일까. 여기에는 몇 가지 이유가 있다. 첫째, 북한의 권력체계가 남존여비, 장자우선이라는 가부장적 유교문화에 깊숙이 뿌리박고 있기 때문이다. 50년 동안 유지되고 존중되어온 유교문화와 정서를 외면한 채 후계자를 내세울 수는 없다는 것이다. 이 문제는 김일성-김정일을 잇는 정통성의 문제와도 관련이 깊을 수밖에 없다.

둘째, 자신의 정적이었던 고영희의 두 아들 중의 한 명이 후계자가 될 경우, 장성택 자신이 숙청 대상 1호가 될지도 모른다는 두려운 생각을 갖고 있을 것이다. 김정남과 장성택은 같은 시기에 고영희로부터 정적으로 간주되어 배제되어 왔었다는 동병상련의 입장에 처해 있고 두 사람은 김정철과 김정운의 세력에 대항하려면 서로 협력과 연대의식을 갖고 있어야 생존할 수 있다는 믿음이 있다.

셋째, 고영희의 두 아들들은 북한 사회내부에서 "아직 멀었어. 그쪽은 시간이 필요해"라는 평가처럼, 후계자로 내세우기에는 나이가 아직 어리다는 점이다.

한편, 장성택이 김정일의 후계자로 김정남을 내세우려고 나선 데에는, 김정남의 생모인 성혜림에 대한 보은의 마음도 있을 것이다.

1978년 경, 장성택이 김정일로부터 총애를 받고 있을 때 김정일이 가끔 장성택을 파티에 부르곤 했었다. 그러다 보니까 장성택도 김정일의 파티 초청을 흉내 내면서 외교부 간부들 중 자신의 측근들을 불러 놓고 1주일에 한 번씩 파티를 열었다고 한다. 처음에는 김정일도 이런 사실을 모르고 있었는데, 여러 차례 계속되자 정치보위부에서 김정일에게 이런 사실을 직보했다. 김정일이 대단히 화를 내며 장성택을 불러 놓고 "네가 뭔데 내 흉내 내가며 연회하느냐. 이 땅에서 세도 부릴 수 있는 사람은 나밖에 없다"고 호통을 쳤다고 한다. 그러고는 그를 강선제강소로 쫓아냈다. 장성택은 여기서 2년여를 고생했는데, 1980년 2월 16일 관저에 당시 중앙당 국제부 과장이던 김경희가 들어왔다. 김정일의 첫 부인 성혜림은 "고모, 고모부 없이 고생이 많구려"하며 위로했다. 당시 김경희는 중앙당 국제부 과장이었다. 김경희는 "잘못 했으면 처벌받아야지요"라고 말했다. 성혜림은 그렇게 말하는 김경희의 속마음을 읽었다. 성혜림은 김정일에게 "이제 고생을 많이 해서 반성도 많이 했을 테니 고모부를 불러 옵시다"라고 부탁했다고 한다. 그러나 김정일은 "아니야, 더 고생시켜야 돼. 그냥 놔 둬"라고 퉁명스럽게 받았다고 한다. 그럼에도 성혜림은 관저 보좌관 이창원 운수과장을 강선제강소로 보내 장성택을 오라고 지시했다. 관저에서 김정일과 가족들이 식사하는데 성혜림이 김정일에게 말하지 않고 장성택을 불러 온 것이다. 장성택은 김정일에게 정중하게 인사했다. 김정일은 인사를 받고도 별 말이 없었다. 성혜림에게 "에이그, 당신도 참 극성이구려"라고 한마디 했다. 장성택은 김정남의 생모인 성혜림이 풀어준 것이나 다름없었다. 식사하면서 술이 몇 잔 들어가자 김정일은 장성택에게 "너도 한 잔 해라, 그리고 앞으로는 그러지 마라"고 하면서 술을 컵에 따라 주었다. 장성택의 눈에 눈물이 그렁그렁했다.[33] 이후 장성택은 곧 조직지도부 당원등록과장이 됐고 1982년에는 청년사업부 부부장이 되었다가 곧 부장이 되었다. 장성택은 장기도 잘 두고 주패(트럼프)도 잘 하는 등 잡기에도 능하고 아코디언 연주는 감탄할 정도였다.[34] 이후부터 그는 김정일 관저에서 하는 측근자 파티에 계속 들어왔다 강선제강소로 하방 조치된 장성택을 결정적으로 구해준 사람은 다름 아닌 김정남의 어머니 성혜림이었던 것이다.

김정일이 뜻하지 않게 뇌졸중으로 쓰러지자 주변 국가들은 일제히 김정일의 역할을 누가 할 것인지에 깊은 관심을 가졌다. 그 중에서도 미국의 정보당국은 재미있는 분석을 내놓았다. 미국 정보기관에서는 김정일이 건강 이상으로 대리인을 내세우거나 사망할 경우 김정일의 매제인 장성택 노동당 행정부장이 가장 중요한 역할을 할 것으로 분석했다. 미 정보기관은 최근 김정일의 건강 상태를 세 가지의 경우로 나눠 상황별로 권력승계와 북한 내부의 안정성 지속 여부를 분석했다.

먼저 미국 정보기관은 김정일의 건강 상태를 '정신적 장애가 아닌 신체적 장애만 있거나,' '무력화(의식불명)의 장기화' 그리고 '사망' 등 세 가지 경우로 나눴다. 미 정보기관은 우선 신체적 장애만 있을 경우 자신의 매제인 장성택 행정부장과 실질적인 부인 역할을 하고 있는 김옥 국방위원회 과장을 '대리인'으로 내세워 배후 조종할 것으로 예상했다. 이런 판단의 근거로 김정일이 중대 결심을 할 때 자문역할을 하는 참모그룹들을 활용하지 않고 있으며, 각종 정책이 개인비서를 통해 전달되고 있다는 점 등이 고려되었다. 또한 대리인이 생길 경우 김정일은 외교정책과 안보문제에만 직접 개입하고, 나머지 사안에는 그다지 관심을 보이지 않을 것으로 미 정보기관은 전망했다. 그러나 노동당과 군 원로들은 김정일의 장애 발생 이후 처음

몇 개월 동안만 대리인을 인정할 것이고, 상태가 지속될 경우 후계자에 대한 본격적인 논의가 진행될 것으로 내다봤다. 특히 김정일이 사망할 경우 북한 통치구조는 집단지도체제가 될 가능성이 높으며, 고위 군사 지도부와 밀접한 관계인 장성택 행정부장이 '가장 중요한 역할'을 할 것이라는 분석을 내놓았다. 집단지도체제 구성원들은 지난 수십 년 간 김정일과 김일성에게 충성을 해왔기 때문에 김정일의 가족 중 한 사람이 집단지도체제의 구심점 역할을 한다면 북한 통치에 대한 연속성과 정당성은 유지될 수 있을 것으로 봤다. 그 역할은 김정일의 세 아들 중 하나가 아닌 장성택 행정부장이 맡게 될 가능성이 높을 것이라고 예상했다. 그 이유로는 김정일의 장남인 김정남이 아직 김정일로부터 인정을 받지 못하고 있으며, 차남인 김정철과 3남인 김정운은 아직 20대로, 경험이 부족하고 북한 주민들에게조차 잘 알려지지 않았다는 점을 꼽았다.[35]

북한의 지배이데올로기는 국가 건국 초기에 마르크스–레닌주의에 의해서 세워졌지만, 김일성 체제가 정립된 이후부터는 김일성주의에 의해서 통치되어 왔다. 그리고 김정일 시대에 와서는 김일성–김정일주의가 통치이데올로기로 자리잡아가면서 지금은 김일성–김정일의 왕조체제로 구조화됐다. 북한에서 김일성과 김정일은 그 자체가 국가이고 체제인 것이다. 수령이 중심인 수령체제가 북한인 것이다. 그래서 김정일 이후의 권력승계자도 김씨 일가에서 나올 가능성이 많다. 만일 김씨 일가의 자식들이 어려서 승계를 할 수 없는 상황이면 장성택 등 제3자에 의한 과도적 승계도 불가피할 것이다. 김일성에 비해서 김정일의 권력은 많이 약화되었다. 김정일은 김일성의 유훈과 후광으로 권력을 연장해나가고 있는 측면이 없지 않다.

그래서 김정일 이후 김씨 가문의 영향력은 급속히 떨어질 것이다. 이런 점에서 만일 장성택이 김정일의 후계자로 등극한다면 김일성-김정일 체제를 완전히 부정하지는 못하겠지만 점진적으로 개혁개방 조치를 앞당겨 나가면서 북한이 안고 있는 경제문제를 해결하는 방향으로 자신의 리더십을 공고화해 갈 것이다.

장성택은 그동안 두 번에 걸친 정치적 시련을 겪었다. 한 번은 하방조치에 가까운 징계를 당했고 다른 한 번은 직무정지를 당하기도 했다. 그러나 그는 중국의 덩샤오핑처럼 정적들이 쳐 놓은 바리케이드를 걷어 내고 다시 일어서서 실권을 거머쥐었다. 그리고 그는 개성경제특구 등을 포함하여 북한의 경제를 새로운 개혁개방으로 이끌 액션플랜을 주도해 왔다. 실용주의 노선을 걷고 있다는 점과 정치적 시련기가 있었다는 점, 그럼에도 불구하고 정치권력의 역학관계와 시대의 흐름이 그를 필요로 하고 있다는 점을 놓고 보면 덩샤오핑과 그는 닮은 점이 많다. 그러나 장성택은 덩샤오핑과 같이 모든 권력을 장악하지는 못했다. 그런 점에서 그는 어디까지나 개혁개방적 실용주의 사고를 한다는 점에서만 덩샤오핑과 유사하다고 해야 할 것이다. 실질적인 권력 관계로 본다면 그는 덩샤오핑 체제하에서의 장쩌민이나 장쩌민 체제하의 주룽지와 유사한 역할을 하게 될 공산이 크다. 김정일 이후 북한을 실질적으로 이끌어나갈 차세대라는 측면에서는 후진타오 이후의 중국을 이끌어 나갈 준비를 하고 있는 시진핑 국가 부주석의 위치에 더 가까이 서 있다. 그는 북한을 새로운 개혁개방의 시대로 이끌 개혁개방의 설계사가 될 수 있을까.
끝으로 장성택은 2000년 남북정상회담에서 합의했던 개성공단 설치문제에 관한한 북측 총괄 실무책임자였다. 오늘날 개성공단이 운영된 그 배경에는 장성택의 역할이 매우 컸었다. 그리고 그의 여동생 김경희 경공업부장은 개성공단의 북측 책임부서의 총책임자이다. 현재 북측에서 개성공단을 폐쇄시키기 위한 단계적 수순을 밟고 있음에도 불구하고 성큼 문을 닫지 못하고 있는 여러 이유 가운데 하나는 장성택 행정부장과 김경희 경공업부장이 폐쇄를 강력 반대하고 있기 때문이라고 한다. 남북관계 경색이란 변수 탓에 단기적으로 이와 같은 혼선을 피하기는 어려울 것이다. 하지만 중장기적으로 제한적일지언정 개혁개방 정책 노선을 도입 · 활용하지 않을 수 없는 북한 상황에 비추어, 신의주와 개성 등 경제특구 관련 사업을 총괄해온 장성택의 위상과 역할에 더더욱 힘이 실리리라는 것만큼은 분명하다.

김정일은
외교의 천재인가

총을 든 선군외교 | 우리식대로의 주체외교 | 전략적 파격외교 | 기선제압형 압박외교 |
직선형 통큰외교

총을 든 선군외교

김정일 정권 최대의 외교적 목표는 체제안보라고 할 수 있다. 그러면 김정일 외교술의 핵심은 무엇일까. 북한이 미국을 상대로 20년 넘게 펼쳐온 핵 외교를 지켜보면서 북한의 외교술을 높게 평가하는 사람들이 있다. 다른 한편으로 김정일에게는 외교가 없다고 하는 사람들도 있다. 김정일의 외교 행보가 대부분 군사적 시위를 포함하고 있기 때문이다.

체제 유지에 급급해 있는 김정일에게 외교적 행위와 비외교적 행위를 구분 짓는 것은 어려운 일이다. 그럼에도 김정일의 외교를 굳이 개념화한다면 '선군외교'라 정의할 수 있을 것이다. '선군외교'라는 개념은 북한이 체제안정 차원에서 국정운영의 모토로 내세우는 '선군정치' 못지않은 위상을 지닌다. 그것은 군과 군사력을 외교적 도구로 삼아 강대국 중심의 국제체제 속에서 힘의 투쟁을 통해

제국帝國들의 식민국가나 종속국가로 전락하지 않고서 대외적인 자주성을 유지하기 위한 외교 전략이다. 오히려 강대국들에게만 유리하게 조성된 국제외교안보 환경을 군사력에 기초한 위협을 제기함으로써 북한에게 유리한 외교적 상황으로 만들어 가는 외교전략인 셈이다. 이런 의미에서 선군외교는 총을 든 외교로, 선군외교관은 총을 든 외교관이라고 할 수 있을 것이다.

김정일이 이런 선군외교를 할 수 있었던 데에는 두 가지 요인이 있다. 첫째, 동북아 지역에서 북한이 처해 있는 특수한 지정학적 상황이고, 둘째, 주변강대국들의 군사적 공격에 대응할 수 있는 핵이라는 보복수단을 갖추고 있다는 사실이다. 강대국도 아닌 약소국가가 군사력을 외교적 자원으로 삼아 자국의 체제를 유지하고 생존해 나간다는 것은 국제사회에서 거의 찾아보기 힘든 사례이다. 그럼에도 북한이 강대국들 틈바구니에서 지금까지 살아남을 수 있었던 핵심 요인은 핵무기를 포함해 막강한 군사력으로 자신이 처한 지정학적 조건을 적절히 활용하는 외교능력을 발휘해 왔기 때문이다. 이런 북한의 외교술은 '지정학의 선군외교'라고 정의할 수 있을 것이다.

김정일은 이미 1990년대 초 사회주의권의 붕괴와 한·중 수교라는 위기상황을 맞아 "현 정세가 우리에게 불리한 것은 사실이지만 조선 문제와 관련하여 주변 국가들의 이해관계를 잘 이용하면 오히려 화를 복으로 전환시킬 수 있다"고 강조한 바 있다.[1] 그만큼 북한이 처한 지정학적 위치는 그가 구사하는 외교전략의 중심축이자 정치적 자산으로 자리잡고 있다.

일반적으로 약소국가들은 지리적으로 초강국들과 먼 거리에 있거나 다른 국가들을 사이에 두고서 조금 떨어져 있어야, 대외적인 자주성을 지키는 데 비교적 유리하다고 할 수 있다. 역사상 가장 종속적이었던 나라들은 거의 예외 없이 강대국들과 지리적으로 인접해 있었다. 이런 사례는 동서고금을 떠나 쉽게 찾을 수 있다. 예컨대 고려·조선과 달리 전통적으로 일본이 유교문화권에 속하면서도 정치적으로 중국에 대하여 상대적으로 자주적인 입장을 지킬 수 있었던 배경에는 섬이라는 지리적 조건이 크게 작용했다고 봐야 할 것이다. 오늘날 만약 그레나다Grenada나 파나마도 미국에서 멀리 떨어져 있었다면 미국의 압력으로부터 훨씬 자유로울 수 있었을 것이다. 소련과의 관계에서 유고슬라비아의 티토가 일찌감치 독자노선을 걸을 수 있었던 것도 소련과 유고슬라비아 사이에 루마니아·헝가리·불가리아가 가로놓여 있었다는 사실과 무관하지 않다. 이렇게 보면 현대 무기와 그 운송수단이 고도로 발달했다 해도 특정 약소국에 대해 패권적인 세력이 끼치는 영향은, 대개 그 두 나라 사이의 지리적 거리와 반비례 관계에 있는 셈이다.

그러나 초정밀, 초고속, 초고성능을 자랑하는 과학적 무기체계가 발달된 오늘날, 강대국들과 단지 지리적으로 멀다는 점만으로는 약소국가들의 체제안정 보장에 근본적인 한계가 있다. 지정학적으로만 보자면, 이라크는 미국과 충분한 지리적 거리를 두고 있음에도 후세인은 미국의 군사적 공격을 막을 수 있는 억지력을 확보하는 데 실패했기 때문이다. 그것은 사담 후세인이 김정일처럼 핵무기를 보유하지 못했기 때문이다. 후세인도 북한을 통해 이같은 사실을 알고 북한의 선군외교 노선을 따르려고는 했지만, 때가 이미 너무 늦은 상태였다. 또 이라크와 인접국가인 이란의 아흐마드네자드 대통령이 핵개발에 적극적인 건 왜일까. 강대국과 멀리 떨어져 있다는 지정학적 요인만으로는 자국 안보의 유지가 불가능하다는 사실을 이라크 붕괴를 통해 확인했기 때문이다. 이에 따라 이란도 핵을 보유하는 길만이 강대국들의 군사공격을 억지하는 확실한 보장책이라는 것을 깨닫고 김정일의 길을 따르고 있다. 그러나 이란이 미국의 군사공격을 막아내고 핵무기 개발에 성공할 수 있을지는 의문이다. 북한에 비해 지정학적인 위치가 복잡하지 않을 뿐더러 군사기술 수준도 북한에 비해 많이 떨어지기 때문이다.

이렇듯, 북한은 전 세계 어느 나라도 쉽사리 흉내 낼 수 없는 독특한 체제유지법을 갖추고 있다. 그리고 그 핵심에는 바로 북한이 처한 지정학적 위치와 핵무기를 활용한 '지정학의 선군외교'가 있다. 지정학의 선군외교에 바탕한 김정일의 외교술은 이중의 효과를 거두고 있다. 다른 약소국들과 달리 북한은 강대국이 각축을 벌이는 약육강식의 국제체제 속에서 가공할 만한 핵무기 보유를 통해 열강이 보유한 군사력의 유효성을 떨어뜨리는 가운데 자신의 독특한 지정학적 위치를 외교 자산으로 활용, 국제적 영향력을 드높이고 있는 것이다. 핵과 지정학이라는 두 요소를 충분히 활용하는 선군외교로, 북한은 주변 강대국 중심의 세력균형 체제로부터 영향을 받기보다는 오히려 거꾸로 강대국들의 세력균형 체제에 영향을 미치고 있다. 김정일의 북한은 타고난 지정학적 위치가 중국·러시아 같은 북방 강대국가와 미국·일본 같은 남방 강대국가 간의 세계패권 경쟁이 첨예한 요충지라는 점을 유인요소로 삼아 북한을 둘러싼 강대국들로 하여금 북한에 대한 영향력 증대 및 경쟁을 촉발시켜 주변강대국들로 부터 북한의 체제 유지에 필요한 경제적 지원을 이끌어내고 있다. 다른 한편으로는 핵무기 같은 대량살상 무기를 개발, 자국 주권에 대한 주변 강대국들의 위협 요인을 사전에 제거해버리기도 한다. 핵과 지정학적 위치의 절묘한 조합인 '지정학의 선군외교'란 결국, 지정학적 위치로는 체제 유지에 필요한 경제적 도움을 얻어 내고, 핵무기로는 주권침탈을 막아내는 약소국 외교론의 북한식 버전이라고 할 수 있다.

우리식대로의 주체외교

김정일의 선군외교에는 두 유형이 있다. 첫째, 김정일 본인이 직접 나서서 담판을 짓는 정상회담이다. 둘째, 김정일을 제외한 북한 외무성의 외교실무진이나 군·당 소속 관료들이 펼치는 실무급 외교이다. 전자는 정상외교이자 평시외교이고, 후자는 전시외교이자 실무외교라 할 수 있다.

지금까지 김정일이 직접 나서서 하는 정상외교는 분명한 외교적 성과가 있었고, 김정일의 체제 유지·강화에 크게 기여했다. 김정일의 정상외교는 2000년 5월과 2001년 1월 김정일의 방중과 2001년 9월 장쩌민의 방북으로 조·중 양국 최고 지도자 간 협의채널을 복원했다는 점, 2000년 6월 최초의 남북 정상회담으로 남북경협을 활성화시켜 놓았다는 점, 2000년 7월 러시아 역사상 최초로 최고 지도자가 평양을 방문했던 조·러 정상회담에서 1999년 3월에 폐기됐던 조·소 동맹조약을 대신해 〈북·러 우호선린협력 조약〉에 가조인한 점, 〈조·러 공동선언〉 발표로 "침략위험이 조성되거나 평화와 안전에 위협을 주는 상황이 조성되면 지체 없이 서로 접촉할 용의"를 표명했다는 점, 2001년 8월 김정일의 모스크바 방문으로 열린 조·러 정상회담에서 푸틴과 함께 "깊은 역사적 뿌리를 가지고 있는 전통적인 조·러 친선협조 관계를 더욱 발전시킨다"는 내용의 〈모스크바 선언〉을 발표한 점, 2002년 9월 고이즈미 일본 수상의 평양 방문 후 공표된 〈조·일 평양선언〉에 따라 조·일 국교정상화를 빠른 시일 안에 실현하기로 한 점, 2004년 5월 2차 조·일 정상회담과 2000년 10월 올브라이트 미 국무장관의 방북으로 열린 김정일·올브라이트 회담, 2007년 10월 제2차 남북정상회담에서 합의한 〈10.4 선언〉 등은 탈냉전 이후 국제사회로부터 고립된 북한에 새로운 대외적 활로를 열어준 정상외교의 성과였다.

김정일은 냉전종식과 구 소련의 붕괴로 인하여 북한에게 점점 어렵게 조성된 대외환경을 극복하기 위해서 정상외교에 박차를 가했고, 김정일의 정상외교는 북한이 맞게 될 최악의 경제·안보·외교 상황을 극복할 수 있는 일종의 탈출구 역할을 했다. 김정일은 정상외교를 통해 그동안 악화일로를 걸었던 체제위기도 어느 정도 감내할 수 있게 되었다. 주목해야 할 것은 김정일의 이런 정상회담 외교는 반드시 일정한 외교적 성과가 기대될 때에만 진행되었다는 사실이다. 물론 기대에 어긋난 결과를 낳은 경우도 있었으나, 대부분의 경우 하부 실무급 외교에서 어느 정도 상대국들과의 사전 외교적 조율과 협의 하에 북한에 유리한 외교적 결과를 기대할 만하다고 판단될 경우에 한해 시작되었다. 엄밀히 말해 김정일이 나서는 정상회담은 북측에 유리한 외교적 결과를 거둬들이는 시점이 되었다고 판단되거나, 아니면 외교적 결과가 확정되었을 때 이루어졌다.

이같은 정상외교의 회담 분위기는 그 어떤 형태의 외교회담보다도 화기애애하며, 외교 의전도 일상적이며 평시와 다름없는 형태로 진행된다. 소위 '우리식대로의 외교' 의전으로, 딱딱한 외교적 격식보다 더 편안한 분위기에서 회담을 진행하는 게 특징이다. 그런데 김정일이 정상외교에서 가장 중요하게 생각하여 상대국가에도 매우 엄격하게 준수하도록 요구하고 있는 부분이 있다. 마치 자신의 생명처럼 중요하게 생각하고 있는 그 부분은 무엇일까. 다름 아닌 자신의 '방문 스케줄'에 대한 철저한 보안이다.

김정일은 자신의 외교스케줄을 생명스케줄로 생각하여 최대의 비밀로 간주한다. 만일 상대국가에서 김정일의 외교스타일을 잘 모르고 그의 방문 스케줄을 사전에 언론에 흘리거나 노출시켜 버릴 경우에는 이 정상회담은 어김없이 시작부터 삐걱대기 일쑤이다. 그렇게 되면 김정일은 아예 정상회담의 전체 스케줄을 통째로 바꿔 버린다. 그리고 즉시 상대국가에 자신의 불만을 표출하고 전달한다. 실제로 김정일의 스케줄 관리 미흡으로 정상회담을 준비하는 외교 실무급들이 진땀을 뺀 경우가 한두 번이 아니었다. 김정일의 정상외교가 깜짝쇼로 평가 받을 수밖에 없는 이유 중의 하나도 바로 여기에 원인이 있다. 물론 김정일이 의도적으로 그렇게 외교적인 쇼를 연출하는 측면도 없지 않지만, 대부분 자신의 스케줄을 외부에 일절 노출시키지 않으려는 데서 기인한 것으로 보인다.

그래서 김정일의 정상외교는 항상 의외성과 파격성, 그리고 비밀성을 갖게 된다. 설령, 김정일이 어떤 외국을 방문 중이더라도 그 나라에서는 그의 외교스케줄을 언론에 노출시키지 않고 비밀리에 관리하는 경우가 많다. 김정일이 중국을 방문하거나 러시아를 방문하여 정상회담을 했을 때도 이들 나라에서 그에 관한 동정은 거의 보도되지 않는다. 다만 양국 정상 간에 어떤 합의가 있었고 어떤 문제를 논의해서 외교적 우의를 다졌다는 정도의 보도만 나간다. 특별히 김정일과 상대국가의 최고지도자 간에 공동 기자회견을 갖는다든지 외신들 앞에서 공동 성명을 발표하는 경우는 거의 없다. 아니, 지금까지 단 한 차례도 없었다. 그리고 정상회담을 마친 후 김정일이 그 나라를 여행한다 하더라도 그의 여행 스케줄은 철저히 비밀이다. 그래서 대부분의 외신들은 김정일이 정상회담을 마친 후 어디서 무엇을 하고 있는지를 잘 모른다. 그의 스케줄에 관해 언급하는 것은 그에게는 가장 큰 외교적 결례인 것이다. 그에게 이것은 그의 생명을 노리는 세력에게 자신을 추적하라고 알려준 행위나 다름없는 것으로 받아들여질 수 있다.

김정일의 스케줄이 외국 방문 때만 이렇게 잡히는 것은 아니다. 북한 전역에서 활동하고 돌아다니는 김정일의 스케줄 자체가 항상 철저한 보안과 비밀에 부쳐진다. 그리고 김정일의 동선은 대부분 몇 시간 후에, 아니면 그 다음날 또는 며칠이 지나서 언론에 공개되는 경우가 대부분이다. 김정일이 자신의 스케줄을 절대로 사전에 노출시키지 않은 이유는 바로 자신의 목숨을 지키고 보존하기 위해서다. 스케줄이 사전에 알려지면 북한 안팎의 반김정일 세력과 사람들이 자신을 테러할 수 있다고 김정일 본인은 믿고 있다. 그래서 자신의 생명을 표적으로 삼고 있는 반대세력들에게 자신을 공격할 수 있는 기회를 주지 않겠다는 것이다. 이처럼 김정일에게는 자신이 보호받고 공격받지 않을 수 있는 유일한 생명보호 전략은 자신의 동선을 노출시키지 않는 것이라는 확고한 믿음이 있다. 그런 이유로 지금까지 김정일과의 정상회담은 거의 회담 결과만 발표되었을 뿐, 회담의 중간 과정까지 발표된 경우는 거의 없다. 회담을 마친 후 그저 즐거운 식사를 하거나 아니면 김정일이 상대방 지도자에게 훈계조로 대화를 주도하는 장면들이 언론에 나오는게 고작이다.

그리고 김정일은 외교 스케줄을 짤 때도 완벽하게 자기 위주로 만든다. 스케줄을 철저히 비밀에 부치는 일에서부터 스케줄 구성에 이르기까지 자신의 신변보호를 최우선적으로 생각하며, 상대방 국가에도 철저히 요구한다. 김정일이 대부분의 정상외교에서 주도권을 쥐게 되는 계기는 자신의 신변보호를 최우선으로 회담 스케줄을 잡아달라는 요구에서 시작되는 셈이다.

김정일의 외교 스케줄과 관련, 2000년 남북정상회담 준비 과정에서 생긴 한 가지 에피소드가 있다. 김정일이 외교 스케줄에 대한 보안을 얼마나 중시하고 비밀리에 관리하고 있는지 모른 나머지, 남측 실무책임자들이 북측의 동의 없이 김대중 대통령의 방북 동선과 스케줄 등 세부 계획을 언론에 사전 공개하면서 김정일과 동행하기로 한 스케줄까지 공개한 것이다. 이 사실을 안 김정일은 정상회담 전 회담에 관한 세부사항 협의차 방북한 남측 실무책임자에게 자신의 불만을 이렇게 표출했다. "김 대통령의 안전 문제에 많은 신경을 쓰고 있습니다. 보안을 철저히 하여 안전에 만전을 기해야 합니다. 외부 방해세력이 무슨 짓을 할지 모르는 상황입니다. 언제 내부 불순세력이 침투할지도 모르는 일이구요. 그래서 도착 일정을 갑자기 하루 앞당기거나 하루 늦춰서 혹시 있을지 모를 방해세력들에게 혼돈을 주는 방안도 강구해 두는 것이 좋겠습니다."[2]

김정일은 정상회담 남측 실무총책임자에게 두 가지를 강조했던 셈이다. 하나는 정상회담 관련 스케줄을 남측 실무진이 일방적으로 공개한 데 대한 불쾌감이었고, 다른 하나는 정상회담 스케줄을 남측이 언론에 공개한 마당에 정상회담 일정을 통째로 바꾸자는 것이었다. 이에 정상회담 남측 실무책임자는 일정 변경은 곤란하다면서, 더구나 일정을 앞당기는 것은 아예 불가능하다는 입장을 전했다.

그러자 남측 실무자를 향한 김정일의 불만은 계속되었다. "정상회담으로 기대하는 바가 예기치 않게 실현되지 않을 수도 있습니다. 따라서 사전준비 과정은 비밀리에 진행되어야 합니다. 이번 만남에서는 희망적인 선언 수준의 간단한 합의문건을 내면 될 겁니다. 그리고 그런 건 미리 작성해 둘 성질의 것이 아니지요. 그런 건 정상회담 마치고 작성하면 돼요. 그리고 단계적으로 하나씩 합의하고 이행해 나가면 되는 겁니다. 정상회담 개최 소식을 들은 중국 지도자들도 어떻게 갑자기 그런 결정을 하게 되었느냐며 엄청 놀랍다. 주변국들 너무 놀라게 하지 말고 차분히 하나씩 하나씩 해 나갑시다."[3]

김정일의 이와 같은 불만이 있은 후, 정상회담 일정은 어떻게 됐을까. 회담은 남측 정부에서 발표했던 일정대로 진행되지 못했다. 정상회담을 이틀 앞둔 시점에서 북측이 일정의 전면 변경을 갑작스럽게 요구해 와서, 정상회담 일정은 실제로 북측 요구대로 하루 연기될 수밖에 없었다. 당시 남한에서는 정상회담이 예정대로 열리지 않고 연기된 배경을 놓고 의견이 분분했다. 혹시 회담이 취소되는 것은 아니냐 하는 우려도 매우 높았다. 결국 정상회담은 열리긴 했지만, 북측은 연기 배경에 대해 '기술적 준비관계'로 불가피하게 하루 연기할 수밖에 없다고 했고 남측은 이를 수용할 수밖에 없었다. 김정일은 이때부터 분단 이후 최초로 열리는 남북정상회담에서 정상외교의 주도권을 쥔 것이나 다름없었다. 사실상 북한이 정상회담의 일정을 재조정하자며 김대중 전 대통령의 신변 안전과 경호 문제를 그 이유로 먼저 들었지만, 내심 그보다 더 신경써야 했던 최우선 과제는 김 전 대통령이 아니라 김정일 자신의 신변 안전이었다. 그동안 북한 내부에서조차 김정일 관련 일정을 끝까지 극비보안 상태로 유지하는 건 상례였고, 그런 맥락에서 북측의 갑작스런 정상회담 일정 변경의 요구는 별로 이례적이거나 기상천외한 사건이 아니었던 셈이다.

김정일이 자신의 외교 스케줄을 생명줄이나 다름없을 만큼 중요하게 여겼던 일화는 또 있다. 김정일이 러시아를 국빈 자격으로 방문하기로 했는데, 당초에는 2001년 늦봄이나 초여름 경에 방문하는 것으로 알려져 있었다. 그래서 러시아 쪽에서는 그의 방문을 맞이할 모든 준비를 거의 완료해 놓고 있던 차, 갑자기 모든 계획이 중단되어버렸다. 그의 방러 스케줄 일부가 사전에 러시아 언론을 통해 흘러나온 게 발단이었다. 김정일의 방러 계획은 결국 성사되기는 했지만 애초 잡혔던 일정을 변경하여 2001년 8월에야 이뤄질 수 있었다. 러시아 정부는 무척 당혹스러워했다. 그러나 러시아 정부도 뒤늦게 깨달은 바가 있었다. 김정일에게는 정상회담을 준비하는 자기만의 방식이 있으며, 의전상 기밀을 철저히 지켜야 한다는 원칙이 바로 그것이었다는 사실이다. 그리고 김정일은 자신의 러시아 방문에 관한 논평이나 언론 공개는 정상들이 만나서 결의를 채택하고 실질적인 성과를 얻은 뒤에나 가능하다고 생각하고 있었는데, 이런 생각을 러시아 정부는 알지 못했다. 또한 그가 회담 관련 사항들이 마치 합의된 것인 양 서둘러 언론에 공개되는 데 대해 매우 불쾌하게 생각하고 있다는 점도 뒤늦게야 알아차렸다. 김정일이 러시아를 방문할 당시 그의 방러 스케줄을 사전에 알고 있던 러시아측 인사들은 러시아 대통령 비서실과 외무성, 철도부의 일부 간부들로 국한되어 있었다. 김정일의 러시아 방문 일자는 7월 말에서 8월 말까지 매우 유동적이었고, 그를 맞이하는 방안도 매우 다양하게 검토되었다.[4]

북·러 정상외교 준비과정에서도 잘 드러나듯이, 김정일은 상대방을 배려하는 게 아니라 자신의 신변을 최우선적으로 보호, 방어하는 것을 정상외교의 첫 단추로 생각한다. 그래서 정상외교의 시작과 더불어 상대국을 긴장, 당황케 만들어 조바심이 나도록 분위기를 이끌고 간다. 소위 철저한 주체적 외교행보로서, 북한에서 즐겨 쓰는 표현대로라면 '자주성에 기초한 우리식 외교'야말로 김정일 정상외교의 특징이다. 김정일과 정상회담을 하는 나라나 지도자들이 김정일식 정상외교를 수용하는 한, 세계 어떤 나라의 지도자와 정상회담을 한다 해도 항상 외교적 주도권은 김정일이 쥘 수밖에 없다. 김정일은 외교를 할 때 상대국을 자신이 설정해 놓은 프레임에 가둬 놓고 시작하지, 상대방이 쳐 놓은 프레임에는 절대 들어가지 않기 때문이다.

1993년 3월, 북한은 핵확산 금지조약NPT 탈퇴를 선언한 바 있다. 미국의 세계적인 북한 전문가는 이를 두고 '절묘한 행동brilliant act'이라고 표현했는데, 당시 북한은 국제원자력기구IAEA 이사회의 결의에 따라 특별사찰 수용 압력을 받고 있었다. 그로부터 1년 전 핵무기 생산원료인 플루토늄을 딱 한 차례 만든 적이 있다는 북한의 보고에 대해, IAEA는 북한이 제공한 샘플 분석 결과 적어도 두 차례 이상 플루토늄을 추출한 것으로 보았다. 그리고 북한이 IAEA에 두 개의 시설을 미신고 상태로 은폐하고 있는 것을 발견, 이 지역에 대한 특별사찰 실시를 결의하였다. 이로써 평양 당국은 어떤 경우가 되더라도 손해를 볼 수밖에 없는 상황에 처했다. IAEA 특별사찰을 수용할 경우에는 아무런 이득도 챙기지 못하고 손해만 볼 것이요, 수용하지 않는 경우라도 국제사회의 압력이 한층 더 거세지는 상황을 맞게 되었다. 김정일은 진퇴양난에 빠져 이러지도 저러지도 못하는 처지가 된 것이다.

이때 북한이 선택한 카드는 NPT 탈퇴였다. 그 결과 미국과 국제사회에서는 북한에 대한 특별사찰 대신 어떻게 하면 북한을 NPT 체제에 묶어두느냐 하는 문제가 최대의 외교적 과제가 됐다. 북한으로서는 '절묘한 선택'이었던 셈이다. 만일 NPT 체제로부터 탈퇴하지 않았더라면 북한은 꼼짝없이 핵사찰 수용으로 주권을 침식당했거나, 수용을 거부했더라도 국제사회로부터의 엄청난 제재와 압력으로 체제유지에 심각한 위기를 맞았을 것이다.[5] 그러나 북한은 자국에 불리한 국제사회의 프레임워크를 깨고 거꾸로 자신들 스스로 설정한 프레임워크에 국제사회를 끌어들이는 적반하장의 외교술을 구사했다. 자신을 궁지로 몰아가려던 독을 깨거나 그 독에서 뛰쳐나와 상황을 일시에 뒤바꿔버리는 극적인 외교행보를 연출한 셈이다. 북한을 제대로 요리하겠노라고 벼르고 있던 국제사회는 하루 아침에 '닭 쫓던 개 지붕 쳐다 보는 꼴'이 되고 말았다.

이렇듯 김정일에게는 강대국 중심의 국제사회가 규정해 놓은 외교규범, 제도, 윤리, 원칙, 상식, 형식, 에티켓, 절차 등은 외교협상 과정에서 반드시 따라야 한다는 통념이 되지 않는다. 오히려 이런 복잡한 외교 절차와 제도가 외교술에 기초한 국가 간 교류를 지극히 비인간적인 반목의 계기로 둔갑시키기 십상이고, 외교적 행위자를 특정한 격식으로 구속하면서 오히려 우호적인 외교에 커다란 방해물이 된다고 여긴다. 여기에는 통념에 바탕한 외교술은 결국 강대국들의 이익만 대변한다는 생각이 깔려 있다. 북한이 국제사회가 인정하고 받아들이고 있는 외교 규범에서 곧잘 일탈하는 외교행태를 펼치는 건 바로 그 때문이다. 이것이 김정일의 자주외교 혹은 우리식대로 외교의 골간으로, 외교도 주체적으로 한다는 주체사상에서 비롯된 것이다.

이런 외교적 행보는 엄격히 말해 좋은 외교라고 하기도, 그렇다고 무작정 나쁜 외교라고 하기도 어렵다. 외교가 국익에 필요한 수단이고 도구인 점에 비추어, 국제사회의 외교의전과 관례를 무시하는 김정일의 반외교적인 외교술은 북한의 국익에 나름대로 일정한 효과를 발휘하고 있기 때문이다. 비록 국제사회가 요구하는 정상적인 외교 행위로 받아들이기에는 난점 또한 없지 않은 게 사실이라고 하더라도 말이다. 이런 점에서 김정일 외교의 특징이 무엇인가 짚어보는건 자못 흥미로운 일이다.

전략적 파격외교

김정일이 추구하는 선군외교의 두 번째 유형은 전시외교이자 실무외교이다. 이는 김정일이 직접 나서는 정상외교와는 달리, 북한의 외무성 외교실무진들이나 군과 당에 소속되어 있는 관료들이 펼치는 외교다. 실무 및 전시외교는 일반적으로 정상외교로 최종적인 외교적 성과를 얻어 내기 이전 혹은 이후에 이뤄진다. 북한은 보통 외교적 협상 분위기가 자국에 불리하게 돌아갈 경우, 협상 국면을 유리한 쪽으로 돌려놓기 위한 방편으로 전시외교를 택한다. 전시외교는 포괄적인 의미의 군사력 동원으로 외교적 환경을 준전시 상황이나 다름없는 일촉즉발의 긴장 상태로 조성하는 적대적인 위협외교이자 벼랑끝 외교다.

전시외교는 주로 군부 강경파들의 주도하에 당연히 무력을 주된 수단으로 삼는다. 북한이 전시외교를 중시하는 데는 외교도 마치 속도전을 방불케 하는 기세로 밀어붙여 군사작전을 수행하듯 해치워야 한다는 판단이 자리하고 있다. 이는 체제유지차 선군정치를 전면에 내세우는 현실에서 군부의 입김이 갈수록 커짐에 따라 군의 위상과 영향력이 외교에까지 뻗치고 있는 북한의 내부 지형을 반영한다. 즉, 외교 전략의 군사화가 불가피해진 조건에서 나타난 북한의 독특한 외교방식인 것이다.

전시외교는 북한의 외교정책 결정구조에서 군부 개입 비중이 갈수록 커지는 가운데 북한의 대외정책 또한 군사주의적인 양상을 띠는 데 따른 비외교적인 외교이자 준군사 외교다. 이에 대해 2002년 4월 1일자 〈로동신문〉은 북한 외교가 "남들이 뭐라고 하든 흔들리지 않는 자주적인 외교이며, 배짱과 담력으로 맞받아 나가는 강경한 외교"라고 천명하면서, 그간의 외교적 업적은 배짱으로 "적들을 초강경으로 제압"한 김정일의 '선군외교전법'에 의한 것이라 주장한 바 있다. 정통적인 외교는 대화로 상대방을 설득해서 내 주장에 상대방이 동의토록 하여 상대방에게 나의 영향력을 극대화하고 내가 하자는 대로 상대방을 하게 만드는 부드러운 힘의 기술이다. 하지만 북한은 외교를, 대화와 설득이 아니라 대결과 배짱, 담력을 수단 삼아

마치 군이 전쟁을 치르듯 외교 투쟁으로 상대방을 제압하는 과정으로 간주한다. 이런 측면에서 북한이 펼치는 외교 행보는 영국 수상 처칠이 "전쟁보다는 외교로 싸우는 게 더 낫다"고 한 말과 "모든 외교는 다른 수단들로 벌이는 전쟁의 연속"이라 했던 중국의 전 수상 저우언라이의 말을 가장 실감나게 현실화시키고 있다.

북한의 외교협상가들에게 협상이란 곧 김정일의 명령과 지시를 이행하는 또다른 수단일 뿐이다. 그래서 이들에게 외교나 협상은 마치 군사작전처럼 추진해야 할 무엇으로서 협상의 목표는 완전승리이며 완전한 승리가 아니면 패배, 둘 중의 하나다. 협상 과정에서 이뤄지는 양보나 조약 체결은 어떤 분쟁의 최종적 해결이 아니라 일종의 우회와 후퇴를 증거하는 것으로, 어디까지나 궁극적인 승리를 준비하는 데 즉각 활용가능한 근거일 뿐이다. '전사warrior형 협상태도'가 두드러지는 외교행보상의 이같은 전제는 서방국가의 '상인shopkeeper형 협상태도'와 대비된다.[6]

서방권의 경우 근대적 국가 형성 자체가 자본가들이 모여 시민사회를 이루는 와중에 그 시민사회를 모태로 삼았던 역사적 조건으로 인해, 국가관료들의 생각과 태도, 가치관 형성에서 자본주의가 끼친 영향은 거의 절대적일 수밖에 없었다. 이런 측면에서 서방권 국가의 외교 행태는 상인들이 공통적으로 추구하는 자본주의적 교환과 거래 원리에 입각해 상호이익을 가져다줄 흥정의 형식을 취하고 있는 셈이다. 그러나 북한의 경우는 달랐다. 국가 형성 자체가 빨치산 투쟁으로 민족해방 운동에 전력한 독립투사들이 주축이 되어 제국주의적 자본주의 세계에 반대했던 사회주의 이데올로기에 바탕했던 것이다. 때문에 모든 부문에서 군사적인 가치가 지배하고 있다. 서방의 경우를 '상인지배국가'라고 한다면, 북한은 '군인지배국가'인 것이다. 그만큼 북한과 서방 진영 간에는 외교적 협상태도로 보나 군사적 가치와 자본의 가치만큼 외교적 협상 방법과 스타일에서도 차이가 클 수밖에 없다. 일반적으로 상인형 협상태도는 분쟁당사자들이 대화를 통해 서로가 조금씩 양보함으로써 공동의 이익을 모색하는 과정으로 외교를 보는 데 반해, 전사형 협상에 임하는 협상가들에게 외교는 전쟁을 하는 군인과 같이 생사를 건 투쟁이다. 북한은 모든 것에 군사적인 가치를 담고 무기의 힘에 절대적인 위상을 부여해 외교도 준전투 상황과 동일시하는 전시외교를 구사하고 있다.

대부분의 국가에서 외교정책에 군대의 지위 및 역할이 확대되어 나타날 경우, 이는 부작용을 초래하는 것이 일반적이다. 그리고 북한을 제외한 사회주의 국가들 역시 군에 대한 당의 통제가 잘 이뤄지고 있어, 군이 외교정책에 과도하게 개입하는 경우는 많지 않다. 그러나 북한의 경우는 상황이 다르다. 사회의 그 어느 부문보다도 군부가 사회 전반을 통치하는 핵심 부문으로 부상하면서, 군에 대한 당의 통제는 차츰 약화하는 반면 당에 대한 군의 통제는 역으로 강해지고 있다. 더욱이 선군정치가 장기화하면서 모든 정책 결정에서 군이 행사하는 입김은 강력한데, 특히 김정일 시대 이후 외교안보정책에 대한 군부의 영향력은 김일성 시대에 비해 놀라우리만치 커졌다. 북한에서 전시외교가 힘을 받게 된 것은 구 소련을 비롯한 동구 사회주의권 국가들이 모두 몰락하면서 체제 유지 수단으로 군을 동원하는 외교가 매우 절실히 필요해졌기 때문이다. 북한은 당면한 경제난을 타개하고 이완된 사회체제를 통합하며, 나아가 군부의 위력을 과시해 대미 협상력을 제고함으로써 체제 보장과 경제지원을 확보하고자 군부의 외교적 위상을 더욱 더 강화하고 있다. 이는 국방위원회 제1부위원장 겸 인민군 총정치국장인 조명록이 2000년 10월 8일에서 12일까지 김정일의 특사로 미국을 방문하여 클린턴 대통령, 매들린 올브라이트 국무장관 및 윌리엄 코언 국방장관 등 정부 고위 관계자들과 만나 획기적인 북·미 관계정상화 방안을 논의한 데서도 알 수 있다. 이를 통해 북·미관계정상화를 위한 가장 현안이었던 평화협정 체결문제, 북한 핵, 미사일 문제, 테러지원국 해제 문제, 그리고 제네바 합의 이행 문제 등을 논의한 것은 외교정책 과정에서 군부의 영향력이 향상되었음을 증명하는 대표적인 선군외교인 것이다.

기선제압형 압박외교

북한에서 군부의 영향력이 확대된다는 것은 무엇을 의미하는가. 그것은 북한의 핵무기, 미사일, 대량살상무기 등을 포함하여 일체의 군사안보적인 문제를 외교적 수단으로 해결하고자 하는 정책이 방해받을 수 있다는 것을 의미한다. 그리고 외교문제를 군사적인 방식으로 풀어나가도록 군부의 요구가 더욱 강해질 수 있음을 의미한다. 북한에서 선군정치가 자주적인 정치방식이듯이 선군외교 또한 자주적인 외교방식인 것이다. 즉, 자주를 위한 외교와 강한 군사력의 보유가 불가분이라는 북한의 논리는 앞으로 북한이 군사력을 수단으로 공세적인 전시외교를 계속 전개해 나가겠다는 것을 의미한다. 북한에서 선군정치가 없어지지 않는 한 선군외교 또한 사라지지 않을 것이며 선군외교가 존재하는 한 전시외교는 북한만의 독특한 자주적 외교방식으로 남게 될 것이다.

북한의 전시외교는 그 진행 방식과 단계에 따라서 다양한 형태로 나타나게 되는데, 일차적으로 군사적 공격을 통한 위기 조성, 2차적으로는 상대방에 대한 기선제압, 3차적으로는 협상 이슈선점, 4차적으로는 상대 프레임 무효화, 5차적으로는 극적 타결이라는 5단계의 과정을 밟은 형태로 전개된다.

일반적인 의미에서 외교는 전쟁을 피하기 위한 수단이자 전쟁을 막고 평화를 지키기 위한 수단이다. 그리고 전쟁의 후유증을 치료하기 위한 수단이기도 하다. 이래서 전쟁과 외교는 정반대 개념일 수 있다. 그런데 북한은 전쟁과 외교 즉 대화와 대결이라는 서로 상충되는 개념을 하나의 틀로 만들어 전시외교를 펼치고 있다. 북한은 자신들이 외교를 하기 위해서 위협을 야기시키고 긴장과 위기를 조성하며 거의 전쟁의 전단계라 할 수 있는 준전시상황을 의도적으로 조성한다. 그러나 북한의 이런 전쟁준비 행위는 실제로 전쟁을 수행하기 위한 것이 아니라 자신들에게 관심이 없는 상대국을 자극하여 이 나라들로 하여금 북한에 관심을 집중토록 만든 다음, 이들 나라와 거래와 교섭을 하기 위한 외교행위이다. 자신들이 전쟁에 준하는 행위를 하면 다른 나라들은 이를 막기 위해 외교적 교섭을 해올 것임을 알고 북한은 무력시위를 강행한다. 이때 북한은 군부 강경파를 전면에 내세우고 외교 실무파들을 후면에 배치시켜 군부강경파들로 하여금 무력시위를 주도케 하여 북한의 외교 파트너로 하여금 북한의 군사위협 행위에 관심을 갖도록 만든다. 그리고 세계여론과 국제 정세를 불안정한 상황으로 빠져들게 만들어 북한의 주변 국가들과 북한의 외교파트너들에게 북한의 위협 행위를 막도록 요구하는 국제여론을 조성해 나간다. 북한의 핵실험과 미사일 실험, 휴전선 근처의 총기 발사 사건, NLL 침범 등은 모두 본격적인 외교협상 이전에 협상 국민을 유리하게 이끌기 위한 군사적 위기조성 행위로서 사실상 외교행위인 것이다.

그래서 일단 북한의 외교 파트너가 북한과 협상을 하기 위해 마주 앉게 되면, 다음 2단계로 상대방의 기선을 제압하는 외교적 행위를 취한다. 즉, 북한은 협상 환경이나 협상 의제를 자국에 유리하게 만들어 놓고 상대방을 제압해 들어간다. 지난 1994년 3월 판문점에서 열린 제8차 남북특사교환 실무접촉에서 북측 박영수 대표가 "서울이 여기서 멀지 않다. 전쟁이 일어나면 서울이 불바다가 되고 만다"라는 공격적인 발언을 한 것은 남측과의 협상에서 북한이 남측의 기선을 제압하기 위한 대표적인 외교행위인 것이다.

이렇게 해서 북한은 자신들이 협상 파트너의 기선을 제압했다고 판단되면, 그 다음 3단계로 협상의 이슈를 선점하는 작업에 들어간다. 일종의 이슈선점 외교인 것이다. 북한과의 외교적 협상에서 '합의'라는 말은 상호 협상의 결과로 나타난 동등한 '합의의 균형'이라기보다는 북한의 주장과 요구를 들어 주는 수용受容의 합의로 봐야 한다. 어떤 외교적 협상에서도 북한의 요구를 들어 주지 않은 외교협상은 합의라는 말을 꺼낼 수 없다. 합의란 말은 북측의 입장을 수용했을 때에만, 그리고 북한이 동의해야만 북한과의 협상에서 얻어낼 수 있는 말인 것이다. 그렇지 않고서 북측과의 협상에서 무엇을 합의했다라는 말을 한다는 것은 틀린 말이다.

북한에서 외교라는 것은 체제 유지와 생존을 위해 전쟁 못지않게 중요한 체제 수호의 도구이다. 그렇기 때문에 북한은 외교협상장에 나서기 전에 이미 자신들이 무슨 결론을 어떻게 얻어내야 할 것인지에 관한 외교적 목표와 성과, 그리고 이를 달성하기 위한 구체적인 전략과 전술을 숙지해 놓고 회담을 시작한다. 북한의 외교실무진은 언제나 상부로부터 협상장에서 얻어야 할 결론에 대한 지침사항을 사전에 받는다.

그러나 협상의 결과가 자신들이 상부로부터 하달 받은 그 목표지점에 도달하지 못할 경우가 발생되면 이는 곧 수령이 내린 명령의 불이행으로 간주되고 수령의 지시를 배반한 것이나 다름없는 것으로 간주된다. 그렇게 되면 북측 협상 대표는 해임되거나 아니면 인민의 적으로 분류되어 정치적 징계를 받게 된다. 그래서 협싱과정에서 평양으로부터 하달 받은 명령의 결과를 외교적 성과로 결론짓지 못할 가능성이 있을 경우에는, 수시로 그 상황을 평양에 보고하여 새로운 협상지침과 명령을 받고서 회담에 응해야 한다. 그렇지 않고 독자적으로 협상에 임하여 평양이 정해준 결과를 얻지 못하게 되면 그의 정치생명은 그것으로 끝이다.

만일 평양에 수시로 보고를 하고 명령을 받을 수 없는 상황에서 북측 대표가 협상을 진행해야 하는 상황이 발생한다면, 그래서 애초에 평양에서 내린 명령의 결과를 얻을 수 없을 것이라 생각된다면, 북측협상 대표는 자신들의 요구가 충족될 때까지 시간을 끌면서 협상을 지지부진하게 만들어 버린다. 그러다가 마침내 협상판을 깨버린다. 즉, 자신에게 불리한 협상 테이블을 자신에게 유리한 협상 테이블로 바꾸기 위해서 협상판 자체를 깨버리고 새롭게 다시 시작한다. 상대 협상 파트너에게 유리한 협상 프레임을 해체시켜 버리고,

자신들에게 유리한 프레임을 다시 설정한다. 이것이 전시외교의 4단계로서 상대방 프레임워크의 무력화 협상전술인 것이다.

그래서 아무리 외교 소질이 좋은 외교관이 온다고 하더라도 북한과 외교적 협상에 성공할 수 있는 국제 외교관은 거의 찾아보기 어렵다. 북한의 요구를 들어주지 않은 합의란 있을 수 없기 때문이다. 미국이 북한의 협상에 거듭 실패했던 건 바로 이와 같은 북한의 협상전략을 잘 몰랐기 때문이다. 설령 북한의 협상 파트너인 국가에서 아주 실력 있고 외교술에 능숙하고 노련한 외교천재 한명을 발굴하여 북한과의 협상대표로 내세웠다고 가정하자. 그래서 그 외교관이 북한을 상대로 상상할 수 없는 외교적 성취를 이뤄냈다고 가정하고 역으로 북한은 한 순간 북측 외교관의 실수로 생각할 수 없을 만큼의 커다란 외교적 손실을 갖게 되었다고 가정해 보자. 이럴 경우 그 협상의 결과는 어떻게 될까. 물어볼 필요도 없다.

북한은 자신들에게 불리한 외교적 결과가 나온 합의문을 서서히 백지화시켜버린다. 그리고 마침내 그 합의문을 무효화시켜버린다. 그렇게 되면 시간이 지남에 따라 북한에 불리한 합의문은 자동 폐기된다. 그래서 마침내 북한에 불리한 외교적 협상내용은 사라지고 그 대신 북측이 제시한 새로운 조건과 새로운 환경에 맞춰 새로운 협상이 다시 시작된다. 이렇게 시작된 새로운 협상이 만일 북측에게 유리한 방향으로 잘 진행되면 북한은 군사적 위협의 수위를 낮춘다. 그러나 협상이 불리한 상황으로 나가면 군사적 위협행위를 강화시켜 위기의 수위를 다시 높여 나간다. 그러면서 상대방에게 군사적 압박과 압력을 가해 점차 북측에게 외교적으로 유리한 협상환경을 만들어 나간다.

북한이 최악의 핵실험이나 미사일 시험 발사를 하는 경우는 그들이 가장 불리한 외교적 협상 환경에 처해 있었던 경우라 생각하면 그 판단은 옳은 것이다. 예를 들어, 부시 행정부의 첫 임기 6년 동안은 미국내 강경파들이 북한 핵 아젠다를 쥐고 흔들었다. 부시행정부는 초기에 핵을 가진 집단과는 대화를 하지 않겠다는 입장을 밝히면서 북한이 미국과 대화하고 싶다면 무조건 핵을 포기하겠다는 항복서약을 먼저 밝히라고 요구했었다. 그리고 그렇게 하지 않으면 북한을 군사적으로 공격하는 것도 북핵 문제를 해결하는 중요한 전략적 선택 가운데 하나임을 배제할 수 없다고 북측에 경고했다. 그러다가 부시행정부는 북한이 핵을 포기하지 않은 상태에서 계속 반복적으로 대화를 요구해 오자, 무조건 핵포기라는 애초의 항복 조건에서 입장을 바꿔 '대화는 하되 협상은 하지 않겠다' 며 기존 입장과는 조금 달라진 모습을 보였다. 그런 후 부시 행정부는 또 다시 입장을 바꿔 북측과 협상은 하되 대신 북핵문제는 확실하고 검증가능하며 되돌이킬 수 없는 완전한 사찰을 이뤄야 북핵합의가 가능하다는 입장으로 선회했다. 그러나 북한은 미국의 이런 저런 제안을 모두 거부하고 미국과의 핵협상을 교착상태에 빠뜨려버렸다. 그리고 북한은 미국이 자신들의 입장에 맞출 수 있게 하기 위해서 또 다른 군사적 액션을 취했다. 어떤 액션이었을까.

북한은 그동안 부시행정부와 핵협상을 멈추고 있는 기간에 미국에게 아쉬운 소리를 하지 않았다. 그 대신에 북한은 곧장 영변의 핵시설을 가동시켜 핵무기를 만들 수 있는 충분한 플루토늄을 추출하고 있다는 기사를 세계 언론에 내보냈고, 마침내 2006년 7월에 대포동 2호 미사일 7발을 동해에 시험 발사했으며, 그 해 10월에 핵실험을 성공적으로 했다고 발표했다. 북한이 취한 액션 치고는 매우 큰 액션이었다. 북한의 미사일 시험발사와 핵실험이 있고 난 이후, 미국 부시행정부에 대한 국제사회의 비난여론은 어떻게 되었는가. 부시가 북한과 대화를 거부하여 북한이 새로운 핵보유국으로 등장했으며 북한을 향한 미국의 대화 거부는 갈수록 북한으로 하여금 더 많은 핵무기를 만들 수 있는 기회만 제공할 것이라는 국제사회의 비난이 부시 행정부를 향해 쏟아졌다. 결국 대이라크 전쟁에서 헤어나지 못하고 있는 상태에서 일정한 외교적 성과와 업적을 찾고 있던 부시에게, 콘돌리자 라이스 미 국무장관은 북핵문제에 대한 협상과 타협안을 포함한 새로운 핵협상 코스를 추구해야 한다고 설득했다. 마침내 부시 대통령은 콘돌리자 라이스 국무장관의 설득을 수용, 북한이 원하는 협상 테이블에 앉게 되었다.

북한은 미국이 북측에 요구한 방식의 핵협상을 끝까지 거부한 대신, 자신들이 원하는 협상 테이블에 미국을 압박하여 끌어들인 것이다. 그리고는 대타협을 이끌어냈다. 2007년 2.13 합의문과, 같은 해의 10.3 합의문이 바로 그것이다. 특히 북측은 9.19 공동성명 이행을 위한 2단계 조처인 10.3 합의문에서 자신들의 모든 핵시설을 불능화하는 데 합의하는 대신에 미국과의 양자관계를 개선하고 전면적 외교관계로 나아간다는 공약을 얻어냈다. 또한 북한을 테러지원국 명단에서 삭제하기 위한 절차를 밟고, 북한에 대한 대적성국 교역법 적용의 종료 절차를 진전시킨다는 약속도 얻어냈다. 그리고 2.13 합의에 근거해 중유 100만 톤 상당의 대북 경제 및 에너지 지원도 약속받았다. 선군외교의 마지막 5단계에 해당하는 '극적 타결'은 바로 이렇게 성사된 것이었다.

당시 강경파인 딕 체니 부통령과 온건파인 콘돌리자 라이스 간에 북한 핵문제 해법 중 어느것이 더 적절한 것인가를 놓고 두 사람간의 알력은 꽤 심했다. 이 게임에서 결국 라이스가 이겼고 부시는 대화로 돌아섰지만, 부시의 북핵 외교는 북한의 핵실험을 막지 못했다는 국제사회의 비난을 면하지는 못했다. 그리고 북측과 핵협상을 계속 거부할 경우, 북한에게 더 많은 핵실험 빌미를 제공하여 부시의 미국은 결국 핵개발을 방지하는 핵확산금지조약NPT조차 지켜내지 못한 국가로 전락하는 최악의 외교적 수모를 감수해야 할 상황이었다. 이는 미국 패권의 약화 징후로 비칠 수도 있는 문제였다. 결국 부시는 자신의 외교적 업적을 남기기 위한 유일한 방안으로 협상을 통한 외교를 꼽았고, 이 방법은 결국 미국에게 협상과 대화만이 북핵문제 해결의 열쇠라는 반응을 이끌어냈다.

부시는 자신의 임기 8년 가운데 퇴임 몇 개월을 남겨 두고서야 영변 핵시설 해체에 대한 합의를 북측과 이룰 수 있었다. 그리고 지난 2008년 6월 부시 대통령은 북한이 핵개발을 멈추면 북한을 테러지원국 명단에서 삭제하겠다고 발표했고, 그 메시지를 받은 북한은 핵개발을 중단했다. 그 결과 부시는 북한을 테러지원국 명단에서 삭제했다. 이에 미국의 보수 강경파들은 매우 흥분했다. 당시 체니 부통령조차 너무 화가 난 나머지 그와 약속이 잡혀 있던 미국 외교전문가들과의 만남을 취소하면서 "나는 이 결정을 내리는 데 있지 않았다. 이번 조치에 대한 당신들의 관심을 국무성에 이야기 해달라"는 말을 남긴 채 자신의 집무실을 떠나버릴 정도였다.

지난 8년 동안 미국은 북한을 '악의 축', '폭정의 전초기지', '깡패국가', '불량국가', '피그미' 등의 용어를 써가면서 증오의 적국이

자 성경에서 말하는 사탄으로 간주해 왔다. 그러나 결과적으로 부시는 북한의 요구를 모두 들어주고 말았다. 물론 북측으로서는 이를 김정일 영도하의 선군외교가 획득한 개가이자, 전시외교로 거둔 약소국 외교의 쾌거로 여긴다.

북한 외교는 일단 김정일의 명령과 의중을 하달받으면 이에 입각해 성과를 얻는 데 필요한 절차와 과정을 그려나가는 상의하달top-down 방식이다. 북측은 자신에게 유리한 특정한 외교적 조건을 만든 뒤 여기에 상대방을 끌어들인 다음, 그 조건을 수용한 파트너들에게는 매우 우호적으로 대응한다. 즉, 북측이 설치한 링 위에 올라온 파트너에 대해서는 매우 협조적인 자세로 협상을 진행한다. 그렇지만 자신들은 상대 파트너가 쳐 놓은 링 위에는 절대 올라가지 않는다. 상대가 계속해서 올라오라고 하면 북측은 링 위의 게임을 포기하는 대신, 링 바깥에서 뜻밖의 장애물을 만드는 반전을 통해 게임의 양상을 아예 바꿔버린다. 그렇지 않으면 다른 체육관에다 새로운 자신들만의 특설 링을 설치해 그곳에서 게임을 하자고 상대방에게 요구한다. 상대방이 이런 제안을 일언지하에 거절할 경우, 북측은 이제 이 게임을 보고 싶어 하는 청중들 속으로 뛰어들어 청중들의 여론을 동원하여 상대방을 압박한다. 그리고 자신들의 시나리오와 각본에 따라 상대방이 대화에 나서도록 상황을 만든다. 이때 유효한 동원수단이 바로 군사력인데, 상대국이 북한의 요구에 'Yes'라는 말을 할 때까지 상대방의 국익에 치명적인 타격을 주는 군사적인 위협행위로 상대방이 마침내 굴복하고 들어오는 외교환경을 만들어 가는 것. 이것이 바로 북한식 선군외교인 것이다.

이처럼 북한에서 군사력동원은 전쟁행위나 전쟁연습이라기보다는 또다른 형태의 외교행위에 더 가깝다. 일반적으로 약소국은 국력이 약하기 때문에 협상 환경을 자국에게 유리하게 만들기란 쉽지가 않다. 그런데 북한은 협상 환경을 자국에게 유리하게 만드는 수단과 방법을 교묘하게 활용한다. 만일 협상이 북한에 유리하게 진행되지 않고 있다고 판단할 경우 지연전술로 협상을 지지부진하게 끌고 나가면서 협상 상대가 피곤하도록 만들거나, 쟁점을 변경하거나 새로운 의제를 추가하는 식으로 협상을 진행한다. 그리고 그마저도 아니라고 판단하면 상대방이 수용하기 힘든 높은 요구를 돌연 제의하여 상대방의 양보를 얻어내는 식으로 협상의 주도권을 놓치지 않는다. 그 결과, 북한에 유리한 협상분위기가 형성되었다고 판단될 경우에는 협상을 기분 좋게 진전시켜 나가면서 회담을 속전속결로 처리한다. 그래서 결론을 눈 깜짝할 사이에 얻어 낸다. 이때 북한이 추구하는 협상방식은 마치 군사상의 속도전을 방불케 한다.

미국과 국제사회가 중동의 이라크는 공격했어도, 그리고 아프가니스탄의 탈레반 정권은 붕괴시켰어도 왜 북한에 대해서는 군사적 공격을 하지 못했을까. 핵 미사일을 사실상 보유한 북한의 보복이 두려웠기 때문일 것이다. 그리고 미국의 동맹국들이 북한과 가깝게 위치해 있어 동맹국들에 대한 피해를 초래하고 싶지 않아서였기 때문일 것이다. 아니, 어쩌면 동맹국들이 앞서서 미국의 북한에 대한 군사적 공격을 막았기 때문일 것이다. 미국이 북한에 대한 직접적인 군사적 공격이라는 카드를 버리고 경제적, 외교적 압력이나 군사적 압박의 수위를 높이는 카드를 던질 경우 북한은 어떻게 반응할까. 미국과 국제사회가 북한에 대한 제재 수위를 높이면 높일수록, 즉각 이를 자국과의 전쟁 선언으로 간주하여 한층 더 강도 높은 위기 국면을 연출해 낼 공산이 크다. 북한은 국제사회가 자국을 향해 압력을 가해 오면, 이는 결국 더 큰 불안정을 가중시킬 뿐이라는 점을 환기시켜 결국 북한에 대한 국제사회의 압력을 더욱 높아지지 않도록 막아버린다. 이 같은 결과를 유도하는 북한의 힘은 바로 외교와 군사를 융합한 선군외교 정책이며, 그 가운데서도 전시외교의 영향이 단연 큰 것으로 보인다.

이렇듯 김정일의 전시외교는 국제사회가 공인하는 표준 외교는 아니다. 표준 외교의 시각에서 보면 그건 분명 외교가 아니라 협박에 가깝다. 그러나 일반적으로 외교란 말이 '국가 간 갈등과 분쟁을 해결하기 위한 협상 및 교섭'이자 결국 국가이익을 증진시키는 수단을 뜻하는 이상, 북한의 전시외교 또한 외교가 아니라고 할 수는 없다. 외교 정책을 '한 국가가 다른 국가 혹은 국제적 실체를 상대로 국익의 관점에서 정의된 특정한 목표를 달성하기 위해 전개하는 전략이나 계획된 행동방침'이라고 했을 때, 북한의 전시외교 정책 또한 외교정책이 아니라고 할 수 없다. 외교 정책이 '국제환경의 바람직한 국면을 보전하거나, 또는 바람직하지 못한 국면을 변경시켜 자국의 영토적 안전보장과 체제유지 그리고 국력을 증진시키는 대외적 행위'로서 한 나라의 존망이 이에 좌우된다고 했을 때, 북한이 처한 사정과 형편을 고려하면 선군외교 정책은 어쩌면 외교정책에 대한 일반적인 정의에도 가장 잘 부합한다고 볼 수 있다. 더구나 주변이 4대 강대국에 둘러싸인 약소국가로서 '생존과 체제 유지'에 외교정책상의 모든 에너지를 쏟아부어야 하는 북한 특유의 지정학적 조건을 고려하면, 북한이 왜 선군외교를 주창하는지는 한층 더 명확해진다. 외교와 외교정책에 대한 일반적 정의를 따르더라도 김정일의 외교술은 생존과 체제 유지를 위한 총력전 형태를 취할 수밖에 없을 것이다.

직선형 통큰외교

솔직히 말해 김정일은 외교에 대한 충분한 경험이 없다. 아직까지 김정일은 아버지 김일성처럼 북한의 외교 정책을 놓고 세계 언론과 이렇다할 만한 공식 인터뷰를 해 본 적도 거의 없다. 그의 아버지 김일성은 그래도 〈워싱턴타임즈〉, 미국 CNN, 일본 〈마이니치신문〉은 물론이고 러시아 이타르타스통신, 일본 교토통신까지 아우르는 여러 매체와의 인터뷰를 통해 북한을 이끄는 리더로서의 대외 인식과 외교 전략에 대해 자신의 구상과 입장을 명확히 밝히곤 했다. 그러나 아직까지 김정일은 단 한 번도 북한의 대외정책에 대한 자신의 비전을 놓고 외신과 인터뷰를 해본 적이 없다. 물론, 자신의 외교 전략을 상대에게 노출하지 않으려는 책략일 수도 있다. 하지만 인터뷰 자체가 일종의 '외교활동'일 수도 있는 북한의 상황을 감안하면, 김정일에게는 아직 대외정세에 대한 독자적인 밑그림이 김일성처럼 구체적이지 못함을 시사하는 것일 수도 있다. 실제로 김정일이 김일성에게 정권을 물려받을 때도 그 시기가 가장 늦었던 건 바로 대외정책 부문이었다. 1994년 미국 CNN 기자단이 평양을 방문하여 김정일의 역할에 관하여 묻자 김일성은 김정일 동지는 이미 오래 전부터 당 사업은 물론 국가, 군대의 사업 전반을 맡아 보고 있으며 그의 령도 밑에 우리나라에서는 사회주의 건설의 모든 분야에서 커다란 성과가 이룩되고 있다고 한 바 있다. 답변 내용을 찬찬히 뜯어보면 김정일의 역할이 당, 군대, 국가 할 것 없이 모든 부문에 걸쳐 있다고 한 데 반해, 유독 한 가지 부문이 빠져 있음을 알 수가 있다. 바로 외교 부분이다. 핵 협상과 일본, 미국과의 관계정상화를 포함한 외교정책과 관련된 부분은 김일성이 죽기 직전까지 직접 주도적으로 맡아 진행시켜 왔었다. 1994년 1차 북핵 위기 상황이 발생했을 때도 북한의 외교관계는 모두 김일성이 직접 적극적으로 개입하고 관리했으며, 김정일은 대외 정책과 관련해서는 뒤로 빠져 있었다. 제1차 북핵 위기가 대동강 유람선상에서 이뤄진 카터·김일성 담판으로 극적 전환을 맞이하게 되었다는 사실에서도 이는 잘 드러난다.

그럼, 언제부터 김정일은 북한의 외교 정책을 진두지휘하게 되었을까. 이와 관련해서는 여러 이견이 있지만, 1994년 김일성 사망 이후 진행된 제네바 협상 때부터였다고 할 수 있다. 그러나 이것을 김정일의 공식 외교 행보의 첫발이라 하기는 어렵다. 김정일이 북한의 통일정책과 대외관계에 대해 구체적 언급을 시작한 것은 1997년 '김일성의 조국 통일 유훈을 관철하자'라는 논문을 발표하면서부터였다. 김정일이 공식적으로 외교무대에 등장한 것은 2000년 6월 남북정상회담이 성사되면서부터였다. 김정일은 자신의 표현대로 남북정상회담을 통해 비로소 은둔에서 해방됐다. 아니, 은둔자에서 슈퍼스타로 등장한 셈이다. 김정일은 당시 단독 정상회담에 앞서 "김대중 대통령이 찾아오셔서 나를 은둔에서 해방시켰다"는 농담을 던졌다. 국제외교 무대에서 처음 데뷔한 김정일은 깜짝 놀랄만한 외교적 파격성으로 세계의 관심을 자신에게 집중시켰다. 세계외교 무대에 모습을 드러낸 김정일의 외교 행보는 첫 걸음 치고는 대성공이었다.

그리고 자신이 이끌고 있는 북한에게도 엄청난 외교적 성과를 안겨
다 주었다.

김정일은 2000년 6.15 남북공동선언을 통해 남북이 자주적으로 통
일하며 남측의 연합제 안과 북측의 낮은 단계의 연방제 안에 공통성
이 있음을 인정하고, 앞으로 이 방향에서 통일방안의 기초를 닦기로
합의하는 외교적 성과를 거두었다. 이는 남측의 외교적 성과이기도
했다. 민족자주와 대단결이란 측면에서 보면 남북정상회담은 남북한
이 공히 거둔 외교적 성취였다. 김정일은 남북정상회담이라는 국제
외교무대에서 첫 발을 내딛자마자 북한의 생존과 체제 유지에 필요
한 엄청난 경제적 지원을 남한으로부터 이끌어냈다. 그리고 북한에
개성공단과 금강산 관광특구까지 유치하여 상당한 외화 수입원을 확
보하기도 했다. 남북정상회담 이후 북한은 체제가 강화되었고 남측
의 대북식량지원과 비료지원으로 식량난도 크게 해소되었다.

그런데도 이런 김정일은 자신에게 외교관의 자질이 없다고 고백
했다. 김정일은 자신의 외교적 소질에 관하여 이렇게 말한 적이 있
다. "내겐 외교관이 될 자질이 없다. 외교관들은 검은 것을 희다고
하고 맛이 없어도 맛있다고 할 수 있어야 하는데, 나는 항상 직설적
으로 말하기 때문이다."[7] 김정일은 실제로 그의 고백대로 자신이 외
교관 스타일이 아니라는 점을 스스로 인정하고 있다. 통상의 외교관
들처럼 남에게 듣기 싫은 소리를 쉽게 하지도 않고 자신의 속내를
쉽게 드러내지도 않는 그런 성격의 소유자가 아니라, 있는 그대로를
표현하고 보는 그대로를 말하는 직설적이고 솔직한 성격의 인물이
라는 것이다. 외교관이 그렇다고 말하면 그럴지도 모른다는 뜻이고,
그럴지도 모른다고 하면 아니라는 뜻이며, 아니라고 말하면 그는 외

교관이 아니라는 말이 있다. 외교관에게는 직설 화법보다는 상대방의 기분을 자극하지 않으면서도 의중은 더 강하게 전할 수 있는 세련되고 조탁된 화술과 심리적 절제력이 필요하다.

김정일은 스스로도 밝혔다시피 외교적 파트너가 처음 만난 사람이라고 해서 너무 조심한다든지 지나치게 예의를 지킨다든지 해서 대화의 분위기가 냉각되는 것을 참고 견디는 인물이 아니다. 그런 분위기를 금세 끝없는 유머와 순발력 있는 농담으로 바꾸면서 자신의 해박한 지식으로 좌중을 휘어잡는 카리스마를 유감없이 발휘하는 스타일이다. 그러는 동안 김정일의 외교적 파트너는 어느새 주눅이 들어 말을 못하고 주도권을 김정일에게 빼앗기고 만다. 이런 점에서 김정일의 탁월한 외교술은 거침없는 직선적인 성격에 좌중을 휘어잡는 유머감각과 해박한 지식인 것이다.

그의 이런 외교술을 보여주는 적절한 사례는 수없이 많지만 그 중 남북정상회담의 진행과정에서 펼쳐진 한 가지 에피소드가 있다. 2000년 6월 14일이었다. 김대중 대통령이 주최한 만찬장인 목란관 헤드테이블 맞은편 벽에 대형 '해 사진'이 하나 걸려 있었다. 그 그림을 본 김정일이 느닷없이 남쪽 장관들한테 물었다. "이것 하나 물어 봐야겠어요. 저게 뜨는 해 같소. 아니면 지는 해 같소?" 김정일의 질문에 남측 수행원들은 확실한 답변을 못한 채 머뭇거리고 있었다. 김정일이 다시 물었다. "전에 미국의 카터 전 대통령이 왔을 때도 한 번 물어 봤어요. 만찬이 끝나기 전까지 대답하시오." 그런 후 만찬이 어느 정도 무르익어 가자 김정일은 다시 해 그림 이야기를 꺼냈다. "왜 대답이 없어요? 장관 나리들. 대답해 봐요." 남측의 한 장관이 나섰다. "해 뜨는 사진입니다. 민족의 미래를 밝히기 위한 해가 떠오르는 장면 아닙니까." 그러자 김정일로부터 전혀 뜻밖의 응수가 나왔다. "아침에 들어와서 보면 해가 뜨는 그림이고, 술 마시다 저녁에 보면 해가 지는 그림입니다." 말하자면 사물은 모두 상대적이라는 뜻을 내포한 답이었다. 만찬장의 참석자들 모두는 놀라면서 폭소를 터뜨렸다.[8]

이렇듯 김정일은 다변과 걸쭉한 농담, 큼직한 제스처로 좌중을 리드해 나가는 능력이 있다. 김정일의 외교술이 지닌 또다른 특징은 명령으로 즉석에서 외교결재권을 행사하는 기분파라는 점이다. 외교 행위란 원래 복잡하고 복합적인 것이다. 그리고 형식과 절차 및 의선을 과도하게 요구한다. 그래서 국가 간에 어떤 외교적 합의가 성사되었다 하더라도 합의 사항을 실제 현실로 구현하기까지에는 많은 시간이 걸린다. 특히 국교정상화나 경제협력 문제와 같은 사안들은 합의, 서명에서부터 실행까지 그 과정이 너무 복잡한 나머지 그 사이 정권이 바뀌어 이전 정권에서 합의된 의제가 백지화되는 경우도 비일비재하다. 이런 예는 당장 한국이나 미국의 경우에서도 쉽게 발견할 수 있다. 민주당 출신인 클린턴 전 대통령이 북핵 문제와 관련하여 이뤄놓은 합의를, 공화당 출신인 부시 대통령이 정권을 인수인계 받자마자 자신의 정책과 철학에 맞지 않는다는 이유로 모두 백지화시켜버린 경우가 대표적이다. 김대중·노무현 정부가 북측과 합의해놓은 6·15공동선언과 10·4선언을 후임인 이명박 정부가 무시해버린 경우도 마찬가지다.

그러나 김정일의 경우 자신과 합의한 외교적 사안들이 현실적으로 이행되는 데 많은 시간이 걸리게 하지 않는다. 즉, 외교 전권이 김정일에게 있는 만큼 김정일의 동의만 얻어내면 북한과의 외교적 합의는 대부분 즉각 실행에 들어간다. 2000년 남북 정상회담에 참석한 남측의 한 재벌 회장은 "김정일 위원장을 직접 접해 보니 남북 경협은 이 사람만 잡으면 일사천리로 진행되겠다는 생각이 들었다. 그가 모든 사안을 직접 챙기며 결정권을 행사하는 듯했다. 기업으로 치면 재벌그룹 오너 총수인 셈이다. 오래 생각하거나 모호한 태도를 취하지도 않았다. 어떤 사안에 대해서건 거침없는 말투로 그 자리에서 자신의 의견을 밝혔다"고 했다. 또 그가 자기 옆에 앉은 북측 고위인사와 주로 남북 경협에 관한 얘기를 나누다가 투자협정, 신분보장, 조세문제 등과 관련된 제도정비가 선행해야 한다고 하자, 북측 인사는 위원장에게 직접 이야기하라고 했다. "김 위원장에게 어떻게 직접 얘기를 하겠느냐"라고 그가 반문하자 그 고위인사는 "다들 기분 좋은데 말 못할 이유가 없다"고 했고, 나중에 김정일이 남한의 기업총수들을 따로 불러 술을 권할 때 같은 얘기를 꺼냈더니 김정일이 "그렇게 해야지"라며 즉석 재가를 해 깜짝 놀랐다고도 했다.[9] 이런 예만 봐도 김정일이 얼마나 기분파 외교관인지 알 수가 있다. 김정일에게 외교는 자신이 취할 이익이 많으면 일종의 기분 좋은 사교나 다름없다. 그러나 자신이 취할 이익이 없거나 위협을 받을 때, 그것은 군사력을 동원하여 상대방에게 더 큰 위협을 가하는 전쟁이 된다.

김정일의 즉석 결정은 그가 외교, 국방에 관한 전권과 명령권을 완벽하게 장악하고 있기에 가능하다.

김정일은 2001년 러시아의 푸틴 대통령과 회담을 마친 후 다시 모스크바에서 블라디보스토크 하산 역으로 돌아오는 중에 줄곧 예기치 않았던 푸틴과의 만남에 대해 "(푸틴 대통령이) 만일 나를 외교적으로 대했더라면 나도 외교관이 되었을 겁니다. 하지만 푸틴 대통령은 내게 마음을 열고 대했기에 나 또한 그에게 내 마음을 열어보인 것입니다"라고 했다.[10] 외교를 체제 유지와 생존을 위한 최후의 도구이자 전쟁과 다름없는 것으로 인식하는 김정일이 어떤 외교관觀을 지니고 있는지 잘 보여주는 발언이다.

5

북한은 왜 핵을 포기하지 않는가

북한 핵과 체제 유지의 딜레마

50년 간의 동서 냉전 시대가 막을 내리자 북한은 국제사회에서 고립된 섬으로 남았다. 구 소련을 중심으로 한 사회주의 진영 대 자본주의 진영 간의 길고 긴 체제 대결 과정에서 사회주의 체제가 붕괴된 것이다. 사회주의 종주국이었던 구 소련과 동유럽 국가들, 동독이 몰락함에 따라 세계체제는 정치적으로는 자유민주주의, 경제적으로는 자본주의 체제를 고수한 범자유 진영으로 단일화되었다. 사회주의 동독은 자본주의 서독에 흡수통합되었고, 동구 공산권은 서구 민주주의 진영에 편입되었다. 그리고 경우에 따라 종족과 인종, 문화와 종교적 정체성을 준거로 하여 해체와 이합집산의 과정을 겪기도 했다.

그런데 이런 붕괴와 해체 과정에서도 쓰러지지 않고 아직까지 살아남은 몇몇 구 사회주의권 국가들이 있다. 대표적인 나라가 바로 북한, 중국, 베트남이다. 그런데 이렇게 생존해 있는 구 사회주의권 국가들을 보면 몇 가지 공통점이 있다. 첫째, 이들 나라가 모두 아시아에 위치해 있다는 점이다. 둘째, 모두 동아시아 문화권이면서도 특히 유교문화의 절대적인 영향권 안에 있는 나라들이라는 점이다. 셋째, 모두가 분단국가 형성의 역사를 겪었다는 점이다. 북한은 남과 북으로 분단되어 있고, 베트남은 남베트남과 북베트남으로 분단되었다가 나중에 북베트남이 남베트남을 무력으로 통일했다. 중국은 본토와 대만으로 분단돼 있는 상황이다.

이들 세 나라는 모두 과거 제국주의 국가들에 의한 식민지 지배를 겪었다는 점에서도 공통적이고, 이들 국가의 형성이 비록 사회주의 종주국이던 구 소련의 영향과 도움을 직접적으로 받은 것이었지만 다른 한편으로 이 지역 인민들의 피나는 반제국주의-민족해방운동에 힘입은 것이었다는 점에서도 유사점이 매우 많다. 특히 독립운동 과정에서 반제국·반식민주의에 기반한 저항적 민족주의 의식이 세 나라 민족들의 뇌리에 깊게 뿌리박혀 있다는 점도 매우 큰 공통점이다. 그리고 이들 세 나라는 모두 해당 지역의 민족해방 운동을 주도한 인물들이 건국 과정에 주도적으로 참여했다는 점에서도 아주 큰 유사성을 보인다. 북한의 김일성, 중국의 마오쩌둥, 베트남의 호치민은 각기 그들 나라에서 한결같이 국부와도 같은 존재로 인정받은 인물들이다. 그런데 이렇게 과거 사회주의권에 속했던 이들 세 나라가 아직까지 살아남게 된 비결은 어디에 있을까.

중국과 베트남은 정치적으로는 아직 공산당의 일당지배를 지속하고 있지만 경제적으로는 이미 자본주의 체제에 통합된 상태로, 특히 자본주의의 종주국이라 할 미국과의 적대적 관계를 청산하고 스스로 세계 자본주의 체제 진영에 합류한 상태에 있다. 그리고 경제적 개혁개방에 박차를 가하고 있는 이들 두 나라는 모두, 과거 미국과 직접 전쟁을 치른 교전국으로서 미국의 적성 국가였다. 중국은 한국 전쟁에서 미국에 총부리를 겨눴고, 베트남은 20세기의 참혹한 대규 모 전쟁 중 하나로 꼽힐 수 있는 베트남전에서 미국에 시련을 안긴 바 있다. 그러나 지금은 이들 두 나라는 모두 대미 수교관계를 맺고 있으며, 중국은 미국의 최대 교역국으로 변모했다. 베트남의 경우 1995년에 미국과 국교를 정상화한 이후 대미 수출은 100억 달러에 달하고 있다. 요컨대 중국과 베트남은 미국의 적성 국가이자 미국과 전쟁까지 치렀던 교전국이었지만, 공산당 중심의 유일당 독재 체제 를 유지하면서도 생존을 위해 개혁개방 노선을 채택하고 있다. 다시 말해, 정치적 자유는 억압하는 대신 경제적 자유는 수용하는, '붉은 자본주의' 라는 특이한 길을 걷고 있는 것이다.

그러나 과거 사회주의권에 속해 있던 국가들 중 아직까지도 자본 주의 체제에 편승하지 않고, 미국과의 수교관계도 맺지 않은 상태에 서 건국 초기의 정치경제 노선을 그대로 유지한 채 자신들의 체제 유 지를 해 오고 있는 나라가 있다. 바로 북한으로, 이 나라의 체제 유지 비법 중 하나는 핵무기 보유다. 여기서 왜 북한이 핵을 개발하려 하 는지에 대한 일차적인 의문은 풀린 셈이다. 또한 왜 무너져가는 경제 는 방치하면서도 핵무기만큼은 보유해야 한다는 의지를 대외적으로 강하게 피력하는지 하는 의문 역시 일정 정도 풀릴 수 있다.

문제는 북한이 과연 핵을 포기하겠느냐 하는 점이다. 만일 북한이 끝까지 핵을 포기하지 않게 되면 한반도는 어떤 운명을 맞게 될 것 인가. 북한에게 핵무기가 체제 유지의 전부이자 생존에 절대적인 도

구라면, 핵무기를 보유하겠다는 북한과 이를 저지하려는 국제사회와의 힘겨루기는 한반도 남쪽의 한국과 그 주변을 감싸고 있는 동북아시아 지역 정세에 어떤 영향을 미치게 될 것인가. 특히 전쟁과 평화의 갈림길에 선 한국은 북한 핵 문제에 대해 어떤 결정을 내려야 할 것인가.

이들 물음은 그리 간단치 않은 난제다. 어떤 상황이어야 북한은 핵을 포기할 것이며, 북한의 핵무기 보유 압력을 유발한 결정적 동기는 무엇일까. 북한 핵 문제는 한반도와 동북아시아 일대에 전쟁을 발발시킬 수 있는 최대 위협요인이자 전쟁과 평화 상태를 가르는 아킬레스 건이 될 수도 있다. 그렇기 때문에 북한의 핵 문제는 반드시 평화적인 방법으로 해결해야 하는 역사적 퍼즐이다. 북한은 언제부터 핵에 관심을 갖게 되었을까.

구 소련과 북한 핵 개발

북한의 핵 개발사는 50년이 넘는다. 북한 과학자들이 핵에 관심을 갖고 연구를 시작한 것은 1950년대 중반부터였다. 북한의 연구 · 기술진이 맨 처음 핵에 관한 훈련을 받은 곳은 구 소련 수도 모스크바 근처 듀브나Dubna에 위치한 핵연합연구소였다. 북한 연구진이 구 소련에서 핵 전문가로 양성되었던 것은 모스크바에서 조인된 '소련 시립 고등교육기관에서의 북한 인민 교육에 관한 북한 정부와 소련 정부 간 협약'(1952. 5. 6)에 바탕했다. 또한 북한과 구 소련은 '과학기술협력에 관한 5년 협정'(1955. 2. 5)과 '과학협력협정'(1957. 10 11)

을 통해 핵연구와 관련한 협력관계를 맺어왔다. 1956년 이후 약 250
명에 달하는 북한 연구자들과 전문 인력들이 듀브나 핵연합연구소
에서 관련 프로젝트에 참여했다. 하지만 이들 중 학위논문을 인정받
은 사람은 10% 남짓이었고, 그중에서 박사학위를 취득한 사람은 2
명에 불과했다. 그만큼 듀브나 핵연합연구소 출신 전문 연구자들은
북한에서 핵연구 프로그램을 이끄는 데 주도적인 위상을 차지하게
되는데, 영변 핵에너지과학연구센터 소장으로 부임했던 오택관 박
사가 대표적인 인물이다.[1]

이와 같은 구 소련의 도움 아래 북한의 지도부는 1960년 말부터
핵과학과 핵기술 발전에 박차를 가하기로 한다. 전력 부족으로 만성
적인 에너지난을 겪고 있었던 상황에서 핵에너지를 통해 새로운 대
체 에너지 개발에 나서기로 결정한 것이다. 이에 따라 1961년 제4차
당 대회 때 김일성의 핵연구 발전 지침에 따라 방사능물질 동위원소
와 광범위한 핵에너지 사용 등에 관한 지침이 하달된다. 그리고 마
침내 구 소련의 지원을 받아 북한은 영변에 2MW급 원자로를 건설,
가동한다. 그 뒤에는 중국에서 북한의 핵발전소 건립과 관계한 핵전
문가 양성에 도움을 주기도 했다. 박현규 원자력에너지 차관에 따르
면, 북한은 이렇게 축적한 핵에너지 지식과 노하우로 이제 소련의
도움 없이도 영변의 2MW급 원자로의 공급 용량을 4MW와 8MW로
늘릴 수 있는 수준에 이르렀다. 물론 이런 핵발전소 운영은 구 소련
이 북한의 원자로 유지에 필요한 부품들을 지속적으로 공급했기에
가능한 것이었다. 북한은 1970년대 제5차 당 대회와 1980년의 제6
차 당 대회 때 전기공급을 늘린다는 명목으로 대규모 핵발전소 건립
의 필요성을 강조했는데, 특히 1970년대 들어서면서 김일성은 북한

의 핵무기 능력을 발전시키는 작업을 시작했다. 당시 김일성이 핵무기를 개발하기로 한 것은 여러 상황을 고려했겠지만 무엇보다도 남한과 자꾸만 벌어지는 경제력 격차가 주된 원인이었다.[2]

이때부터 북한은 구 소련의 핵 과학자들을 따돌리고, 평화적인 에너지 이용이 목적이던 핵에 대한 관심을 사실상 핵무기 쪽으로 서서히 돌리기 시작했다. 남한과 경제적 격차가 커지자 비군사 부문에서는 더 이상 남한을 이길 수 없다는 판단 아래, 북한은 군사 부문에 자원을 집중하면서 핵무기 개발에 전력하기 시작했다. 남한과의 경제력 격차가 당연히 군사력 격차로 이어질 게 분명했기에, 김일성은 핵무기 개발에 더더욱 커다란 관심을 기울였다. 이 무렵 구 소련과 중국이 보인 대북한 정책도 북한이 핵무기 개발에 가일층 박차를 가하게 했던 요인이었다. 김일성은 이들 두 나라의 행보를 보면서 설령 동맹 관계를 맺고 있다 해도 가까운 미래에 이들이 북한을 배신하거나 혹은 방기할지 모른다고 판단했고, 어쩌면 남한과 새로운 외교 관계를 수립할 수 있다고도 보았다. 그래서 결국 핵억지력의 발전만이 유일한 체제 유지 수단이자 확실한 보장책이라고 생각하기에 이른 것이다.

김일성의 체제 유지에 대한 불안감이 현실로 드러나 핵개발에 대한 관심으로 표출되게 된 시점과 계기는 1985년 8월 3일 김정일의 노동당 중앙위원회의 상임위원회 연설에서였다. 김정일은 "조국의 조건에 적합한 핵발전소 건립에 관한 과학적·기술적 문제의 해결 필요성을 지적"하면서 북한의 과학기술 발전을 세계 수준으로 업그레이드해야 한다는 과업을 설정했다. 나아가 초고압 및 초저온공학, 핵에너지, 태양열에너지, 세포원형질 연구 등에 총력을 기울여 그

성과를 인민경제의 발전에 전용할 수 있도록 지시했다. 그러나 핵무기 개발에 대한 북한의 관심은 이에 앞서 1년 전에 김일성이 구 소련을 방문했을 때 이미 표명되었다. 김일성은 1984년 구 소련을 방문, 핵발전소 건립에 대한 지원을 요청했다. 그러나 구 소련은 NPT 체제하에서 자신이 취해야 할 의무를 강조하면서 북한이 NPT에 가입하지 않은 상태에서는 도와줄 수 없다는 입장을 밝히며 김일성의 제의를 사실상 거절했다. 그러자 김일성은 구 소련으로부터 핵기술을 이전받고자 곧바로 NPT에 가입한다. 그 후 1985년 12월 25일 구 소련은 자국으로부터 취득한 핵물질과 여타장비들을 핵무기 제조에 일절 사용하지 않고, 제3국에 유출하지도 않는다는 조건으로 북한의 핵발전소 건립을 도왔다. 구 소련은 어떤 핵물질도 군사적인 목적으로 쓰여선 안 되며, 특히 IAEA의 안전조치를 잘 따라야 한다는 점을 거듭 강조했다. 이윽고 김일성은 1987년 4월 23일 제3차 7개년 계획을 발표하면서 몇 기의 핵발전소 건립에 필요한 직접적인 지침을 이 계획에 담도록 했고, 여기에 서명했다.[3]

그리고 김일성은 세상을 떠나기 1년 전인 1993년에도 소립자연구용 이온가속장치 연구개발에 구 소련 학자들이 참여해 줄 것과, 핵원자로에 필요한 연료 부품들도 공급해 줄 것을 요청했다. 그러나 이러한 요청은 거절당했다. 1992년 구 소련 대통령이 IAEA에 가입하지 않은 비핵국가들에게는 구 소련의 핵연료 부품을 공급하지 않겠다고 발표한 터라 북한의 요구사항을 들어 줄 수 없다는 게 그 이유였다. 당시 북한은 1993년에 NPT와 IAEA를 탈퇴한 상황이었다. 맨 처음 구 소련에서 북한 핵과학자들을 유학시킬 때만 해도 북한의 주된 관심은 핵에너지의 평화적인 사용에 있었다. 그래서 북한 핵전문가들은 초창기에는 구 소련을 제외한 일본과 동·서독 등에서도 연구활동을 했고, 일부 다른 핵연구자들은 중국 핵센터에서 실무훈련을 받기도 했다. 만일 군사적인 용도로 핵무기 개발에 관한 지식과 정보를 얻기 위해서였다면 북한이 이렇게까지 여러 나라를 망라한 연구 활동을 장려하지는 않았을 것이다. 과거 구 소련이 북한 핵과학자들의 유학을 수용해 이들을 연방핵연구센터에서 교육·훈련시켰던 배경은 무엇이었을까. 공산주의 종주국으로서, 북한이 자본주의 종주국 미국의 후견을 받는 남한과의 경쟁에서 밀리지 않도록 적극 도움을 주려는 데 있었다. 그리고 북한의 경제력을 키워 당시 극동아시아 지역 사회주의 경제권의 통합을 강화하려는 측면도 있었다. 북한의 핵기술 개발은 미·소 냉전시대, 공산주의 종주국 구소련이 동맹국 북한과 후견·피후견 관계라는 협력의 프레임워크에 입각해 북한 과학기술 분야가 지닌 잠재력을 극대화하려 했기에 가능한 일이었다. 달리 말해 오늘날 북한이 저렇게 높은 핵기술을 획득할 수 있었던 데에는 냉전이라는 특수한 상황에서 공산주의 종주국인 구 소련과 맺은 또다른 주종관계가 자리하고 있었다. 오늘날 북한 핵기술의 기초와 토대는 바로 구 소련으로부터 비롯되었고, 그런 점에서 북한 핵발전소에 대해 가장 많은 정보를 보유한 나라는 구 소련 즉, 지금의 러시아다.

그러나 핵기술을 놓고서 북한과 구 소련이 맺었던 협력관계는 1990년대 이후 서서히 허물어지기 시작했다. 그 이유는 북한이 경제 붕괴로 재정상황이 악화되어 더 이상 핵기술 발전에 쏟아 부을 만한 자금이 없었기 때문이다. 그러면 북한은 언제부터 그리고 왜 민수용 핵기술을 전쟁용 핵무기 개발로 전환해야겠다는 결심을 하게 되었을까. 여기에는 다양한 추론이 가능하겠지만 북한이 가장 먼저 핵무기를 개발하기로 결심했던 최초의 시점은 1970년대다. 북한의 김일성이 남한의 박정희 대통령과 체제 경쟁에서 뒤처지던 시기와도 겹친다. 김일성은 남한과의 체제 경쟁에서 경제적 격차가 더 벌어지면 북한이 남한에 흡수 통합될 수도 있다고 내다봤다. 김일성으로서는 핵개발로 군사 부문에서의 비교우위라도 점하지 못하면 체제 유지 자체가 어려워지리라는 두려움이 들기 시작했던 것이다. 바로 이 점이 북한이 첫 핵무기개발에 나섰던 요인이자 배경이었다. 요컨대 북한의 핵무기 개발 압력을 가한 최초의 원인 제공자는 아이러니컬하게도 박정희 전 대통령이었고, 그의 집권기에 이뤄진 성공적인 경제성장이었다. 이것은 일종의 역설이었다.

상대적 우위를 점하게 된 남한의 경제력은 군사력의 상대적 우위로 이어지고 경제발전으로 뒷받침된 남한의 군사장비는 북한의 그것을 압도하면서, 남북한 간의 재래식 군사전력의 차이는 갈수록 커져만 갔다. 남한의 군사무기체계는 나날이 현대화, 첨단화, 과학화, 정밀화, 고성능화해가는 반면, 북한의 그것은 노후화 일로를 걸으며 고철덩이나 다름없어졌다. 여기에 경제난으로 식량수급이 어려워지고 설상가상으로 석유사정까지 급격히 악화하면서, 지상병력의 군사훈련은 규칙적으로 실시될 수 없었고 군의 전투력은 갈수록 떨어져만 갔다. 사실 전쟁을 수행하는 데 필요한 석유와 식량 비축량은 턱없이 모자랐다. 식량과 석유가 부족한 상태에서 북한은 솔직히 말해 전쟁조차 수행할 수 없는 상황에 처하게 되었다. 전쟁을 하기 위해서는 석유가 있어야 탱크, 장갑차, 트럭, 비행기, 군함 등을 자유자재로 이동시킬 수 있다. 그런데 북한은 이런 일체의 군사장비들을 가동할 수조차 없을 만큼 석유가 절대적으로 부족한 상태였다. 외화 부족으로 석유 구입에 어려움을 겪게 된 것은 물론, 과거처럼 미사일 등을 중동의 분쟁지역 산유국에 판매해 그 대금조로 석유를 제공받는 일마저 쉽지 않아졌다. 중국과 러시아로부터 예전처럼 무상으로 석유를 공급받을 수도 없다. 지금 당장 북한이 전쟁을 하려면 석유 비축분이 최소한 1,000만 톤에서 2,000만 톤은 되어야 한다. 그러나 북한에는 지금 이 정도의 석유 비축량이 없다. 북한이 2005년에 수입한 석유는 고작 100만 톤에 불과하며, 2006년에는 약 40~50만 톤 정도였을 것으로 추정된다.[4] 이런 상황에서 북한이 전군을 이동해 남한과 전면전을 펼친다는 건 도저히 불가능하다.

1992년 10월에 북한을 방문했던 미국 버클리대 스칼라피노 교수는 "당시 북한을 방문했을 때 많은 것은 볼 수는 없었지만, 청진까지 비행기로 가서 거기서 나진에 들렀다. 거기서 러시아제 헬리콥터를 탔는데 급유 과정을 보니 상당히 원시적이었다. 우리는 평양 상공에서 천둥과 번개를 만나 함흥에 비상착륙했다가 그곳에 있는 군용기들을 봤다. 내 일행이던 전직 태평양함대 사령관으로 해군 조종사 출신이기도 한 로널드 헤이스 제독은 그곳 비행장에 있는 비행기들을 보고는 크게 실망했다. 물론 일부에 해당하겠지만 지금 휘발유 부족과 정상적인 비행훈련을 할 수 없는 점 등을 보건대, 내 생각에 북한군 내에는 아주 많은 취약점들과 문제점들이 있다. 북한이 IAEA의 철저한 특별사찰을 거부한 것은 이런 취약점과 약점이 외부에 노출되기를 꺼려했기 때문이 아닌가 싶다"라고 말했다.[5] 북한은 1992년 경부터 이미 에너지난으로 군사훈련에 어려움을 겪고 있었던 것이다. 짐작컨대 북한이 1994년부터 핵협상에 적극적이었던 것도 이 때문이었던 것으로 보인다. 북한에서는 주 2회 운항하는 평양 · 베이징 간 항공편도 기름이 없어 연발하는 경우가 잦고, 평양발 비행기가 북경에 도착하면 북경을 경유해 북한으로 들어갈 남한 기업인들의 '지원'으로 급유를 받은 후 귀항하는 경우까지 있었다. 이로써 미루어 보건대, 북한의 군부는 전쟁수행 능력을 잃은 지 오래인 상태다. 때문에 재래식 전력상의 실질적이고도 치명적인 공백을 메우려 핵무기와 장거리미사일 개발에 전력하고 있는 것이다. 정확히 말해 북한 전력의 근간은 재래식 병력이 아니라 핵미사일과 같은 대량살상 무기이며 군 병력도 특수훈련을 받은 소수 정예군만이 주력인 것이다. 이렇게 보면 북한의 전략상 목표는 선제타격이지 정복과 점령은 아니다. 어디까지나 외부로부터 위협을 방어하는 수단일 뿐, 공격 수단은 아니라는 것이다. 지금 북한의 병사들은 대부분이 굶주림에 시달리고 있다. 그리고 통신체계도 말이 아니다. 재래식 전화조차 쉽게 사용할 수 없는 상황이다. 전시 상황을 대비한 일사분란한 연락체계를 갖추고 있는지도 의문이다.

일전에 금강산 관광차 북한을 방문했을 때다. 관광 도중 온정리에 들어가기로 되어 있었다. 마을에 새로운 원예재배 단지를 구경하러 들어갈 계획이었는데 이 마을을 통제하고 있는 군인들과 사전조율이 잘 되지 않아 생긴 일이 잊혀지지 않는다. 온정리 마을에 들어가기 위해 마을 앞에 설치된 군 초소를 지나다 키 160cm 남짓한 젊은 군인 둘과 마주쳤다. 자초지종을 이야기하면서 이 마을의 원예작물 단지를 구경하기로 되어 있다고 하니, 자신들은 상부로부터 출입 허가 지시를 못 받았다면서 진입을 막았다. 그래서 상부에 확인을 해보라 했더니, 2인 1조로 근무 중이던 그 군인들은 서로 얼굴만 쳐다보고는 상관이 있는 본부초소로는 안 가려는 눈치들이었다. 결국, 한 군인이 본부에 가서 확인하고 올 테니 기다려 달라고 했다. 초병이 최종 확인서를 받아 올 때까지 그 자리에서 계속 기다려야 했는데, 무려 2시간이 지나도 소식이 없었다. 초병은 거의 2시간 30분이 되어서야 나타나더니 진입을 허가했다. 참으로 어이가 없었다. 초소에서 상관이 머물고 있는 곳으로 전화 한 통이면 1분도 안 돼 확인할 수 있는 일을, 전화기가 없어 하지 못했던 것이다. 현재 북한군의 통신 · 연락체계가 얼마나 낙후되어 있는지를 단적으로 보여주는 사례다. 게다가 최소한 자전거만 있었어도 확인 시간은 크게 줄었을 텐데 초소에서 본부막사까지 걸어서 갔다 와야 하는 현실을 보면서, 이들은 이미 전쟁수행 능력을 잃었다는 생각이 들지 않을 수 없었다.

지금 북한군이 처한 상황은 이보다 훨씬 더 비극적이다. 북한의 군 고위 간부들은 자신의 휘하에 있는 사병들을 가끔씩 풀어놓는다. 군 막사에 사병을 먹여살릴 만한 식량이 충분치 않아서다. 그래서 며칠간 휴가를 주면서 먹을거리는 군 막사 밖에서 각자 해결하고 정해진 일자까지 귀대하라는 지시를 내린다. 그러면 군 막사를 빠져나간 사병들은 민가든 공사판이나 막노동판이든, 도로건설 현장이든 밥을 먹여주는 곳이면 어디든 달라붙어 일을 해준다. 그렇게 끼니를 해결한다. 그런데 남한이나 서방권에서는 김정일이 군부만큼은 굶기지 않고 잘 먹이고 있는 것으로 알고 있다. 일부 군인이야 그럴 수 있겠지만 전군이 식량난에 허덕이고 있는 건 오늘날 북한이 처한 엄연한 현실이다. 북한군은 6.25 이후 지금까지 허리띠를 졸라매자고 주장해왔고 1990년대 들어서는 고난의 행군을 계속해왔다. 그래서 이제 더는 허리띠를 졸라맬 구멍이 없다는 말조차 나올 지경이다.

도대체 어디까지 졸라매야 하냐는 반문에, 졸라맬 구멍이 없으면 구멍을 더 내라는 답변이 나올 만큼 상황은 심각하다. 북한이 겪고 있는 식량난의 그늘은 이처럼 짙고 긴 것으로, 심지어 군부조차 그 고통에서 자유롭지 못한 상황이다.

이렇듯 북한의 재래식 병력은 거의 마비 상태라 해도 과언이 아니다. 북한이 핵을 만들고 미사일에만 집중하는 이유는 간단하다. 재래식 병력과 무기만 가지고는 미군의 지원을 받는 남한 군부와 게임이 되지 않는 현실을 잘 알고 있어서다. 북한군은 지금 남한과 서방권이 생각하듯 중무장으로 24시간 전쟁태세 중인, 그런 군이 아니다. 설사 그렇게 보이더라도 그건 어디까지나 부분적일 뿐이다. 판문점을 비롯해 비무장 지대와 외부의 시선에 잘 띄는 특수 지역에 배치된 군부대만 그럴 뿐이라는 얘기다. 그렇지 않은 군인들은 대부분 농사도 짓고 공장에도 간다. 나가서 세 끼 얻어먹고 다시 일하고 부대에 복귀한다. 특히 남쪽이나 세계식량기구의 식량 지원으로 민가에 식량배급이 있는 날이면 군인들은 자신들도 배급을 받기 위해 민가로 내려오기도 한다. 고향에 가거나 배급표를 구하려 동분서주하는 경우도 있다. 이를테면 어느 마을에서 식량 배급 일자가 잡히면 그 집에 사는 사람은 분명 두 사람이었는데 막상 식량 배급을 할 때는 5명으로 늘어나는 식이다. 군에 가 있던 자식들이 식량배급일에 맞춰 갑자기 집으로 돌아 온 것이다. 그래서 자기가 배급받은 몫을 자루에 담아 군으로 다시 돌아오는데, 군에서는 이를 통제하지 않는다. 군 상관들은 자신들이 일반 사병들의 식사 문제를 감당할 수 없다 보니 각자 알아서 해결하라고 할 때가 많다. 달리 말해 군 막사 내부의 식량 문제를 책임진 군 당국자로서는 나름대로의 계획

아래 영내 사병들의 먹을거리 해결에 백방으로 노력을 기울이고 있는 셈이다.

사병들이 귀대할 때는 차편이 없어 노숙을 하기도 하는데, 차가 지나가기라도 하면 올라타느라 난리도 아니다. 그래서 북한에서는 식량이 되었건 무엇이 되었건 움직이는 트럭에는 실탄이 든 총을 휴대한 공안들이 항상 타고 있다. 트럭을 지키기 위해서다. 그러지 않으면 화물 수송은 불가능하다. 지금은 인민들의 이동과 이주에 큰 제약이 없다. 식량문제 때문이다. 북한 당국은 밥을 얻어먹으려는 군인들의 자유로운 이동을 허용하고 있는 것이다. 그런데 군의 이동도 잦을 때가 있고, 그렇지 않을 때가 있다. 왜 그럴까. 이동이 자유롭고 이동 인구가 많다는 건 그만큼 북한의 식량사정이 악화하고 있다는 방증이다. 가만히 있으면 굶어 죽다 보니 식량을 찾아 돌아다닌 유동 인구가 그만큼 늘어난 것이다. 반면 유동 인구의 감소는 식량사정이 호전돼 배급이 잘 되고 있음을 방증한다. 배급이 잘 되는데 굳이 배급받으려 돌아다닐 필요는 없을 것이다. 이 경우에는 돌아다니는 것이 외려 손해다.

지금 북한군은 소위 '이주 떠돌이'가 되고 있다. 북한 전역을 통틀어 이주 떠돌이들이 가장 많이 밀집해 있는 곳은 어디일까. 바로 신의주다. 중국 단동과 가까운 압록강 근처에 위치해 있기 때문이다. 중국의 영향권에 있어 그만큼 '떡고물'이 많이 떨어지는 곳이라는 의미이기도 하다. 식량 사정이 최악일 때 군부대에서 군인들을 감당하는 건 엄청난 부담이 된다. 차라리 군부대 밖에 문제를 해결할 수 있으면 그러한 방편이 지금으로선 최선인 셈이다. 그러나 사병들을 무작정 내보내지는 않는다. 일정한 숫자로 조를 편성해 내보낸다.

그렇다고 탈영자가 발생하는 것도 아니다. 탈영한다 해서 특별히 더 나아질 게 없기 때문이다. 그럴 경우 오히려 자신의 상황이 한층 더 악화되기 십상이라는 점을 그들은 잘 알고 있다.

북한군이 안고 있는 또하나의 심각한 문제 중 하나는 영내에 성병이 창궐하고 있다는 사실이다. 군인들이 식량난 해결을 위해 바깥으로 나왔다가 예기치 않게 얻은 성병은 치료 자체가 쉽지 않은 상태인 것으로 알려져 있다. 그동안 이 성병 치료차 중국 쪽에서 처방약을 실어다가 치료를 해왔는데, 최근에는 이마저도 별로 여의치 않은 상황이기 때문이다.

중국에서 옥수수를 싣고 북한으로 들어간 화차는 쉽게 돌아오지 않는다. 북한에서 사용할 수 있는 데까지 사용한 후에야 돌려보내기 때문이다. 그래서 중국에서는 더 이상 철로를 이용하는 화차가 아닌 트럭으로 운송수단을 바꿨다. 그런데 단동에서 출발하여 평양에 도착할 무렵이 되면, 애초 트럭에 실었던 물건은 거의 절반으로 줄어든다. 중간중간 군검문소를 거치면서 빼돌림을 당하기 때문이다. 그래도 어느 누구도 뭐라고 하는 사람이 없다. 통신기계가 발달되어 있지 않아 어느 검문소에서, 누가, 어느 정도의 물량을 빼돌렸는지 계측이 불가능하다. 즉각적으로 물류 상황을 점검할 통신체계도, 시설도 갖추고 있지 못하다 보니 처벌과 통제도 불가능한 상태다.

북한의 재래식군 상황을 보면 군사훈련보다는 농사짓고 삽질하는 군인이 점차 늘어나는 형국이다. 물론 북한에는 고도로 훈련된 특수군이 있다. 그러나 특수군을 제외하고서 내세울 만한 군사력이라고는 핵과 미사일이 전부다. 북한이 결코 핵을 포기할 수 없는 이유가 여기에 있다. 2000년 10월 올브라이트 미 국무장관은 평양에 들러

김정일을 만난 자리에서 그에게 물었다. 왜 핵개발을 하려 하느냐
고. 김정일은 "남한과의 경제력이 갈수록 격차가 커져 군사력에서도
남한이 월등히 더 강해질 것이 두려운 만큼 남한과 군사적 균형을
유지하기 위해서는 어쩔 수 없다"는 입장을 밝혔다.[6] 재래식 병력에
쏟아부을 막대한 규모의 군사비를 더는 감당할 수 없었기 때문이기
도 하다.

핵무기는 병력규모를 확대하거나 하이테크 무기를 구축하는 것보
다 소요비용이 훨씬 더 저렴하다. 북한은 한때 재래식 무기의 수량
과 비용을 줄이고자 핵무기 프로그램을 추진한다고 주장한 바 있다.
북한은 현재 GDP의 11.6%를 국방비로 지출하고 있으며 노동적령
기 인구의 상당수가 군복무 중이다.[7] 1990년대 중반부터 쇠락중인
북한의 경제 상황을 놓고 봤을 때, 군 예산에 막대한 자금을 계속 쏟
는다는 건 결국 체제 붕괴를 재촉하는 일이나 다름이 없다. 북한이
핵개발에 나서게 된 데는 국방비 감축을 통해 체제 붕괴를 막겠다는
동기도 있었던 것이다.

냉전체제의 해체와 북핵

북한이 핵무기 보유에 대해 강한 집착을 가지게 된 두 번째 배경
과 시점은 구 소련이 해체되고 서독이 동독을 흡수통일하는 한편,
동구권 공산국가들이 연이어 무너지기 시작하던 1989년이었다.[8]
1930년대 일본 군국주의와 파시즘에 맞서 항일 민족해방 운동에 나
선 이력을 가진 김일성은, 1980년대 후반 구 소련 서기장 고르바초

프가 주도한 냉전 체제 종식과 구 소련의 해체 과정을 목도했다. 루마니아의 차우체스크 독재자가 총살형에 처해지는가 하면, 자신과 처지가 비슷했던 동유럽 국가의 독재체제가 전반적으로 무너지는 것도 보았다. 사회주의권의 중심국가와 그 위성국들이 하루아침에 자신의 정치체제를 떠받치던 사회주의 이데올로기를 팽개치고 50년 넘도록 대치해왔던 자본주의의 추종세력으로 변모하는 모습도 확인했다.

무엇보다 김일성은 북한과 국경선을 맞댄 중국이 1989년 천안문 사태로 체제붕괴 위기를 겪는 것을 보았고, 급기야 자본주의 시장경제에 잠식되어 가는 모습을 바라보아야 했다. 라이벌 국가 남한이 무역을 꽃피우고 중국, 러시아와 폭넓은 접촉과 교류를 펼치며 경제적으로나 외교적으로 승승장구하는 모습 또한 비통한 심정으로 지켜보았다. 김일성은 죽기 전까지 자신의 체제에도 이젠 변화가 불가피하다는 판단 아래, 사회주의권의 붕괴로 자본주의와 사회주의라는 두 세계가 하나의 세계로 단일화하면서 사회주의권 내의 특수 관계에도 근본적인 단절이 뒤따를 수밖에 없다는 데 주목했다. 김일성 본인은 사회주의권의 붕괴로 북한이 과거와는 전혀 다른 상황에 처하게 되었음을 알게 되었다. 특히 북한과 국경선을 맞대고서 변화를 권유하고 그 변화에 적극적이던 중국의 움직임은 북한에 심각한 체제 동요를 불러일으켰다. 중국의 시장주의 선회는 그 자체만으로도 북한 체제에 직접적 영향을 미치는 변화였다.

여기에 구 소련의 해체는 북한 경제에 심각하고도 부정적인 여파를 불러왔다. 우선 그동안 공산주의 종주국으로서 구 소련이 북한에 무상으로 지원했던 경제, 군사원조는 모두 철회, 중단되었다. 구 소련의 지원하에 있던 모든 건설 프로젝트는 동결되었고, 소련 시장을 겨냥하던 북한의 제품들은 출로가 막혔다. 예컨대 1988~1990년 사이 7.5% 포인트 감소세를 보이던 구 소련과의 무역은 1990~91년 사이 무려 43.3% 포인트의 큰 폭으로 줄었다. 그리고 1980년대 말까지만 해도 북한은 구 소련으로부터 매년 80~100만 톤 규모의 석유와 관련 제품을 수입했지만, 1990년이 되자 그 규모는 45만 톤 이하로 감소했으며 1991년에는 30만 톤을 수입하기로 했음에도 불구하고 1만3천 톤 수입에 그쳤다.

러시아는 더 이상 무상지원을 하지 않고 있는데, 완제품에 대해서는 지불 없이는 공급하지 않는다. 구 소련을 경로로 확보했던 석유의 경우는 사실상 1990년부터 공급이 끊긴 것이나 다름없는 상황이다. 다만 미국이 2003년에 북한에 농축우라늄 계획이 있다는 이유를 들어 50만 톤의 대북 중유공급을 중단하면서, 매년 약 40만 톤 가량의 석유를 러시아로부터 구입하고 있기는 하다. 그런데 대북 금융제재로 북한이 2006년에 러시아로부터 구입한 석유 량마저 겨우 10만 톤 정도에 불과했다.[9] 중국도 원유에 관해서는 북한에 최소한 만 지원해주는데, 이는 북한의 정유소 업무가 아예 정지되지 않도록 하는 동시에 단동에서 신의주로 뻗어 있는 송유관이 녹슬지 않도록 하려는 측면이 더 강하다. 북한에서는 공산주의 권역의 붕괴 이후 미증유의 체제 위기를 겪고 에너지와 식량의 원활한 수급이 불가능해지면서 군수산업과 경제체제는 사실상 마비된 것이나 다름없는 상황에 있다. 대내외적으로 중첩된 이같은 악조건 속에서 김일성은 체제 유지에는 핵무기 개발이 최선이라는 판단과 결심을 굳히게 된 셈이다.

　　북한의 핵무기 개발 의지를 강화한 세 번째 계기로는 1994년 1차 핵위기 사건이 있다. 1994년 5월 8일 북한이 원자로에서 핵연료봉을 빼내자, 펜타곤과 백악관에서는 "평양이 루비콘 강을 건넜다"고 판단했다. 열흘 후 샬리카쉬빌리 당시 미 합참의장은 전군의 4성 장군과 제독들을 소집해 "상황이 발생하면 미군의 절반을 한반도에 배치한다"는 긴급계획을 하달했다. 이에 북한은 준전시 상황을 선포하고 전군이 삭발 결의에 들어갔다. 같은 해 6월 15일 제임스 레이니 주한 미 대사와 게리 럭 주한미군 사령관은 한국 거주 미국인에 대한 소개疏開 계획을 세우는데, 서울에서는 막연한 불안감에 사재기 현상과 주가폭락이 가시화했다. 그리고 다음날 아침 대북 행동계획Action Plan을 최종 승인하고자 빌 클린턴 대통령, 앨 고어 부통령, 윌리엄 페리 국방장관, 존 샬리카쉬빌리 합참의장, 제임스 울시 CIA국장 등이 백악관에 모였다. 1단계로 주한미군을 지원하기 위해서 보병 1만 명과 전투기 40기, 수기의 스텔스 폭격기와 항공모함 1개 전단을 급파하고, 북한과의 군사대치가 본격화되면 2단계로 지상병력 40만을 증파하는 계획에 대해 논의했다.

　　그러나 클린턴 대통령의 최종 승인 직전, 북한에 머물고 있던 카터 전 대통령의 전화가 백악관으로 걸려왔다. 김일성 북한 주석과 핵 동결 및 경수로 대체에 대해 합의했다는 긴급내용이었다. 제2의 한국전쟁 발발이 초읽기에 들어갔던 상황이었다.[10] 당시 주한 미 공군 사령관이던 하우웰 에스터스 장군은 당시 상황에 대해 "아무도 드러내놓고 이야기하지는 않았지만, 우리는 모두 전쟁으로 가는 것이라 확신하고 있었다"고 밝혔다.[11] 당시 국무성 관료였던 한 인사도 "만약 지미 카터가 북한에 가지 않았다면 우리는 전쟁 일보 직전까지 간 데 대한 비난을 면치 못했을 것"이라고 했다. 당시 북한은 미국이 주도하는 유엔의 대북 제재 조치는 곧 전쟁으로 간주한다는 입장을 밝힌 상황이었는데, 카터의 방북은 결국 미국 주도의 대북 유엔 제재에 제동을 걸었고 그 결과 북한은 전쟁개시를 중단했다. 그리고 제재 중단은 유사시에 대비해 한반도에 파송하기로 돼 있던 미군 병력 급파 조치를 보류하는 데도 반드시 필요했다. 토마스 허바드 전 주한 미 대사는 이렇게 증언했다. "합참의장은 북한이 제재안을 전쟁 행위로 받아들일 것이라는 가정하에 작전을 수행하고 있었다. 그러므로 우리가 제재조치를 시행한다면 곧 닥치게 될 전쟁에 대비해야 했다. 일촉즉발의 상황이었다. 카터가 그같은 위험을 막은 셈이다."

당시 워싱턴의 매파들은 카터의 이런 행보를 "김일성의 앞잡이 노릇"이라고 혹평했다. "우리는 지금 엄청난 거짓말에 능한 인물과 마주하고 있다. 김일성은 사기로 전직 미국 대통령을 자신의 앞잡이로 만들기에 충분한 인물"이라고까지 할 정도였다. 북한의 핵 보유 움직임에 대해 응징으로 대응해야 한다고 주장했던 워싱턴 매파들에게, 카터의 역할은 그들이 펼쳐오던 논지를 밑동부터 쳐버리는 것이나 다름이 없었다. 더욱이 문제가 된 건 대북 경제제재로 북한이 미국의 요구를 어쩔 수 없이 받아들이게 하든가, 안 그러면 공중폭격이나 전쟁으로 북한을 해체시키면 된다고 판단해온 미국의 강경파들의 태도가 한층 더 공세적으로 바뀌어갔다는 점이다. 결국 카터가 김일성으로부터 핵무기 프로그램을 동결하겠다는 언질을 받아내고 1994년 10월 핵 프로그램 동결과 관련 시설의 궁극적인 해체 논의가 '제네바 기본합의서Agreed Framework'에서 공론화되면서, 전쟁 상황

으로까지 치달았던 1차 북핵 위기는 대화로 일단락됐다. 당시 미국
과 대대적인 군사적 충돌 상황에 직면했던 북한으로서는, 이른바 김
일성-카터 합의로 미국과의 군사적 정면 대응은 일단 피하되 협상으
로 분위기를 반전한 뒤 애초 구상대로 핵개발을 진전시키기 위한 시
간벌기에 나섰던 셈이다. 이렇게까지 심각한 체제 위협에 항시적으
로 시달리는 북한이 핵무기 개발을 중단한다는 것은 확실히 난센스
다. 북미 제네바 합의가 깨지고 만 건 바로 그래서다. 오히려 북한은
중단 없는 핵무기 개발에 속도를 내고 있었다. 미국 정보기관들은
1994년 핵 프로그램 동결 합의가 있기 이미 오랜 전부터 북한이 한
두 개의 핵무기를 보유하고 있는 것으로 간주했다.

북핵, 대반전의 카드인가

북한의 핵무기 개발에 한층 더 탄력이 붙게 된 네 번째 계기는
2001년 10월 8일 미국의 대아프가니스탄 전쟁 개시와 2003년 3월
20일 역사 미국 주도로 이뤄진 대이라크 군사 공격이었다. 이미 9.11
로 알 카에다로부터 경고성 공격을 당한 부시 대통령은 취임과 더불
어 테러와의 전면 전쟁을 선포하면서 2002년 1월 국정연설에서 북
한과 이란, 이라크를 '악의 축Axis of evil'으로 규정했다. 부시 행정부
는 이들 세 나라를 악의 축으로 규정한 지 1년 만에 이라크를 공격,
토굴에 피신중이던 사담 후세인을 체포해 결국 사형에 처했다. 부시
는 지구촌 어디가 됐든 미국은 두 지역에서 동시에 전쟁을 치를 능
력이 있다고 주장하면서 이라크 다음으로 북한과 이란 중 한 곳이

그 대상일 수도 있다는 뉘앙스를 풍겼다. 〈뉴욕 타임즈〉 칼럼니스트 제임스 부룩은 이 무렵 자신의 칼럼에서 "김정일이 어디에 있는지 보이지 않는다. 그는 지금 46일 동안이나 얼굴을 드러내 보이지 않고 있다. 이런 김정일의 묘연한 종적은 미국이 후세인 이라크 대통령과 그 주변의 최고위급 군장성을 죽인 데 대한 분노에서 실마리를 찾아야 하지 않을까. 지금이 이라크라면 다음은 북한인 걸까?"라고 했다. 이러한 분위기는 평양에서도 감지됐다. 당시 〈로동신문〉은 "미국 제국주의자들의 이라크 침략이 성공적이라면, 이제 그들은 한반도에 대한 새로운 공격으로 전쟁을 수행할 것임이 틀림없다"고 주장했다. 북한은 자국을 겨냥한 부시행정부의 선제공격 옵션이 여전히 유효한 것으로 믿고 있었다. 실제로 워싱턴에서 대북 선제공격 카드를 북한 핵문제 해결의 전략적 수단 중 하나로 검토하고 있다는 흔적들은 곳곳에서 드러났다. 미국 강경파들은 이제 미국이 더는 북한에 끌려다녀선 안 되며, 북한과 대화를 계속한다는 건 북한의 속임수에 놀아나는 것일 뿐이므로 영변 핵시설을 군사적으로 제거하는 것만이 북핵문제의 유일한 해법임을 강조했다. 1970년대에 주한 미군 사령관이었던 존 싱글러브 예비역 장군과 전 합참의장 토마스 무어러 제독도 1981년 이스라엘이 이라크의 오시라크 원자로를 성공적으로 공격한 사실을 예로 들면서 북한 핵시설에 대해 군사적인 옵션을 취해야 한다고 주장했다. 부시 행정부의 네오콘 가운데 한 사람이었던 리처드 펄은 "영변 핵시설에 대한 정밀 폭격을 배제할 수 없다"고 주장하면서 "필요하다면 언제든지 단독 행동에 대비하고 있어야 한다"고 말했다. 전직 국무부 관리 제드 배빈은 "만일 북한의 핵무기 프로그램이 지속된다면 우리는 영변 시설을 오시라크처럼 폭격하는 경우를 고려해야 한다. 전면전 없이도 그렇게 할 수 있는 가능성은 꽤 높다"고 주장하기도 했다.

이같은 주장들에는 다음과 같은 믿음이 공통적으로 깔려 있다. 즉, 미국의 압도적 군사력으로 북한 핵 시설을 공격하면 북한은 이에 대응하지 못할 것이고, 설사 대응하더라도 그것은 곧 김정일 정권 붕괴의 지름길이 되리라는 믿음이 바로 그것이다. 심지어 〈뉴욕타임즈〉의 또다른 칼럼니스트 리컬러스 크리스토프는 북한에 관한 계획과 관련하여 미국 행정부 고위관리 다수를 인터뷰하고 난 뒤 부시 대통령이 군사공격을 명령할 "가능성이 증가하고 있다"고 결론내렸다. 그리고 백악관 회의에 참석한 익명의 정보관리에 따르면 "북한과 협상은 계속 할 것이다. 그러나 그들(부시와 체니)은 계획이 있다. 그들은 이라크 다음에는 이 친구(김정일)를 잡을 계획"이라고 했는데, 부시 행정부는 실제로 2003년 B-1과 B-52 폭격기를 괌으로 이동시켜 전투기들과 정찰기들을 서부 태평양 지역으로 재배치했다. 그리고 의정부에 주둔해 있던 주한미군을 한강 이남 지역으로 재배치하기도 했다. 한반도의 휴전선 부근 주둔군을 보다 더 안전한 지역으로 재배치한다는 명분이었는데, 주한미군이 '인계철선'으로서 지녔던 의미는 이로써 사실상 사라졌다.

한국에서는 미군의 후방 배치를 북한에 대한 군사적 공격의 전 단계로 간주해 상당한 긴장감이 감돌았다. 당시의 분위기를 잘 반영한 여론조사가 있다. 2003년 미국 폭스뉴스에 실시한 여론조사에서는 미국에 가장 위협적인 국가로 북한이 1위(54%)로 꼽힌 반면, 2004년 1월 한국의 한 여론조사기관에서 실시한 설문에서는 '한국 안보에 가장 위협적인 국가'로 미국이 2위인 북한(33%)을 제치고 1위(39%)

로 꼽혔다. 9.11 이후 대량살상 무기와 핵무기의 잠재적 위협에 더 없이 예민해져 있던 미국인들에게 북한이 얼마나 위험한 존재로 비쳤는지 여론조사 결과는 보여준다. 반면 한국인들에게 미국이 북한보다 더 위협적인 나라로 비친 것은 '미국이 얼마든지 북한을 공격해 한반도에 전쟁을 불러올 수 있다'는 부정적인 인식 탓이었다. 이 밖에 다소 시차가 있긴 하지만, 2006년 7월 영국 〈파이낸셜 타임즈〉에서 미국의 여론조사기관 해리스인터렉티브와 함께 영국·프랑스·이탈리아 등 유럽 5개국 성인 2천 6백여 명을 상대로 한 설문조사에서는 응답자의 30%가 미국을 최대 위협국가로 꼽았다. 유럽인들에게 세계 안정에 가장 위협이 되는 나라는 북한이 아니라 미국이었다. 북한이 가장 큰 위협이라고 답한 사람은 20%였고, 이란이 17%, 이라크가 13%, 중국이 12%로 그 뒤를 이었다. 국가별로는 영국인들만 북한이 미국보다 더 위협적이라고 생각했을 뿐, 나머지 국가의 응답자들은 미국이 더 위협적이라고 했다.

이런 상황을 북한은 어떻게 보고 있었을까. 이와 관련, 최근 북한 노동당 고위층 인사가 북한 내부의 핵심지도층을 상대로 강연한 내용의 일부를 보자. 당시 북한이 얼마나 절박한 상황이었는지 알 수 있다. 이 인사는 강연에서 이라크 문제와 관련하여 다음과 같이 이야기했다. "이제 이라크 전쟁이 있고 난 다음 세계의 많은 사람들이 뭐라고 하는지 아십니까? 이번 이라크 전쟁을 통해 큰 이익을 본 건 북조선이다, 이렇게 말합니다. 왜 북조선이 가장 큰 이득을 봤는가? 첫째로 북조선이 미국 놈들의 강경에 초강경으로 맞선 것이 얼마나 정당했는가? 둘째로 북조선이 잠시도 순간도 놓치지 않고 내부의 예비를 총동원해서 전쟁억지력을 준비해 놓은 것이 얼마나 정당했는가? 보라, 미국 놈들이 이라크는 때리지만 북조선은 감히 치지 못하지 않는가? 그렇기 때문에 이번 이라크 전쟁을 통해 가장 이익을 본 것은 본의든 본의 아니든 북조선이다, 이렇게들 지금 말하고 있습니다."[12] 이 북한 관료의 발언에는 이라크에는 군사공격을 가했어도 북한에는 그럴 수 없었던 것이 핵 때문이며, 결과적으로 미국이 북한과 전쟁을 할 수 없는 이유가 됐다는 뉘앙스가 배어 있다. 요컨대 미국의 공격을 억지해낸 힘은 핵무기로, 사담 후세인은 핵무기가 없어 미국한테 공격받고 말았지만 북한은 일찌감치 핵무기를 개발한 덕에 부시의 공격을 억지할 수 있었다는 것이다. 2003년 6월 초 유럽을 방문 중인 부시 대통령이 소위 불량국가들에게 운송되는 의심스러운 화물을 차단하겠다고 하면서 PSI(핵확산방지구상)를 제안했을 때도 북한은 이같은 움직임을 자신들을 완전 봉쇄하겠다는 의도로 파악했다. 당시 북한이 느낀 고립감은 아주 심각했다.

북한이 핵무기 개발에 더 주력하게 된 계기는 또 있다. 바로 사담 후세인의 축출이다. 북한 사람들은 "김정일은 피그미다. 나는 김정일을 혐오한다. 국민을 굶주리게 하고 있기 때문에 그에게 본능적인 반감을 갖고 있다"라고 한 부시의 발언을 잘 기억하고 있다. 김정일로서는 미국의 공격에 대한 효과적인 억지가 불가능할 경우 이라크 다음 차례가 북한일 것이라고 결론내린다 해도 별로 이상할 게 없다. 그러나 북한이 초강대국의 재래식 군사력과 맞설 수는 없는 노릇이다. 군사적인 억지 수단으로 김정일이 핵무기를 보유하려고 하는 건 그래서다. 북한 관리들은 2003년 6월 미 의회 대표단이 방북했을 때 핵무기를 제조하는 것은 정확히 사담 후세인의 이라크 신세가 되지 않기 위해서라고 밝힌 바 있다. 워싱턴 매파들조차 북한이 이같은 결론에 이르렀을 가능성은 인정하고 있다. 〈월스트리트저널〉 칼럼니스트 캐린 엘리엇 하우스는 "이라크 전쟁으로 김정일이 얻었을 게 확실한 교훈이 있다. 사담 후세인의 경우와 달리 자신을 지킬 방법이라고는 자신에게 핵이 있다는 믿을 만한 고백과 함께 그 핵을 얼마든지 사용할 수 있다는 믿을 만한 공포를 대외적으로 조성하는 것"이라고 지적했다. 북한과 이란이 핵 보유 의지를 기어이 굽히지 않는 데는 미국의 대이라크 군사공격에서 확인할 수 있듯이, 오직 핵 보유만이 자기 정권과 체제를 방어할 수 있고 미국의 공격을 억지할 수 있다는 확신이 있다. 미국이 채택한 이른바 예방공격 노선은 결과적으로 김정일의 핵무기 보유 욕구를 도리어 부추겼고, 북한이 핵개발에 더더욱 전력투구하는 유인이 됐다. 이라크·아프가니스탄 같은 비핵 국가들에 대한 미국의 위압적인 행동은 김정일에게 최악의 공포를 유발했던 것이다. 2006년 10월 북한에서 실시한 핵실험은 이 모든 정황을 압축적으로 웅변한다.

성공적인 북핵 외교해법

북한이 왜 핵을 가지려 했는지, 그 의도와 배경은 이제 명확해졌다. 일반적으로 핵을 보유하려는 나라들이 왜 핵무기를 갖고 싶어 하는가에 대해서는 크게 네 가지 이유로 나누어 볼 수가 있다. 첫째, 외부의 공격에 대한 두려움을 차단하기 위해서다. 둘째, 자국 안보와 안전의 유지를 위해서다. 셋째, 다른 나라에 비해 힘과 영향력을 강화하거나 다른 나라가 추구하는 힘과 영향력 강화에 대응하기 위해서다. 넷째, 국제사회에서 국가주권을 지키고 고양하기 위해서다. 북한의 핵무기 개발 동기는 이 네 가지 범주에 모두 해당할 수 있다.

과거 영국과 프랑스는 미국의 핵우산 아래 있었다. 그러나 이들 두 나라는 오래지 않아 자국의 주권 아래 있는 핵무기 개발에 착수했다. 영국과 프랑스를 상대로 소련이 핵공격을 감행할 때 미국에게 과연 소련의 역공으로 입을지 모를 피해를 무릅쓰면서까지 두 나라를 방어할 의지가 있는지 확신할 수 없었기 때문이다. 미국의 수중에 자국 안보를 내맡길 수는 없다는 불신이 그만큼 컸다. 영국과 프랑스는 외부 공격에 대한 의존적 방어가 부를 수밖에 없는 두려움을 털어내고자 핵무기 개발에 주력했다. 중국이 핵무기 개발에 나선 것도 한국전쟁의 막바지 무렵에 미국의 핵공격 위협을 겪은 데다, 1950년대 중반 대만해협을 사이에 두고도 대만 및 그 동맹국들과 첨예한 갈등을 겪었기 때문이다. 핵무기 없이 구 소련과 미국의 압력에서 기인한 두려움을 털고 주권을 유지하기에는 무리라는 판단이 무엇보다 컸지만, 확실히 핵 보유 이후 중국의 국제적 위상은 그 이전 시기에 비해 월등히 나아졌다. 구 소련은 물론 중국의 핵우산으로부터도 체제 안전을 더는 보장받기 힘들게 된 북한의 처지에서 보면, 핵 보유에 대한 열의는 앞서 거론한 그 어떤 나라보다도 더 강렬할 수밖에 없다. 그것은 특히나 급속히 약화된 경제력과 맞물려 쇠퇴 일로를 치닫는 군사력과 국제적 위신을 만회해줄 거의 유일한 방법이기도 하다. 핵 개발을, 적어도 북한 스스로 포기한다는 게 좀처럼 쉽지 않은 이유다.[13]

지금까지 살펴보았다시피, 지금 북한에게 포괄적인 핵 프로그램은 체제 유지상 불가결하다 해도 과언이 아닌 다용도 포석에 가깝다. 이 포석의 용도는 크게 여섯 측면으로 나누어 볼 수 있다. 첫째, 외부 위협에 대한 군사적 억지력과 안보 확보 수단이라는 측면, 둘째, 내부의 저항 세력의 동향을 염두에 둔 체제 안정과 정치적 지도력 강화 수단이라는 측면, 셋째, 인근 국가들의 포괄적인 경제 원조와 지원의 유도 수단이라는 측면, 넷째, 만성화한 에너지 문제를 해결해줄 대안적인 출로라는 측면, 다섯째, 주권을 공고히 하고 국제적 위신을 강화해줄 외교적 지렛대라는 측면, 여섯째, 인근 강국들의 일방적인 압력과 이들이 강제하는 외교 구도에 끌려가지 않고 거꾸로 독자적 외교 프레임을 인입(引入)케 하는 전략적 장치라는 측면이 바로 그것이다.

한마디로 말해 북한의 김정일에게 핵무기 보유는 체제 유지의 알파이자 오메가다. 지금 그에게 핵 포기란 체제 유지의 포기와 사실상 다를 바가 없다. 핵무기만 있으면 북한을 위협하는 어떤 외부 세력에 대한 두려움도 느끼지 않으며 자신의 체제를 안정적으로 유지할 수 있다는 믿음이 그에게는 있다. 한낱 믿음으로 치부하고 말기에는 역사적인 경험치들이 그의 믿음을 단단히 떠받치고 있다. 때문에 그는, 나아가 북한은 어떤 경우가 닥치더라도 핵무기를 쉽게 포기하지 않을 것이다. 게다가 구 소련 붕괴 후 한층 더 가혹한 양상을 띠고 있는 북한의 지정학적인 제약들은 핵에 대한 전략적 의지를 더더욱 강화하고 있다.

이런 북한이 자국의 핵무기를 스스로 포기할 수 있을까. 있다면 방법은 한 가지 뿐이다. 무엇일까. 가장 확실한 체제 보장책으로 북한이 채택한 핵무기와 같은 수준에서, 체제 안전의 물꼬를 터줄 '외교적 대체재'를 제시하는 것이다. 그것은 무엇일까. 북-미 정상회담을 통한 일괄 타결뿐이다. 즉, 북한이 1단계로 완전 핵포기를 선언하고, 2단계로 탈퇴 상태인 NPT와 IAEA에 복귀해 IAEA의 상시사찰과 남북한 상호사찰을 수용하며, 3단계로 전방 배치한 북한군을 후방으로 재배치하는 한편 남한과 일본을 겨냥해 배치했던 미사일의 전략적인 용도를 바꿔야 한다. 이에 발맞춰 미국과 나머지 6자회담 참여국들은 1단계로 북·미 수교와 남북 수교, 북·일 수교로 이어지는 외교관계 정상화 절차를 밟은 뒤, 2단계로 북한이 내부적으로도 안정을 확보할 수 있도록 경제 및 에너지 지원을 해주며, 3단계로 전방배치된 남한군을 후방에 재배치하고 북한을 명시적으로 겨냥한 한-미 합동군사훈련의 목표를 북한에서 글로벌 의제로 전환한다. 특히 한국의 경우, 남북경협과 북핵문제를 연계하지 말고 이 둘을 분리한 대북정책을 추진하여 남북 간의 경제적 상호의존을 높여야 한다. 예컨대 중국 제조업에 비해 경쟁력이 떨어지고 있는 한국 제조업에도 활로를 터 줄 접근을 통해 동반 경제성장을 꾀해야 한다. 모든 대북 정책을 오로지 핵문제로 환원하면, 북·미 간 핵 타결이 이뤄질 때 대북 정책의 주도권을 미국과 주변국들에게 빼앗기기 십상임을 유념할 필요가 있다.

무엇보다 북한에 남한의 경제적 기반을 넓혀나가는 것은 북한의 대남 군사도발 소지를 줄이는 효과적인 방법이기도 하다. 즉, 전장이 시장으로 바뀌면서 긴장과 위기의 한반도가 평화의 땅으로 바뀔 수 있는 셈이다.

사실 체제 보장과 경제·에너지원이 없는 상태에서 북한으로 하여금 핵을 포기하라는 요구는 미국에게 한반도와 오키나와 주둔군을 철수시키라는 주문만큼이나 어려운 일일 수 있다. 북한이 핵을 포기하는 일은 북한에 특유한 수령제 사회주의 체제와 최고 통치자가 바뀌지 않는 한 사실상 불가능에 가깝다. 때문에 북한이 핵을 포기하게 하려면 체제 변화 유인이 필요한데, 이러기 위해서는 경제협력으로 북한 스스로 개혁개방 정책에 적극 나서도록 유도해나가야 한다. 요컨대, 체제 유지를 보장하는 정책적 유인으로 핵을 포기하게 만들자는 것이다.

여기서 간과하지 말아야 할 것은, 좋든 싫든 북한이 수령체제이며 김정일은 기분파라는 사실이다. 따라서 어떤 외교적 현안이라도 즉석결정이 가능하다는 사실을 감안, 북핵문제는 남북한, 그리고 북·미 정상회담을 통해서만이 신속히 풀릴 수 있다는 데 유념해야 한다. 북핵 폐기에 관한 큰 틀과 밑그림이 정상회담 수준에서 잡히면 나머지 세부 사항들은 실무진에 일임하는 상의하달top-down 방식으로 해결의 가닥을 잡아가는 게 무엇보다 중요하다. 이와 반대로 실무진 협상에서 시작해 최고 지도자들에게까지 올라가는 하의상달bottom-up 방식은 사안의 복잡성과 실행근거의 취약함 탓에 핵문제 해결이라는 목적지에 미처 이르지도 못한 채 반드시 깨지게 된다. 이제껏 북핵 문제가 교착 상태에 빠졌던 데에는 이런 방법상의 패착도 한몫을 하고 있다. 북핵 문제는 북·미정상회담을 통해 양국 정상이 직접 담판을 지을 때만이 해법을 찾을 수 있다. 이것이야말로 북한 스스로 핵을 포기하게 만드는 가장 유효하고도 유일한 방법이다.

6

김정일 이후의
북한 어디로 가나

북한은 붕괴하는가

북한은 지금 체제위기 상황이다. 김정일의 건강 이상과 북핵 문제는 1950~1953년 사이 한반도를 참화로 내몬 한국전쟁, 1960년대 지속된 중·소 갈등, 1989년 소련과 동유럽 사회주의 체제의 몰락, 1994년 김일성 주석의 사망에 이어 북한에 다섯 번째로 들이닥친 시련이라고 할 수 있다. 북한은 시련을 털고 다시 살아날 수 있을까. 김일성-김정일 체제는 그들의 직계나 제3의 인물에 의해 지속될 수 있을까.

김정일이 건강 이상 징후를 보이자 북한의 정치 체제는 어떤 변화를 겪게 될지, 이로 인한 권력 변동은 어떤 형태로 일어날지가 초미의 관심사로 부상중이다. 그 이유는 간단하다. 북한의 권력 틀이 새롭게 재편되느냐, 아니면 예전과 같이 김정일을 중심으로 장기화하느냐에 따라 전쟁과 평화라는 양 극단의 향방도 판가름날 수 있기 때문이다. 그 여파가 동북아시아 및 세계의 평화구조에도 미칠 수 있음은 물론이다.

일단 김정일 체제를 둘러싼 대내외 정세는 과거 김일성이 자신에게 권력을 이양하던 시기보다도 훨씬 더 불리하다. 오늘날 북한에는 그만큼 어려운 도전들이 산적해 있다. 첫째, 김정일의 북한은 김일성 시절만큼 중국, 러시아 등과 군사적 혈맹관계가 돈독하지 못하다. 한국전쟁 당시 그랬던 것처럼, 유사시에 군사적인 공격을 받았을 때 전략적 이해를 함께하며 목숨 걸고 싸워줄 만한 동맹국이 이제는 없다.

둘째, 사대와 주체의 갈림길에서 주변국과의 상호의존 관계를 거부하고 독자적인 자주의 길을 걷겠노라고 줄곧 천명해온 터라, 기왕에 소원해진 러시아, 중국과도 그렇지만 미국과 새로운 군사관계를 맺기도 더더욱 쉽지 않은 상황이다. 소위 '자주' 노선은 대내적인 통치에 단기적으로 유효할 수는 있겠지만, 중장기적으로는 안정적 통치에 극심한 압박이 되기도 할 양날의 칼인 셈이다.

셋째, 운용상의 실효성이 사실상 사라진 자국의 재래식 무기체계를 대체하고자 안보효율성 제고 차원에서 도입한 핵미사일 같은 대량살상 무기는 거꾸로 체제 유지에 필수적인 대외적 연결고리 형성에 걸림돌이 되고 있다. 체제 '유지'를 내건 북한의 핵개발 지속 움직임은 북한 주변 국가들은 물론 국제사회까지 포함해 북한에 대한 핵개발 포기 압력만 더더욱 높이고 있는 것이다. 이 역설 아닌 역설 속에서, 한국·일본 및 이 두 나라에 주둔군을 배치한 미국은 말할 것도 없고 북한과 국경선을 맞댄 중국과 러시아까지 북한과 새로운 관계 정립에 나서기를 주저하고 있다.

다섯째, 핵개발 추진이 불러올, 아니, 이미 진행 중이기도 한 대내적인 딜레마다. 핵개발은 대외적 '주권'의 수호·유지를 내건 만큼이나 경제적 성장의 기회를 잠식하면서 이에 따른 내적 파열의 조짐 또한 심화시키고 있다.

여섯째, 소위 우리식 사회주의의 근간으로 자리잡아온 수령영도 통치 체제가 수령의 건강 이상으로 인해 앞으로도 지속가능한 것인지 그 앞날이 불투명해졌다는 사실이다. 더구나 김정일 위원장은 아버지인 김일성 주석이 자신에게 20년 동안 체계적인 후계수업을 지도해 왔던 것처럼 자신의 후계자를 키우지도 않았다. 그로 인해 김정일 이후 후계구도도 매우 불투명한 상황이다.

일곱째, 중국의 개혁개방 바람과 남한의 대북교류·협력 성책으로 외부 세계에 대한 새로운 정보가 북한으로 흘러들어가게 되었다. 그 결과 북한 주민들이 바깥 세계에 눈을 뜨면서 김정일 체제에 대한 상대적 박탈감이 커지고 있고, 이는 체제에 대한 불만으로까지 번지는 중이다. 이 흐름은 차츰 커지면서 앞으로 북한 체제를 유지하는 데 커다란 위협이 될 수 있다. 북한 스스로 개혁·개방에 나서도록 하겠다는 의도로 추진했던 햇볕정책은 실제로 북한 정권의 외견상 변화보다 당장 눈에 띄기는 힘든 내적 변화, 다시 말해 북한 주민들이 품고 있던 생각에 더 심대한 변화를 불러일으키기 시작했다. 그 결과 주체사상 노선에 대한 주민들의 불신도 깊어지기 시작했다.

탈북자들이 속출하기 시작한 것 또한 대북교류·협력 정책이 본궤도에 오르고 난 이후부터이다. 북한의 내적 응집력이 현저히 떨어지기 시작한 건 남한이 북한보다 더 잘 산다는 것을 북한 주민들 스스로 인식하면서부터였다. 물론 탈북자 중 상당수가 단순한 체제 이

탈자들이라는 점은 분명하다. 하지만 이같은 이반 움직임 자체가 대북 지원이 남한으로부터 이뤄지고 있다는 사실이 북한 주민들에게 알려지면서 그들의 대남 인식이 바뀐 데 따른 것이라는 점 또한 분명하다.

금강산 관광특구 조성과 개성공단 유치 등에 합의하면서 북한 영토 내부에 남한 국민들이 대거 진출할 수 있도록 했고, 지난 50여 년 간 200명에 불과했던 이산가족 상봉자 수도 햇볕정책 시행 이후 10년 간 1만 8천명 규모로 크게 늘었다. 대북교류·협력이 활기를 띠자 북한 주민들은 오랜 굶주림을 해결해줄 유력한 대안으로 한국에 주목하면서, 탈북 이후 정착지로 한국을 선택하는 경우가 늘고 있다. 이렇게 탈북자들이 늘게 된 것은 거듭 말하지만 교류를 매개로 남한 관련 정보가 북측으로 흘러들어 갔기 때문인데, 달리 말하면 접촉을 통해 북한을 변화시킨다는 대북교류·협력 정책에 힘입은 셈이었다.

벼랑 끝에 선 김정일 체제

대북교류·협력 정책은 많은 보수 세력들로부터 거센 공격과 비판을 받았다. 한국의 대북 지원은 정작 김정일 체제의 유지에 보탬이 될 뿐이라는 게 이유였다. 그러나 대북 지원이 설사 단기적으로 북한 체제 유지에 도움이 되더라도, 중장기적으로는 궁극적인 체제 변화와 김정일 체제에 대한 북한 주민들의 불신을 아울러 유발할 수 있다는 사실을 이들은 간과했다.

　현재 북한 내부에서 체제수호의 파수꾼 역할을 해야 할 노동당 중간급 간부들과 군부의 부패상은 상당히 심각한 상황에 있다. 그런데 이는 남북한 간 교류협력이 급작스럽게 팽창한 데서 비롯된 것이기도 했다. 대남경협 창구인 북조선 민족경제협력연합회(민경련) 대표부 단둥 대표 오광식과 베이징 대표 허수림, 그리고 이 조직의 상급 기관인 민족경제협력위원회 위원장 정운업이 2차 남북정상회담이 열렸던 2007년 가을 무렵 뇌물수수와 횡령 혐의로 소환조사를 받은 뒤 작년 12월에 교체됐다는 소식은 이를 단적으로 방증하는 사례다. 예컨대 북한에 혈육을 둔 남한의 이산가족이 북한의 혈육을 남쪽으로 네리고 나오는 건 이제 마음만 먹으면 불가능한 일이 아니다. 불가능했던 과거의 사안들을 실현가능한 것으로 바꾸어놓은 것은 무엇이었을까. 역시 돈(자본)의 위력이다. 대북 퍼주기 정책이란 비난을 무릅쓰면서까지 추진됐던 교류·협력 정책은, 당초 남북한 평화와 화해상생의 원칙 아래 궁핍한 동족 국가 북한을 체제 붕괴의 위기에서 구제한다는 명분을 내걸고 있었다. 하지만 이같은 의도 아래 추진된 햇볕정책은 북한 국경에서 검문소를 지키고 있는 군 간부들까지 돈맛을 알게 하는 뜻하지 않은 결과를 초래했다. 남한 행정부가 북한 군인들에게까지 돈을 퍼다 날랐다는 얘기가 아니다. 남북한 교류의 폭이 확대되고 북한으로 들어가는 인적 교류와 물류가 늘어나면서 통행 및 통관 절차를 담당하는 군인들은 자연스럽게 자신들의 호주머니에 남한으로부터 유입되는 돈 중 일부를 일종의 수수료조로 챙길 수 있게 된 것이다. 남쪽의 이산가족이 북쪽의 이산가족을 남쪽으로 데리고 나오기 수월해진 것은 이같은 상황 덕이 크다. 그러자면 매번 검문소를 통과해야 하는데, 통과할 때마다 검문소 초병에게 달러를 건네주면 가족과 접촉이 가능하다. 심지어 북측의 가족들을 데리고 나올 때도 들어갈 때 그랬던 것처럼 검문소마다 초병에게 돈을 찔러주어 북한 주민들의 탈북을 수수방관케 한다.

대북교류·협력 정책에는 이처럼 그 정책적 본질과는 무관하게 김정일 체제를 그 외곽에서부터 일정 정도 부식·약화시켜온 측면이 확실히 있다. 북한 군부는 그동안 오진우에 이어 최광이 장악했을 때만 해도 "최광의 항일투쟁에서부터 한국전쟁에 이르는 공적과 경험, 그리고 중국의 군 간부에게도 신뢰받고 직접 대화가 가능한 몇 안 되는 인물이었다는 점과 그의 청결함과 부정부패에 대한 엄격한 자세 때문에 북조선 내 다른 기관에 비해 부정부패를 상당히 방지하고 있었다." 북한 체제가 유지될 수 있었던 건 그만큼 "김정일에 대한 군의 전면적 지지와 군의 부정부패 방지 덕택"이었다고 해도 과언이 아니었다. 그러나 최광이 죽고 교류·협력 정책이 추진되면서부터 북한군은 부패의 늪에 점차 빠져들고 있다. 그리고 "북한군의 관료화가 진행돼 김정일의 명령이 말단까지 전달되지 않은 현상도 나타나고 있다. 이 때문에 김정일의 빈번한 군부대 방문이 이루어지고 있는 측면도 있는 것 같다".[1] 최근 남쪽에서 보내는 대북 삐라만 해도, 이는 북한군에게 작은 돈(자본) 맛을 알게 하는 계기가 되고 있다. 삐라에 별 관심이 없던 북한군은 남쪽에서 보내는 삐라 속에 달러가 든 것을 알고 난 뒤로는 삐라를 찾아나서고 있는 것으로 알려졌다. 심지어 삐라 발견시 신고하라는 군 당국의 지침이 내렸지만, 일반 사병들은 막상 삐라 속의 돈만 빼낸 후 신고는 하지 않는 것으로도 알려졌다. 극심한 식량난 탓에 순번제로 병영 바깥으로 일반 사병들을 내보내 알아서 끼니를 해결케 했던 '식량휴일제'도, 사병들이 최근 돈을 구하고자 삐라를 찾아 나서면서 중단된 것으로 전한다.

물론, 북한 사병들이 자본에 맛을 들였다는 사실은 북측 정부도 잘 알고 있다. 지난 번 평양을 방문했을 때였다. 한 북측 인사에게 남한의 소위 퍼주기 덕에 북한이 더 잘 먹고 잘 살게 되었다는 일각의 평가에 대해 어떻게 생각하느냐고 물었다. 그 북측 인사는 매우 못마땅하다는 표정으로 "선생님, 이제 제발 햇볕정책이란 말 좀 그만 쓰세요. 우리 북조선 사람들은 햇볕정책이라는 말을 싫어합네다"라고 답했다. 그래서 왜 싫어하느냐고 묻자, 이번에는 더욱 큰 소리로 "그거 우리를 도와주는 정책이라고 해서 그냥 아무런 말을 하지 않았습니다만, 사실 그 햇볕정책이란 말의 햇볕은 이솝 우화에 나온 것처럼 사람의 겉옷을 벗겨내기 위해서 강한 햇볕을 쏘이는 것 아닙네까. 그런 것처럼 남조선이 햇볕을 동원해 우리를 햇볕으로 쏘아 녹이겠다는 것 아닙네까. 그래서 우리 북조선 체제의 옷을 홀라당 벗기겠다는 매우 깊은 음모가 담겨 있는 정책이 아닙네까? 우리는 남측을 그렇게 의심하고 있습네다. 햇볕이란 말 대신 다른 말로 부르면 안 되겠습네까"라고 말했다.

사실 북한은 햇볕정책이란 이름하에 자신들을 지원해 주는 식량과 비료 같은 것 등의 원조 공급을 받아들이면서도 주체와 자주를 걸어온 그들의 입장에서 남쪽으로부터 들어오는 식량 원조를 속으로는 매우 껄끄럽고 거북스럽게 생각하고 있었다. 그리고 햇볕정책 추진이 자신들의 체제를 지원해 주기보다는 오히려 숨은 의도를 가지고 자신들의 체제를 붕괴시킬 수도 있음을 극히 경계하고 있었다. 실제로 "북한군 지도층은 1995년 대홍수 발생 이후 서구의 식량원조

계획에 반대했다. 군부는 식량원조로 인한 북한 내의 정치적 파급 효과를 심히 우려했다.”[2] 김정일은 “서구사회의 원조를 탐탁하게 생각하지 않고 있었으며, 자신의 연설을 통해 공개적으로 서구의 원조를 공격”하면서 외부의 식량원조 계획에 대한 반감을 분명히 하는 가운데,[3] “제국주의자들의 ‘원조’는 한 가지를 주고 열 가지 또는 백 가지의 것을 도둑질해가려는 의도를 숨긴 약탈과 종속의 덫”[4]이라고까지 했다. 아닌 게 아니라 “대북 식량지원은 북한 체제를 보강해 주었다기보다 북한 체제를 더욱 위태롭게 할” 소지가 컸다. 폴 브래큰Paul Bracken 예일대 교수에 따르면, 북한에게 “서구 사회의 원조는 ‘독이 든 당근’”이나 다름없는 것이었다. 왜냐하면 “다각적인 분야에서 지원되는 원조계획을 통해 북한은 외부 세계와 더 많은 접촉이 이루어 질 것이고, 북한 체제에서 이행하지 않은 약속과 외부 세계의 정치·경제적 현실 사이의 격차는 더욱 두드러지게 나타날 것”이기 때문이었다. “시간이 지나면서 북한 주민들이 이같은 현실을 인식하면 할수록, 사회 전반에서 예측되는 혁명의 가능성은 더욱 증가될 것”인 만큼 “김정일은 식량원조로 야기되는 파괴적인 영향을 공개적으로 비난”했다는 것이다.[5]

북한이 지독한 식량난과 경제난으로 기아 상황으로까지 빠져들기까지, 김정일은 효율적이고 신속하게 대처하는 위기관리의 리더십을 보여주지 못했던 게 사실이다. 그래서 결국 식량위기로 인한 리더십 위기가 체제 위기로까지 확산되는 것을 미연에 막고자 한국과 서구 국가들로부터 식량 원조를 받아들여야 하는 상황을 맞았다. 그러나 “외부로부터 이뤄진 대북 식량원조로 인해 북한의 도시지역에는 새로운 시장이 활성화되는 한편, 북한 시장의 곡물가격 하락에도 일조하면서 북한 주민들의 생명을 구한 결과, 한국과 미국에 대한 기존 북한 지도부의 비판과 선전도 신뢰를 잃고 있다. 그리고 대북 원조된 식량을 중앙당국이 대량 독식함으로써 북한 인민들의 노동당에 대한 불만과 불신 또한 커지게 되었으며, 자급자족을 근간으로 하는 북한의 주체사상도 일정한 손상을 입게 되었다."[6]

실제로 북한은 당초 한국으로부터 식량원조나 구호품을 받아들일 때 구호물자의 외부 포장지에 적혀 있는 한글을 모두 지워달라고 요구한 바 있다. 일례로 북한에 식량원조 차원에서 우리 정부가 라면을 구호물자로 보내자, 북한 당국은 아무것도 적히지 않은 봉지에 라면을 담아줄 것을 요청한 것이다. 라면 봉지에 적힌 '한국' 혹은 '서울'이라는 생산지 표기가 북한 인민들에게 노출될 경우 그동안 당에서 선전했던 남한의 실상과 전혀 다르다는 사실이 드러날까 우려했기 때문이다. 우리 정부가 제품공정상 그렇게 할 수 없다고 하자 나중에 북한 당국은 남측에서 보낸 라면을 받은 뒤 따로 준비한 새 봉지에 다시 넣어 북한 인민들에게 배급한 것으로 전해졌다. 지금 북한은 남측 정부에서 제공한 어떤 물자에 대해서도 생산지를 명기하기로 요청받은 뒤 이를 결국 수용한 상태다. 그 결과 이제 북한에서는 한국이 북한보다 훨씬 더 잘 먹고 잘 사는 나라라는 인식이 널리 퍼져 있다. 북한에는 지금 한국과 중국, 서방국가들에서 지원한 원조식량이 지원국가명이 찍힌 상태 그대로 시장에 나와 주민들에 의해 판매중이다. "두만강변에 위치한 도시의 농민 시장에서 매매되는 옥수수는 대부분 중국산이며, 서남지역 도시에 형성된 시장에서 거래되는 쌀은 대부분 그 지역에서 자체 생산된 옥수수인 것으로 알려져 있다. 국경없는의사회는 접경지역에서 이뤄진 난민 면담

을 통해 원조된 식량들이 농민 시장에서 버젓이 팔리고 있다는 사실
을 확인했다고 밝혔다."[7]

개혁개방, 트로이의 목마인가

이 모든 악조건을 돌파하기 위해서라도 김정일이 풀어야 할 최대
난제가 있다. 북한의 개혁개방을 유인하고자 이뤄지는 대북지원이
체제 유지에 미칠 악영향을 어떻게 줄일 것인가 하는 점이다. 식량
난 타개를 위해 외부 지원을 받아들이되, 이것이 체제 약화의 도화
선이 될 소지는 차단해야 하는 딜레마인 셈이다. 오늘날 북한은 체
제 유지를 이유로 전면적인 개혁개방은 피하고 있다. 하지만 바로
그 이유가 경제적 생산력의 둔화를 낳고 이는 다시 군사력 증강을
제약하면서 체제 유지를 한층 더 버겁게 하는, 악순환의 소용돌이를
만들고 있다. 때문에 상대적으로 저렴한 비용으로 강력한 군사적 억
지력을 발휘할 수 있는 핵무기 프로그램 추진에 박차를 가할 수밖에
없었음은 앞서 이미 확인한 대로다.
  중요한 건 과연 북한 스스로 핵을 포기할 것인지, 그리고 만약 포
기한다면 이후 북한의 행보는 어떤 모습을 띠게 될지 하는 점일 것
이다. 결론부터 말하자. 설사 핵을 포기하더라도 북한이 베트남이나
중국과 같은 개혁개방의 길을 급속히 밟기는 어려워 보인다. 왜 그
럴까.
  북한의 체제 유지 방법에는 두 가지가 있다. 하나는 체제 내부의
균열로 붕괴가 일어나는 내파Implosion를 막는 것, 다른 하나는 체제

외부의 압력으로 체제가 붕괴 수순을 밟는 외파Explosion를 막는 것이다.

북한이 핵을 포기하는 경우를 상정해 보자. 이 경우 미국으로부터 체제 안전을 보장받으면서 외파의 위험도는 그만큼 크게 줄어들지 몰라도, 개혁개방 노선으로 인한 내파의 위험도는 한층 더 커질 것이다. 핵 포기의 대가로 중국과 베트남처럼 정치적 자유는 억압하는 대신 경제적 자유의 활성화로 발전에 매진하더라도 체제 유지 측면에서 중국과 베트남의 경로를 따르기는 어려워 보인다. 중국과 베트남은 동족과 영토적 분단상황에 처한 나라들이 아니다. 그러나 북한의 경우는 다르다. 북한으로서는 경제적인 체제 개방이 이뤄지면 곧바로 동독과 같은 수순을 따르게 될지 모른다는 두려움이 있다. 남한에 관한 모든 정보가 북한으로 흘러들 경우, 북측 주민들은 동독 주민들이 서독에 대해 그랬듯이 남한을 동경하는 한편, 자신이 속한 체제에 대해서는 엄청난 상대적 박탈감을 겪다 보면 결국 북한 체제에 대한 불신 속에서 반체제적인 불만세력으로 성장할 수도 있기 때문이다. 그런 만큼 북한은 남북한 간 상호왕래도 한층 더 통제된 형태로 추진해 나갈 공산이 크다. 또 수령 체제가 남한의 부패한 자본주의 체제보다도 월등히 더 잘 먹고 잘 살고 있다며 지난 수십 년 동안 북한 주민들을 세뇌해온 터라, 너무 급작스런 체제 개방은 김정일 정권의 정치적 정통성을 크게 침식하게 될 수도 있다. 이 경우 체제이탈 세력과 반체제 세력들이 군집하는 건 순식간이다.

북한이 설령 핵과 관련해 미국과 일정 수준의 타결을 보더라도 김정일이 살아 있는 한 전면 개방으로 나아갈 공산이 희박한 이유는 또 있다. 김정일 체제 유지가 대미 노선과 맺는 상관관계 때문이다.

그동안 김정일은 자신의 체제 유지를 위한 내부 결속용으로 미국을 제국주의에 선봉에 선 주적국으로 선전해 왔다. 소위 반미-자주의 노선을 견지한 주체사상을 통치 철학으로 삼아왔는데, 그 상대가 바로 미국이었던 것이다. 그런데 하루 아침에 미 제국주의에 대한 비난을 그치고 새롭게 미국 찬가를 부르게 되면, 김정일이 지금까지 체제 유지의 한 방법으로 활용해온 '반미'라는 통치 이데올로기를 스스로 철회, 부정하는 셈이 된다. 이는 곧 자기 역사, 자기 논리의 부정이기도 하다. 이런 상황을 북한 주민들이 쉽게 받아들일 수는 없을 것이다.

따라서 북한은 미국과의 핵협상에서 큰 진전이 있더라도 모든 것을 국가가 주도, 기획, 통제하며 제한, 규제해 나가는, 철저히 계획된 전략적 개혁개방 정책 노선을 유지하려 할 공산이 크다. 미국으로부터 체제 안전과 경제 및 에너지 지원, 국제사회에서의 활동을 보장받는다 하더라도 중국과 베트남이 했던 것과 같은 전면 경제자유화 조치는 취하기 힘들어 보인다. 그보다는 국가가 자국에 유리한 정책들만을 선별적이고 우선적으로 취합해가는 '선택과 집중형' 정책이나 혹은 체제 유지에 철저히 부합하는 '맞춤형' 정책들에 무게를 싣게 될 것이다. 즉, 중앙정치와 체제 유지에 전혀 영향을 미치지 않은 범위 내에서 특구형 개혁개방 정책을 추진하리라는 것이다. 남북한 군사분계선에 철조망을 설치하듯이 경제특구와 비특구를 엄격히 가르고 무장 군인들을 배치해 특구 안팎의 자유로운 왕래를 철저히 차단하는 식이다. 그러나 전면적인 경제자유화 조치 없이 극히 제한적이고 폐쇄적으로 추진되는 개혁개방 정책이 북한경제를 활성화할 수 있을지는 의문이다. 그렇다고 시장경제 체제하에서 경제의 작동이 사회의 나머지 부문에 단순히 영향을 미치는 정도가 아니라, 아예 결정지을 만큼 강력한 힘을 갖고 있는 점을 북한이 알고 있는 상태에서, 체제 생존을 이유로 무조건 시장을 도입하면 오히려 체제 붕괴를 앞당기는 계기가 될 수 있다.

또 하나의 핵폭탄, 김정일의 건강

핵문제 타결 이후 북한이 어떤 개혁개방 정책을 취해 나갈 것인가 못지 않게, 북한 체제가 어디로 갈지 가늠하는 데 중요한 변수는 역시 김정일의 건강이다. 김정일 1인에게 전권이 집중되어 있는 수령제 사회주의 체제이다 보니 북한에서 김정일의 건강은 곧 체제의 건강과 직결되어 있다. 동구 사회주의 국가나 구 소련의 경우와 같은 일반적인 사회주의 국가에서는 당이 모든 권력을 장악하고 당이 국가를 통제하며 통치하지만, 북한의 수령제 사회주의는 당이 국가를 통제하더라도 당은 수령의 영도에 절대적으로 복종하는 일종의 현대판 절대왕정 체제다. 즉, 조선 시대 조정이 왕의 명령과 지시를 달성하기 위해 왕정 체제를 유지 발전시키는 것이 지고의 목적이었다면 "수령제 사회주의의 북한에서는 수령의 영도를 달성하기 위해 체제를 유지하고 발전시키는 것이 지고의 목적이 된다."[8] 그래서 국가는 당이 통치하나 당은 수령의 절대 명령에 복종하는 하위기관이나 다름없다. 이런 수령제 사회주의 체제인 북한에서 수령이 뇌졸중으로 쓰러졌다는 것은 사실상 체제의 몸통에 이상이 생겨 체제가 정상적으로 작동되지 않을 가능성이 시작되었음을 의미한다. 수령의 건강 이상이 단기에 그치고 말거나 유고시 그 후계자를 즉각 옹립하여 리더십과 권력 공백을 적시에 메꾸어 나가면 체제상의 큰 변화는 없다. 하지만 수령의 건강 이상과 유고가 장기화하면서 후계권력이 곧바로 들어서지 못할 경우 그동안 지속돼온 김일성-김정일 중심의 수령체제는 중대한 전환을 겪게 될 것이다. 그리고 수령 체제의 변화는 북한이라는 나라의 운명 전반에 변화를 몰고올 것이다. 때문에 적어도 지금 북한이 새로운 변화를 맞게 될지 여부는 전적으로 김정일 위원장의 건강 문제와 직결되어 있다. 그렇다면 김정일 이후 북한은 어디로 갈 것인가. 그리고 김정일 없는 북한에는 어떤 상황이 발생할 것인가. 과연 북한은 아무런 혼란이나 동요 없이 체제 안정을 누릴 것인가, 아니면 내란과 쿠데타 같은 권력투쟁의 소용돌이 국면으로 빠져들 것인가.

이 문제는 결코 강 건너 불구경일 수 없다. 북한의 권력변동의 상황에 따른 정세 불안이 한반도 및 동북아와 세계정세의 불안을 증폭하는 '불안의 나비효과'를 불러올 수 있기 때문이다. 미국과 일본, 중국과 러시아 등은 김정일 이후 북한의 체제 변화와 권력변동에 이미 지대한 관심을 갖기 시작했다. 특히 미국의 경우 지금 북한 핵문제보다는 김정일 위원장의 건강과 김정일 이후 북한의 체제변동 문제를 한층 더 예의주시하기 시작했다. 안 그래도 북한은 지금 핵무기 확산 문제, 탈북자 문제, 경제난과 식량위기 문제, 외교적 고립 문제, 후계구도 문제, 남북관계와 6자회담 문제 등을 포함하여 심각한 체제위기를 겪는 중이다. 여기에 설상가상으로 김정일의 건강 이상 문제까지 돌출되면서 그 어느 때보다도 어려운 상황에 있다. 김정일은 험난한 대내외적 도전들을 극복하고 다시 일어설 수 있을까.

일어서지 못한다면 김정일 이후의 북한은 어디로 갈까. 북한의 정치 체제와 권력구조는 어떤 변화를 맞게 될 것인가.

우리는 북한에서 어떤 상황 변화가 발생하더라도 국가안보, 주권, 한반도 전쟁과 평화의 관리자로서 이 모든 문제를 안정적으로 처리해 나갈 대안을 가지고 있는가. 그리고 북한 군부의 권력투쟁이 내전 상황으로 치닫고 핵무기에 대한 통제권이 어디에 있는지조차 모를 불확실한 상황으로 빠져들면, 우리는 혼돈의 수렁에 빠진 북한을 연착륙시킬 준비된 위기관리 플랜을 가지고 있는 걸까. 만에 하나 대량의 북한 주민들이 탈북자가 되어 탈출극을 펼친다면 이 비상한 문제를 해결할 방도는 준비되어 있는가. 우리는 국제사회와 어떤 협조와 공조 원칙 아래 이 문제를 풀어나갈 것인가.

북한 내부의 혼란한 정치 상황을 틈타 북한과 국경선을 맞대고 있는 중국 등 인근 강대국이 군을 동원해 북한에 개입할 경우, 이에 어떻게 대응할지에 관한 구체적인 비전이나 복안은 있는가. 북한이 이같은 재난 상황에 처하게 될 때 그것은 우리에게 통일의 기회가 될 것인가, 아니면 또다른 전쟁 위기로 다가올 것인가. 북한의 붕괴는 우리 경제에 새로운 성장과 발전의 활로가 될 것인가, 아니면 경제 파탄의 주 요인이 될 것인가. 과연 김정일 이후 북한은 붕괴할 것인가. 우리는 이 모든 경우의 수에 대응할 수 있는 어떤 옵션을 갖고 있는 것일까.

김정일의 뇌졸중으로 인해 북한의 정치 체제와 권력구조에 어떤 변동이 있을지 예측하기가 쉬운 일은 아니다. 그렇다고는 해도 체제가 겪을 만한 경우의 수는 크게 세 유형으로 나누어볼 수 있다. 첫째, 현 체제의 붕괴, 둘째, 현 체제의 점진적 변화, 셋째, 현 체제의 현상 유지다. 권력 변동 역시 크게 세 범주로 나누어볼 수 있을 텐데 첫째, 군부단독 집권 체제. 둘째, 단일형 집단지도 체제. 셋째, 푸틴과 카스트로의 경우가 그렇듯이 후견인을 내세운 섭정통치다.

왜 북한에서는 쿠데타가 일어나지 않는가

김정일의 건강 악화로 인한 북한의 체제변화의 가능성 중 첫 번째로 꼽고 있는 시나리오가 있다. 이른바 체제붕괴론이다. 많은 사람들은 김정일 체제가 붕괴될 것을 기정사실화하고 있다. 그리고 그렇게 되길 바란다는 소망의식wishful thinking도 있다. 더 나아가 김정일 체제 붕괴는 곧 북한의 붕괴라고 생각하기도 한다. 분명히 말하지만 이런 식의 판단은 오류다. 혼동하지 말아야 한다. 김정일 체제가 붕괴하는 것과 북한이라는 나라가 붕괴하는 것은 다르기 때문이다.

어떤 나라를 이끌어 온 특정한 체제의 붕괴를 곧 그 나라의 붕괴인 것으로 간주하는 건 매우 큰 착각이다. 체제의 붕괴와 나라의 붕괴는 구분할 필요가 있다. 그래서 김정일의 수령체제가 붕괴되더라도 이것이 곧 북한이라는 나라가 붕괴되는 것으로 성급한 진단은 하지 말아야 한다. 왜냐하면 김정일 이후의 새로운 후계자나 제3의 인물이 나타나 얼마든지 북한이라는 나라를 다시 이끌어 갈 수 있기 때문이다. 김정일이 죽으면 북한이 붕괴된다는 예측과 분석은 예전에 김일성 주석이 죽으면 북한이 붕괴될 것이라고 말해 왔었던 것의 반복이다. 김일성 사망 당시, 많은 사람들은 북한이 오래 버티지 못할 것으로 내다봤다. 그러나 김일성이 사망한 지 14년이 지났는데도 북한은 붕괴하지 않고 있다. 김정일은 오히려 강성대국을 주장하면서 핵과 미사일 등 대량살상 무기를 만들어 내고 있다. 그리고 남북정상회담을 통해 개성경제특구를 신설했다. 북한의 창건자 김일성은 죽었어도 그가 세운 '은둔의 왕국'은 붕괴되지 않았다.

이런 역사적 경험이 실증되었음에도 북한을 증오하는 사람들은 여전히 과거와 똑같은 생각으로 이번에는 김정일이 죽으면 북한이 붕괴될 것으로 믿고 있다. 아니 북한에 특별한 감정과 원한이 없는 일반 사람들이라고 하더라도 김정일의 죽음은 곧 북한의 붕괴라는 생각을 상식처럼 갖고 있다. 그러나 김정일의 죽음이 북한의 붕괴로 이어질 수도 있고 그렇지 않을 수도 있다. 오히려 북한의 수령인 김정일이 죽으면 지금까지 북한을 이끌어 왔었던 수령제 사회주의 체제는 사라질지 모르나 북한이라는 국가는 계속 존재할 것이다. 그 이유는 이렇다.

과거 구 소련과 중국 그리고 동구사회주의 국가들에서 확인되었듯이 경제적 빈곤을 탈피하지 못한 나라들은 경제위기로 인하여 정치적 체제 위기를 겪게 되었고, 정치 체제의 위기는 곧 국가 위기로 확산되었다. 그리고 경제를 살리지 못한 지도자와 그 지도자가 이끌어 왔던 정치체제는 시민들의 저항과 반대로 곧 사라졌다. 그리고 곧 새로운 대안의 정치지도자와 정치세력들이 등장했다. 이 정치 세력들은 시효만료된 옛 체제(앙시앵 레짐)를 새로운 체제로 대체했다. 그러나 이 과정에서 국가가 붕괴되어 소멸한 경우는 거의 없었다. 단지 있었다면 원래 종교와 인종이 다른 집단들을 무력으로 강제 합병하여 하나의 국가로 통합해서 유지해 왔던 구 소련과 같은 연방국가 및 유고슬라비아와 체코슬로바키아 같은 정도의 나라에 불과하다. 그리고 나머지 대부분의 동구사회주의 국가들은 과거 공산주의 시절의 지도자와 구체제를 탈피하여 새로운 민주적 자본주의 체제로 전환하였고, 나라 자체는 그대로 유지하고 있다.

중국의 경우도 예외는 아니다. 대장정의 결론 끝에 스탈린주의와 결혼한 마오쩌둥의 체제는 대약진 운동과 문화대혁명을 연쇄적으로 실행하면서 중국의 문화를 하향화 시켰고 인민들의 배고픔을 해결하지 못했다. "마오쩌둥은 자신의 사회주의적 아젠다인 '인민에게 봉사한다'라는 목표를 달성하는데 실패했다."[9] 그리고 그는 1976년 9월 9일에 사망했고, 그와 더불어 한때 "마오쩌둥의 지혜는 장님을 눈뜨게 하고, 귀머거리를 들을 수 있게 한다"라고 전해질 만큼 절대적이었던 그의 숨겨진 군주제적 공산주의 체제도 함께 사라졌다.[10] 그러나 중국이라는 나라는 붕괴되지 않았다. 오히려 "마오쩌둥의 계급투쟁의 시대를 끝내고 계급적 화해와 협력을 강조하면서 국제정치에서도 사회주의 진영과 자본주의 진영의 적대적 모순과 갈등을 끝내고 체제와 이념에 상관없이 모든 나라에게 문호를 개방하고 상호의존적인 국제관계를 추구"하면서 개혁과 실용을 강조하는 덩샤오핑이 등장함으로써 중국은 새로운 개혁개방체제로 전환하였고, 마침내 대국굴기의 꿈을 내세우며 세계패권을 향해 치솟고 있다.[11]

그러니까 "경제 붕괴가 자동적으로 체제나 국가 붕괴로 이어지는 것은 아니다. 물론 경제 붕괴가 체제붕괴를 촉발시킬 수 있고 체제붕괴는 곧 국가 붕괴로 이어질 수도 있다. 그러나 이론과 실제 면에서 국가란 매우 탄력적이기 때문에 경제나 체제의 붕괴 속에서도 국가는 살아남는다."[12] 만일 김정일의 투병기간이 장기화 되거나 유고상황이 발생하면 이는 김정일 중심의 수령제적 사회주의 체제는 종

식될 수 있을지 모르나, 북한이라는 나라가 곧바로 붕괴되거나 해체
된다고 믿는 것은 이성적 분석이 아닌 것이다.

사실 몇 가지 측면에서 북한은 붕괴의 충분조건을 갖추고 있지 않
다. 첫째, 북한은 구 소련, 유고슬라비아, 체코슬로바키아 등과 같이
복합적이고 이질적인 문화요인이 강제적으로 하나로 합병되어 단일
통합국가를 이루고 있는 나라가 아니다. 소위 사회구조 내부에 국가
를 붕괴시킬 수 있는 종교적 갈등이나 인종적 갈등의 이질적인 문화
요소가 잠재되어 있지 않다. 북한은 동유럽이나 구 소련과 같이 다
인종, 다종교의 정체성을 갖고 있는 이질적인 집단들이 강제로 합치
된 나라도 아닐 뿐더러, 종교적 자유도 허락되지 않고 있다. 이미 해
방과 더불어 한국전쟁을 전후해서 김일성은 공산당 이외의 정신세
계에 대해서는 대대적인 탄압과 추방을 단행했다. 그 결과 한국에서
기독교의 본산이나 다름없었던 평양의 기독교 종파들은 김일성의
대대적인 종교탄압을 피해 모두 월남越南하였다. 북한에는 더 이상
수령의 유일 영도체제에 도전할 수 있는 잠재적 도전사상이나 세력
이 존재하지 않는다.

둘째, 북한은 구 소련이나 해체된 다른 동구 사회주의 국가들처럼
다인종으로 구성된 나라가 아니라, 단일 민족으로서 고유한 말과 문
화를 갖고 있는 결집력이 강한 유교 공동체 사회이다. 구 소련의 사
회주의 진영에 편속 되었던 국가들 가운데 정치체제에 있어서 공산
주의 이데올로기를 그대로 유지하면서 아직까지 붕괴되지 않은 세
나라가 아직도 동양에 있다. 북한, 중국, 베트남이다. 그런데 이들
세 나라는 정치적으로 공산주의 체제를 그대로 존속시키고 있는데,
다인종, 다민족, 다종교적 나라가 아니라는 공통점이 있다. 특히 중

국의 경우는 과거 구 소련과는 달리 인구 대국이지만, 동시에 한족漢族을 포함, 총 56개 소수민족으로 구성된 다민족 국가다. 그러나 중국의 민족구성을 보면, "한족이 전체의 약 91.59%를 차지하면서 압도적 다수를 구성하고 있고, 기타 55개 소수민족이 중국 전체 인구의 8.41%를 차지하고 있다. 이런 민족 구성 때문에 민족문제의 심각성에 있어서 중국과 구 소련을 평면적으로 비교하는 것은 무리라고 할 수 있다. 다시 말해, 중국의 소수민족 문제가 구 소련의 소수민족 문제처럼 체제 붕괴 및 해체의 직접적인 원인을 제공할 만큼 급박하고도 심각한 문제라고 주장한 것은 약간 과장이라는 것이다. 전체 소련 연방 구성원들 중에서 거의 절반 이상이 소수민족으로 구성된 연방체제에서 소수민족의 동요는 곧장 연방 해체로 연결될 만큼 심각한 문제였지만, 전체 인구의 8.41%의 소수민족을 가지고 있는 중국에서 소수민족 문제가 곧바로 중국의 해체를 초래할 만큼 위협적 문제라고 과대평가할 필요는 없다."[13]

반면 러시아의 경우는 "1979년 기준으로 러시아 민족은 소련 총 인구 중 약 54%를 차지했으며" 나머지 소수민족은 거의 절반에 가까운 46%를 차지하고 있었다.[14] 북한의 경우는 거의 100% 단일한 민족이라 할 수 있다.

셋째, 북한의 김정일 체제 붕괴가 곧바로 북한 붕괴로 이어지려면 체제에 저항할 수 있는 체제 반동 세력들이 있어야 한다. 그리고 김정일 체제를 대체할 수 있는 반동의 질서가 형성되어야 한다. 최소한 반동질서 세력이 북한 내에 50%는 형성되어야 하는데 현재는 1, 2%도 존재하지 않고 있는 것이 현실이다. 북한은 집회결사의 자유, 언론의 자유, 종교의 자유가 없기 때문에 반정부 세력의 결집 기반 자체가 제로 상태인 것이나 다름없다.

넷째, 김정일 체제 붕괴가 곧 북한 붕괴로 이어지려면 김정일 수령 체제에 대항할 수 있는 반동질서의 리더가 존재해야 한다. 소위 반체제 인사가 존재해야 한다. 그러나 북한에는 김정일 체제에 반대할 수 있는 세력을 조직하고 투쟁을 선동할 수 있는 도덕적인 지도자가 존재하지 않는다. 지금의 북한은 반체제 인사가 존재할 수 없는 구조이다. 오히려 북한은 반체제 인사를 색출하기 위해서 노동당, 정치보위부, 군을 총동원, 일반 주민들을 철저히 감시하고 있다. 즉, 전국 규모의 반체제 세력을 조직해서 김정일 체제에 맞설 수 있는 폴란드의 바웬사와 솔리데러티 같은 인물도, 노조도 북한에는 없다.

다섯째, 김정일 체제 붕괴가 곧 북한 붕괴로 이어질 수 없는 것은 김정일 체제를 대체할 만한 새로운 대안 체제가 준비되어 있지 않기 때문이다. 소위 공산당 체제가 붕괴되면 이를 대신할 만한 새로운 대체 체제가 마련되어 있어야 하는데 북한에는 그런 체제가 전혀 준비되어 있지 않다. 예를 들어 1989년에 중국 천안문 광장에 민주화를 요구하는 젊은 학생들이 수없이 많이 몰려들었다. 중국의 민주화를 요구했던 시민과 학생들 가운데는 미국 자유의 여신상 모조품을 들고 온 사람들도 있었다. 그러나 천안문 사태의 민주화 운동에 참여했던 인물들 중 민주화의 가치를 알고 공산주의 중국이 서구 민주주의 국가 수준으로 가야 한다는 수준 높은 인식을 가졌던 사람은 채 100명도 안 됐던 것이 사실이다. 기존 체제에 대한 새로운 대안체제가 준비되지 않은 상태에서 섣부른 저항과 반항은 곧 죽음임을 의미하는 것이기도 하다.

여섯째, 북한의 정권 붕괴가 일어날 수 없는 이유는 북한에서는 군사쿠데타가 불가능하기 때문이다. 지금 북한의 최고 통치자는 당 총비서이자 국방위원장이며 최고사령관이라고 할 수 있는 김정일이다. 군의 최고 사령관이 지배하고 있는 나라가 북한이다. 북한 군부 내에 쿠데타 세력이 잔존해 있었다면 김정일은 1994년 이래 지금까지 약 14년이란 통치기간을 버티지 못했을 것이다. 그렇다고 중국이나 러시아 등 주변 국가들이 북한 군부에 영향을 미칠 수 있는 상황도 아니다. 그래서 주변 국가들의 지원을 받는 파벌 군이나 게릴라 군도 북한에는 존재하지 않는다.

북한 군대 조직은 노동당 당원과 직위 중복이 많아서 군과 당 간에 상호감시를 받는 상태에 놓여 있다. 때문에 쿠데타 모의나 대규모 부대 이동이 쉽지 않으며 집단행동을 할 때 일사불란하게 움직이기도 쉽지 않다. 쿠데타 모의에 대한 보안을 유지하기도 불가능하다. 그리고 북한군 내부에서도 부대별 수준의 차이가 매우 크다. "북한군은 1990년대 후반 경제난으로 호위 사령부, 국경경비대, 평양방어사령부 등은 '간부군'으로, 인민무력부 군사건설국이나 인민보안성의 인민경비대 등은 '서민군'으로 구별되는 양상이다."[15] 결국 김정일을 호위하고 있는 충성부대와 일반 군부대 간의 군장비나 화력의 차이는 매우 크다. 그래서 쿠데타 주도군이 일반 군부대를 이끌고 나와서 쿠데타를 일으켜 봐야 결국 김정일의 친위군대와의 교전에서 패배할 수밖에 없다. 그리고 "절대 권력자인 김정일이 생존해 있는 현재의 상황에서 어떤 형태의 권력투쟁이나 군사쿠데타의 발발을 상상하기는 어렵다. 1948년 북한 정권 수립 이후 권력투쟁은 1958년 8월에 표면화된 종파투쟁 이외에 거의 없었으며 군사 쿠데타 역시 1952년 11월 사전에 적발된 남노당파의 김일성 정권 전복음

모 계획 이외에 이렇다 할 것이 아직까지 없는 실정이다."[16]

특히 북한에서 쿠데타를 일으켜 봐야 성공할 수 없는 가장 큰 이유 중의 하나는 "지형적으로 쿠데타군의 평양 점령과 유지의 어려움이 존재한다는 점이다. 평양의 중심부인 중구역과 모란봉 구역은 사실상 대동강에 의해 둘러싸인 호리병 형태를 띠고 있다. 따라서 쿠데타군의 전차등 대규모 병력이 평양으로 진입할 수 있는 곳은 칠성문 승리거리 뿐이다. 이 길목에는 호위사령부가 버티고 있으며 평양사령부의 무력이 지키고 있다. 이 길목 이외 평양 중심부 진입이 가능한 통로는 평양 남쪽 방향에 위치해 있는 대동강의 다섯 개 다리를 통과해야 하는데 이 경우 소규모 특전부대를 제외하고 대규모 병력이 진입하기는 매우 어려울 것으로 예상된다. 따라서 평양의 지형적 특성은 진압군측의 방어에 매우 유리할 뿐 아니라 설사 쿠데타가 성공할 지라도 평양 포위작전을 구사할 경우 쉽게 진압할 수 있다."[17]

김정일 체제는 선군정치의 10년으로 공고화된 체제이다. 세계에서 반정이나 쿠데타를 시도하여 성공할 수 있는 확률이 가장 낮고 실패할 확률이 가장 높은 지구상의 두 나라가 있다면 아마 미국과 북한일 것이다. 미국과 북한은 체제상으로 가장 민주화된 나라라는 점과 가장 독재화된 나라라는 점에서 양극단의 위치에 놓인 나라다. 하지만 이 두 나라의 체제는 모두 군부의 쿠데타를 허용하지 않는다는 점에서 극단은 서로 통한 측면이 있어 보인다. 지금까지 공산국가에서 쿠데타가 일어나서 성공했다는 기록은 거의 없었다. 공산주의 독재국가는 정보 국가이기 때문에 근본적으로 자유주의적 군부 권위주의 국가에서 발생하는 유형의 쿠데타를 도모하는 것 자체가 쉽지 않다.

　일곱째, 북한이 붕괴할 것으로 보는 사람들은 식량위기가 붕괴의 원인으로 작용한다고 보고 있다. 그러나 전 세계적으로 식량위기 때문에 나라가 붕괴된 경우는 거의 없다. 동구 사회주의 국가에서부터 아프리카 국가들까지 식량위기를 겪고 있는 나라는 무수히 많다. 그러나 이런 나라들이 붕괴하여 지구상에서 국가명이 사라지는 경우는 거의 없다. 소말리아나 아이티, 수단에 이르기 까지 지구촌의 식량난을 겪고 있는 나라는 많다. 북한도 마찬가지이다. 그러나 북한의 경우도 식량난이 국가붕괴의 원인으로는 작용하지 못할 것이다. 굶주림으로 움직일 힘조차도 없는 주민들이 무기로 무장한 국가를 상대로 저항을 한다는 것은 곧 자살행위나 다름없다. 필리핀이나 남미의 경우에서처럼 게릴라 반군 활동이 활발하게 이루어지려면 최소한 장기적인 반군 활동을 할 수 있을 정도의 충분한 식량과 석유 비축이 되어 있는 나라들에서만이 가능한 것이다.

　여덟째, 김정일 체제의 붕괴와 더불어 북한이 붕괴하려면 남북한 간의 전쟁이 발발해야 한다. 그것도 북한이 남한을 침략하는 새로운 전쟁이 개시되어야 한다. 그러나 김정일이 전쟁을 일으킬 가능성은 99.9% 정도도 안 된다. 그 이유는 북한이 전쟁을 일으켜서 남한에 이길 가능성은 거의 0.1%도 되지 않기 때문이다. 특히 주한미군이 주둔하고 있는 상황에서 북한이 한미연합군을 상대로 전쟁을 개시한다는 것은 자폭행위나 다름없다. 뒤의 장에서 언급했었던 미국 국방부의 발표, 즉 남북한간 전쟁시 북한이 승리할 수도 있다는 시뮬레이션의 결론은 미국방부가 주한미군 주둔을 장기화시키고 미국 국방비 증강을 위해 기획된 의도로 분석된다. 냉전의 붕괴로 북한은 과거 구 소련과 중국으로부터 얻었던 튼실한 군사적 동맹관계도 맺고 있지 않다.

냉전의 붕괴로 북한은 이미 구 소련과 중국이 씌워주었던 방위력의 '우산'을 잃었다. 반면에 한국은 여전히 강고한 미국의 핵과 방위력의 보호를 받고 있다. 또한 러시아와 중국은 한국의 군사정세와 군사정보조차 북한에게 제공하지 않고 있다. 이렇게 되면 "북한은 자력으로 남한 군부의 동향에 대한 정찰행동에 나설 수 밖에 없다."[18] 과거 김영삼 정권 시절 북한이 잠수함을 남파시켰던 것도 남측을 파괴하기 위한 것보다는 일종의 남한 정세를 탐정하기 위한 것이었다. 당시 주한미군은 북한의 잠수함이 남쪽을 향해 내려 올 때 이미 이 잠수함의 동향을 용산 미 8군에서 훤히 포착하여 추적한 결과 북한의 잠수함이 남쪽으로 내려온 것은 기존에 그들이 파견해 놓은 남파 특수요원들의 활동이 끝난 시점에 그들을 귀대시키기 위한 목적이었음을 알고 있었다. 당시에 미 해군은 사전에 북한 잠수함의 행동을 포착하여 뒤쫓고 있었다고 한다. 사실 "북한의 잠수함이 본격적인 군사공격에 나서면 미 해군의 탐색, 공격 능력에서 볼 때, 북한의 잠수함과 함정, 병기의 이동은 모두 미국의 정찰위성과 해군의 탐색 병기로 포착되어 북한군의 움직임이 전부 파악된다"고 한다.[19]

이렇듯 오늘날 북한의 재래식 병기와 한국 병기간의 성능 차이는 아날로그 병기와 디지털 병기의 차이만큼이나 그 차이가 크다. 성능 면에서 북한의 구식 철제무기는 한국의 컴퓨터 칩을 탑재한 최신예 무기와는 비교가 되지 않는다. 이는 이동식 핸드폰과 수동식 전화기의 차이이며 메가바이트 컴퓨터와 타자기 수준의 차이에 비교된다. 핵을 사용하지 않는 한 북한의 재래식 군사력은 한국의 그것에 비교할 수가 없는 상황이다. 이런 엄청난 군사력의 차이에도 불구하고 북한이 남침을 하거나 전쟁을 한다면 이는 곧 북한정권의 붕괴를 의미하는 것이나 다름없다.

이상 살펴 본 바와 같이 김정일의 뇌졸중이 장기화되거나 유고상황이 발생할 경우에 김정일의 수령체제의 붕괴가 곧 북한이라는 나라의 붕괴로는 직결되지는 않음을 확인할 수 있다. "북한이 비록 경제적으로 어려움에 처해 있다고 하더라도 정치적으로는 매우 단합되어 있어서 붕괴의 위험은 없다"고 보여진다.[20] 최소한 체제의 붕괴가 북한이라는 나라의 붕괴로 이어지려면 그 붕괴조건이 충족되어야 한다. 그러나 북한의 경우는 붕괴의 조건을 갖추고 있지 않다.

김정일 이후(혹은 사후) 북한이 맞을 수 있는 시나리오는 점진적 체제 변화나. 김정일의 유고로 새로운 지도자가 들어서면, 이 지도자는 급작스럽게 과거 김정일 체제를 청산하지 않고 아주 점진적인 방식으로 과거체제로부터 자신이 추구해 나가고자 하는 미래 체제로의 전환을 시도해 나갈 것이다. 이는 마치 중국의 덩샤오핑이 과거 맑스 레닌주의와 마오이즘을 계속 존중해 나가면서 자신의 실용주의를 강조해 나갔던 것처럼, 북한의 새로운 지도부 역시 과거와의 급작스런 노선 단절은 하지 않을 것이다. 이런 점에서 김일성-김정일주의를 일정 정도 계승하고 발전시켜 나가는 가운데 새로운 개혁개방 노선을 취해 갈 것이다. 만일 급작스럽게 김일성-김정일주의를 배제하게 되면 지난 50년 동안 유일사상에 세뇌되어왔던 북한 주민들은 정신적 혼란을 일으키게 될 것이다. 북한 주민들로부터 일치된 지지를 얻어내기보다는 오히려 어버이 수령을 배신하는 배반자라고 비난받게 될 가능성이 더 큰 셈이다.

　김정일 유고시 새로운 지도자가 나온다 하더라도 이는 마찬가지다. 그 지도자가 북한의 군부와 주민 그리고 당으로부터 전격적인 지지를 이끌어 내려면 반드시 김일성-김정일 가계의 혈통을 이어 받거나, 아니면 정신적 유산이라도 승계를 받아야만이 당, 군, 주민들로부터 저항 없이 지지를 받아낼 수 있다. 현 김정일 체제에 대한 개혁과 변혁이 불가피하다는 판단으로 새로운 정치 리더십에 맞는 유형으로 급작스런 체제 변화를 시도한다면, 오히려 예상치 않은 정치적 반란을 초래할 가능성이 있으며, 주민들의 지지도 얻지 못할 것이다. 북한은 이미 김일성-김정일화되어 있는 나라이기 때문에 북한의 차기 권력계승자는 김씨 가문의 혈족이거나 아니면 혈통을 물려받은 사람이어야 북한 주민들의 동의를 쉽게 얻어낼 수 있다.

　지금과 같은 수령제 사회주의 체제가 북한의 경제난을 더는 해결하지 못할 뿐만 아니라 주변국들과의 외교관계도 원만하지 못하고 세계적인 변화도 따라 잡지 못한 측면이 있는 만큼, 김정일 이후의 지도자가 점진적인 체제개혁에 나설 가능성은 있다. 그러나 급격한 변화는 역풍이 두려워서라도 쉽지 않을 것이다.

　"현재 북한은 전 세계에서 가장 가난한 국가 중 하나다. 한국은행에서 발표한 자료에 따르면 1인당 국내총생산량GDP은 1,900달러로서 2007년도에 2.3%가 감소했고, 농업 분야도 9.4% 정도 감소했다. 세계식량프로그램에서는 북한의 식량 사정이 1990년대 말 이래 가장 고통스런 시기라고 경고했다. 북한은 GDP의 심각한 수준을 군사비로 지출하고 있으며, 현재 2천300만 전체 인구 가운데 약 5분의 1이 현역 아니면 예비군으로 활동하고 있다. 북한은 GDP의 약 25%를 군사비로 지출하고 있다."[21]

북한 경제가 이처럼 어려워진 이유는 실용주의 노선에 기반한 개혁개방 정책을 미루고 과중한 국가예산을 군사비로 지출할 수밖에 없는 선군정치 구조 때문이다. 이 점에서 북한은 군을 살리는 선군정치보다는 경제를 살리는 선경정치先經政治를 우선시해야 한다. 그리고 더 이상 개혁개방을 사대事大로 오해하여 주체만을 고집할 것이 아니라, 명분보다는 실용과 실리를 추구하는 중국과 베트남식 개혁개방 정책을 지향해 나가는 체제 변혁을 일으켜야 한다. 이렇게 하려면 핵을 포기하고 미국이 주도한 세계자본주의 체제에 편승하는 체제 전환이 불가피하다. 핵을 포기하지 않고 미국 주도의 세계자본주의 체제에 편입되지도 않으면서 자신들의 일방적인 체제 변화만을 시도할 경우, 이는 경제발전도 일으키지 못하고 외교적 고립으로부터도 탈피하지 못하며, 국제사회에서의 활발한 활동도 보장받지 못하게 된다.

만일 김정일 이후의 새로운 지도자가 점진적인 체제 변혁을 추구하여 경제를 살려내지 못하면 그는 권력유지에 실패할 것이다. 그 이유는 짐작하기 어렵지 않다. 첫째, 50년 동안 김일성-김정일 유일영도사상에 의해서만 지도되어 왔던 북한 주민들은 김정일 이후의 어떤 지도자도 김일성이나 김정일에 버금갈 만큼의 정치적 정통성을 갖고 있는 인물로 인정하지 않을 것이기 때문이다. 김정일 이후의 새로운 지도자는 김씨 부자만큼의 정치적 정통성을 확보하지 못하고 있기 때문에 북한 주민들로부터 체제에 대한 충성과 동의를 얻어내기도 그 만큼 어려울 것이다.

둘째, 김정일 이후의 새로운 지도자는 자신의 미약한 정치적 정통성을 만회하기 위해서라도 북한이 안고 있는 가장 절박한 문제인 배고픔으로부터의 고통을 종식시키는 경제적 리더십을 보여줘야 한다. 소위 마오쩌둥 이후의 덩샤오핑과 같은 경제적 리더십을 보여줘야 한다. 그렇지 않으면 그의 정치권력은 단명할 수밖에 없다. 점진적인 체제 변화를 통해 경제에 새로운 활력을 불어 넣는 데 성공한다면 김정일 이후 지도자의 정치권력은 새로운 힘을 얻어 나가겠지만, 만일 이런 작업에 실패한다면 그의 정치적 생명력은 매우 짧을 것이다. 어떻게 보면 "통치자는 보통 국민에게 경제적 성과에 대한 막중한 책임을 지고 있으나, 김정일의 경우 김일성의 업적을 이용하고 미국의 봉쇄 책임론을 활용하여 상대적으로 경제 위기에 대한 책임에서 면제될 수 있었다. 그러나 김일성의 후광이 이제 한계에 달했고, 지난 수년 간 일련의 개혁개방 조치를 통해 주민들의 기대 수준이 높아졌기 때문에 차기 권력자는 경제적 성과에 대한 책임을 질 수밖에 없다. 만약 김정일 이후 등장한 새로운 권력이 주민이 요구하는 경제적 성과를 이루지 못했을 때 통치 기반이 급격히 약화될 가능성을 배제할 수 없다."[22]

다른 한편으로 김정일 이후의 새로운 지도자가 아무런 체제변화를 시도하지 않고 기존의 김일성-김정일 체제를 고수하는 데만 집착한다면, 이는 권력의 내부 역학관계에 의해 일정 기간 동안은 자신의 체제유지를 해 나가는 데 성공할 수 있을지 모르나, 장기적인 권력 유지는 쉽지 않을 것이다. 북한의 경제상황이 악화되고, 외교적 고립이 더욱 심화되면 국제사회로부터의 견제와 압력이 높아지면서 김씨 부자보다도 정치적 정통성이 상대적으로 취약한 새로운 지도자는 자신의 정치적 약점을 메울 수 있는 정치경제적 업적을 이뤄내야 하는데, 실패한 현 체제만을 고수하는 식으로 그가 얻을 수 있는 업적이란 많지 않다. 그럴 경우 그는 결국 미약한 정치기반을 극복하지도 못하고, 권력을 지켜내지도 못하여 결국 권좌에 오래 머무를 수 없게 될 것이다.

결론적으로 말해, 김정일 이후의 새로운 지도자가 생존할 수 있는 길은 핵과 수령제 사회주의 체제를 포기하고 중국, 베트남과 같은 개혁개방의 노선을 신지도체제로 수용하여 세계자본주의 체제에 편승하는 것이다. 그리고 미국, 중국, 일본, 러시아 등이 보장하는 가운데 한국과 평화조약을 체결하는 것이다. 그 대신 핵을 포기한 대가로 북한은 현재 6자회담에 참여하고 있는 국가들로부터 포괄적인 경제지원을 받고, 더 나아가 세계은행WB과 아시아개발은행ADB으로부터 포괄적이고 다자주의적인 원조를 받아내는 것이다. 이것만이 김정일 이후 새로운 지도자가 북한을 구할 수 있는 길이다.

정치적으로 민주주의, 경제적으로 자본주의를 두 축으로 굴러가는 세계화 시대에 북한은 지금 고립된 섬이다. 이 고립에서 탈피하는 데 성공하려면 적어도 김정일 이후의 북한은 세계 자본주의 체제에 편속될 것을 두려워하지 말아야 한다. 중국과 베트남처럼 최소한 경제만큼이라도 개혁개방의 노선을 추구해 나가는 신사고를 지향해야 한다. 그렇지 않고 계속해서 외로운 '주체'와 '자주'의 길만을 걷는다면 고립은 더욱 심화될 것이다. 더군다나 지금과 같은 지정학적인 구조변동기일수록, 북한은 국가 간 상호의존 관계를 넓혀나가야 할 필요가 있다. 그렇지 않으면 북한은 세계 중심국으로부터 멀어지는 주변부 종속국가로 전락할지도 모른다. 김정일 이후의 새로운 지도자는 가난과 기아로 향하는 고난의 행군에 마침표를 찍기 위해서라도 더욱 더 폭넓은 개혁개방으로 북한을 이끌고 나가야 한다.

7

김정일과 **미국**

배짱외교의 겉과 속 | '악의 축'과 '폭군 중의 폭군' | 미국의 '선제공격'과 북한의 '선군 정치' | 미국의 '김정일전략연구소' | 미국 타도와 타협 사이에 선 김정일 | 조명록이 군복을 입고 백악관에 간 까닭은 | 북미관계 정상화와 북핵 카드

배짱외교의 겉과 속

김정일은 미국을 어떻게 생각하고 있을까. 미국을 좋게 생각하고 있을까 그렇지 않으면, 미국을 나쁘게 생각하고 있을까. 김정일은 왜 핵과 미사일을 가지고 미국과 협상을 하려는 것일까. 김정일이 미국과 관계정상화를 원한다면 미국으로부터 무엇을 얻어내기 위한 것일까. 김정일은 과연 미국을 두려워 할까. 이처럼 김정일이 미국을 어떻게 바라보고 있는지에 대한 의문은 일종의 퍼즐이자 미스터리다. 김정일이 갖고 있는 미국에 대한 생각을 일종의 '블랙박스'라고 했을 때, 이 블랙박스의 암호를 해독하는 것이야 말로 전쟁과 평화의 기로에 선 한반도의 운명을 가늠하는 길이기도 하다.

이것 하나만큼은 확실히 답변할 수 있다. 김정일은 미국을 매우 두려워한다는 점이다. 그러나 겉으로는 미국을 전혀 두려워하지 않은 것처럼 '통 큰 행보'와 '배짱'을 드러내 보이고 있다. 왜 그럴까.

물론 미국의 관심을 끌기 위해서다. 북한은 미국의 관심을 끌어내지 못하면 자신들이 침몰한다고 믿고 있다. 심지어 과거에 혈맹관계에 있었던 중국으로부터도 관심의 대상이 되지 못할 것이라는 불안감을 갖고 있다. 한국, 일본으로부터 더 많은 관심을 끌어내기 위해서도 반드시 미국의 관심과 호기심을 끌어내는 데 성공해야 한다고 믿고 있다.

북한은 미국이 큰 줄기라고 보고 있다. 미국이란 큰 줄기를 끌어당기면 나머지 작은 줄기들은 저절로 따라 온다고 보고 있다. 북한은 자신들이 미국의 관심을 끌어내면 이는 곧 세계의 관심을 북한으로 집중시키는 것이나 다름없고, 그렇게 되면 세계인들을 상대로 자신들이 의도한 대외정책을 펼쳐 나가면서 체제유지에 성공한 국가로 발전해 나갈 수 있을 것으로 믿고 있다. 그래서 북한에게 있어서 미국은 이제 세계체제로 진입하는 커다란 '관문'인 것이다. 이 관문을 열면 북한은 미국 중심의 세계자본주의체제에 편승할 수 있고, 관문을 열지 못하면 다시 세계중심체제로부터 멀어진 '외톨이 국가'로 전락한다는 불안감을 갖고 있다. 그리고 그 고립의 정도는 과거 냉전시대보다 더욱 심할 것으로 보고 있다.

냉전시대 때 북한의 미국 관심 끌기 전략은 미국으로부터 군사적 위협을 유도해 내는 데 목적을 두었다. 그래야만이 '미제국주의자'들의 군사적 위협감을 증폭시켜 내부체제의 결속을 강화시키는 데 활용하고, 더 나아가 이데올로기적으로 같은 진영에 있었던 구 소련과 중국으로부터 더 많은 관심을 유도해 낼 수 있었기 때문이었다. 그러나 탈냉전 이후 북한의 미국 관심 끌기 전략은 미국을 협상과 대화의 장으로 끌어내는 데 목적을 두고 있다. 이념에 기초한 미·

소 양극시대가 붕괴된 이후, 러시아와 중국은 북한이 미국으로부터 군사적 위협을 유도해내는 것은 더 이상 러·중 양국이 자국의 국가 이익에 유익하지 못하다는 계산이며, 오히려 북한이 미국과 대결국면을 조장하여 지역안보 환경을 긴장국면으로 몰아가면 이는 결국 러·중 양국의 경제발전에 악영향만 끼친다고 보고 있다. 이에 따라 북한의 미국 관심 끌기 전략도 대립적인 방식에서 대화적인 방식으로 전환하도록 요구받고 있다. 이런 점에서 북한의 대미전략은 과거에는 대결과 공격일변도 전략이었으나 최근에는 대화와 방어 전략으로 바뀌어 나가고 있다.

미국과의 관계에서 북한이 자신들의 체제유지를 위해 전략적으로 선택하고 있는 방법은 두 가지이다. 하나는 체제폐쇄와 고립이며, 다른 하나는 극히 제한적인 관계개선과 개방이다. 북한은 냉전의 양극시대에는 체제유지를 위한 전략적 방법으로 전자를 선택해 왔다. 그러나 냉전 이후 탈냉전과 반테러전을 맞아서는 후자 쪽으로 기울어지고 있다. 하지만 북한은 미국과의 관계를 통한 자신들의 체제유지의 방법으로 폐쇄와 고립 그리고 제한적인 개혁개방 정책을 혼용하는 전략과 정책을 쓰고 있다. 북한이 주장한 '모기장 이론'이 바로 그것이다. 북한의 체제를 위협할 수 있는 체제유해성 자본주의 이물질들은 철저히 막고 차단하면서, 체제보강성 자본주의 유익물질들만 수용하겠다는 전략인 것이다.

북한은 미국과의 관계개선을 위해서 자신들의 체제를 외부에 많이 오픈하면 할수록 이것이 체제붕괴의 요인이 될 수 있다고 믿고 있는 반면, 미국과 관계를 단절하여 자신들의 체제를 폐쇄하면 할수록 미국의 군사적인 위협과 외부적 압력으로 고립이 더욱 커져서 이

것 또한 체제붕괴의 씨앗이 될 수 있다고 믿고 있다. 북한이 대미관계에서 가장 갈등하고 있는 것은 어느 정도로 자신들의 체제 개혁과 개방을 해야만이 미국의 관심을 끌면서 미국으로부터 압력과 위협을 줄이는 동시에, 자신들의 체제유지를 더욱 강화시켜 나갈 수 있는 마지노선인가 하는 점이다. 북한이 대미정책의 기조를 긴장과 대결을 통한 대화정책으로 나아가는 수순을 밟고 있는 것도 미국의 관심을 끌어 들인 후, 미국을 자신들이 원하는 협상 테이블에 앉혀 놓고 자신들의 체제유지에 유리한 구도로 미국을 활용하겠다는 국가전략인 것이다.

북한이 핵 실험과 미사일 시험발사를 한 것도 세계의 안전을 책임지고 있다고 자부하는 미국이라는 세계경찰국가에게 약간의 불량국가 혹은 깡패국가의 행위로 관심을 끌기 위한 '의도적인 불량배 전략'이다. 그렇게 하지 않으면 자원이 없는 독재국가에게 미국이 관심을 줄 이유가 없다고 보고 있는 것이다. 대결 지향적인 북한의 대미전략은 매우 배짱 있고 통 큰 행보처럼 보이지만 실제로는 미국의 군사적 위협감에 그들이 얼마나 시달려 왔는지를 반증한다. 사실상 김정일은 미국에 대한 전쟁공포증과 피해 강박이 있다. 이를 미국과 서방 세계는 과소평가하고 있다. 특히 미국은 북한과 전쟁할 의사가 없다고 여러 차례 공개적으로 천명했음에도 불구하고, 김정일이 왜 미국에 대해 전쟁공포증을 갖게 되었는지 잘 이해하지 못한다. 김정일이 미국에 대해 전쟁공포증을 가질 수밖에 없었던 정황과 핵무기 개발에 나섰던 궁극적인 배경 및 목적을 살펴보면 그 이유를 찾을 수 있다.

'악의 축'과 '폭군 중의 폭군'

부시 미국 대통령은 김정일을 "피그미"라고 불렀다. 뿐만 아니라 워터게이트 사건을 파헤쳐 닉슨 대통령을 하야시켰던 〈워싱턴포스트〉의 부국장인 밥 우드워드 대기자와의 인터뷰에서 "난 김정일을 증오한다"고 소리치며 허공에다 손가락질까지 해댔다. 밥 우드워드 기자는 부시의 이런 행태로 보아 부시는 김정일 정권의 전복을 노리고 있다고 말했다.[1]

부시 미국 대통령은 북한을 '악의 축'으로 명명했다. 한마디로 부시에게 있어서 김정일이 이끄는 북한은 이란, 이라크와 함께 악의 한 축인 것이다. 부시는 악의 축에 대한 일련의 계획을 갖고 있었다. 선제공격이란 카드를 내세워 군사적 폭격으로 자신이 '악의 축'이라 불렀던 나라들을 모두 붕괴시켜 지구상에서 소멸시키는 것이었다. 부시의 악의 축에 대한 일련의 계획은 1번 후세인, 2번 북한, 3번 이란 순이었다.[2]

그럼 김정일은 자신을 악의 축으로 부른 부시 대통령을 무엇이라 불렀을까. 김정일은 결코 부시에 대해서 직접적인 인신공격을 하지 않았다. 대신, 북한을 대표하는 관영매체인 〈조선 중앙통신〉에서 부시 대통령을 "정치적 저능아" "인간쓰레기"라고 비난했다.[3] 그리고 북한 외무성 대변인은 부시대통령을 "히틀러를 무색케 하는 폭군 중의 폭군"이라고 공격했다.

북한과 미국의 적대감정은 과거나 지금이나 다를 것 없이 이렇게 하늘 높은 줄 모르고 치솟고 있다. 김정일에게 미국은 이루 말할 수 없이 많은 원한이 맺혀 있는 '분노와 통곡의 적국'이자, 언제든지 핵무기로 자신들을 공격하여 핵의 불구덩이에 몰아넣을 수 있는 무시무시한 위협국가이다. 북한의 군부는 시간이 있을 때마다 "남한에 미군만 주둔하지 않았어도 한반도에 통일국가를 수립할 수 있었는데"라고 말한다. 그리고 연이어 "미 제국주의자들의 침탈만 없었으면 6.25 전쟁으로 남한을 통일시킬 수 있었는데"라고 말한다. 김정일은 오늘의 한반도 분단 상태가 미국 때문에 지속되고 있는 것으로 보고 있다. 그리고 한국전쟁 때 미국으로부터 핵공격을 받는 위기를 맞을 뻔했던 것도 기억하고 있다. 한마디로, 김정일에게 있어서 미국은 절대적인 '악의 존재'였다고 해도 과언이 아니다.

바로 이 미국의 위협 때문에 북한은 항상 전시체제로 국가를 운영한다. 군과 주민의 구분이 따로 없다. 인민복이 곧 군복이며 노동가요가 곧 군가인 나라가 북한인 것이다. 모든 농토와 국토가 군사적인 요새지역이며, 전 주민이 군인이며, 전 주민이 군인의 정신으로 무장화 되어 있는 병영국가가 바로 북한이다. 북한 전 지역이 얼마나 군기지로 요새화되어 있는가는 11,000개에 달하는 땅굴이 증명해 준다. 김정일은 이 땅굴에 북한의 주민이 대피하여 침략군과 게릴라전을 펼친다고 했을 때, 아무리 과학적인 전술 무기를 갖춘 나라라 하더라도 북한과 전쟁을 치루기는 쉽지 않을 것이라는 자부심을 갖고 있다. 그러나 미국은 이미 땅굴과의 전쟁에 필요한 신무기를 개발해 놓고 있다. 북한의 땅굴을 관통할 수 있는 소형 전술 핵무기를 확보해 놓고 있는 것이다. 그러나 그렇다고는 해도 미국의 입장에서 볼 때 문제는 여전히 남아 있다. 북한에 핵무기를 숨길 수 있는 11,000개의 땅굴이 있고, 만일 북한이 11,000개의 땅굴 가운데 어느 한 군데에 핵폭탄을 숨겨 놓았다고 가정했을 때, 미국이 11,000개

에 달하는 핵폭탄을 투하하지 않고는 북한의 모든 핵무기를 다 파괴할 수는 없기 때문이다.[4]

이처럼 북한은 이미 한국전쟁을 통해서 미국으로부터 군사적 공격을 받아 평양이 잿더미로 초토화된 경험이 있고, 미군에 밀려 마지막 순간까지 내몰렸던 적이 있어서 미군의 존재가 얼마나 자신들의 체제 유지에 위협적인가 잘 알고 있다. 심지어 북한의 두 지도자인 김일성과 김정일은 모두 미국의 군사적인 공격으로부터 생명을 건지기 위해 '대를 이어 도피' 했던 경험을 갖고 있다.

김일성은 1950년 10월 11일 미군의 파상적인 진격작전에 밀려 후퇴하면서 "조국의 촌토를 피로써 사수하자"는 방송 연설을 남기고 비밀리에 탈출한 적이 있다. 그야말로 아무도 모르게 평양을 빠져나가 평남 덕천 방향으로 철수한 것이다. 이어서 김일성을 비롯한 최고 지도부는 10월 16일 옥천으로 탈출했다.[5]

김정일 역시 2003년 3월 20일에 부시 미국 대통령이 악의 축의 하나인 이라크 지도부를 타겟으로 삼아 바그다드 일원에 폭탄을 투하하기 시작한 직후, 약 40여 일 동안 대외적인 노출을 삼간 채 잠적한 적이 있었다. 당시 김정일이 숨었던 곳은 중국과 북한의 국경지대인 백두산 근처의 삼지연 지역이었던 것으로 추정된다. 북·중 접경선 근처는 북한이 자국의 핵 시설들을 많이 건설해 두고 있는 곳이기도 하다. 미국이 북한 핵 시설들을 폭격하는 것을 막기 위해서 북측은 중국과 가까운 국경선 지역에 핵 시설들을 배치해 놓고 있다. 중국의 간접적인 엄호를 통해 미국의 군사공격으로부터 자국의 핵 시설들을 보호하겠다는 북한의 방어 전략인 셈이다. 이라크전을 전후하여 김정일의 벙커가 금강산의 화강암 바위토굴에서 핵 시설들이 많은 북·중 경계지역으로 옮겨졌다는 정보가 미국측으로부터 흘러나오는데 2001년 미국이 아프가니스탄 탈레반 정권을 공격하면서 사용했던 엄청난 파괴력을 가진 최신예 정밀 무기 때문인 것으로 보인다. 그 무기는 바로 벙커버스터이다. 우리말로 해석하면 '관통형폭탄'이다.[6] 미국의 벙커버스터 개발로 모든 산이 화강암 바위덩어리에 둘러싸여 있는 금강산 지하벙커도 더 이상 안전한 방공호가 되지 못한 것으로 김정일은 판단하여 자신의 피난처를 금강산에서 중국에 가까운 백두산 삼지연으로 옮긴 것으로 보인다.

현재 미국은 1991년 걸프전쟁 때 지하 30m에서 전쟁을 지휘하는 이라크군을 공격하기 위해 처음 설계되었던 벙커버스터를 계속 개량해 오고 있는데, 2008년에 개발한 벙커버스터 폭탄은 1000파운드(453kg)급으로 소형이지만 5000파운드급 'GBU-28' 폭탄에 맞먹는 폭발력을 갖고 있다고 한다. 2008년 1월에 실시된 폭발 에너지 테스트에서 이 신형 '이중탄두시스템Tandem Warhead system'은 길이 609cm, 무게 3t인 철근콘크리트를 무용지물로 만들었다.[7] 또 미국은 최근에는 3만 파운드(13t)급인 벙커버스터 개발을 완료했으며 B-52 폭격기를 이용해 실전 테스트를 할 예정이라고 한다. 이렇게 괴력을 가진 폭탄은 일반 토양의 경우 지하 60m까지 뚫고 들어 갈 수 있으며, 약 7m의 철근강화콘크리트도 뚫어버릴 수 있다고 한다. 이처럼 신형 벙커버스터의 개발로 11,000개의 땅굴을 파 놓고 있는 김정일이 만일 미국과 전쟁을 펼친다면, 얼마나 효과적인 게릴라전을 펼칠 수 있을 것인지 의문이 든다. 이쯤 되면 김정일이 왜 금강산 바위 토굴 밑에 있었던 자신의 벙커를 중국과 국경선을 맞대고 있는 산악지대로 옮겼을까 하는 점에 대한 의문도 어느 정도 풀릴 것 같다.

"미국이 이라크에 폭탄을 떨어뜨리면서 공격해 들어갈 즈음에 베이징에서 평양, 그리고 평양에서 삼지연으로 가는 화물 비행기 몇 대가 목격된 적이 있었다고 한다. 김정일이 삼지연에 은거해 있는 동안 몇몇 중국 인민해방군 간부나 중국공산당 중앙위원회 고위 간부들을 만났을 가능성이 있었다는 것이다"[8] 백두산은 중국 이름으로 장백산이라 불리울 만큼 중국과 영토분쟁의 씨앗이 되고 있는 국경지역이다. 그래서 이곳은 한국전쟁 때도 미군의 폭격을 피해 북한군의 지도부들이 은신한 적이 있었다. 백두산 국경지역은 미군이 중국령인지 북한령인지를 분간하기가 쉽지 않아 자칫 오폭으로 중국의 개입을 촉발시킬 수 있는 매우 민감한 지역이다.

지하 60m를 관통할 수 있는 미국의 벙커버스터로 북한 땅은 전국 어디든 상관없이 더 이상 김정일의 안전한 보호지대가 되지 못한다. 또한 미국이 북한의 상공위에 쏘아 올려놓은 위성은 지상에서 움직이는 30cm정도의 물체도 모두 식별할 수 있을 만큼 정밀도가 높기 때문에 북한에서 움직이는 김정일의 동정은 결코 미국의 감시망을 피할 수 없다. 그래서 북·중간의 국경선을 기준으로 김정일의 벙커가 실제로 북한쪽이 아닌 중국 쪽에 위치해 있을 가능성을 배제할 수 없는 상황이다."[9]

미국의 '선제공격'과 북한의 '선군정치'

김정일은 미국이 이라크를 공격할 때는 어딘가에 숨었다가 미국이 이라크 전에서 완전한 군사적 승리를 선언한 4월 9일 직후인 4월

15일, 김일성 생일인 태양절 기념 행사에서 다시 모습을 드러냈다. 그리고 북핵 협상 테이블에 나오지 않겠다던 기존의 완고한 태도를 갑자기 바꿔 미국과의 3자 회담에 참석할 준비가 되어 있다고 선언하여 모두를 깜짝 놀라게 했다. 당시 한국의 많은 일반 대중들은 김정일이 확실히 부시에 겁을 먹은 것 아니냐고 할 정도였다. 도대체 김정일이 위기에 몰렸을 때 중국이 김정일에게 무슨 말을 했기에 김정일이 저토록 화들짝 놀라 회담에 서둘러 복귀했을까.

당시 이라크 다음으로 북한이 미국의 선제공격 대상이라는 관측이 확산되고 있었다. 더욱이 김정일은 미국이 띄워놓은 인공위성에 자신의 존재가 포착되는 것을 극히 꺼려 은밀한 장소로 도피했다가 막판에 중국의 중재로 공개석상에 나오지 않을 수 없는 상황 때문이었을 것이다. 바로 이때 빌 클린턴 전 미국 대통령은 2003년 4월 3일 미국 플로리다 대학교에서 행한 연설에서 "부시 행정부가 북한 침공 가능성과 관련해 다국적 지원을 모색하고 있다"고 무력을 통한 해결 방식을 언급하며 비난했다. 당시 클린턴은 "부시 행정부가 위기 해결을 위해 너무 성급하게 군사력에게만 의존하고 있다"면서 "부시 행정부는 국내외에서 군사력을 최대화하고 이를 통해 자신들이 원하는 정권교체를 강요하고 있다"고 비난했다.[10] 이에 대해서 공화당의 존 킬 상원의원(애리조나주)은 "클린턴 전 대통령의 비난은 미국의 공격에 대해 피해망상증에 사로잡힌 김정일 북한 국방위원장으로 하여금 선제공격을 하도록 자극할 수 있다"고 말했다. 9.11 이후 유능한 탐사기자로 떠오른 세이머 허시에 따르면, 백악관의 전략회의에 참석하는 한 관리는 김정일에 대해, "그들은 그 자의 목을 쟁반 위에 올려놓고 싶어한다. 협상에 관련된 모든 이야기에 혼란스러워

할 필요가 없다. 앞으로도 협상은 있겠지만 미국은 확고한 계획을 가지고 있다. 미국은 이라크 다음에 그 자를 치러 갈 것이다. 그들 눈에 비친 김정일은 히틀러의 현대식 버전이다"[11] 라고 털어놓았다고 한다. 당시 미국의 분위기로는 외교적 접근보다는 무력을 통한 군사적 해결 방식이 더 적극적으로 검토되었던 것이다.

이런 위기의 상황에서 김정일이 아무리 자국의 영토라하더라도 공개적인 활동을 하기는 어려웠을 것이다. 그래서 그는 언제 들이닥칠지 모를 미군의 군사적 공격에 대비하여 몸을 숨겼던 것이다. 김정일은 한국전쟁을 치른 김일성으로부터 미군에 대한 이야기를 들으며 후계수업을 받아 왔다. 그 중에서도 김정일이 결코 잊을 수 없는 부분은 한국전쟁 때 미국으로부터 핵 공격을 받을 뻔했었다는 부분일 것이다.

미국은 한국전쟁 중에 핵무기 투하를 놓고 맥아더 장군과 트루먼 대통령 간에 갈등을 빚은 적이 있었다. 한국전쟁 중인 1951년 9월과 10월, 작전 시나리오에 따라 일본 주둔 미 공군기지의 통제를 받으며 오키나와를 떠난 B-25 폭격기들이 북한 상공으로 단독 비행해 핵 탄두를 제거한 원자폭탄dummy A-bombs들과 대단히 육중한 TNT 폭탄들을 떨어뜨렸다. 원폭투하 모의실험이었다. "무기의 조립, 시험, 운반, 목표물에 대한 지상통제" 및 이와 유사한 작업들을 포함, "원폭과 관련된 공격활동을 전개하는 데 있어 모든 실제적 기능"을 획득하는 것이 이 프로젝트의 목표였다고 한다.[12]

김일성과 김정일은 남한에 주둔해 있는 주한미군과 전술핵 때문에 전전긍긍해 왔다. 그들은 '미 제국주의'로부터 언제 있을지 모를 군사공격에 대비하는 전시체제를 유지하면서, 북한 주민들에게도 상시 위기감을 불어넣어 내부 단속을 해왔다. 미국과 한국에서 아무리 북한에 대하여 공격할 의사가 없다고 공언해도 약자인 북한의 입장에서는 항상 위협을 느껴왔기 때문에 미국과 한국의 말을 믿지 않을 것이다.

김정일이 지금 미국으로부터 느끼고 있는 위협의 정도는 과거 남북한의 경제력과 군사력이 비슷했던 시절에 느꼈던 그 위협의 정도와는 비교가 되지 않는다. 그때는 사회주의 진영 대 자본주의 진영으로 세계체제가 분리되어 있어서 북한은 중국, 소련과 함께 냉전의 삼각 군사동맹 체제를 맺고 있었다. 그리고 1960년대 초까지만 해도 북한의 경제력이 남한보다 앞섰던 시절이었다. 그러나 냉전이 해체된 지금 북한은 중국, 러시아와 특별한 군사동맹 관계를 맺고 있지 않다. 북한과 러시아는 1996년에 과거 냉전시절의 군사동맹 체제를 해체하고 2000년에 새로운 친선우호조약을 맺었다. 중국은 아직도 북한과 '우호 협조 및 상호 원조에 관한 조약'을 맺고 있는데 이것이 북한이 유일하게 맺고 있는 군사동맹의 성격의 조약이다. 그러나 유사시에 북한에 대하여 중국이 어느 정도의 군사적 지원을 해 줄 수 있을 것인지에 대해서는 의문이다.

지난 2006년 7월에 북한이 미사일 발사 시험을 하면서 불과 20분 전에 중국에 통보하자 북한의 미사일 발사 직후 중국 외교부 대변인은 "중국과 북한은 동맹국이 아니다"라고 분명히 말했던 것이다. 또 북한이 핵실험을 했던 2006년 10월에는 불과 몇 분 전에야 핵실험 계획에 대한 사실을 중국에 통보해 줬다. 이런 점으로 보아 중국과 북한은 이미 냉전시대의 동맹관계는 아니다. 중국은 북한이 전쟁을 개시할 경우 북한이 일으킨 전쟁에 뛰어드는 문제를 의무화하지 않

았다. 그리고 북한이 외부로부터 공격을 받을 때도 '자동개입한다'
는 주장을 하지 않고 "적절한 행동을 한다"라고만 표현하고 있다. 북
한이 전쟁을 개시할 경우 중국은 무조건 북한을 지원하지 않는다는
입장을 명확하게 밝힌 것으로 해석된다. 중국은 현재 북한과의 군사
동맹 관계를 의도적으로 강조하지는 않는다. 이것은 중국이 북한과
의 군사관계 보다는 한국, 미국, 일본 등과의 경제관계를 더 의식하
지 않을 수 밖에 없는 상황변화와 관련이 깊다.

오늘날 한 · 미 양국 국력과 군사력의 총합은 북한의 그것을 압도
한다. 핵과 미사일을 제외한 재래식 군사력을 비교하더라도 한 · 미
양국군 전력의 총합은 최강인 반면, 북한군의 전력은 최약의 상태에
놓여 있는 것이 현실이다. 그래서 북한이 미국이나 한국에 대하여
느끼는 위협감은 체제붕괴의 위기감 그 자체인지도 모른다.

미국의 '김정일전략연구소'

이쯤 되면 김정일이 왜 은둔해야만 하고, 북한은 왜 은둔의 왕국
이 되어야만 체제를 유지할 수 있는지 이해하게 된다. 북한의 지도
자는 때로는 촉수를 웅크린 말미잘처럼 바다 속 깊이 숨어들어가거
나 때로는 고슴도치처럼 가시 털을 세워야만 큰 동물(강대국)들의 위
협으로부터 자신의 몸을 보존할 수 있다고 믿는다. 김정일은 의도적
이든 그렇지 않든 미국의 군사 공격에 대한 공포와 심한 피해망상증
을 보인다. 미국에 대한 김정일의 불신은 미국이 김정일에 대해서
품고 있는 불신보다 훨씬 깊고 크다. 최강대국 미국을 적국으로 두

고 있는 약소국 통치자의 자연스런 피해의식인지도 모른다.

김정일은 민주당과 공화당 가운데서 어느 정당이 집권하든 미국은 오직 북한을 붕괴시키는 전략만 추구한다고 믿고 있다. 따라서 미국의 위협으로부터 체제 유지를 해나가는 중요한 전략은 미국으로 하여금 북한에 대한 정확한 판단을 할 수 없도록 정보를 교란하거나 잘못된 정보를 제공하여 미국이 북한 정세를 오판하고 헷갈리게 만드는 것이다. 그래서 김정일의 대미외교 정책은 항상 미국이 방향을 잘 잡든 그렇지 않든 간에 상관없이 미국이 서 있는 방향에서 북한을 해석하면 모든 해석이 옳은 것 같기도 하고 그렇지 않은 것 같기도 하게 만드는 일종의 '카오스(혼돈) 정책'을 취해야 한다는 것이다. 그래서 김정일은 미국에 관한한 어떤 대외정책을 취하더라도 항상 부인도 시인도 하지 않는NCND 정책적 태도를 취한다. 지금까지 김정일의 대미 정책은 어떻게 해서든 '미국이 북한을 정확히 판단할 수 없도록 만드는 것'에 중점을 두어왔다.

김정일은 미국에 대하여, 《손자병법》의 '지피지기知彼知己면 백전불태百戰不殆' 병법을 대미외교 전략의 최선책으로 활용해 왔다. 이 병법의 핵심원리는 철저한 위장술에 있다. 북한은 미국이 북한 내부 동향을 파악하는 데 이용될 수 있다고 판단한 나머지, TV방송 프로그램을 폐지하거나 전면 개편하기도 했다. 예를 들어, "북한의 중앙 방송은 기존의 방송논평 같은 프로그램을 생략하고, 하루 종일 '보천보전자악단'이나 '인민군국가공훈합창단' 등이 연주하는 노래만 내보내기도 했다. 그 이유는 미국으로 하여금 북한 방송을 모니터링하여 북한 내부 정세흐름을 파악하는 것을 막기 위해서라는 것이다."[13] 김정일은 북한 내부의 정보나 작은 정황조차도 유출하지 않기 위해서 기존에 내보냈던 방송논평을 생략하고 대신, 논평에서 전하고자 하는 내용과 유사한 가사가 담긴 대중곡을 선정하여 중앙방송을 통해 노랫말로 논평을 내보내도록 지시했던 것이다. 미국에 대한 김정일의 경계심이 얼마나 뿌리 깊은지를 단적으로 드러낸 사례이다.

더구나 김정일이 나오는 북한 텔레비전 화면에는 김정일의 몸동작만 나올 뿐 목소리는 들리지 않는다. 북한은 미국이 김정일 체제를 붕괴시키기 위해서 김정일을 본격적으로 연구하고 있다고 믿고 있다. 미국이 이라크의 사담 후세인의 음성을 연구하여 후세인 체제를 붕괴시키는 데 활용했듯이, 이제는 김정일 체제를 붕괴시키기 위해서 김정일 연구에 혈안이 되어 있다고 북한은 믿고 있다. 북한은, 미국이 워싱턴에다 '김정일전략연구소'를 설치했으며 바로 이곳에 퇴역장군들 약 370여 명 정도를 고용하여 김정일의 성격부터 건강상태 심지어 음성까지를 포함하여 김정일에 관한한 모든 것을 연구하고 있다"고 믿고 있다.

북한은, 이라크가 미국의 공격에 쉽게 무너지게 된 원인중의 하나는 미국의 과학기술이 발달해서 사담 후세인의 목소리를 조작하는 데 성공했기 때문으로 보고 있다. 미국은 이라크를 공격하기 바로 직전에 이라크 군부대를 향해 '모두 무장해제하고 집으로 돌아가라'는 복제된 사담 후세인의 목소리를 방송하여 이라크 군인들이 진짜로 사담 후세인이 그렇게 지시를 내린 줄 착각하게 했다는 것이다. 이 때문에 후세인 체제가 순식간에 무너졌다고 북한은 믿고 있다. 김정일은 미국이 북한과의 전쟁을 시작하면 이와 똑같은 방식을 북한군에게도 사용할 가능성이 많다고 보고 있다. 원래 "이라크는 미국과 전쟁을 준비할 때만 해도 약 260대의 전투기와 350대의 탱크를 가지고 있었는데, 후세인의 음성을 모방한 미국의 소리에 속아 이라크 군대는 총 한 방 쏴 보지 못하고 항복하고 말았다"는 것이다.[14]

바로 이 점 때문에 북한은 라디오나 텔레비전을 통해 김정일의 동정을 내보내더라도 절대로 김정일의 목소리는 방송에 내보내지 않는 것을 철칙으로 삼고 있다. 이것은 김정일 체제유지를 위한 중요한 전략인 셈이다. 앞에서도 언급했지만 지금까지 김정일의 육성은 6.15 남북정상회담 이전까지는 지구상에 공개된 것이 단 한 건 밖에 없었다고 한다. 1992년 조선인민군 창건 60돌 때 열병대 앞에서 "영웅적 조선 인민군 장병들에게 영광 있으라"고 한 말이 전부였다는 것이다.

북한은 심지어 워싱턴의 김정일 전략연구소에서 김정일의 필체까지도 연구하고 있는 것으로 믿고 있다. 아예 김정일의 필체만 연구하는 전문가 팀이 따로 있다고 보고 있다. 김정일의 필체만 연구하는 전문가들은 김정일의 필체가 직선이다, 날아가는 화살형이다, 각도는 45도다, 그러나 남한에서는 12도 각도라고 한다면서 연구에 열을 올리고 있다고 한다.[15] 이것은 북한과 미국 사이에 전쟁이 발발했을 경우, 미군이 위조된 김정일의 사인을 가지고 북한군에게 항복문서를 받아낼 때 사용할 것이라는 강박관념 속에서 나온 북한의 생각이다. 이는 북한이 미국을 얼마나 불신하며 극도로 경계하고 있는지를 단적으로 보여준다. 이런 김정일이 과연 미국을 믿고 자신의 핵무기를 포기할 수 있을까.

미국 타도와 타협 사이에 선 김정일

김정일은 자신이 지금과 같은 체제위기를 겪게 된 원인은 모두 미국에 있다고 보고 있다. 그래서 그는 더 이상 미국과의 적대적인 관계를 장기화시키는 것은 오히려 자신의 체제 붕괴를 가속화시킬 것으로 보고 있다. 그래서 미국과의 군사적 대결국면을 이제 종식시켜 나가는 방안을 강구하고 있는 것으로 보인다. 군사력이 지금까지 북한 체제를 유지해 온 핵심수단이었다 할지라도 군축을 통해 미국과의 관계개선을 바라고 있는 것이 김정일의 속내이다. 물론 여기에는 핵과 미사일도 포함된다. 그 이유는 경제위기와 외교고립으로 인한 체제붕괴의 위기가 심화되고 있기 때문이다. 그래서 김정일은 지금 미국과의 관계정상화에 자신의 모든 에너지를 집중하고 있다. 그러나 지금까지 미국과의 관계개선을 시도했던 김정일의 노력은 사실상 실패의 연속이었다.

김정일이 미국과의 관계개선을 시도했던 것은 모두 다섯 차례였다. 첫 번째는 1992년 1월 북한의 김용순 노동당 국제담당 비서의 뉴욕 방문이었다. 두 번째는 1994년 북·미간의 제네바 합의였다. 세 번째는 2000년 10월 10일 조명록 차수의 미국 백악관 방문이었다. 그리고 네 번째는 2007년 김계관 부외상의 미국 뉴욕 방문이었다. 이상 모두 네 차례의 접촉을 통해서 김정일은 자신이 미국과 화해를 맺고 싶다는 메세지를 미국에 전달했다.

김정일이 맨 먼저 북·미관계 정상화에 대한 북측의 뜻을 전한 것은 김용순 노동당 국제담당 비서로 하여금 김계관 외교부 순회대사와 허종 주 유엔 북한 차석대사를 데리고 뉴욕을 방문토록 하여 미국의 아놀드 켄터 국무차관과 가진 첫 차관급 북·미 고위회담이었다. 이 자리에서 김용순 비서는 미국에 북·미관계 정상화에 대한 북한의 뜻을 전달했다. 이러한 북한의 입장은 지금도 계속 유지되고 있다.

김정일의 대미관계 개선의지가 드러난 두 번째 사건은, 1994년 제네바 합의였는데 김정일은 이 회담을 통해 2003년까지 총 2백만 kw 발전능력의 경수로 발전소와 매년 중유 50만 톤을 미국이 중심이 된 국제연합체로부터 제공받는다는 전제조건하에, 북한은 흑연감속로와 연관시설들을 동결하며 궁극적으로 해체한다는 점에 합의했는데, 김정일이 이를 합의해 준 것은 사실상 북·미관계정상화를 얻어내기 위한 방편이었다. 김정일은 북·미간의 상호 핵공격은 말할 것도 없고 외교관계는 물론이고 양국 관계를 대사급으로 격상시킬 것을 간절히 바라고 있었고, 이러한 김정일의 의지는 제네바합의문의 제 2조에 잘 반영되어 있다. 제네바 합의문 "제2조는 북·미 쌍방이 정치적, 경제적 관계의 완전한 정상화로 나아가는 것"을 목적에 두고 있는데, 그 세부 조항을 보면 다음과 같다.

제(1), 합의 후 3개월 내 쌍방은 통신 및 금융거래에 대한 제한을 포함한 무역 및 투자 제한을 완화시켜 나간다.

제(2), 쌍방은 전문가급 토의를 통해 여타 기술적 문제들을 해결한 뒤에 쌍방의 수도에 연락사무소를 개설한다.

제(3), 미국과 북한은 상호관심사항에 대한 진전이 이루어지는 데 맞추어 양국관계를 대사급으로까지 격상시킨다.[16]

여기에 제 3조 제(1)항 즉, "미국은 북한에 대한 핵무기 불위협 또는 불사용에 관한 공식 보장을 한다"는 부분까지를 포함하면 북한과 미국은 수교관계에 들어가서 완전한 국교정상화 관계를 이루는 것에까지 합의한 것이다. 북측이 서명해 준 이 합의문의 내용들은 의심할 여지없이 김정일이 미국과 수교를 바라는 의중이 잘 반영되어 있다. 사실상 김정일은 북·미간의 제네바합의문이 성안 되었을 때 심리적으로 매우 어려운 상황에 빠져 있었다. 자신의 아버지인 김일성이 1994년 7월 8일에 세상을 떠났기 때문이다. 그런 후 꼭 3개월 13일 만에 북·미 합의문을 받게 되었다.

조명록이 군복을 입고 백악관에 간 까닭은

김정일의 대미관계 개선 의중을 반영한 세 번째 사건은, 2000년 10월 9일부터 12일까지 국방위원회 제1부위원장 조명록을 자신의 특사로 미국에 파견했던 일이다. 당시 김정일이 보낸 조명록 특사와 강석주 외무성 제1부상 일행은 미국 국무부와 펜타곤을 서로 다른 시간에 각각 방문하여 매들린 올브라이트 국무장관과 윌리엄 코언 국방장관을 비롯한 미 행정부의 고위관리들을 만나서 북·미 공동 관심사에 대하여 폭넓은 의견을 나눴다. 북·미관계 역사상 양국 최고위급 간부들 간의 미팅이었다. 실질적인 북한 권력 2인자가 미국의 권력 서열 1위인 대통령을 만난 것이다. 그것도 군복을 입고 훈장까지 달고서 적성국가 대통령의 집무실로 찾아가 미팅을 한 것이다. 조명록이 달고 간 훈장 중에는 분명 한국전쟁에서 미국과 총부리를 겨누며 싸운 공훈으로 얻었던 훈장도 있었을 것이다.

그런데 조 특사가 군복에 훈장까지 달고 백악관으로 들어간 것은 북한의 치밀한 사전 계획 하에 진행된 것이었다. 당시 상황을 자세히 묘사한 언론보도 내용을 보면 "원래 조명록 특사는 10일 오전 매들린 올브라이트 국무장관을 예방차 국무부에 도착할 당시만 해도 짙은 회색 양복에 푸른 색깔의 넥타이를 맨 평복 차림이었다. 국무부 7층 장관실에서 올브라이트 장관과 약 40분간 회담한 조 특사는 그러나 당초 9시 15분으로 예정된 클린턴 대통령과의 회담 시간에 맞춰 1층으로 내려 왔으나 백악관행 차량이 대기 중인 현관으로 나오는 대신 1층 내 알려지지 않은 장소로 가 약 20분에 걸쳐 군복 정장으로 갈아입고 나왔다. 당시 국무부 밖에서 대기 중이던 기자들은 클린턴 대통령의 백악관 일정에 변경이 생겨 회담이 늦어지고 따라서 조 특사가 시간에 맞추기 위해 대기실에서 대기 중인 것으로 판단했을 정도였다. 그러나 9시 35분쯤 황갈색 바탕에 금실 무늬와 빨간 줄무늬, 그리고 가슴에 훈장이 가득한 군복과 군모로 갈아입고 나타나자 모두가 어안이 벙벙해졌다"[23] 클린턴 대통령과 회담을 마친 조 특사는 이날 오후 미국의 초대 조지 워싱턴 대통령이 살았던 마운트 버넌 관광에 나설 때는 다시 평복으로 갈아입었다. 북한 관리로서는 사상 최초인 백악관 방문 직전에 왜 조 특사는 평복을 군복으로 갈아입었을까 하는 의문이 세간의 화제가 되었을 정도였다. 국무부와 백악관 주변에서는 조 특사의 군복이 6.25 전쟁과 수만 명의 미군 희생 등을 상징하는 것이라면서 그 저의를 파악해야 할 것이라는 주장과 함께 '국무부는 외국 귀빈에게 탈의실까지 제공하느냐' 라는 얘기까지 나왔다.[24]

조 특사가 백악관에 들어갈 때 평복에서 군복으로 갈아입고 가게 된 배경에는 김정일의 여러 의중이 담겨 있었다. 첫째, 미국의 클린턴 대통령은 여전히 적국의 수장이기 때문에 적군의 수괴와의 만남을 통해 김정일의 선군외교를 강조하고자 했던 것이다. 둘째, 북한과 미국은 관계정상화를 하지 않으면 여전히 적성국가라는 점을 보여주기 위한 것이었다. 셋째, 북·미간의 팽팽한 대립과 긴장감을 전 세계에 보여주고 미국을 상대로 한 북한의 핵과 미사일 교섭력을 높여 미국으로부터 더 큰 경제적 이익을 얻어 내기 위한 목적이었다. 넷째, 미국의 강경파들에게 북한 군부의 배짱을 보여줌으로써 북·미간의 화해가 이뤄지지 않으면 언제든지 북한은 미국과 싸울 준비가 되어 있다는 적대감을 상징적으로 보여주어, 미국으로부터 보다 많은 북·미관계 정상화에 대한 적극적인 의지를 끌어내기 위한 전략이었다.

한마디로 조명록의 평복은 북한의 대미관계 정상화를 바라는 일상적 의지가 담겨 있었지만, 군복은 북·미관계가 여전히 전시관계라는 특수한 상황을 표출하기 위한 상징을 담고 있었다. 김정일은 조명록 부위원장을 자신의 특사로 미국에 파견할 때 자신의 친서와 의중을 담은 초청장도 함께 보냈다. 그리고 이 초청장은 빌 클린턴 대통령에게 직접 전달됐다. 김정일의 친서에는 북·미관계정상화를 바라는 의중이 담겨 있었고, 초청장은 클린턴 대통령의 방북 초청장이었다. 미국을 방문한 조 특사 일행은 4일간의 방문일정을 마친 시점에 미국과 합의로 북·미 공동 커뮤니케를 발표하였다.

북·미양국 합의 사항은 다음과 같았다. ① "조선민주주의 인민공화국과 미합중국 사이의 관계를 전면적으로 개선시킬 수 있는 새로

운 기회"를 검토하고 ② "한반도의 긴장상태를 완화하기 위하여 1953
년의 정전협정을 공고한 평화보장 체계로 바꾸어 한국전쟁을 공식 종
식시키는 문제에 대한 충분한 관심을 미국에 전달"하며 ③ "북·미관
계정상화를 위한 양국의 첫 조치로서 쌍방 어느 정부도 타방에 대하
여 적대적 의사를 가지지 않고 양국의 자주권에 대한 상호존중과 내
정 불간섭을 원칙으로 하여 쌍무적 및 다무적 공간을 통한 외교적 접
촉을 정상적으로 유지하는 것이 양국에 유익하다면 이에 동의한다는
입장에 서명"하는 한편 ④ "북·미관계의 근본적인 개선과 새로운 관
계구축을 위한 노력으로 미사일회담이 지속되는 한 모든 장거리 미사
일을 발사하지 않겠다는 입장을 미국측에 통보"하며 ⑤ "한국전쟁시
기 실종된 미군 병사들의 유골을 발굴하는 데 최선의 협조를 아끼지
않겠다는 입장도 미국 측에 전달"한다는 것이다.[25] 이상의 내용은
북·미관계 정상화를 위하여 김정일이 자신의 의중을 조 특사 편에
담아 미국 측에 전달한 내용으로, 서명은 조 특사가 했다.

김정일의 대미관계 개선의중을 반영한 네 번째 사건은 2007년 3
월 1일 6박 7일 일정으로 김계관 부외상이 미국 뉴욕을 방문한 일이
다. 당시 김계관 부외상의 방미는 한마디로 말해서 기존의 북측 외
교관들의 의전과 관행을 송두리째 뒤흔들어 버린 파격적인 외교행
보였다. 빌 클린턴 전 대통령의 집권 시절인 2000년 조명록 차수의
미국 방문은 의전적인 측면이 매우 강하여 실리보다는 명분과 상징
성이 더 큰 것이었다면, 2007년 김계관 부외상의 방미는 격식과 형
식을 깨고 실리와 실용에 입각한 것이었다. 김 부외상은 뉴욕에 도
착하자마자 자신이 만나고 싶고, 가고 싶고, 하고 싶은 모든 일들을
거침없이 했다. 아무런 제재나 간섭을 받지도 않았고, 통제할 북측

인사도 동행하지 않았다. 6자회담 진행 중간에 자신이 답변할 수 없는 문제들에 대해서는 회담 휴회를 선언하면서까지 회담장을 빠져나와 협상 문구 하나까지도 평양의 훈령과 답신을 받고서야 회담에 임하곤 했던 김 부외상이었지만, 당시 미국에서의 그의 활동에는 아무런 제약도 간섭도 없었다. 그를 감시하는 사람도 없었다.

나중에 알려졌지만, 당시 김 부외상의 방미는 사실상 김정일 위원장의 특명전권 대사의 자격에 준하는 위치에서 이루어진 것이었다. 김정일은 김 부외상이 미국으로 떠나기 전에 그와 사적 대화를 갖고서 "이번 김 부외상의 방미는 조선 인민을 해방시키는 방미로서, 조선민주주의인민공화국에 이로움을 가져오고 조선인민을 해방시키는 데 기여할 것으로 생각된다면, 모든 사항을 김 부외상이 즉석에서 판단하여 결정해도 좋다. 이에 준하는 자격과 권한을 김 부외상에게 부여한다"라고 했던 것으로 전한다.[26] 그래서였는지는 몰라도, 김 부외상은 첫날 뉴욕에 도착하자마자 뉴욕의 한인식당가를 찾았고, 자신의 오랜 미국 친구와 점심을 하면서 소주 4병을 비웠다. 그의 얼굴은 마치 가을 단풍처럼 붉게 물들었고, 김 부외상은 그런 모습으로 백주에 뉴욕 거리를 활보했다. 동서고금을 막론하고서 외교관이 대낮부터 술을 마시고 적성국가의 대로를 누비고 돌아다닌 예는 일찍이 없었다. 김 부외상은 미국의 외교문제 전문가들을 만나서는 북한에 대한 미국의 전략이 뭐냐고 거침없이 물었고, 중국에 대한 북측의 불편한 심기를 드러내는 충격적인 발언도 쏟아 냈다.

그가 뉴욕에서 만났던 미국 조야의 인사들 가운데 독특한 사람은 냉전시절에 죽竹의 장막을 걷어 내고 공산국가 중국을 뚫고 들어간 헨리 키신저 전 국무장관이었다. 김 부외상은 키신저를 만나 "미국이 북한에 전략적 관심을 갖고 있느냐. 한반도는 중국 청나라에서부터 일본에 이르기까지 외세침략의 대상이었다. 미국과의 전략적 관계는 북한에 도움이 되고, 동북아 지역을 안정시키는 역할을 할 것"[27]이라고 말했다. 북한이 왜 미국과 핵문제 해결을 계기로 관계정상화를 맺고 싶어 하는지에 대한 북측의 속내를 읽을 수 있는 중요한 단서가 노출된 순간이었다. 그리고 이 대목은 지난 2000년 김대중 전 대통령이 김정일 국방위원장과 남북정상회담을 가졌을 때 "미국이 원한다면 통일 이후에라도 주한미군은 한반도에 주둔해도 좋다"라는 김정일의 발언과도 일맥상통하는 대목이다. 김 부외상의 이 발언은 미국이 죽의 장막을 걷어내고 공산국가 중국을 뚫고 들어가서 미국의 패권 경쟁국가인 구 소련을 견제했듯이, 이번에는 '철鐵의 장막'을 걷어 내고 공산국가 북한을 뚫고 들어가 또 하나의 잠재적 패권 경쟁국인 중국을 견제하려면 지정학적으로 중국과 인접해 있는 북한이 미국의 대중국 전략기지로서 좋지 않겠느냐라는 의중을 드러냈던 것이다.

그리고 김 부외상의 뉴욕 방문 중 가장 놀라운 특별한 사건은 김 부외상이 크리스토퍼 힐 미국무부 차관보를 단독으로 만난 자리에서 했던 다음과 같은 발언 내용이었다. 김 부외상은 힐 차관보에게 "우리(북측)가 핵무기를 전면 폐기하면 미국은 그 댓가로 우리에게 무엇을 해 줄 수 있느냐"라는 질문을 단도직입적으로 던지면서 처음으로 북한의 전면 핵 폐기 의사를 내비쳤다는 점이다. 이에 힐 차관보는 당황스런 표정을 지으면서 "핵사찰을 단계별로 해야 하는 것 아니냐"라고 반문하자, 김 부외상은 다시 "그런 것 다 중략하고 핵시설물과 핵무기까지 모두 폭파시켜 없애버릴테니, 이 모든 것을 일시

에 정리해 버리면 미국에서는 어떤 것을 북측에 해줄 수 있느냐"라
고 되물었다. 그러면서 김 부외상은 덧붙이기를 "행동 대 행동, 말
대 말, 이런 것 더 필요 없으니, 일시에 전부 정리해 버리면 미국이
어떻게 할 것인가"라고 말하면서 거듭 힐 차관보를 다그쳤다. 그래
도 힐 차관보가 아무런 답변을 하지 못하자 김 부외상은 "다음 6자회
담(중국)에 나올 때까지 이에 대한 답을 가지고 나오라"고 했고, 힐
차관보는 김 부외상이 뉴욕 방문을 마치고 떠나는 마지막 날까지 이
에 대한 미국 정부의 공식 입장을 전달하지 못했다.

그로부터 1년 3개월 후인 2008년 6월 27일 북한은 영변 핵냉각탑
을 폭파했다. 이는 김 부외상이 뉴욕을 방문했을 때 힐 차관보를 만
나 제안했던 내용을 미국이 수용해 이루어진 것이었다. 이와 디불어
김 부외상은 북·미관계 정상화를 위해 "중간 연락 사무소 설치 문
제 같은 것들을 모두 생략하고 곧바로 (북·미) 수교로 가자"고 제안
했는가 하면, "고농축 우라늄HEU 프로그램을 북한이 먼저 공개할 수
도 있다"는 파격적인 발언을 하기도 했다. 당시 힐 차관보는 자신이
먼저 고농축 우라늄 문제를 꺼내지도 않았는데 김 부외상이 먼저 이
문제를 스스로 언급하고 나서서 매우 놀랐다는 말을 했다. 2002년
켈리 차관보가 방북하여 농축 우라늄 문제를 제기한 것이 제2차 북
핵위기를 몰고 왔던 상황에 비하면, 이번에는 북측이 먼저 북·미관
계 정상화로 가는 길목에 혹시 미국이 장애물로 생각한 구석들이 있
으면 장애물들을 모두 제거하겠다는 의사를 내비쳤다는 점에서 이
또한 매우 놀라운 사실이었다. 한마디로 김정일의 입장이 서슴없이
미국측에 모두 전달되는 순간이었다.

김정일은 김계관 부외상을 통해 지지부진한 핵 협상으로 서로 시

간을 질질 끌 것이 아니라 "담판"을 짓자고 요구했다. 과감한 결판을 내자고 미국 측에 제의한 것이다. 그리고 핵을 포기할 테니 그 댓가로 북·미관계 정상화에 곧바로 들어 갈 수 있는지를 타진했다. 그러나 미국은 북한의 이런 '대담한 제안'에 속시원한 답변을 주지 못했다. 김 부외상의 뉴욕 방문 발언을 좀더 면밀히 살펴보면 왜 김정일이 미국과의 관계 개선에 그토록 목을 매고 있는지 그 속내도 드러난다. 그리고 북핵문제와 관련하여 미국이 북한과 어떤 협상 방식을 취하는 것이 가장 빠른 길인가도 확인할 수 있다. 김 부외상은 방미중 가졌던 토론회에서 북·미 양자협상의 필요성을 강조했다. 그러면서 중국이 들으면 놀랄 만한 발언들을 미국내 북한 전문가들에게 쏟아냈다. 김 부외상은 "(2008년 베이징올림픽 초청차 시진핑 부주석이 방북해 김정일 위원장을 만났던 사실을 염두에 둔 듯) 중국은 우리를 이용만 하려 한다. 중국은 우리에게 영향력이 없다. 미국은 핵문제 해결을 위해 중국에 너무 기대하지 말라. 미국이 지난 6년간 핵문제 해결을 위해 중국에 의지해 왔지만, 나온 것이 무엇인가. 우리는 미사일도 쏘고 핵실험도 하면서 우리가 하고자 하는 일을 다 했으나 중국은 하나도 해결하지 못했다"고 했다. 이 부분은 김정일의 대중 감정을 그대로 드러낸 것이나 다름없는 것이었기 때문에 현재 북중 국관계가 얼마나 불편한 관계에 놓여 있는가를 단적으로 드러낸 부분이었다.

김정일 위원장의 대미관계 개선의지를 반영한 또 다른 사건은 2000년 6월 15일 남북정상회담이었다. 김정일은 이날 세계가 주목한 남북정상회담을 통하여 자신이 더 이상 주한미군 철수를 주장하지 않겠다는 놀라운 발언을 하여 미국과 주변 국가들을 어리둥절하게 만들었다. 특히 한국과 중국 그리고 일본은 이러한 발언을 김정일이 했는지에 대해서 심각한 의구심을 갖기까지 했다. 도대체 김정일은 주한미군에 대해서 무슨 말을 했을까. 김정일은 남북정상회담을 통해 주한미군에 대한 자신의 입장을 밝히기에 앞서 이미 정상회담을 준비하러 사전에 북한을 방문한 남측의 임동원 특사와의 만남을 통해서도 주한미군에 대한 자신의 솔직한 생각을 털어 놓았다.

"우리 조선반도는 주변국들의 이해가 첨예하게 대립되어 있는 지역이며, 주변국들은 사실 조선반도의 분단이 지속되는 것을 좋아합니다. 따라서 조선반도의 문제는 외세에 의존하지 말고 우리민족끼리 힘을 합쳐 자주적으로 해결해 나가야 한다는 자주의 원칙이 중요합니다. 물론 역사적 경험으로나 조선반도의 지정학적 위치로 보나 미국과의 관계 유지는 매우 중요하지요."[22]

김정일은 한반도 문제의 근원은 지정학적이고 역사적인 것에서 비롯되었다는 인식을 갖고 있다. 지정학적으로 볼 때 한반도는 미·일·중·러 등 4대 강대국들의 이해관계가 칡넝쿨처럼 복잡하게 얽히고 설켜 있는 동북아 지역의 전략적 요충지라는 사실을 김정일은 잘 알고 있다.

"김 대통령께서는 동북아의 평화와 안정을 위해 통일 후에도 미군이 계속 주둔해야 한다고 주장하시는데, 사실 제 생각에도 미군 주둔이 나쁠 건 없습니다. 다만 미군의 지위와 역할이 변경돼야 한다는 겁니다. 주한미군은 공화국에 대한 적대적 군대가 아니라 조선반도의 평화를 유지하는 군대로서 주둔하는 것이 바람직합니다. 이미 1992년 초에 우리는 김용순 비서를 미국에 보내 이러한 뜻을 미국 정부에 공식적으로 전달한 바 있어요. 너무 반미로만 나가 민족이익을 침해하게 해서는 안 되는 겁니다. 우리 역시 과거의 적대관계를 청산하고 미국과의 관계정상화를 이루는 일을 중요한 과제로 생각하고 있어요. 미국과 관계정상화가 된다면 미국이 우려하는 모든 안보문제를 해소 할 수 있습니다. 그러니까 하루라도 빨리 정전협정을 평화협정으로 전환하자는 겁니다."[23]

김정일은 주한 미군의 성격을 북한에 대한 적군이 아니라 동북아의 평화와 안정을 위한 관리자로서 주둔한다면 통일 이후에도 한반도에 미군이 주둔하는 것을 결코 반대하지 않겠다는 놀라운 생각을 내 놓았다. 그러나 주한미군의 주둔문제와 관련하여 김정일의 생각이 본격적으로 세상에 노출된 것은 김대중 전 대통령을 통해서였다. 김 전 대통령은 2000년 김정일과의 남북정상회담을 통해 주한미군의 주둔문제에 대한 입장을 김정일으로부터 직접 듣고 난 이후, 김정일이 주한미군 주둔에 반대하지 않는다는 말을 공개적으로 해 왔다. 김 전 대통령은 2000년 9월 중앙부처 1급 이상 고위공직자들을 대상으로 한 특강에서 "김정일 위원장을 만났을 때 '유럽은 공산주의를 막기 위해 나토(북대서양조약기구)가 있었지만 소멸 후에도 유럽의 안정을 위해 나토가 있고 미군이 있다. 우리는 더 나쁜 조건이므로 있어야 한다'고 말했더니 놀랍게도 그가 '한반도에는 미군이 있어야 한다. 우리 주변에는 러시아도 있고 중국도 있고 다 있지 않느냐'고 말했다."고 소개했다. 그러면서 북한이 미군철수 주장을 철회했다는 점을 여러 차례 강조했다.[24] 김정일의 주한미군 주둔 허용 발언은 코리아소사이어티 주최 연설에서 더욱 구체화되었다. 김 전 대통령은 "김 위원장이 나와 만났을 때 19세기 말 중국, 일본, 러시아가 우리나라를 병탄하기 위해 전쟁을 일으키고 그로 인해 국권을 상실한 사실을 언급하고, 만일 그때 우리가 미국의 지원을 얻을 수 있었다면 망국의 서러움은 없었을 것이라고 생각하고 있었다"고 말했다.[25]

김정일이 사상 처음으로 남북정상회담에 응했던 장기적인 목적은 미국과의 관계개선을 위한 수단과 지렛대로 미국의 강력한 동맹국인 남한을 활용하겠다는 전략적 측면이 없지 않아 있었다. 물론 김정일의 입장에서는 부시 행정부가 들어섬에 따라서 북·미관계가 더욱 냉각될 것이라는 생각 하에, 미국의 동맹국인 남한과의 전폭적인 교류 협력의 물꼬를 틈으로써 남북한간의 화해 협력 분위기를 통해 미국의 대북정책이 더욱 적대적인 정책으로 바뀌는 것을 막기 위한 예방외교의 측면에서, 남북정상회담에 응했던 점을 배제할 수 없다. 이러한 점은 부시 행정부가 출범하자마자 북·미관계의 냉각화를 우려했던 김대중 전 대통령이 이를 막기 위해 서둘러 방미길에 올라 2000년 자신과 김정일 위원장 간에 합의했던 남북 화해 협력의 기조를 부시 대통령에게 설명한 점에서도 잘 드러난다. 당시 김 전 대통령은 부시 대통령에게 북한의 변화 움직임에 대해서 "북한이 개혁개방의 길로 갈 것으로 생각이 든다. 특히 북한이 미국과의 관계개선을 가장 중시했다. 안보와 경제 등의 차원에서 그렇다"고 말했다.[26]

사실상 김 전 대통령의 방미의 목적은 북·미관계 정상화를 바라는 김정일의 뜻을 부시 대통령에게 전해 주고 대신, 북·미간의 관계를 화해국면으로 이끌어 보려는 계산이 깔려 있었다. 그래서 부시 대통령으로 하여금 대북 강경정책을 취하지 못하도록 하기 위한 목적이었다. 그러나 한미정상회담을 마친 후 부시 대통령은 기자회견에서 "나는 북한의 지도자에 대해 회의적"이라고 말하면서 동시에 "그러나 그 같은 일이 우리(한·미)가 공동의 목표를 추구하는 것을 방해하지는 않을 것"이라고 말해 김정일에 대한 부정적인 시각을 분명하게 드러내 보였다.[27] 그럼에도 북·미관계는 부시 대통령의 집권 8년 동안 특별한 진전이 없었다. 그 와중에 북한은 핵실험을 하여 북한이 제조한 핵폭탄을 "부시가 만들어준 핵폭탄이나 다름없다는 의미에서 부시 밤Bush's bomb으로 불러야 한다"는 주장까지 제기되었다.[28]

북·미관계 정상화와 북핵 카드

결론적으로 말하여, 미국을 겨냥하여 핵카드를 내밀고 있는 김정일위원장의 주목적과 전략은 미국이 핵과 압도적인 힘의 우위로 북한체제의 붕괴를 시도해 올 경우, 북한은 자신들의 핵과 미사일로 미국의 군사적 위협을 억제하는데 활용할 계산을 갖고 있다. 그리고 미국의 대북경제제재와 압력이 계속 높아지면 북한은 미국에 위협이 되는 무기라 할 지라도 경제적 소득을 얻기 위한 수단으로 무기 판매에 나설 수밖에 없다는 입장을 펼칠 것이다. 설령, 무기 판매를 공식적으로 밝히지는 않는다 하더라도 비밀리에 판매 할 수 밖에 없을 것이다. 그리고 또 다른 한편으로, 만일 미국이 북한의 핵포기를 전제로 북·미수교와 경제 및 에너지 지원을 해 준다고 약속하면 김정일은 이 문제를 확인하고 보장받기 위해 북·미간 양국 정상회담을 요구할 것이다. 그래서 북·미양국정상회담에서 이 모든 문제를 속시원히 일괄타결 방식으로 결론을 내리고 싶은 생각을 갖고 있을 것이다. 그는 지금 클린턴 대통령때 조명록 특사를 통해 보냈던 미 대통령에 대한 방북 초청장이 아직도 유효하다는 생각을 갖고 있을 것이다. 이 말은 오바마 신임 미국 대통령을 맞아서도 북·미간의 타이밍이 맞고 분위기만 조성된다면 오바마 대통령에 대한 방북초청장을 얼마든지 보낼 용의가 있다는 것을 의미한다. 그리고 그는 오바마 대통령의 임기 동안에 북한 핵문제를 매듭짓고 싶어할 것이다. 체제 유지에 대한 전략상, 미국과의 관계정상화만이 한·중·일 주변국가들로부터의 체제위협을 막고, 경제 위기와 외교적 고립상태로부터 벗어날 수 있다고 믿기 때문이다.

북한은 미국을 끌어들여 중국을 견제하고 동시에 중국과 미국을 경쟁시켜 그 틈바구니에서 새로운 자주적 외교노선을 견지해 나가면서 미·중 두 나라 모두로부터 동시적 수혜를 얻으려는 새로운 줄타기 외교 전략을 구상하고 있다. 그리고 미국과 국교정상화를 맺게 되면 곧바로 북·일 간의 수교는 물론 일본으로부터 약 100억 달러에 달하는 식민지배에 대한 배상금도 끌어들여 경제발전의 계기로 삼을 수 있는 절호의 기회가 열린다고 믿기 때문이다. 또한 김정일은 일본과 중국 간의 치열한 동북아 패권 경쟁에도 불을 붙여 이 두 나라로부터 또다른 차원의 새로운 수혜자로 등장하겠다는 전략이다. 이렇게 되면 남한으로부터의 민족공조는 물론이고 러시아로부터의 에너지 지원도 매우 쉽게 얻어낼 수 있을 것으로 믿고 있다. 궁극적으로는 주변 4대강대국들의 민간 투자자본들을 개성, 신의주, 나진-선봉의 경제특구로 끌어들여 경제를 활성화 시켜 나갈 수 있을 것이란 계산도 있을 것이다.

그러나 이와 관련하여 김정일은 핵포기 없이 북·미관계정상화가 어렵고 미국과의 국교수립이 없이는 여타 다른 나라들과의 경제협력을 맺기가 불가능하여 더 이상 북한의 경제특구를 살릴 수 없다는 사실을 터득했던 것 같다. 북한이 북·미관계 정상화에 올인 하게 된 이유도 바로 여기에 있다. 김정일은 국제사회에 나가고 싶어 할 것이다. 그렇게 해서 미국 시장에 물건도 팔고 IMF, ADB에 돈도 빌리고 외국투자도 받고 싶어할 것이다. 그리고 그는 미국이 적성국가였던 중국, 베트남과 수교하여 이들 두 나라를 지원했던 것처럼 북한과도 수교를 하여 경제적 지원을 해주고 안전보장, 국교정상화, 경제제재 해제 등을 해주길 바랄 것이다. 그렇다고 해서 김정일이 내놓는 핵포기 카드가 단순히 북·미관계 정상화 하나에만 초점을 맞추고 있는 것은 아니다. 그가 미국과 필사적으로 국교정상화를 바라고 있는 것은 자국의 경제발전과 체제보장 이외에 중국과 한국을 겨냥한 측면이 강하다.

김정일이 미국을 북한으로 끌어들이려는 또 다른 중요한 이유 중 하나는 중국을 견제하기 위해서다. 그리고 그 다음은 한국과의 경쟁을 위한 구도를 새롭게 재편하기 위해서다. 먼저 북한이 미국을 끌어 들이게 되면 초긴장을 하게 되는 나라는 중국이다. 중국은 남북한을 포함하여 동북아 및 동아시아 지역을 자국의 영향권 하에 두려는 전략을 구사하고 있다. 중국의 입장에서는 이 지역에서 미국의 영향력을 점진적으로 줄여 나가는 것이 자국의 패권전략에 절대적으로 유리하다고 보고 있다. 그래서 일본의 오키나와와 한반도에 주둔해 있는 미군이 철수해 빠져 나가길 학수고대하고 있다. 그런데 중국의 입장에서 북한이 미국과 국교정상화를 해서 미국을 평양으로 끌어 들이겠다는 것은 자국의 뒷마당에 미군을 끌어 들이겠다는 것이나 다름없는 것이다. 동북아 지역에서 미국의 영향력을 축소시키려는 중국의 전략과는 달리 그 반대로 미국을 북한으로 끌어들여 오히려 동북아지역의 한 복판에 미국의 새로운 패권적 영향력 확대의 장을 마련해 주려는 북한의 전략은 중국의 전략에 치명적인 손실을 가져다준다. 이는 북한과 동북아 지역을 중국의 영향권으로 끌어들이려는 중국의 안보전략과 중국의 영향권으로 종속되기 싫어하는 북한의 탈중국 안보전략이 상호간 충돌하는 대목이다. 만일 북한이 중국과의 백두산 영토분쟁이 격화되어 중국의 위협을 보다 크게 느끼고 북한이 이를 막기 위해 미국과의 새로운 군사적인 제휴관계를 맺게 된다면, 한반도의 전쟁과 평화의 상관관계는 더욱 복잡해 질 것이다. 김정일이 미국과 수교를 맺어 미국을 북한으로 끌어 들일 경우, 이것이 중국의 안보 전략에 얼마나 치명적이게 될지는 말할 필요도 없다.

구 소련이 붕괴된 이후 미국의 세계패권 전략의 초점은 중국에 맞춰졌다. 중국은 미국이 생각한 미래의 패권경쟁 국가이다. 이미 미국은 군사전략적으로 중국을 포위하는 전략을 구축해 놓고 있다. 테러와의 전쟁을 목적으로 중앙아시아에 미군 베이스캠프를 쳤고, 중국과 영토분쟁의 가능성이 많은 몽고에 들어가 몽고군을 훈련시켜 준다는 명분으로 정착했다. 몽고는 현재 외몽고(몽고)와 내몽고(중국)로 나눠져 있다. 그리고 중국의 티베트 망명정부가 세워져 있는 인도는 미국이 핵기술까지 제공해 가면서 핵 군사강국으로 지원해 주고 있고, 중국의 신장 위구르 지역과 국경선을 맞대고 있는 아프가니스탄에는 테러와의 전쟁이란 이름하에 미군이 주둔하고 있다. 맨 처음 중국이 미국의 대테러전에 편승했던 것은 신장 위구르 지역과 국경선을 맞대고 있는 아프가니스탄의 탈레반 정권이 신장 위구르 분리독립운동가들에게 폭탄을 제공했기 때문이었다. 만일 미군이 대중국 포위전략을 구축하면서 티베트지역의 인도, 신장 위구르지역의 아프가니스탄, 내몽고 지역의 외몽고 그리고 바다 건너 대만과 일본 오키나와에 이어 중국의 동북 3성과 접경지역인 북한에까지 들어간다면 미국의 대중포위 전략은 비로소 완결된다고 볼 수 있다. 이렇게 봤을 때 김정일은 미국의 대중국포위전략이 북한에까지 들어와야 비로소 완성된다는 생각을 이미 갖고 있었던 것은 아닐까. 김계관 북한부외상이 헨리 키신저를 만나 "미국이 북한에 전략적 관심을 갖고 있느냐"라고 물었던 질문의 배경이 구체화되는 것도 바로 이 대목이다.

이 점과 관련하여 중국은 북한이 핵실험과 미사일 시험발사를 하면 할수록 미국과 일본이 북한의 군사위협을 막겠다는 명분으로 MD 개발에 박차를 가할 것이라 내다보는 한편, '미 스텔스 전투기(F-22 랩터)'를 괌에 속속 배치하는 것은 사실상 중국의 미사일과 군사력을 무력화시키기 위한 전략으로 보고 있다. F-22랩터 스텔스 전투기 1대의 위력은 이보다 한 단계 아래인 F-15 스텔스 전투기 144대를 격파할 정도이며, 이는 중국 비행기 몇 천 대를 상대할 수 있는 전력이다. 중국은 내심 북한이 미국을 자국의 국경선까지 끌어 들이고 있는 점에 대해서 신경이 곤두서게 될 것이다. 미일동맹군이나 한미동맹군이 중국의 변방으로 들어가게 될 경우에는 중국은 그동안 자신들이 확보해 놓았던 동북아의 영향력을 순식간에 빼앗기게 될 지도 모른다는 불안감을 갖게 될 것이다. 그렇게 되면 중국의 대북한 정책은 지금처럼 수수방관하듯 할 수가 없다. 더욱 적극적으로 북한을 자국의 안보진영으로 끌어들이는 노력을 하게 될 것이며, 북한과의 군사동맹 조약도 강화시켜 나가려 노력할 것은 불을 보듯 뻔한 일이다. 김정일은 바로 자신들이 냉전시기에 중국과 소련 사이에서 구사했던 균형외교(북한식 자주외교)를 중국과 미국 사이에서 다시 구사할 새로운 공간 확보를 위해 북·미관계정상화에 노력하고 있는 것이다. 김정일이 헨리 키신저를 끌어들이려는 이유는 두 가지이다. 하나는 북한의 핵무기 개발을 막기 위해 미국이 더 이상 중국 카드를 통해 북한을 압박하는 것을 막기 위해서이다. 다른 하나는 미국의 잠재적 패권이 중국일 수 밖 에 없다는 전략적 목표를 파악한 나머지, 미국의 대중국 봉쇄지역으로 북한이 갖는 지역적 인접성이 미국에게는 매우 전략적 가치가 높은 것으로 미국이 판단하고 있을 것을 가정해서, 김위원장은 바로 이점을 이용하여 미국을 북으로 끌어 들인 다음 중국을 견제함과 동시에 중국과 미국을 경쟁시켜 놓겠다는 전략이다. 김정일은 미국이 대소봉쇄 작전에 중국을 활용했듯이 이번에는 대중봉쇄 작전으로 북한을 활용하여 중국의 패권부상을 막을 것으로 보고 있다.

그가 미국과의 관계정상화를 바라고 있는 또다른 이유는 바로 한국을 겨냥한 것이다. 김위원장은 남북한간의 경제력 격차만큼 큰 차이를 보이고 있는 남북한의 군사력 격차를 줄이기 위해서는 재래식 군비감축 문제와 직결되어 있는 주한미군 철수 문제를 반드시 핵포기 문제와 연계시킬 것이다. 최소한 주한미군의 주둔 성격과 역할을 변경하거나 아니면 완전철수를 요구할 가능성을 배제할 수 없다. 이

문제는 북한이 핵과 미사일을 포기하고 나면 남한과의 재래식 전력의 차이가 너무 크기 때문이다. 이 공백을 김정일이 그냥 넘어가지는 않을 것이다. 그래서 북한 핵문제가 해결되어 북·미관계정상화가 이뤄지면 중국 다음의 피해국은 한국이 될 것이다. 한국은 북·미관계정상화가 이뤄지는 그 순간부터 미국을 놓고 북한과의 경쟁관계에 돌입해야 할 것이다. 그 만큼 미국의 대북 지렛대와 경제적 수혜도 잃게 될 것이다.

지금 김정일이 북·미관계 정상화를 추진코자 하는 근본 목적도 바로 이 두 나라를 겨냥한 측면이 강하다. 그는 지금 어떻게 하면 핵무기를 포기하지 않은 상태에서 북·미관계정상화를 이뤄내어 중국, 베트남과 같은 경제발전을 이룩할 수 있을지 고민에 빠져 있을 것이다. 그가 보기에, 지금 자신의 이 고민을 해결해 줄 수 있는 키는 미국에게 있다. 그래서 미국과 핵 협상을 하고 있는데, 북한의 대미핵협상의 핵심 전략은 '사실상 실제로는 핵을 가지면서도 서류상으로는 핵을 포기한 것으로 합의된 핵 타결 국면을 미국으로부터 이끌어 내는 것이다. 그래서 문서상에서 합의한 핵프로그램 포기에 대한 대가로 체제안전에 대한 보장을 받고 경제, 에너지 지원을 얻어냄은 물론 국제사회의 일원으로서의 활동도 보장받아, 한미일과 국교정상화를 이뤄 내는 것이 주목적일 것이다. 그러나 이 방안의 실현이 불가능하다고 생각될 경우에는 그리고 보다 본격적으로 중국이 미국의 압박을 받아 북한 핵 포기에 대한 구체적인 개입의 움직임이 보인다면 김정일은 그때서야 북·미관계정상화를 전재로 한 핵포기 선언을 전격적으로 할지 모른다. 그가 미국과의 관계정상화를 통해 미국과 중국간의 패권경쟁의 틈바구니에서 자국 이익확보

차원에서 미국을 평양으로 끌어들이려는 전략은 본래 의도와는 달리 빗나갈 가능성도 배제할 수 없다.

우선 김정일은 자신들이 견디기 힘들 만큼 중국으로부터 압력을 받고 핵포기 종용을 요구 받아 지금의 북·중관계가 악화된 배경에 누가 있었는지 생각해야 한다. 그 주역은 지금 북한이 초청해 놓고 있는 키신저였다. 키신저는 북한이 미국과 정직한 핵협상을 통해 핵포기 의사를 확실히 밝히지 않는다면 계속해서 대북한 압박용으로 중국 카드를 활용할 가능성이 높은 인물이다. 오히려 오바마 행정부에 들어와서는 부시 행정부때 보다도 훨씬 강도 높은 대북한 압박수단으로 중국 카드를 활용할지 모른다. 왜냐하면 중국은 "북한이 핵보유국으로 인정받게 되면 농북아 유일의 핵 보유국이라는 전략적 우위도 상실하면서, 북한 인근의 랴오닝遼寧·지린吉林·헤이룽장黑龍江성 등 동북3개성에 사는 3억 인구를 북한 핵무기의 위험 아래 놓이게 만들기 때문이다".[29]

김정일은 오바마 대통령이 북한과 직접 대화를 통해 핵 문제를 해결하려는 전략을 갖고 있다는 점에서 그와의 협상에 매우 적극적일 것이다. 그러면서 6자회담과 중국의 중재역할의 기능과 비중도 약화시키면서 모든 것을 미국과 직접대화로 해결하려 할 것이다. 특히 김정일은 오바마 대통령의 외교적 경험부족을 여러 각도에서 시험해 보려 할 것이다. 그런 후 타이밍이 되었다고 판단되면 오바마 대통령과의 북·미 정상회담을 통해 직접 '핵담판'을 지으려 할 것이다. 그래서 북·미관계정상화를 오바마 대통령의 재임 중에 꼭 이뤄내고 싶어 할 것이다. 김정일에게 가능한 카드는 헨리 키신저, 올브라이트 전 국무장관들을 단계적으로 북한에 초청하여 핵포기에 따른 북·미관계 정상화 수순을 밟는 것, 그 다음 단계로는 외교문제에 독자적 자율권을 확보하고 있는 힐러리 클린턴 국무장관과의 관계를 고려하여 그녀의 남편인 빌 클린턴 전 대통령의 방북을 준비하는 것이다. 특히 김정일의 클린턴 전대통령에 대한 방북 초청장은 2000년 올브라이트 국무장관편에 보냈던 이미 색이 바랜 그 초청장이 아니라 새로운 초청장을 보낼 것이다. 김정일은 북핵포기와 북·미관계정상화에 대한 미국과 세계의 관심을 끌어내기 위해서도 빌 클린턴 전 대통령에 대한 방북을 요청하게 될 것이다. 힐러리 클린턴 국무장관의 남편이란 가치도 생각할 것이다. 그러나 그의 방북 시기는 미국이 북한 핵문제 해결을 우선순위에서 제외한 나머지 북한의 뜻대로 핵협상이 진척되지 않고, 북한이 이에 대한 대응으로 미국의 관심을 끌어 들이기 위해 또 다시 벼랑끝 전략을 취하여 한반도에 전쟁의 위기가 솟구치는 그 시점이 될지도 모른다.

다만, 그가 1994년 핵 위기를 해결했던 지미 카터 대통령과 같은 '평화의 해결사'란 이름으로 빌 클린턴을 초청하는 '또하나의 과거 방식'을 오바마 행정부에게도 적용할지는 미지수다. 여기서 북한의 김정일 국방위원장이 잊지 말아야 할 게 몇 가지 있다. 첫째, 헨리 키신저는 친중 외교관이란 점이다. 그는 미국이 동북아 지역의 문제 및 세계문제들을 해결해 나가기 위해서는 중국과 싸우지 말고, 오히려 중국의 협력을 얻어야 미국의 파워가 커진다고 믿고 있는 외교전략가다. 부시 대통령이 취임과 더불어 대중봉쇄정책을 본격적으로 펼치려 했을 때 이를 극력 반대한 두 사람 가운데 한 사람이 바로 헨리 키신저였다는 사실이다. 나머지 한 사람은 주중대사를 지낸 바 있는 아버지 부시 대통령이었다.

둘째, 빌 클린턴 대통령 역시 대통령 재임기간에 영변 핵시설물에 대한 군사적 폭격을 계획했었던 전력이 있고, 또 장쩌민 주석과의 미·중 정상회담을 위해 북경으로 날아 갈 때 동맹국 일본을 경유하지 않고 바로 중국으로 날아갔으며, 중국을 떠나 돌아갈 때도 일본에 들리지 않아 일본의 외교적 체면을 땅에 떨어뜨린 외교적 전력을 갖고 있을 만큼 친중적이었다는 사실이다.

셋째, 미국의 대중외교정책은 장기적으로는 중국의 패권국가 부상을 견제하고 봉쇄하겠지만, 단기적으로는 지역 및 세계 문제를 풀어 가는데 중국과 대립하기 보다는 협력하여 자신들의 국가비용을 많이 손실되지 않게 한다는 점이다. 김위원장은 지나치게 미·소대결의 냉전구도로 미·중 대결을 보고 있다.

넷째, "미국 현대사에 있어서 우리가 기억할 만한 중요한 군사적 조치들은 대부분 민주당 행정부에 의해서 이루어졌다는 점이다. 미국의 제1차 세계대전 참전(1917년, 윌슨), 제2차 세계대전 참전(1941년, 루스벨트), 제3차 세계대전의 문턱까지 갔던 쿠바 미사일 위기(1961년, 케네디), 미국의 베트남전 개입(1961년, 케네디), 미 지상군의 베트남 파병(1965년, 존슨) 등이 모두 민주당 행정부에 의해 이루어진 조치였음"을 김정일은 상기할 필요가 있다.[30]

그럼에도 불구하고, 김정일은 클린턴 전 대통령이 노벨평화상에 관심이 많다는 사실을 알고 있다. 때문에 그를 북핵 문제 해결의 정직한 중재자로 초청하고 싶어 할 것이며, 핵문제 해결의 완결은 오바마 대통령 재임 중 북·미 간의 직접 담판으로 풀고 싶어 할 것이다.

8

김정일과 중국

소용돌이치는 북·중관계 | 혈맹관계의 종언 | 중국은 북·미 간의 정직한 중재자인가 | 대중국 편승외교전략 | 중국을 위협하는 북핵 | 북한을 압박하는 중국의 개혁개방 정책 | 김정일의 후계승계를 반대했던 중국지도부 | '양빈사건' 과 북·중 갈등의 심화 | 대북제재 국면을 둘러싼 중국의 반북행보 | 핵을 가진 북한은 미·중 공동의 적인가

소용돌이치는 북·중관계

북한과 중국과의 관계는 아주 특수한 관계이다. 이 두 나라는 모두 일본 식민지배의 경험을 갖고 있고, 사회주의 국가에 편속되어 있으며, 상호 국경을 맞대고 있을 뿐만 아니라, 지금까지 분단국가의 콤플렉스를 갖고 있다는 점에서 공통적인 측면이 많은 나라들이다. 또한 사회주의 이데올로기를 기반으로 국가를 건설했지만, 유교문화의 영향을 강하게 받은 가부장적 성격의 동양적 전제국가라는 점에서도 북한과 중국은 상호 유사성이 크다. 두 국가가 처해 있는 지리적 위치 또한 유라시아 대륙과 접해 있으며, 과거에 모두 왕조체제의 지배 전통을 갖고 있었다는 점에서도 공통점이 많다. 특히 이 두 나라는 지리적인 근접성으로 인하여 양국 간의 이해관계가 일치했을 경우에는 상호 공존하고 협력했으나, 이해관계가 불일치했을 경우에는 영일寧日 없이 전쟁과 대결로 치달은 역사도 있다.

북한과 중국이 서로를 '혈연적 동맹관계'로 인식하게 된 계기는 일제식민시대 북한이 중국 공산당(중공)과 공동항일共同抗日하며 형성된 양측의 군사관계가 자리 잡고 있다. 해방 후 북한의 국가건설을 주도한 김일성의 항일 연군세력이나 김두봉金枓奉, 무정武亭 등의 연안 독립독맹 및 조선의용군 계열 모두가 항일 시기 중국 땅에서 중공과 제휴해 대일 투쟁을 한 인물들이다. 항일독립운동 시절 중국의 만주는 사실상 북한의 건국자 김일성을 중심으로 한 항일 유격대가 지속적으로 대일항전을 펼치던 무대였고, 해방 후 김일성을 중심으로 북한 권력의 핵으로 부상한 세력 또한 중국 만주에서 항일 유격대원들을 이끌고 독립운동을 했던 '만주파'였다.[1] 김일성은 만주에서 항일 투쟁을 회고하면서 자신이 중국어를 배운 것이 '조선 혁명'에서 큰 역할을 했다고 술회한 바 있을 정도로, 오늘의 북한이란 국가가 건립된 배경에는 중국이란 나라와의 지리적 인접성이 크게 자리 잡고 있다.[2]

오늘의 중화인민공화국은 일제 패망 직후부터 1949년까지 계속된 국공내전을 거쳐 탄생되었는데, 이 전쟁에서 북한은 중국공산당을 적극 지원했다. 북한은 만주에서의 내전에서 고전하고 있던 마오쩌둥의 중공군을 돕기 위해, 1947~1948년에 걸쳐서 북한 병사들을 만주에 파병하였다.[3] 또한 그 이전인 1946년 여름부터 중공군이 만주에서 장제스군의 국부군國府軍에 밀리고 있을 때는, 북한 땅을 중공군의 전략적 후퇴와 물자 보급의 후방 기지로 제공하기도 했다.[4] 결국 중공군은 만주에서 승리를 거두었고, 파죽지세로 국부군을 패퇴시켜 중국대륙을 차지한 후 1949년 10월 1일 '중화인민공화국'을 선포하였다.

　이처럼 항일 빨치산 투쟁을 전개했던 김일성과 마오쩌둥은 북한과 중국을 건립하는 데 있어서 동지적 상호협력 관계를 맺어 왔다. 그러나 북·중관계가 양국 건국 초기부터 좋은 날만 있었던 것은 아니었다. 흐린 날도 많았다. 특히 북한 건국 초기에 김일성이 자신의 권력을 수립하면서 자신과 함께 중국에서 항일독립운동을 했던 연안파 인맥들을 하나하나 숙청하여 북한 내의 중국인맥들을 모두 청산해 나갈 때 북한에 대한 중국정부의 태도는 매우 냉랭했었다. 군대 내에서도 1958년 3월에 개최된 인민군 전원회의를 계기로 김일성은 연안계열의 지휘관들을 '반혁명 종파분자' 혐의로 숙청했으며, 이들을 포함하여 과거 연안계열이었던 인물 중 중국으로 도피한 사람만 1천여 명에 달했다.[5] 오늘날 많은 북한문제 전문가들이 북한 군부가 김정일 체제에 대한 반기를 들 수 있으며, 군부 가운데서도 친중 세력이 그 쿠데타의 핵심이 될 수 있다는 분석을 하고 있는데, 이는 사실상 북한의 권력형성의 초기에 대한 연구가 미약한 때문인 것으로 보인다. 북한의 김일성은 건국 초기에 권력투쟁 과정에서 이미 소련계와 중국 연안파들을 '반혁명 종파분자'로 몰아 말끔히 숙청했고, 단지 자신에 협력하고 순응하는 사람들만을 선별하여 건국혁명에 참여시켰다. 때문에, 오늘날 북한의 권부, 즉 당과 군에는 김일성-김정일 체제에 반기를 들 수 있는 친중파나, 친소련파가 남아 있을 수 없으며, 군부 내에서 김일성, 김정일의 부자세습체제에 맞서 쿠데타를 일으킬 수 있는 친중 세력들이란 더더욱 존재할 수 없는 것이다.

혈맹관계의 종언

중국은 북한 내의 영향력 있는 자파 세력들이 거의 몰락하자 김일성에게 별로 우호적인 입장을 보이지 않았다. 그렇다고 북한과 중국의 관계가 이런 문제로 극단적으로 악화되거나 관계단절로 가지는 않았다. 북·중관계는 문화적, 지리적, 역사적, 이데올로기적인 공유성 때문에 서로 순망치한脣亡齒寒의 관계에 비유된다. 특히 중국의 한국전 참전을 계기로 양국관계는 혈맹관계에 비유되기도 했다. 제2차 세계대전 이후 북한과 중국은 미·소 양극의 냉전체제 하에서 함께 구 사회주의권에 편속되어 이데올로기를 공유했다는 점에서, 이념적으로는 동지국가였고 군사적으로는 동맹국가이자 혈맹국가였다. 또 중국은 북한의 체제유지에 알게 모르게 외압과 외풍을 막아주는 큰 병풍 역할을 해 왔다고 할 수 있다.

북한이 크게 체제위기를 겪을 때마다 외부위협을 막아주거나 후원자, 조력자, 조정자로서 중국이 기여를 했다. 대략 북한에는 다섯 차례 정도 심각한 위기국면이 있었다.

첫째, 1950년 김일성이 한국전쟁을 불러 일으켰던 시기이다. 스탈린과 마오쩌둥의 동의를 얻어 무력으로 남한을 통일하려 한국전쟁을 일으켰던 김일성은 맥아더 유엔군사령관이 이끈 인천상륙작전으로 붕괴의 위기에 직면하자, 한국군과 미군의 38선 북진이 임박한 1950년 9월 30일 스탈린과 마오쩌둥에게 박헌영과 공동명의로 긴급 지원요청문을 보냈다.

김일성에게는 절박한 상황이었지만 스탈린은 김일성을 구할 생각이 없었다. 흐루시초프에 따르면, 패배의 위기에 직면한 김일성과 박헌영의 요구를 받고 새로운 지원을 해야 되지 않느냐는 건의에 대해서 스탈린은 "김일성이 패배한다고 해도 우리 군대를 참전시키지는 않을 것이오. (망하더라도) 내버려 두시오. 이제 미국이 극동에서 우리의 이웃이 되게 합시다"라고 했다. 심지어 미군의 인천상륙 작전으로 김일성이 매우 위급해지자 스탈린은 "김일성 동지는 장래 중국 국경 내에 망명정부를 수립할 것"이라고 중국에 통보했다.[6] 스탈린은 미군이 북한과 만주 국경으로 진주하던 시점까지도 중국의 참전이 아니면, 비록 북한을 버리더라도 직접 참전하는 길은 택하지 않을 만큼 미국과의 정면 대결은 극력 회피했다.

절체절명의 위기에 처한 김일성을 구한 것은 중국의 한국전 참전이었다. 마오쩌둥이 최종적인 참전 결정을 내리자 스탈린도 비로소 중국에 대한 공군지원에 동의하는 형식으로 한국전에 참전하게 되었다. 중공군이 한국전에 개입한 것은 유엔군이 3·8선을 넘어 북진한 지 2주일 후의 일이었다.

이때부터 전쟁은 전혀 새로운 국면으로 전환됐다. 사실상 1950년 10월 25일 중공군이 한국전쟁에 개입한 지 채 2개월도 못돼 미국 정부는 참전 우방의 압력과 확전 및 장기전에 대한 국내의 우려 등으로 휴전을 논하기에 이르렀다. 결국 김일성이 일으킨 한국전쟁은 중공군의 참전으로 휴전상황을 맞게 되었고, 지금 3·8선의 북쪽에 조선민주주의인민공화국이 존재할 수 있었던 것은 중국 때문이었다. 김일성은 건국 후 자신의 첫 번째 체제붕괴의 위기를 중국으로 도움으로 극복하게 되었다.

둘째, 1989년 독일 베를린 장벽의 붕괴, 1991년 구 소련의 와해, 동구 사회주의권의 해체가 도미노처럼 확산된 시기이다. 이때 전 세계인들의 눈과 초점은 동양의 또 다른 두 사회주의 국가인 중국과 북한에 모아졌고, 이들 역시 체제붕괴의 위협으로부터 자유롭지 못할 것이라고 보았다. 드디어 1989년 중국에도 고르바초프의 페레스트로이카와 글라스노스트(개혁과 개방)의 바람이 몰아치기 시작했다. 그 개혁개방의 바람은 중국식 사회주의 체제에도 심각한 위협으로 작용할 '대사태'를 발생시켰다.

바로 '천안문 사태'였다. 100만 명이 넘는 중국의 시민과 대학생들은 민주화와 인권개선을 요구하면서 천안문 광장에 앉아 단식투쟁에 돌입했다. 천안문 사태는 이윽고 6월 3일 밤 인민해방군 27군을 동원, 무차별 발포로 진압이 되었지만, 그 여파는 중국을 중국식 개혁개방의 길로 들어서게 만든 중요한 계기가 되었다. 중국은 세계 자본주의 흐름에 편승하는 경제개방 정책을 취함으로써 결국 정치 안정을 이뤄냈다.

중국의 자본주의 편승전략은 고르바초프의 개혁개방의 쓰나미가 중국의 사회주의 체제를 휩쓸고 지나 북한의 체제까지 붕괴시키는 외적 위협요인으로 작용하는 것을 차단하는 방패막이 역할을 했다. 소련을 해체시키고 동구 공산권을 몰락시켰던 고르바초프의 개혁개방 물결은 결국 중국이란 저수지에 갇혀 북한으로까지는 넘쳐나지 못했다. 북한이 체제 위협을 극복할 수 있었던 또 한 번의 기회는 중국과의 지리적인 인접성 덕을 본 셈이다.

중국은 북·미 간의 정직한 중재자인가

셋째, 북한의 체제 유지에 커다란 위기가 닥쳤던 세 번째 시기는 1994년 5월과 6월이었다. 당시 미국의 클린턴 대통령이 북한의 영변 핵시설을 군사공격으로 폭파시킬 준비를 하고 있을 때였다. 1994년 4월 3일 국방장관 윌리엄 페리는 팀 러셋이 진행한 언론과의 만남 Meet the Press에 출연하여 "우리는 전쟁을 원하지 않으며, 핵 또는 어떠한 문제 때문에도 한반도에서 전쟁을 자극하지 않을 것"이라는 원론적인 입장을 피력한 후, UN의 제재가 "북한을 자극하여 전쟁이 일어날 경우, …… 이것은 우리가 부담해야 할 위험"이라고 말했다. 6월 중순 경 클린턴 정부는 "전쟁에 대비하기 위한 첫 번째 계획을 고안해 냈다." 여기에는 주한미군의 1만 명 증원, 아파치 공격 헬기 배치, 브래들리 장갑차의 증파가 포함돼 있다. 더 나아가 "클린턴 대통령에게 인적·물적 전쟁 소요 비용을 확실히 알려 주기 위해 합참은 모든 지역사령관과 현역 대장들을 1994년 5월 말 워싱턴에 소집하여 북핵문제를 집중토론하고 대통령에게 브리핑 했다."[7] 당시 주한 미군사령관 게리 럭에 따르면, 새로운 한국전쟁이 발발할 경우 미군 사망자는 8만 명에서 10만 명 사이이며 한국군 사망자는 수십만에 이를 것으로 추산되었다. 나아가 그는 북한이 서울을 침공한다면 민간인 사상자는 걷잡을 수 없을 것으로 예상했다. 그가 예상했던 전쟁비용은 최저 5억 달러에서 최대 1조 달러 정도로, 사막의 폭풍작전에 소요된 600억 달러를 훨씬 상회하는 액수다.

이 위기는 결국 카터 전 미국 대통령의 평양 방문이 성사되면서 극적으로 모면되었다. 수 년 동안 페리 전 국방장관은 애시턴 카터 2

세(펜타곤 국제안보담당 차관)와 함께 제2의 한국전쟁을 야기하지 않고도 영변 선제공격이 가능한지를 연구해왔는데, 결론은 불가능하다는 것이었다. 사실 미국은 1993년 11월 말 북한이 "우리가 NPT 탈퇴 결정을 선언했을 때 우리는 발생 가능한 모든 결과를 고려한 상태였으며, 설사 '제재'나 전쟁이 닥쳐오더라도 우리의 주권을 충분히 지켜낼 준비가 돼 있다"는 정보를 입수했다. 북한이 IAEA와 NPT를 탈퇴하자 미국은 자신의 우방국들과 북한의 우방인 중국에게 UN제재를 지지하도록 압력을 가했다. 그러자 북한은 또다른 카드를 던졌다. 북한에 대한 미국 중심의 UN제재는 곧 "전쟁선포"로 간주하겠다는 발표였다. 이즈음 미국의 유력 시사주간지 〈뉴스위크〉는 펜타곤이 수년간 새로운 모의 한국전쟁을 수차례 진행해 왔었다는 내용을 보도하면서 북한의 승리를 보여주는 2가지 결과가 누설되었다고 보도했다. 펜타곤의 한 소식통은 "시뮬레이션 결과로는 한국의 방위선이 너무 빨리 무너져 머리털이 곤두설 정도였다"고 말했다. 모든 시나리오에서 적어도 5만 명 이상의 미국인과 수십만 명에서 수백만 명의 한국인 사상자가 나올 것으로 예상됐다.

중국은 1994년 봄, 긴장완화를 위해 조용하고도 적극적인 역할을 담당했다. 중국은 미국에게 UN 안보리를 통한 제재투표에 불참하든지, 아니면 기권하겠다는 힌트를 주면서, 미국도 북한의 안전을 보장하라고 촉구한 것이다. 북한에 대한 압력의 일환으로 중국은 UN 제재에 대한 입장을 평양에도 통보했다. 한국 전쟁에 참여했던 홍허우즈와 슈신 장군을 각각 북한에 보낸 것도 북핵 문제를 논의하기 위한 것이었다. 1994년 5월은 북한에 대한 압력이 상당히 심화된 때였으나, 중국은 북한군 최고위직의 방문을 환영했다. 만주에서 빨치산 게릴라 활동을 했던 최광崔光 인민군참모장은 중국의 최고 지도자들을 모두 만났고, 장쩌민江澤民 주석은 공개적인 환대를 마다하지 않았다.[8] 이것은 중국이 새로운 한국전쟁에서 북한을 지원하지는 않을 것이라고 예상했던 미국 전문가들의 생각을 혼미 상태로 빠뜨렸다. 만일 새로운 제2의 한국전쟁이 발발했을 경우에 미국이 예상할 수 없는 재난적 상황을 맞게 될 것이란 판단을 내렸던 것은 단순히 북한군의 전력만을 놓고 그런 결과를 도출한 것은 아니었다. 북한군의 전력보다는 오히려 중국군의 전력과 중국군이 개입했을 경우에 이 전쟁의 참화는 걷잡을 수 없이 확전될 수 있다고 판단한 것이다. 미국이 북한의 영변 핵시설에 대해서 외과수술 방식의 군사 공격에 나서지 못했던 데에는 이렇듯 중국이란 변수가 있었다. 중국과 우호적인 국가라는 이유로 북한은 또 한 번의 체제위기를 넘겼던 셈이다.

넷째, 북한의 체제유지에 커다란 위기가 닥쳤던 네 번째 시기는 다름 아닌 1994년 7월 8일 김일성 주석이 심장병으로 사망했을 때였다. 최초의 남북 정상회담을 약 2주 남겨두고 82세의 나이로 김일성 주석이 사망했다는 보도가 북한 특별방송을 통해 전 세계에 알려지자, 남한과 세계여론은 과연 김일성 없는 북한 체제가 유지될 수 있을 것인지를 놓고 논란에 빠졌다. 그러면서 북한이 붕괴되었을 경우를 가정하여 일어날 수 있는 모든 일들에 대한 준비상황에 돌입해야 한다는 의견들이 속출했다. 실제로 당시 김영삼 대통령은 김일성의 사망 소식과 더불어 전군에 비상경계령을 내렸고, 국방부는 북한군의 동향을 면밀히 분석하는 한편, 전군에 특별경계령을 내렸다.

확고한 1인 수령에 의해서 유지되어 왔던 북한의 수령체제는 이제 수령 없는 유고상황을 맞게 됨으로써 북한의 내부 동요는 매우 심각한 상황을 맞게 되었다는 분석이 지배적이었다. 특히 당시 남한 정부는 김정일도 건강상태가 매우 좋지 않다는 정보를 갖고 있었고, 김일성은 김정일의 건강이 악화되자 남한과의 대화에 나서면서 아들인 김정일을 대신하여 중요 실무를 챙길 실무대리인을 물색중이라는 정보도 입수했다. 그러면서도 정부는 김일성이 내부 권력투쟁에 의해서 사망했을 가능성도 배제하지 않고 있었으며, 이른바 북한 내 강경파들이 남북정상회담에 대한 반발로 김일성을 제거했다는 설에서부터, 김정일이 하극상의 쿠데타를 일으켜 김일성을 독살시켰다는 주장까지 난무했다.

당시 김일성의 사망은 남북한 관계에 중대한 변수로 작용했고, 김일성 이후의 북한체제가 신속히 자리 잡지 못할 경우에는 한반도와 동북아에 커다란 불안정의 씨앗이 될 것이라는 게 정부의 판단이었다. 최악의 경우에는 북한의 주민 봉기나 심각한 권력투쟁으로 인해 북한체제가 붕괴되는 상황도 초래될 수 있다고 보고 있었다. 북한이 자국의 지도자 김일성을 잃고 망연자실한 상황에 빠졌을 때, 김영삼 대통령은 전군에 비상경계령을 내려 북한은 더없는 고립무원의 위기감을 갖게 되었다.

나폴리 서방선진 7개국(G7) 정상회담에 참석 중이던 클린턴 대통령은 미국인을 대신해 조의를 표했고, 북한에서 특별한 군대이동이 포착되고 있느냐는 질문에 대해서는 "김일성이 사망 했을 뿐 다른 비정상적인 일이 일어나고 있다고 믿을 이유가 전혀 없다"며 "북한 국민들은 모두 슬픔에 젖어 있다"고 말했다. 이때 김일성의 후계자인 김정일로 하여금 극심한 체제위기감으로부터 탈피하여 안도감을 갖게 한 나라가 있었다. 바로 중국이었다.

중국 정부는 1994년 7월 9일 오후 북한 김일성 주석의 사망을 애도하는 전문을 북측에 보냈다. 장쩌민 총서기 겸 국가주석, 리펑 총리, 차오스 전인대상임위원장(국회의장)도 이날 각각 중국 공산당과 정부 및 의회를 대표해 보낸 장문의 전문을 통해 김일성의 일생을 높이 찬양한 뒤 "중국의 당과 정부 및 전체 인민은 김정일 동지가 영도하는 조선노동당과 정부 및 인민과 전통적 우호관계를 계속 유지 발전해 나갈 것"이라고 말했다. 북한이 김일성 수령을 잃고 불안정한 상황에 빠졌을 때 중국은 김일성의 후계자인 김정일을 중심으로 북한 체제가 유지되고 안정된 길로 나아갈 수 있도록 후원한다는 입장을 공개적으로 전 세계에 발표를 한 것이다. 이로써 김일성을 잃고 극도의 체제 위기감을 갖고 있었던 북한은 중국의 도움으로 또 한 번의 체제위기를 극복하여 안정을 되찾게 되었고, 비로소 세계는 김일성 없는 북한이 김정일 중심으로 돌아간다는 사실을 알게 되었다.

대중국 편승외교전략

다섯째, 북한의 체제유지에 커다란 위기가 닥쳤던 다섯 번째 시기는 부시 행정부 집권 기간이었다. 부시 대통령은 9.11 이후인 2001년 10월 일차적으로 알 카에다와 전면전을 선포했고, 2002년 1월 이란, 이라크, 북한을 악의 축으로 발표하면서 연이어 2003년 3월 20일 이라크와 전쟁을 선포했는데, 이때 사실상 북한은 자신들이 제2의 이라크가 될 수도 있다는 체제위기감을 가지고 있었다.

이른바 '부시 독트린'은 언제든지 테러지원 국가들을 향해 핵공격을 할 수 있음을 선포했고, 미국의 핵공격 대상 가운데 북한도 명시되어 있었다. 부시 독트린은 북한이 핵 위기를 야기할 경우 핵으로 선제공격하겠다는 작전계획을 갖고 있었다. 이를 증명이라도 하듯 백악관의 한 관리가 북한을 선제공격 대상 리스트에 올린 2002년 9월의 대통령령 17호를 누설했다. 이것은 그때까지 극비문건으로 다루어져 왔었다. 선제공격이란 미국을 먼저 공격할 것으로 생각되는 국가를 미리 공격하여 미국이 받을 공격을 사전에 예방하는 것을 의미 한다. 미국의 선제 공격론이 남한에서 적용된다면 한반도는 언제든지 전쟁의 화염에 휩싸일 수 있게 된다. 남북한 간에는 군사적 충돌이 언제든지 쉽게 발생할 수 있는 상황이기 때문이다.

그러나 북한이 미국의 핵공격의 좌표로부터 벗어나기 위해 발버둥을 치면서 핵 억지력을 키워 온 것이 바로 지난 2006년 10월 9일에 있었던 북한의 핵실험이었다. 부시 독트린으로 북한을 핵공격 할 수 있다는 위협이 가져다 준 북한식 억지전략이 핵무기 보유였다. 부시 행정부는 이미 클린턴 행정부 때 시도하다 중단했던 영변 핵시설에 대한 공격을 감행할 경우, 한반도에서의 전쟁 상황이 전면전으로 확산될 것인지에 대한 남한의 반응을 알아보기 위해 민간 연구원들을 한국에 파견하여 필드 워킹을 시킨 적이 있었다. 그리고 한국인들이 김정일보다 부시 대통령이 훨씬 한반도 평화에 위협적이라는 여론 조사를 통해 부시에 대한 증오감을 표출시켰을 때, 미국은 북한핵시설에 대한 공격을 남한에 주둔해 있는 미군을 통해서 하기보다는, 일본의 오키나와에 있는 미군을 동원해 중국의 변방을 끼고 북한을 공격하면 남한이 북한의 반격으로부터 안전할 것이 아닌가 하는 모니터링을 남한과 중국 두 나라 모두에서 실시했다. 이런 미국의 모니터링에 한국측의 반응은 매우 냉담했으며, 중국 역시 자국의 영공에서 미 공군이 북한 핵시설을 공격하는 것을 허락할 이유가 없었다.

미국은 이미 1991년 한국의 국방장관이 미국 국방장관 딕 체니와 가진 비밀회담에서 영변 공습에 동의한 바 있었기 때문에 북한에 대한 군사적 공격을 북핵문제 해결의 중요한 옵션 중의 하나로 생각하고 있었다.[9] 그러나 이 문제 역시 북한의 핵시설들이 모두 중국과 국경을 맞대고 있는 북한지역에 위치해 있었기 때문에 미국으로서는 중국을 의식하여 쉽게 공격 결정을 내릴 수가 없었던 것이다. 북한이 자국의 핵 시설물들을 모두 중국과의 국경지역으로부터 가까운 거리에 건설해 놓았던 것은 만약에 발생할지도 모를 미국의 군사공격으로부터 핵 시설물들을 보호하기 위한 전략적 의도인데 북한의 이런 생각은 적중했다. 부시 행정부는 이라크와의 전쟁수행이란 부담도 있었지만, 결국 중국 변방에 위치해 있는 북한 핵 시설물들을 폭파하지 못했다. 중국과의 관계가 매우 중요한 영향을 미쳤던 것이다.

아들 부시 대통령 뒤에는 주중 미국대사를 역임하고 천안문 사태가 발생했을 때도 미중관계가 악화되는 것을 방지하기 위해 노력했던 아버지 부시 대통령과 70년 냉전시대에 대소견제를 위해 중국의 '죽의 장막'을 뚫고 들어갔던 헨리 키신저 전 국무장관이 있었다. 이 두 사람은 부시 대통령의 보이지 않은 외교자문관이었다. 부시 행정부가 미국 역사상 처음으로 북한의 핵문제를 해결하는 데 중국의 대북한 영향력이란 지렛대를 활용해야 한다고 조언했던 외교 베테랑도 바로 이들이었다. 이들은 미국이 세계문제를 해결해 나가는 데 있어서도 중국과 대결관계를 지양하고 협력적인 관계로 나아갈 것을 주문하여 부시행정부로 하여금 대중 정책을 '전략적 경쟁자'에서 '전략적 협력자' 관계로 변경하게 했던 핵심 인물들이었다. 이런 상황에서 부시 대통령은 취임 초창기 그가 주장했던 대중봉쇄 정책을 철회했고, 북핵 문제를 포함한 동북아 지역문제와 세계문제를 해결해 나가기 위해서는 중국과 협력자인 자세를 취하는 것이 낫다고 판단하여 대중 외교정책을 전환했다.

미·중 양국은 1990년대 초중반의 도식적인 세력균형의 논리에서 벗어나 공통된 이익을 매개로 양국 간 이익 균형을 맞추려는 행보를 보여 왔다. 중국은 최고 국가 목표인 경제발전을 위해 미국이 주도하는 현 국제 질서 속에서 '현상유지국가'로 행동해야 할 전략적 필요성이 있었으며, 미국 역시 보다 효율적으로 자국의 헤게모니를 유지하기 위해서는 주요한 국제문제에 있어 중국의 협력이 필요했던 것이다. 중국이 제기한 화평굴기和平崛起와 미국의 대중정책이 중국을 국제체제의 '책임 있는 이익상관자responsible stake holder'로 규정했던 것은 미·중간 전략적 사고의 결과라고 할 수 있다. 특히, 북핵 문제는 미중양국의 협력관계가 투영된 전형적 사례라 할 수 있다. 미중 양국은 한반도 비핵화라는 공동의 목표를 매개로 협력관계를 유지하고 있으며, 2005년 9.19 공동성명 이후 협력관계를 보다 강화하고 있다.

이런 상황에서 중국의 국경선 근처에 위치해 있는 북한의 핵 시설물들을 미국이 군사적 공격으로 폭파하기란 쉬운 결정이 아니다. 미국이 북한을 공격할 것인가 말 것인가 하는 결정을 내리는 데 가장 중요한 문제는 역시 중국의 반응이었던 것이다. 미국의 공격에 중국이 어떤 입장을 취할 것인가 하는 문제가 미국으로서는 예측되지 않았고, 미국의 북한 폭격에 중국이 개입을 하게 된다면 이는 곧 예상할 수 없는 규모의 전쟁으로 확산될 수 있다는 미국의 전략적 판단이 결국 북한에 대한 미국의 군사적 옵션을 접게 만든 요인 중의 하나였다.

북한은 이렇게 하여 또 한 번의 체제위기를 중국 때문에 극복하게 되었다. 그러나 이러한 상황은 중국의 의도적인 북한 보호 전략과 정책이라기보다는 북한의 의도적인 중국활용 전략이 힘을 발휘하게 된 것이다. 북한은 약소국으로서 21세기 초강대국으로 부상하고 있는 중국이라는 주변 대국과의 지리적인 인접성을 '전략적 인질'로 잡고 이를 교묘하게 이용하여, 미국의 군사적 공격을 막아내는 외교적 기지를 발휘하여 핵 시설물 건립에 성공했다. 즉, 북한의 보이지 않은 대중국 편승외교 전략이 북한으로 하여금 성공적인 핵무기 보유를 할 수 있도록 만든 요인 중의 하나로 작용한 것이다. 그리고 자신들의 생존과 체제유지에도 일정한 성공요인으로 기여한 것이다.

중국을 위협하는 북핵

그러나 이와 같은 북한의 전략을 중국이 모르고 있을까. 북한이 중국과의 지리적인 인접성을 보이지 않게 활용하면서 대중국 편승전략을 취해 미국의 핵시설 공격을 막는 데 성공하고, 그래서 마침내 핵을 보유하게 된 것을 중국이 과연 좋아할까. 중국은 지금 북한을 어떻게 바라보고 있을까. 북한은 중국을 또 어떻게 보고 있을까. 중국은 북한의 핵보유 주장을 정말 믿고 있을까. 만일 북한이 끝까지 핵무기를 포기하지 않는다면 북 · 중관계는 어떤 관계로 변하게 될까. 중국은 계속해서 핵을 가진 북한의 체제가 지금처럼 유지 될 수 있도록 지원하고 후원할 것인가, 그렇지 않으면 북한의 체제를 변화 혹은 붕괴시킬 것인가. 중국은 북한의 내정에 간섭할 힘을 갖고 있으며, 북한 체제를 붕괴시킬 능력과 영향력을 확보하고 있는 것일까. 이 모든 의문은 바로 북한의 핵보유 의지 때문에 비롯된 것이다. 왜 북한은 핵을 보유하려 하는가 하는 문제는 앞장에서 이미 다뤘기 때문에 여기서는 왜 중국은 북한의 핵 보유를 꺼려하는가 하는 문제를 집중적으로 다루기로 한다.

중국이 북한의 핵무기 보유를 꺼리는 이유는 많다. 그 중에서도 가장 첫번째 이유는 국제사회에서의 중국의 지위와 위신 그리고 강대국으로서의 역할이라는 도덕적 의무 때문이다. 중국은 현재 유엔 안보리 상임이사국이다. 동양에서는 유일하게 안보리 상임이사국이면서 핵무기를 보유하고 있는 강대국의 지위를 누리고 있는 나라가 중국이다. 중국은 경제적 발전과 함께 외교적으로 유럽, 라틴아메리카, 아프리카, 중동, 중앙아시아 등의 국가들과 관계를 확대하고 있는데, 힘과 영향력에 있어서 미국에 견주는 새로운 잠재적인 경쟁자로 부상하고 있다. 중국은 최근 국제사회에 '책임을 지는 대국외교〔負債任的大國〕'를 주장하고, '평화부상론〔平和崛起論〕'과 '평화발전론平和發展論'을 제기하면서 긍정적인 이미지를 부각시키는 데 외교적인 노력을 기울이고 있다. 그러면서 현재 중국은 제2차 세계대전 후 동아시아 지역에 미국이 구축한 쌍무적 군사동맹의 안보구조에 불만을 갖고 있으며, 새로운 안보구조 형성에 관심을 갖고 있다.

중국은 현재의 동아시아 안보구조는 미국 지도 하에 반공산주의 군사블럭의 성격을 지닌 냉전시대의 유물이라고 평가하고, 미국의 '단극 체제unipolar world'를 창출, 유지하려는 패권에 비판적인 시각을 갖고 있다. 중국은 미국의 힘이 약화되고 제한되는 '다극체제multipolar world'를 추구하고 있으며, 미국은 시장경제와 민주주의 확산을 통해 미국과 서구의 이해관계에 유리한 안보구조를 지속하려 하고 있다. 중국의 지도부는 서양은 미국의 영향권에 두더라도 동양은 중국의 영향권에 두는 것이 미래의 중국의 외교전략이 지향해야 할 목표로 보고 있다. 서양은 예수의 《성경》과 미국식 민주주의 가치가 지배한 사회이지만, 동양은 공자의 《논어》와 중화주의적 가치가 지배힌 사회가 될 것이라고 중국은 믿고 있다. 이런 측면에서 기독교 문화와 유교문화는 다르다는 점을 중국은 강조한다. 그런데 북한이 핵무기를 보유한다면, 이는 중국에게 있어서 유엔과 국제사회가 정해 놓은 국제체제의 룰과 국제법을 벗어난 행위로서 중국에게는 유엔안보리 상임이사국의 지위와 동북아시아 패권국의 위신을 동시에 잃게 되는 '파워 감축' 요인으로 작용한다. 중국은 안보리 상임이사국으로서 국제사회의 핵 확산을 막아야 할 도덕적 의무도 수행하지 못함으로써 강대국의 위신도 잃게 되고, 동북아에서 또 다른 핵 강국을 출현시킴으로써 유일한 핵 국가라는 지위도 잃게 되는 '파워 손실국'으로 전락하게 된다.

중국이 북한의 핵무기 보유를 반대하는 두 번째 이유는 북한의 핵무기가 중국내부에서 분리 독립 운동을 추구하고 있는 티베트, 내몽골, 신장 위구르와 같은 지역으로 확산되어 북한에서 제조한 핵탄두가 분리 독립 운동가들의 수중으로 들어갈 경우, 이는 매우 치명적이고도 위험한 상황을 발생시킬 수 있기 때문이다.

　북한은 경제적 대가를 전제로 핵과 미사일을 포기할 수도 있다고 주장하고 있다. 이는 북한이 핵무기 개발에 성공할 경우 경제적 이익을 위해 핵탄두와 미사일을 판매할 수 있으며, 그 비밀스런 거래가 이루어질 수 있는 최적의 장소는 중국이 될 수 있다. 중국은 현재 55개 소수 민족으로 구성되어 있으며, 국경선을 맞대고 있는 나라만도 14개 국가이다. 비록 중국 인구 분포상 92%가 한족漢族이긴 하지만 8%에 달하는 소수민족은 중국 전 영토의 각 지역에 광범위하게 흩어져 살고 있다. 중국은 미국처럼 다인종 국가이다. 서쪽에서 시작해서 동쪽 바다까지 중국 본토는 한족이 차지하고 있다. 그러나 북쪽 변방에는 몽골족과 만주족, 조선족이 살며, 중앙아시아 쪽으로는 터키족과 위구르족, 카자흐족, 키르기스족이 산다. 남쪽으로 내려오면 크메르족과 타이족의 땅이 있고, 남서쪽에는 티베트족과 티베트-미얀마족이 산다. 이처럼 국경선을 맞대고 있는 안보가 취약한 변방지역에는 모두 소수민족들이 살고 있고, 이들 소수민족들은 중국과 국경선을 맞대고 있는 나라들의 민족과 동일한 인종들이다.[10]

　그래서 중국 내부에서 소수민족들이 분리 독립 운동을 전개할 경우에는 중국과 국경선을 맞대고 있는 주변 국가들의 보이지 않은 지원이 있을까 중국정부는 항상 경계하면서 이 점을 두려워한다. 중국인들의 주민증의 맨 상단에 그 사람이 어느 민족에 속한 민족인지를 확인하는 민족 분류란이 표기되어 있는 것은 중국이 그 만큼 민족정책을 우선시 하고 있음을 반증하는 것이다. 이와 같이 다민족 다인종으로 구성되어 있는 중국에 북한의 핵탄두가 유입되어 소수민족들이 분리 독립 운동의 무기로 활용한다면 이는 중국 중앙정부에 재앙이나 다름없다.

　중국이 북한의 핵무기 보유를 반대하는 세 번째 이유는 미국과의 불편한 대결관계를 원치 않기 때문이다. 중국은 북한이 장거리 미사일 시험발사를 계속하거나 핵무기 보유를 시도하면 할수록 이는 미국과 다른 강대국들로 하여금 군사적 개입의 명분을 제공해 주고, 북한이라는 나라가 중국의 뒷마당이라는 점을 감안하면 미국과 일본 등은 북한의 핵무기를 해체한다는 명분 하에 중국의 뒷마당으로 접근해 들어오는 것이 된다. 그리고 미국이 영변 핵시설을 군사공격으로 폭파시키게 되면 이에 대한 피해는 중국으로 확산될 수도 있다고 보고 있다.

　특히 중국은 북한의 핵무기 개발과 장거리 미사일 시험발사가 미·일 간의 미사일 방어시스템 개발에 박차를 가하도록 만들어, 일본을 다시 군사력으로 무장하는 정상국가로의 진입에 좋은 빌미를 제공할 것으로 보고 있다. 중국은 북한이 핵무기를 가지고 놀면서 미국과 일본을 또 다시 중국의 국경선까지 끌고 들어오는 것을 매우 부담스럽게 생각하고 있다. 지금 북한의 핵개발로 북한과의 갈등관계에 놓여 있는 '진정한 나라'가 있다면 그것은 한국도 미국도 아닌 중국 자신들이라고 믿고 있는 것이다.

　중국이 북한의 핵무기 보유를 반대하는 네 번째 이유는 실제로 북·중 간의 국경분쟁이 발생했을 경우, 북한은 자국의 영토를 지키기 위해서 중국을 향해 핵공격 위협을 할 수도 있다고 믿고 있기 때문이다. 솔직히 말해서 중국정부는 만일 북한이 핵무기를 보유한 상태에서 중국과의 국경분쟁으로 북·중 간의 긴장이 높아지면, 이 핵무기를 가지고 중국을 향해 무슨 일을 저지를지 모를 만큼 불안하게 생각하고 있다. 2002년 장쩌민 중국 총서기가 미국 조지 부시 대통령의 크로포드 목장을 방문하여 "김정일이 평화적인 사람인지"에 대한 질문을 받고서 "솔직히 말해 자신은 (김정일을) 잘 모른다"고 답변한 데서도 드러났듯이 중국은 북한에 대해서 잘 모른다. 그렇기 때문에 중국은 김정일이 핵무기를 개발하면 중국을 향해 어떤 일을 벌일지를 확신할 수 없는 것이다. 특히 현재 북·중간의 재래식 무기의 전력이 비교할 수 없을 정도로 현격한 차이를 보이고 있기 때문에 중국의 압도적 군사력에 북한이 압박을 받게 되면 중국은 북한이 핵무기를 가지고 어떻게 대응해 올 것인지 알 수 없는 것이다. 비근한 예로, 1969년 소련과 경계를 이루는 우수리 강 다만스키 섬 국경분쟁 당시처럼, 만일 중국이 핵무기를 갖고 있지 않았더라면 소련은 핵공격 위협을 전면에 내세워 중국영토를 침입해 왔을 것이고, 그렇게 했을 경우 중국으로서는 이렇게 밀고 들어오는 소련군을 방어할 수단이 없었기 때문에 하는 수 없이 중국 영토 일부를 소련에 빼앗길 수밖에 없었을 것이라는 점을 잊지 않고 있다. 그런데 중국이 자국의 영토를 소련에 빼앗기지 않았던 것은 중국 역시 1964년의 핵실험에 성공하여 소련과의 재래식 무기전력의 열세에도 불구하고 소련군의 중국영토로의 침입을 차단할 수 있는 핵 억지력을 갖고 있었기 때문으로 믿고 있다. 이러한 중·소 국경분쟁의 역사적 사례를 미래에 있게 될 지도 모르는 북·중 국경분쟁과 비교해 봤을 때, 중국에 비해 재래식 무기가 절대 열세의 상황에 놓여 있는 북한으로서는 핵억지력을 갖는 것이야말로 자국의 영토를 지키는 첩경이라 생각할 것이다. 그리고 이 부분은 중국 정부도 고려하지 않고 있는 바는 아닐 것이다. 그러나 중국 정부의 입장에서 본다면 북한이 핵 억지력을 갖지 못하는 것이 자국의 영토팽창에 유리하다고 볼 것이며,

그렇기 때문에 어떤 방법과 형식을 빌어서라도 중국은 북한의 핵무기 보유를 막아야 할 것이다. 틈만 나면 중국이 한반도 비핵화를 강조하고 있는 점은 바로 미래에 발생하게 될 지도 모르는 북·중 국경 분쟁에 대비하기 위한 측면도 있다.

중국이 북한의 핵무기 보유를 반대하는 다섯 번째 이유는 북한의 핵무기 보유와 배치가 동북아 지역의 세력균형을 깨뜨릴 수 있고, 나아가 일본, 한국은 물론 대만까지 직접 핵무기 개발을 추구하게 만들거나 혹은 최소한 이들 국가들이 더욱 적극적으로 미국이 주도한 미사일 개발 시스템에 참여토록 만들기 때문이다.

많은 중국인들은 북한의 핵무기 개발과 장거리 미사일 시험 발사가 일본의 재무장을 촉진하고 있다고 보고 있다. 1988년에 일본 열도 위를 날아가도록 쏘았던 북한의 대포동 미사일 시험발사는 일본으로 하여금 즉각 미국의 MD 시스템 개발에 합류토록 만들었으며, 북한의 미사일 공격을 막아낼 수 있는 이지스 구축함 건조에 더욱 박차를 가하도록 요구했다. 특히 2006년 10월 북한의 핵실험은 일본의 영향력 있는 정치인들로 하여금 핵무기 개발을 주장케 만들었으며, 한국과 대만에까지 핵무기 개발의 당위성을 어느 정도 인정하는 사회적 분위기를 형성하게 하였다.

한국, 일본, 대만 이 세 나라는 현재 미국의 핵 우산 아래 있으며 대만의 경우 1970년대 중반에 매우 진전된 핵무기 개발 프로그램을 갖고 있었으나 미국의 압력에 의하여 포기했고, 한국의 경우도 그랬다. 그러나 북한이 핵무기를 포기하지 않는다면 이는 동아시아에 새로운 군비경쟁을 촉발할 것이며, 미국은 더 이상 한국, 일본, 대만의 핵무기 개발명분을 저지할 수 있는 힘을 잃게 될지도 모른다. 그리고 만일 한국, 일본, 대만이 독자적인 핵무기 개발에 나설 수 없는 상황이 계속 유지되는 경우라면, 이 세 나라는 모두 일본과 미국이 합작으로 추진하고 있는 미사일 방어시스템에 더욱 적극적으로 참여하게 될지도 모른다. 대만의 MD 시스템 참여는 중국으로서는 재앙이나 다름없다.

대만의 핵무기 보유는 중국에게 있어 더 큰 재앙이며 이는 "하나의 중국"이란 통일정책 자체가 폐기되는 것이나 다름없다. 더군다나 55개 소수민족으로 구성되어 있는 중국을 하나의 다민족 통일국가로 통합시켜 나가는 중앙정부의 노력이 매우 힘들어질지도 모르며, 내부 경제발전에 총력을 기울여야 할 중국으로서는 뜻하지 않게 미·중, 중·일 간 군비경쟁에 나섬으로써 중국경제의 성장 동력을 놓치게 될 것이다.

중국이 북한의 핵무기 보유를 반대하는 여섯 번째 이유는 북한이 핵을 포기하지 않음으로써 국제사회에 편입되지 못하고 결국 경제적으로 고립되어 체제붕괴의 위기를 피할 수 없을 것으로 보기 때문이다. 중국은 북한이 붕괴되면 엄청난 난민이 발생할 것이고, 그 난민이 가장 많이 몰려 들어올 나라가 바로 중국일 것으로 생각하고 있다. 중국이 북한의 탈북난민 문제를 두려워하는 것은 두 가지 측면에서이다. 하나는 북한으로부터 중국으로 유입되는 난민문제가 중국의 사회적 혼란을 가중시킬 수 있고, 이는 곧 경제발전을 위해 필요한 사회안정을 저해할 수도 있다고 보기 때문이다. 다른 하나는, 난민 처우 문제와 이들의 인권개선 문제가 국제사회의 쟁점이 될 수 있다는 점에서 중국은 부담스럽게 생각하고 있다. 특히 가장 골치 아프게 생각하고 있는 부분은 북한의 난민이 몰려 들어와 연변

자치주에 이미 거주하고 있는 조선족과 합류하여 보다 큰 조선족 자치주를 형성하게 될 경우이다. 만일 이런 일이 현실화 될 경우, 조선족 문제는 중국 정부에 신장 위구르와 티베트 문제에 못지않은 새로운 도전이다. 지금 중국에 거주하고 있는 조선족은 전체 약 200만명 정도 된다. 그 중에서 절반은 지린성에 있는 연변에 거주하고 있고, 나머지는 중국 전역에 흩어져 살고 있다. 그런데 이들이 다른 여타 지역의 소수민족과는 달리 아직도 자신들의 고유한 언어와 문화 그리고 종교를 갖고 있다. 다른 소수민족에 비해서 민족의 정체성이 매우 뚜렷하다. 그리고 다른 소수민족들에 비해 아직까지 중화문화에 완전히 동화되지 않은 유일한 민족이기도 하다. 현재 북한으로부터 탈북해서 중국에 머물고 있는 탈북자의 숫자만도 약 6만~10만명 정도인 점을 고려하면 북한의 붕괴로 발생될 북한 난민의 중국유입은 중국 정부에 엄청난 부담이 될 것이다.

중국이 북한의 핵무기 보유를 반대하는 일곱 번째 이유는 북한의 핵실험과 미사일 시험발사가 중국 주변의 정세를 불확실과 불안정한 상황으로 몰고가, 중국 정부를 안정된 환경 속에서 경제발전을 이룰 수 없도록 만들기 때문이다.

중국은 지금 무역과 수출로 경제성장을 이루고 있는 나라이다. 중국의 핵심 교역국 상위 10개국 가운데 3개국이 한국과 미국, 일본이다. 그런데 북한 핵문제로 가장 민감한 반응을 보이고 있는 나라 또한 이들 3개국이다. 예를 들어 중국의 대미 수출무역은 21%, 대일 수출무역은 9.5%, 대남한 수출무역은 4.6%다.[11] 한, 미, 일 3국에 대한 중국의 수출무역 총량은 34% 이상이다.

이런 상황에서 만일 북한이 핵무기 개발로 동북아 주변정세를 불안정한 상태로 만들어 간다면 이는 중국경제발전에 매우 큰 장애요인으로 작용될 것이고, 중국의 경제 불안은 중국 사회의 새로운 실업문제와 사회갈등을 야기 시킴과 동시에 중국 내부의 정치 불안정과 연결될 것이다. 한마디로 말해서 북한의 핵무기 보유와 장거리 미사일 시험발사는 중국의 군사, 경제, 외교, 정치를 통째로 위협하고 있는 대중국 위협요인 가운데 하나인 것이다.

북한을 압박하는 중국의 개혁개방 정책

현재 북·중관계는 매우 어렵고 불안정한 관계로 변형되어 가고 있다. 그 이유는 탈냉전 이후 북·중 간의 안정된 동맹관계가 깨졌기 때문이다. 우선 북한과 중국은 세계와 지역을 바라보는 시각이 달라졌다. 이제 양국은 더 이상 과거 냉전시대의 동맹관계도 아니고 정치·경제적인 이해관계도 같지 않다. 사회적 가치판단과 전략적 관심사에서도 큰 공통점이 없다. 이런 양국의 차이는 중국이 개혁개방을 가속화 시킨 이후로 더 심화되고 있다. 다시 말해, 중국은 자본주의보다도 더욱 자본주의적인 상호의존의 개방국가로 탈바꿈해 가고 있고, 북한은 과거와 다를 바 없는 자주적이고 자립적인 폐쇄국가를 유지하고 있다. 북한의 주체와 중국의 개방은 서로 상충한다.

한때, 북한은 중국식 개혁개방을 세계자본주의 체제의 압력에 대한 굴복으로 비판했다. 그리고 북한의 적국인 남한과 수교를 할 때, 북한은 중국에 대한 배신감을 느꼈을지도 모른다. 현재 중국은 북한이 중국식 개혁개방의 길을 걷게 되면 북한의 중국에 대한 식량과 에너지 의존도가 조금은 줄어들 수 있을 것이라는 희망을 갖고 있다. 북한은 중국으로부터 식량과 에너지 지원으로 최소한의 기근과 에너지난을 모면하고 있다. 그러나 이것조차도 중국은 더 이상 북한에 무상 지원을 하지 않고 있고, 심지어 북한이 구입한 중국산 소비재 상품과 석유구매는 경화로 처리하도록 요구하고 있다. 바로 이 점 때문에 달러가 부족한 북한은 자신들이 필요한 생필품들을 중국으로부터 제때에 구입해 들여오지 못해 더욱 고통스런 생활을 하고 있고, 중국에 대한 불만도 깊어지고 있다. 북한은 1970년대 말까지 약 20년 동안 중국이 미국에 대항하는 베트남에 대해서는 수십 억의 위안화를 무상으로 지원했다는 사실을 잊지 않고 있으며, 바로 미국과 일본, 남한을 다루는 데 있어서 북한은 여전히 중국에게 중요한 전략적 기지이기 때문에 중국이 북한에게도 베트남에 했던 것과 같은 방식의 무상지원을 해줘야 한다는 기대감이 있었다. 그러나 중국은 그렇게 하지 않았다. 바로 이 부분이 북한과 중국 간의 불신을 결정적으로 심화시킨 계기가 되었다.

그러면 지금 북한은 중국을 어떻게 생각하고 있을까. 이 부분을 북한이 공개적으로 자주 언급 하지는 않지만, 두 나라간의 외교관계는 표리부동表裏不同한 상태에 빠져 있다. 북한식 표현에 따르면 소북간신小北奸臣의 관계인 것이다. 북·중간의 관계가 가장 좋았을 때는 역시 김일성과 마오쩌둥이 두 나라 지도자로 있을 때였다. 이때 두 지도자 간에는 항일공동투쟁, 한국전쟁, 사회주의 혁명 이데올로기로 맺어진 혈맹관계가 있었다. 그래서 두 지도자간의 우의를 상징하는 물건들도 많았다. 김일성과 마오쩌둥 간의 변치 않는 우정을 상징하는 과일이 있었는데, 중국 남쪽 지방인 하이난도에서 생산되는

열대과일 리츠였다. 김일성은 중국의 남쪽에서 생산되는 이 리츠라
는 열매를 매우 좋아했다. 그래서 마오쩌둥은 김일성의 생일 때나
북한이 특별한 날을 맞을 때면 김일성에게 항상 이 리츠를 변치 않
는 우정의 상징물로 보내줬다.

　이런 중국의 노력은 마오쩌둥이 죽고 난 이후 덩샤오핑이 중국을
이끌 때도 이어졌으나 장쩌민의 집권이 시작되면서 끊어졌다. 사실,
북·중관계가 최악의 상황을 맞았던 시기는 장쩌민 주석이 중국을
이끌었을 때였다. 당시는 시기적으로도 그럴 수밖에 없었지만 장쩌
민이 중국을 이끌 당시의 북한의 총리가 강성산이었다는 점도 한 요
인으로 작용했던 것 같다. 강성산과 장쩌민은 젊은 시절 두 사람 모
두 모스크바에서 유학생활을 하였는데 당시 두 사람의 사이는 별로
좋지 않았다고 전한다. 그래서였는지는 몰라도 장쩌민이 집권한 이
후 강성산이 북한의 총리로 있을 때 장쩌민은 북한 방문을 꺼렸고
강성산 또한 중국 방문을 꺼렸다고 한다. 그래서 두 사람은 재임 중
에 한 번도 마주친 적이 없다. 이와 같은 이야기가 북측 사정에 밝은
중국 내 활동가들로부터 나올 때는, 마침 중국이 북한의 체제 변화
를 위해 모종의 일을 꾸미고 있다는 식으로 북한에 관해 매우 불쾌
한 소문들이 유포되고 있을 때였다.

김정일의 후계승계를 반대했던 중국지도부

　황장엽에 따르면 북한의 김정일은 중국을 싫어한다. 그 이유는 정
확히 알 수 없지만, 그 이유 중의 하나는 아마 중국이 자신의 권력승

계에 대해서 흔쾌히 찬성하지 않았기 때문인 것으로 보인다. 1974년 김일성이 중국을 방문하여 마오쩌둥을 만났을 때, 자신의 후계자 문제를 거론하면서 후계자로 아들인 김정일을 계획하고 있다면서 이를 지지해 달라고 요청하자, 마오쩌둥은 이에 대한 직접적인 답변을 하지 않으면서도 사회주의 세계에서는 가족 상속에 기반을 둔 권력이양은 해오지 않았다고 강조했다. 그리고 가족상속에 기반을 둔 권력승계는 공산주의 원칙에 반하는 것이라고 말했다. 마오쩌둥의 입장은 분명했다.

이러한 중국 측의 입장은 덩샤오핑이 중국전반에 대한 권력을 완전히 장악한 이후 달라졌다. 김씨 '왕조'에 대한 중국 공산당의 지지가 명확해졌던 것이다. 이윽고 1982년 김일성은 아들 김정일과 함께 중국을 비공식 방문했다. 이때 덩샤오핑은 김일성, 김정일을 데리고 자신의 고향으로 갔는데, 이 여행 중에 김일성은 왜 김정일이 자신의 후계자가 되어야 하는가에 대해 덩샤오핑에게 설명했다. 그 이유로 자신의 동지들 가운데 한 명을 선택하여 후계자로 내세우는 것은 그들 간의 파벌싸움 때문에 관계가 매우 복잡해서 힘들다고 말했다. 그들은 크고 작은 개인적인 공적을 가지고 파벌싸움을 하면서 선후배를 따지고 하는 바람에 이들을 통제하는 것이 쉽지 않다고 말했다. 그러면서 다만 이들 모두가 김씨 왕조 가문에서 한 사람을 간택하여 후계자로 내세울 경우에는 이를 받아들이겠다는 입장을 표명했다고 말했다. 그래서 김일성은 덩샤오핑에게 다른 선택의 여지가 없다고 말했다. 그러자 덩샤오핑은 어쩔 수 없는 상황 속에서 김일성의 후계계획을 지지해줬고, 이는 덩샤오핑으로서는 필요에 따라 마지못해 한 선택이었다.

그러나 북한 후계구도에 대한 중국의 이런 지지는 형식적인 것이었고, 어쩌면 뒤늦은 결정이었는지 모른다. 중국이 지지를 해주든 그렇지 않든, 북한은 이미 1970년대 중반부터 김정일의 후계구도 작업을 준비해 왔고 후계승계 문제는 모두 정리가 된 것이나 다름없었다. 만일 마오쩌둥이 1974년도에 김일성의 후계구도를 지지해줬더라면 북·중관계는 지금보다 더 돈독했을 것이며 김정일 역시 중국을 더 가까운 우방국가로 생각했을 것이다. 김정일은 자신의 결정적인 정치약력으로 간주되는 후계승계 문제에 마오쩌둥이 반대한 것을 결코 잊지도, 용서하지도 못할 것이다. 바로 이 점이 김정일이 자신이 어린시절을 보냈던 중국이란 나라를 싫어하게 된 배경인지도 모른다. 김정일은 1982년 아버지 김일성과 함께 중국을 여행 했을 때, 당시 덩샤오핑에게 "덩의 개혁개방 정책을 공부하기 위해 중국을 다시 방문할지도 모른다"고 말했다. 그리고 그는 그 다음해에 실제로 중국을 방문했다. 그런 이후 그는 중국을 한동안 방문하지 않았고 중국이 추구하는 개혁개방에 비판적인 태도를 견지했다.[12]

사실 북한과 중국의 관계가 본격적으로 악화되기 시작한 시점은 김정일이 북한을 실질적으로 통치하기 시작할 때부터다. 이 시기는 1980년대 말과 1990년대 초인데, 공교롭게도 냉전체제가 무너지고 중국이 새로운 대외정책노선을 선택하면서 1991년 대북한 구상무역 포기와 경화결제의 요구, 1992년 8월 한·중수교가 이뤄진 바로 그 무렵부터였다. 1991년 10월 김일의 방중, 1992년 4월 양상쿤楊尚棍 중국 국가주석의 방북 이후 북한은 1994년에 김일성을 잃고 심리적으로 매우 외롭고 어려운 상황이었다. 바로 이 시점에 김정일이 북한의 통치자로 전면 등장하면서 중국과 쉽게 씻을 수 없는 새로운 갈등들이 쌓여갔다.

중국이 본격적인 개혁개방 노선을 지향하는 외교정책을 펼쳐 나가자 김정일은 보다 공개적인 대중 비판태도를 취하다가 중국이 북한의 적국인 남한의 UN 가입을 승인해주겠다는 의사를 밝히자, 중국의 적국인 대만의 핵폐기물을 북한으로 가져와 처리하겠다는 입장을 밝혔다. 그러나 결국 북한의 대만 핵폐기물 수용은 중국과 국제사회의 압력으로 좌절되었다. 이런 상황에서 1994년 한반도의 비핵화를 가져왔던 핵확산금지조약NPT으로부터 북한이 탈퇴하겠다고 협박하고 나서자, 중국은 북한의 이런 행동에 대한 자신들의 불만을 보여주기 위해 그동안 북한에 수출해 왔던 식량 공급을 중단해버렸다. 당시는 북·미간의 제네바 핵 협상이 타결되어 북한과 미국 간에는 상당한 외교적 거래가 시작되었고 이 점을 중국은 매우 불쾌하게 생각하고 있었던 측면이 있었다. 김정일의 입장에서는 자신의 대미외교의 출발을 중국이 방해하고 있는 것으로 생각했다.

김정일의 중국에 대한 불만이 두 번째로 일었던 계기는 1996년도였다. 당시 김정일은 중국에 약 20만 톤의 식량지원을 요구했으나 중국은 너무 과하다면서 2만 톤을 제공하겠다고 답변했다. 그러자 김정일은 다시 중국을 향해 '대만' 카드를 꺼내들면서 중국무기와 양국 정상들 간의 상호방문 문제를 포함하여 추가로 6가지 요구사항을 중국 측에 추가를 제시했다. 그러자 이번에도 중국은 북한 측의 제안을 거부하면서 북측의 요구를 충분히 만족시켜 주지는 못했지만 5천9백만 달러 상당의 생필품과 2천만 달러의 무이자 차관을 해줬다. 김정일의 지원 요구는 중국정부로부터 계속해서 거부당해 왔었고, 김정일의 대중 불만은 높아지고 있었다.

　그러다가 마침내 1997년에 북·중 간의 불편한 속내가 터져 나오는 사건이 발생했다. 평양의 유엔개발프로그램UNDP에 소속된 중국의 한 농업전문가가 북한이 경제문제를 해결하기 위해서는 중국식 개혁정책을 취할 필요가 있다고 말하자, 평양은 중국인들을 비판하면서 중국은 사회주의 배신자라는 막말을 해버렸다. 그러자 베이징에서는 매우 격앙된 반응을 보이면서, 북한에 대한 곡물지원의 중단을 고려하겠다는 입장을 내비쳤다. 북한 역시 가만히 있지 않았다. 이번에는 북한 측에서 또 다시 대만과 평양간의 직항로 문제를 대만정부와 공개적으로 토론할 생각이라고 대응했고, 당시 대만은 5억 톤 규모의 대북 식량지원을 약속함으로써 평양–대만간 직항로 문제를 매듭짓고자 했던 것으로 전해졌다. 결국 이 문제는 중국이 북한에 대한 식량 공급을 중단하겠다는 협박을 철회함으로써 일단락되었다.[13]

　그러나 북·중 간 관계를 악화시키는 사건은 계속 터졌다. 바로 황장엽 전 북한 노동당 서기의 남한 망명이었다. 북한은 지금도 이 대형사건이 황장엽의 자발적 의지로 인해서 일어난 것으로 보지 않고 남한 정부가 황장엽을 회유해서 결국 남쪽으로 빼돌린 것이라 믿고 있다. 그런데 이 망명사건은 한·중 수교를 맺고 난 직후 발생했다. 중국으로서도 이 문제를 잘못 다룰 경우 남한과의 외교관계에서 신뢰를 잃게 될 수 있었던 것이다. 황장엽이 베이징 주재 한국 대사관으로 망명한 뒤, 한동안 중국 정부는 황장엽이 중국을 떠나지 못하도록 하다가 결국 제3국인 필리핀을 경유해 서울로 들어가는 것을 허락하고 말았다. 황장엽의 망명 사건에 대해서 중국정부는 개입을 꺼렸고 이로 인해 중국은 북한으로부터 엄청난 항의를 받았으며 이

사건을 계기로 한동안 북·중 간 국경선이 폐쇄되기도 했었다.

'양빈사건'과 북·중 갈등의 심화

북·중 간 관계를 극도로 악화시킨 결정적인 사건이 터진 것은 2002년 10월이었다. 소위 양빈楊斌 사건이었다. 2001년 1월 김정일은 상하이 방문 시 유리온실 등 중국의 농업현대화에 상당한 관심을 가졌다. 이는 김정일의 숙원사업이기도 했지만, 동절기 북한의 식량문제를 해결하기 위해서도 매우 중요한 문제였다. 김정일은 중국 방문을 마친 후 귀국 즉시 북경주재 북한대사관에 중국의 유리온실에 관한 정보 수집을 지시했다.

북한대사관은 유리온실 설비와 기술의 최대 공급자는 네덜란드 국적의 중국인 양빈이며, 현재 그의 자금과 인력을 집중 동원해 심양에 허란춘荷蘭村이라는 현대농업 생산기지를 건설 중이라는 내용의 보고서를 김정일에게 보냈다. 이에 김정일은 "관련부문"과 북경주재 북한대사관, 심양영사관에 지시해 양빈과의 정식대면을 추진시켰다. 2001년 4월 북한은 무역성, 경제협력추진위원회, 농업성, 원예총사를 대표해 양빈을 평양으로 정식 초청하였다. 양빈은 평양 방문 이후 네덜란드 오야그룹〔歐亞集團〕 명의로 북한 원예총사와 '평양-오야합영회사'를 설립하였고, 유리온실 사업 등을 성공적으로 수행해 북한의 농업현대화 추진사업에 상당한 공헌을 한 것으로 전해졌다. 그래서 김정일은 2002년 1월에 그를 특별행정구 장관으로 낙점하였고, 이후 북한은 양빈 측과 4차례에 걸친 협상을 통해 '신의주

특구기본법'을 마련하였다.

한편, 양빈은 중국 내에서 토지 불법 전용 혐의를 받아오고 있었다. 양빈이 1998년 선양시에 신청한 토지용도는 첨단 농업단지 조성이었는데, 그는 이 토지를 원래 신청한 용도로 사용한 것이 아니라 부동산 사업으로 전용해 버렸다. 랴오닝성 정부에 따르면, 2001년 3월부터 양빈은 농업용지를 불법 전용했고, 그에 따라 부과되는 법정세금을 체납하였다. 그러나 양빈의 비리혐의가 중앙정부의 차원에서 거론된 시점은 2002년 6월 주룽지朱鎔基의 탈세에 관한 강력한 언급이 있고난 후부터였다. 같은 해 7월부터 중국정부는 양빈에 대한 감시상태에 들어갔으며, 8월 3일 정식으로 중앙정부 차원의 '양빈조사반'이 구성되었다. 따라서 양빈 조사반을 '803공작조工作組'라 불렀다. 이 공작조는 중앙의 국가세무총국, 국토규획 부문 및 성시省市 세무국으로 구성되었다. 그리고 북한의 신의주 특구 지정 발표 시점인 9월 19일까지도 양빈에 대한 조사는 계속되고 있었다. 하지만 북한은 중국정부의 양빈에 대한 조사와는 상관없이 9월 24일 그를 신의주특구 장관에 정식 임명했다.

2002년 10월 4일 신의주를 거쳐 평양을 방문할 예정이었던 양빈은 공안당국에 의해 연금 상태에 들어갔으며, 11월 26일 현지 공안국은 '허위투자, 뇌물수수, 사기, 농지 불법 점용 등 경제범죄 활동' 혐의로 양빈을 체포해버렸다.[14]

이 문제와 관련하여 짚어봐야 할 것은 왜 중국이 북한에서 임명한 신의주경제특구 장관 양빈을 전격 구속시켰을까 하는 점이다. 이 부분에 관해서는 여러 가지 주장들이 제기되고 있으나 가장 정확한 것은 주룽지 당시 중국 총리가 북한의 신의주경제특구 개발을 분명하게 반대하고 있었다는 점이다. 이 부분은 실제적으로 북한의 김정일이 2000년 남북정상회담이 열렸을 때 김대중 전 대통령과 직접 단독 정상회담을 하는 자리에서 밝혔다. 당시 남북정상회담에 참석했던 남측정부의 한 인사는 신의주경제특구와 관련하여 김정일이 말하기를 "일전에 중국을 방문했을 때 주룽지 총리를 만나 신의주 경제특구계획을 이야기 하면서, 신의주에서 만드는 싼 제품들이 중국시장에 나가게 되면 양국이 모두 이익을 볼 것이라고 생각한다고 했더니, 주 총리가 이를 반대합디다. 왜 그러느냐고 물었더니 신의주 경제특구에서 만들어 중국시장에 팔 물건들은 이미 중국 자체 내에서 생산하여 모두 싸게 공급하고 있으니 북한에는 별 장사가 되지 않을 것이라고 합디다. 그러면서 경제특구를 개발하려면 서울에 가까운 지역으로 해서 남한 사람들을 상대로 장사를 하면 훨씬 나을 것이라고 합디다. 역시 중국 사람들은 믿을 사람들이 못 됩니다. 그리고 피는 물보다 진합니다"라고 말했다고 했다. 개성공단 추진은 이렇게 시작된 것이었다.

결국 중국이 양빈을 구금한 것은 북한의 개혁개방이 중국의 국익을 해치지 않는 범위 내에서 추진되어야 한다는 메시지를 북한에게 전달하기 위한 조치로 보인다. 10월 4일 평양을 방문중이던 양빈은 3일에 이미 중국 공안의 포위·감시 상태에 놓여 있었고, 연행된 시점은 4일 새벽 5시였다. 한편 북한이 고농축 우라늄HEU 문제에 대해서 미국의 차관보 켈리에게 사실을 인정한 시점은 10월 4일 오후였다. 다시 말해 북한은 고농축 우라늄 문제에 대해 중국에게 일말의 힌트도 알려 주지 않았던 것이다. 평양이 이런 입장을 공개한 후 중국 정치국에 제출된 페이퍼에는 왕이 외교부 부장관이 북한의 행위를 '외교적 모험주의'로 불렀다고 하며, 이러한 일이 있고 나서부터 중국의 관리들은 북한에 대한 식량과 에너지 지원의 중단을 공공연하게 말하고 다녔으며, 심지어 북한의 탈북자들이 더 많이 중국으로 들어오도록 국경선을 개방하는 것은 물론 한동안 김정일의 중국방문을 환영하지 않겠다는 입장을 취했다. 신의주경제특구는 중국 정부의 양빈 구속으로 좌절되었고, 신의주는 지금까지 꽁꽁 얼어붙은 땅으로 남아 있다.

대북제재 국면을 둘러싼 중국의 반북행보

북한에 대한 중국의 압력은 여기서 그치지 않았다. 2003년 1월 10일 북한이 NPT 탈퇴 선언을 했을 때 중국은 즉각적으로 북한의 NPT 탈퇴선언에 찬성하지 않고 한반도 비핵화 지지를 재확인했다. 이는 1993년 3월 12일 북한의 NPT 탈퇴선언으로 북핵 위기가 가시화되자, 중국이 93년 4월 1일 북핵문제의 유엔 안보리 회부에 대한 IAEA의 표결에서 반대표를 행사하고, 같은 해 5월 11일 안보리 대북 결의안(825호)에는 기권했던 시점과는 다른 행동이었다. 북한에 대한 중국의 태도가 확연히 달라진 것이다.

이러한 맥락에서, 2005년 9월 15일 미 재무부는 마카오 소재 방코델타아시아BDA 은행이 달러 위폐 및 돈세탁과 관련된 북한의 불법 금융활동의 창구임을 비난하고, "우선적 돈세탁 우려 대상"으로 지정함으로써 BDA 내 북한 자산이 동결되는 상황이 발생하였다. 이에 북한은 5차 6자회담 1단계회의에서 미국의 금융제재를 강력히 비판하고, 12월 2일 외무성 발표를 통해 6자회담의 재개와 금융제재 문제를 연계시킬 것임을 시사하였다.

이때 중국이 북한의 자산을 동결시켰던 것은 북한에 대한 압박조치였다. 중국 정부는 BDA의 동결 이후, 중국은행Bank of China의 마카오 지점 역시 북한 자산을 동결시켰고, 중국의 중앙은행인 인민은행도 북한과의 금융거래에 대해 감독활동을 강화시켰다. 이런 사실이 북한으로서는 혈맹으로 믿고 있었던 중국이 대북한 고립정책을 취하고 있는 것이어서 받아들이기 어려웠다. 북한이 BDA 문제와 관련하여 더욱 참을 수 없었던 일은 지난 2006년 6월경 중국정부가 북한에 두 가지 문제를 약속했는데 그 약속을 지키지 않았다는 점이었다. 그 하나는 북한이 6자회담에 복귀하면 중국이 미국정부를 설득해서 BDA 자금 2,500만 달러를 해제시켜 주겠다는 것이었고, 다른 또 하나는 만일 미국이 해제시켜 주지 않으면 중국 정부가 자체적으로 자금을 조달해 북한에 직접 주겠다는 약속이었다. 당시 북한은 이 돈의 액수보다는 돈의 성격 때문에 중국의 제안을 받아들일 수 없다는 입장을 밝히면서도, 중국이 미국을 설득하여 동결된 북한 돈을 해제시키려 노력하기보다는 오히려 미국이 주장한 대로 북한에 제재압력을 강화시키고 있는 데 분노했다. 결국 이 문제는 2006년 1월 10일 김정일의 중국 방문으로 문제 해결의 실마리를 찾았지만 김정일은 돈 2,500만 달러 때문에 중국 정부에게 하소연을 해야 하는 상황에 처하면서 체면을 구겼다.

여기서 더 나아가 북·중관계에 예상치 못한 사건들이 속출했다. 2006년 7월 4일 북한의 미사일 발사는 중국과 북한의 관계를 급속히 악화시킨 계기로 작용했다. 중국은 북한이 미사일 발사를 하려 할 때 이를 사전에 경고하면서 실험 강행을 막고자 했다. 그러나 북한은 중국의 이런 사전 경고를 무시했다. 그리고 미사일을 발사했다. 유엔이 가만있을 리 없었다. 즉각 북한에 대한 제재조치에 들어갔다. 그때가 바로 7월 15일로 유엔 대북결의안 1695호가 발동되고 있었다.

유엔 안보리 상임이사국 가운데 한 나라인 중국의 태도에 모든 시선이 집중되었다. 중국은 어떤 선택을 할 것이며, 또 다시 북한 편에서서 유엔의 대북제재결의안을 반대할 것이냐를 놓고서 귀추가 주목됐다. 중국의 태도는 세계를 놀라게 했다. 물론 북한도 무척 당황스러워했다. 유엔 대북결의안에 찬성표를 던지면서, "한반도 정세를 긴장시키는 어떠한 행동에도 반대한다"는 입장표명까지 했다. 이는 1차 북핵 위기 때인 1993년 5월 11일 유엔의 대북결의안(825호)에 기권을 했던 때와는 분명한 차이를 보여준 것이었다. 그리고 중국의 이런 대북 강경조치는 2006년 10월 9일 북한이 핵실험을 한 이후 더욱 노골화되었다. 중국은 북한 핵실험을 "단호히 반대한다"는 전례 없이 강경한 입장을 공식화하고, 10월 14일 대북 무기금수를 주요 내용으로 하는 안보리 대북결의안(1718호)에 찬성표를 행사했다. 북·중관계는 이렇게 불편과 불만의 수위만 높이는 방향으로 치달았다.

북한은 북핵 문제를 푸는 데도 중국이 6자회담의 중재자로 나서는 것을 원하지 않았다. 물론 북·미 관계 위기의 수위가 높아졌을 때는 달랐다. 그러나 북한은 어디까지나 미국과 직접회담을 통해 핵문제를 해결하고 싶어 했다. 그래서 북한은 중국이 6자회담 내에서 미국과 북한 사이를 왔다 갔다 하면서 중재자역할을 하고 있지만 중국이 정직한 중재자라고는 믿고 있지는 않다. 그 이유는 이렇다. 첫째, 북한은 중국의 중재자 역할이 자발적인 행위가 아니라 미국의 요구에 의한 것으로 보고 있다. 북한 입장에서 중국의 '중재'는 애초부터 미국 쪽으로 편향되어 있다. 중국은 중재자란 이름을 내세워 북한에 대해서 미국의 압력을 전달하는 '간접압력 수행자'이지 북한의 협조자가 아니라는 것이다. 북한이 내세운 근거는 중국이 북한에 대해서는 압력을 행사하면서도 미국에 대해서는 한 번도 압력을 행사한 적이 없다는 것이다. 아니, 미국에 대해서는 압력행사를 못한다는 것이다. 그래서 중국은 정직한 중재자는 될 수 없다고 믿고 있다.

둘째, 북핵문제는 오직 미국과의 직접 담판을 통해서만 해결될 수 있다고 믿고 있다. 그래서 중국의 중재역할은 오히려 북 · 미 간 직접대화의 방해물로 작용되고 있다는 것이다. 북한과 직접 대화를 피하려는 미국의 체면만 살려주는 역할을 하는 것이 바로 중국의 중재역할이란 것이다. 북한이 바라는 정직한 중재자의 역할은 북 · 미 간 직접대화를 유도해내는 경우뿐이다.

셋째, 북한은 미국이 중국을 중재자로 내세우는 것은 북핵문제를 대화와 설득으로 해결하려 하기보다는 북한에 대해서 중국이 갖고 있는 영향력을 활용하여 중국으로 하여금 북한에 압력을 넣어 핵을 포기시키기 위한 전략적 카드로 보고 있다. 미국 자신의 힘만으로는 북한에 압력을 넣어 핵 포기 조치를 이끌기 어렵다 보니 북한에 가장 강력한 영향력이 있는 중국을 통해 우회적으로 핵 포기를 이끌어내겠다는 의도 아래 중국을 끌어들였다는 것이다.

넷째, 중국이 중재자로서 미국과 북한 사이를 오가는 것은 핵문제 해결을 위해서라기보다는 이를 구실 삼아 대미 관계 발전을 증진하는 데 북한의 핵카드를 지렛대로 삼기 위해서라고 북한은 보고 있다. 즉, 북한은 중국이 자국의 외교적 영향력을 확대시키는 데 북한 핵 문제를 활용하고 있는 것으로 보고 있다.

미국은 북핵 협상과정에서도 여과 없이 중국에 대북 석유공급 중단을 요청한 적도 있었다. 2005년 4월 26일 크리스토퍼 힐 미국무부 차관보는 중국을 방문했을 때, 중국에 "대북 석유 공급을 중단해 달라"고 요청했다. 그리고 그에 앞서 2003년에도 라이스 안보담당 보좌관은 북한에 대한 식량과 원유공급 중단을 요청했으나 중국정부가 이를 거절한 적이 있었다. 그러나 중국은 북한에 대해서 많은 압력을 행사해 왔고 북한은 이런 중국이 더 이상 혈맹관계일수는 없다는 판단을 내리고 있다.

북한의 핵개발 의지가 더욱 강해진 것은 미국과 한국으로부터 선제공격의 대상이 되지 않겠다는 선제적 방어능력을 키우기 위한 측면도 있지만, 무엇보다도 국경선을 맞대고 있는 중국의 위협을 억제하기 위한 측면이 점점 강해지고 있다. 북한은 중국이 테러지원 국가를 응징하는 미국의 반테러 정책에 편승하는 것을 보면서 자국에 실리를 주고 이익을 가져다주는 행위라면 어제의 친구도 버릴 수 있는 나라가 중국임을 확인했다. 김정일은 중국이 영원한 우방도 친구도 될 수 없다고 생각한 것 같다. 김정일은 미 국무성의 테러지원국 명단에 북한이 올라 있는데도 중국이 미국의 반테러 정책에 편승하는 것을 보면서 더 이상 중국이 자신들의 방패막이가 될 수 없다는 확신을 가졌고 오히려 북한을 가장 가까운 곳에서 위협할 수 있다는 나라가 중국임을 확인하게 되었다.

핵을 가진 북한은 미·중 공동의 적인가

이런 상황 속에서 북한은 더욱 강력한 핵 억지력을 갖는 것만이 자신들의 체제를 유지 할 수 있는 확고한 안전책임을 확신했다. 그리고 중국에 대한 경제적 종속성의 심화를 탈피하고 중국을 견제하기 위해서도 북한은 미국을 끌어들이는 전략이 최선이라는 생각을 갖게 되었다. 그것이 바로 북한이 바라는 북·미수교인 것이다. 김정일이 2000년 남북정상회담 당시 김대중 대통령에게 "통일 이후에도 주한미군이 한반도에 주둔하는 것은 이 지역 안정을 위해 괜찮다"고 발언했을 때, 이는 남쪽정부에 듣기 좋으라고 한 소리는 아니었다. 사실은 미국과 중국을 겨냥한 전략적인 발언이었다. 김정일이 이 발언을 세계의 이목이 집중된 남북정상회담장에서 했었던 것은 북·미수교를 맺고 싶다는 자신의 의중을 미국을 향해 내비친 것이었으며, 다른 한편으로는 중국을 향해 "우리 북조선은 중국을 견제하기 위해 미국을 끌어들일 준비가 되어 있다"는 메시지를 중국 정부에 던진 것이나 다름없었다.

김정일의 이와 같은 발언에 중국정부의 속내는 어떠했을까. 김정일을 무척 경계했을 것이다. 자신들의 접경지역으로 미군을 끌어 들여 중국을 견제하겠다는 김정일의 발언이 중국정부를 무척 당혹스럽게 만들었을 것이다. 이는 중국의 최대 위협국인 미국의 군사력을 중국의 국경선에다 배치시키겠다는 것이나 다름없을 만큼 중국 안보에는 치명적인 위협 발언이었을 것이다. 중국은 한반도에 머물고 있는 주한미군이 한반도와 동북아로부터 철수하는 것이 자국의 안보를 위해 가장 좋다고 생각하고 있다. 그러나 북한은 중국의 이런 안보전략과 배치된 발언을 하면서 오히려 중국의 위협을 막고자 미군을 중국과 가장 가까운 인접거리로 끌고 들어오겠다고 했다. 여기서 김정일의 안보전략과 중국의 그것은 상충하고 있는 것이다.

중국에서 북한의 체제변화와 김정일 정권의 붕괴론이 가장 극심하게 표출되면서 중국의 지원을 받은 북한 군부가 김정일 체제를 대체할 것이라는 주장과 더불어, 미국이 영변 핵시설을 군사력으로 폭파하더라도 중국은 더 이상 북한 문제에 개입하지 않을 것이라는 중국의 북한 포기론이 흘러나왔던 것은 김정일의 주한미군 주둔론에 대한 중국측의 불만표출이었던 것이다. 이는 다시 말해, 북한에게 중국은 이제 혈맹관계이자 순망치한의 관계가 아니라 커다란 위협세력인 것이고, 중국 역시도 북한이 더 이상 형제국가가 아니라, 자국의 안보와 경제를 위협하는 위험 세력으로 간주되고 있음을 의미한다. 북한에게 중국은 냉전시대처럼 동맹, 혈맹, 우방과 같은 불변의 보호자가 아니다. 중국의 이익에 따라 얼마든지 북한을 위협하고 이용하며 희생시킬 수 있는 북한의 위협세력이며 약탈적 경쟁국가인 것이다.

북한은 이미 중국의 대한반도 전략이 북한에서 남한으로, 그리고 다시 통일 이후의 한반도 상황으로 이동하고 있다는 것을 잘 알고 있을 것이다. 즉, 중국의 대외정책이 이념 중심의 진영외교에서 이익중심의 경제외교 정책으로 전환했고, 냉전시절에 북한에 집중했던 전략과 정책을 탈냉전시기에는 다시 남한과의 경제적 이익을 중시하여 남한에 집중하는 전략과 정책으로 전환했다는 사실도 잘 알고 있을 것이다. 그리고 북한은 중국이 또다시 통일 이후의 한반도가 남쪽과 북쪽 가운데 어느 세력에 의해 주도적으로 움직여질 것인가 하는 문제에 초점을 맞춰서 그들의 대한반도 정책을 추진하고 있다는 점도 잘 알고 있을 것이다. 바로 이 점을 잘 알고 있기 때문에 김정일은 더욱 적극적으로 북·미수교관계에 진입하려 한 것이다. 중국의 위협을 미국을 끌어들여 막아 보겠다는 계산을 하고 있을 것이다.

그런데 여기서 김정일이 놓치고 있는 부분이 한 가지 있다. 미국과 중국은 모두 북한이 핵무기를 보유하는 것을 바라지 않고 있다는 사실이다. 그리고 미국과 중국은 북한이 이 두 강대국들을 끌어들여 경쟁시켜 놓고, 과거 냉전시절에 했던 것처럼 중·소분쟁의 틈바구니에서 북한 특유의 줄타기 외교를 통해 자국의 실리를 취했던 것처럼, 이번에도 미·중간의 분쟁의 틈바구니를 이용해서 새로운 생존 외교술을 발휘해 나가려 한다는 계산을 갖고 있다는 사실을 모두 알고 있다. 미국과 중국은 이미 북한의 속내를 읽고 있으며 북한이 생각하는 것 보다는 훨씬 높은 수준의, 그러나 북한의 눈에는 결코 보이지 않은 긴밀한 북핵 포기 협력을 하고 있다. 북한이 핵을 포기하지 않는 한 미·중 간의 북핵 포기를 위한 공조는 계속될 것이다. 지금까지 미국과 중국이 서로 보이지 않게 협력하면서 북한 핵무기개발을 포기시키려 어떻게 노력해 왔는가를 김정일은 잘 살펴볼 필요가 있다.

핵을 포기하지 않은 김정일은 미국도 중국도 동맹으로 만들 수 없다. 그리고 이 두 나라는 핵을 가진 북한을 공동의 적으로 간주할 것이다. 김정일이 깊이 생각해봐야 할 한 가지 사항은, 미국과 중국이 북한 핵무기를 포기시키기 위해 얼마나 많은 노력을 하고 있는가 하는 점이다. 미국과 중국이 대결의 순간을 모두 넘기고 서로 공조와 협력의 세월을 즐기게 된 그 계기를 누가 만들어 줬는지에 대해서도 김정일은 한 번 생각해 봐야 한다. 9.11 테러가 없었고 북한이 핵을 포기했더라면 미중 사이에서 북한의 줄타기 외교전략은 훨씬 큰 실효성을 갖지 않았을까.

미국과 중국이 북한의 핵무기 보유를 좌절시키려는 진정한 목적과 의도는 결코 김정일의 핵이 무섭고 겁나서가 아니다. 미국과 중국이 진정 두려워하고 있는 것은 북한의 핵무장을 핑계로 일본이 곧장 핵무장에 나설 가능성이다. 미국과 중국은 모두 일본의 군사적 공격을 받아 본 '쓰라린 그렇지만 엄청난 공포'를 갖고 있다. 북핵을 절대로 용인할 수 없다는 미국과 중국의 강한 의지는 결단코 일본에게 핵무장의 길을 열어주지 않겠다는 것에 다름아니다. 김정일은 이 점을 염두하고서 중국을 쳐다봐야 한다. 핵무장을 한 일본 자위대가 태평양을 누비고 다니면, 1941년 하와이 진주만 폭격을 당했던 미국은 어떤 생각을 하게 될 것인가. 난징 대학살로 중국 대륙을 공포에 몰아넣고 만주에 일본 괴뢰정권인 만주국을 세워 중국의 마지막 황제를 통해 중국 본토를 점령하려 했던 일본이 신 대동아공영론을 주창하면서 다시 대륙진출의 시동을 건다면, 이를 중국이 어떻게 생각할 것인가.

미국과 중국은 일본이 핵무장국으로 가느냐 그렇지 않느냐의 이 모든 문제가 김정일의 핵포기 여부에 달려 있다고 보고 있다. 북한이 핵을 포기하지 않으면 일본이 계속해서 미국의 핵우산 아래 있으려 할까. 미국이 일본의 핵무장을 막을 명분이 있을까. 미국이 어쩔 수 없이 태평양 지역에서 북한의 핵 억제력을 키우기 위해 일본의 핵무장을 중동의 이스라엘처럼 용인해 주고, 일본을 유엔 안보리 상임이사국으로 끌어들인다면 대국굴기를 꿈꾸고 있는 중국의 지위가 어떻게 추락할 것인지 김정일은 생각해봐야 한다. 지금 김정일과 중국 간의 핵심 문제는 '핵과 일본'인 셈이다.

9

한반도 영구평화의 조건

동북아 안보의 블랙홀, 북한 핵

냉전체제가 해체된 지금의 한반도는 새로운 전쟁과 평화의 기로에 서게 되는 운명을 맞게 되었다. 그 이유는 북한의 핵무기 프로그램 때문이다. 한반도와 동북아는 지금 북한의 핵무기 개발 프로그램 때문에 과거 냉전시대 보다도 더욱 위험하고 위협적인 국면에 처하게 되었다. 그 이유는 북한의 핵무기 개발에 맞서서 한국 역시 북한 핵위협을 억제할 수 있는 새로운 핵무기 개발에 착수할 수 없는 상황 때문이다. 그래서 한국은 핵무기의 위력이라고 할 수 있는 상호확증파괴력을 갖추지 못함으로서 '공포의 균형'을 이루지 못하게 되었고, 그 결과 북한이 핵무기 프로그램을 포기하지 않은 한, 한국인들의 삶은 북한의 핵위협에 항상 노출될 수밖에 없게 되었다는 점에서 매우 불안하고 위험한 생활을 하게 되었다. 이런 상황에서 한미동맹이 깨지고 미국이 일방적으로 철수를 하게 된다면 한국은 그야말로 북한 핵무기 앞에 목숨을 내맡기고 있는 상황이나 다름없는 처지가 될 것이다. 그렇다고 북한의 핵 공격을 억지하기 위해 한국도 핵 개발에 나선다면 한반도는 치명적인 핵지대로 변하게 된다.

또 다른 한 가지는 북한의 핵개발을 막을 수 있는 어떤 유일 강대국도 존재하지 않고 있다는 점이다. 예를 들어, 과거 미·소를 중심으로 한 냉전시대의 경우라면 구 소련 중심의 질서에 편속되어 있던 사회주의 종주국들은 자국의 자결에 의해서 핵개발을 하지 못했을 것이다. 북한의 핵개발 역시 구 소련의 개입으로 어려웠을 것이다. 그 대신 북한은 구 소련의 핵우산 정책 하에서 외부의 안보 위협으로부터 보호는 받을 수 있었을 것이다. 그렇게 되었더라면 굳이 북한이 핵무기 개발에 나설 필요성을 절감하지 못했을 지도 모른다. 그러나 구 소련과 동구 공산국가들의 붕괴 이후 북한은 더 이상 자신들을 보호해 줄 수 있는 군사동맹국들을 찾지도 얻지도 못했다. 냉전체제의 해체로 북한은 안보의 보호자를 잃어버린 것이다.

그래서 북한은 안보 담요(security blanket: 어린 아이들을 포근하게 감싸고 있는 보자기와 같은 담요)를 잃었기 때문에 외부의 위협으로부터 자국을 보호할 수 있는 유일한 자구책이 핵무기 개발밖에는 없다는 나름의 결정을 이즈음부터 더욱 강하게 했던 것 같다. 이에 대한 보다 구체적인 정황은 충분히 있다. 북한은 1990년 9월 2일 한국과의 국교수립 의사를 전달하러 온 러시아 셰바르드나제 외무장관에게 다음과 같은 내용의 각서를 전달했다. "소련이 남조선과 '외교관계'를 맺는다면, 소련 스스로 북·소 동맹조약을 유명무실한 것으로 만드는 일이 될 것이다. 그렇게 된다면 우리는 지금까지 동맹관계에 의거해 왔던 몇몇 무기들을 우리를 위해 조달하기 위한 대책을 부득

불 세울 수밖에 없다."[1] 북한이 핵무기 개발을 더욱 가속화시켜야겠다고 결심을 하게 된 계기는 정확히 예측할 수 없으나 1990년과 1992년 구 소련과 중국이 각각 한국과 수교관계를 맺기 시작하고 북한과 혈맹관계에 있던 나라들이 모두 등을 돌리고 떠나면서 적국인 한국과의 실리외교를 추구한다는 명분 하에 국교관계에 들어서면서부터였다. 북한은 이루 말할 수 없는 고립감과 체제 위기의식을 가졌고, 바로 이때부터 보다 적극적인 핵무기 개발 의지를 강화시켜 나갔던 것으로 보인다. 한반도에는 바로 북한이 체제위기를 탈피하고 외부의 공격으로부터 확실한 자위권을 확보한다는 차원에서 핵무기 개발 프로그램에 적극 나서는 시점을 시작으로 한국전쟁 이후 또 다른 전쟁의 조건이 강화되었던 것이다.

반면 평화의 조건들은 약화되기 시작했다. 냉전의 긴 평화의 시대를 구가하도록 만들었던 핵무기는 이제 한반도에서는 새로운 전쟁의 위기를 조성하고 있다. 한반도와 동북아시아는 북한이 핵무기를 포기하지 않는 한 평화의 세기를 맞을 수 없다. 미국은 북한 영변의 핵시설을 군사적 공격으로 해체시킬 것을 검토해 왔고, 이 옵션은 아직도 포기되지 않았기 때문이다. 설령 한국이 북한의 핵위협을 막기 위해 독자적인 핵무기 개발에 나서지 않는다 하더라도, 한반도 비핵화 선언 이후 한국으로부터 철수된 주한미군의 전술핵무기는 다시 한국으로 유입되어야 한다는 주장이 나올 수 있기 때문이다. 이미 한국의 보수정치인들은 철수된 전술핵무기는 말할 것도 없고, 한국이 자체적으로 핵무기 개발에 나서야 한다고 주장하기 시작했다. 그리고 일본의 보수 정치인들 또한 북한의 핵무기 보유에 더 이상 일본 열도가 그들의 위협에 속수무책일 수는 없다는 이유를 들어

자구책으로 일본 역시 핵무기 개발에 적극 나서야 한다고 주장하기 시작했다. 한국과 일본이 핵개발에 나서게 되면 중국의 위협으로부터 벗어나기 위한 방위정책을 갖고 있는 대만 역시 이에 뒤질 세라 핵무기 개발의 기지개를 펴게 될 것은 불을 보듯 뻔한 일이다. 이렇게 되면 동북아 지역에 대한 미국의 핵우산 정책은 유명무실해 질뿐만 아니라, 동북아 지역안보 상황은 순식간에 핵무기의 열대熱帶로 변하게 된다. 또한 세계 핵무기 확산을 막는 NPT 체제나 IAEA와 같은 기구는 그 존재 가치가 상실될 것이며, 유엔의 기능 역시 심각한 위기에 처하게 될 지도 모른다. 더욱이 일본의 핵무기 보유는 일본이 대륙과 해양의 진출 그리고 세계패권을 한 번도 포기해 본 적이 없는 나라라는 점에서 러시아, 중국은 물론 미국까지도 긴장하게 만들 것이다. 그렇게 되면 세계는 순식간에 핵군축이나 핵감축이 아닌 핵확산 도미노 현상에 빠져들게 될 것이며, 지구촌의 모든 주권국가들은 핵 경쟁시대에 돌입하게 될 지도 모른다. 북한의 핵무기 개발이 한반도를 넘어 세계와 동북아 평화를 삽시간에 위험한 상황에 빠뜨릴 수 있는 엄청난 재앙요인이 되는 것은 시간문제일 뿐이다. 북한의 핵무기는 한반도는 말할 것도 없고 세계와 동북아 지역을 핵연기와 방사능이 치솟는 폐허로 만들 수 있는 재앙을 초래한다.

이러한 상태가 된다면 하나 뿐인 지구에 생존해 있는 인류는 어디로 가야 하는가. 북한의 말대로 '조선이 없는 지구는 필요 없기' 때문에 지구에 전 인류가 다 소멸하더라도 북한 민족만 살아남으면 이 지구는 가치 있는 곳일까. 사실상 상호확증파괴력을 갖고 있는 핵무기는 더 이상 유용한 무기가 될 수 없다. 핵무기는 사용할 수 없는 무기unused weapon로도 정의된다. 그러나 이러한 원칙이 반드시 지

켜지는 것은 아니다. 비합리적인 지도자들이 핵을 보유하게 되면 그
는 자살하는 심정으로 핵무기를 사용할 수도 있다. 독일의 히틀러나
일본의 도조 히데키東條英機와 같은 무력주의자들의 손에 핵무기가
들려 있었다고 가정해 보라. 이들이 전쟁에서 핵무기를 사용하지 않
았겠는가. 그러나 이성적인 지도자들이 각 나라를 이끌어 가는 경우
라면 핵무기는 더 이상 사용될 수 없는 한계를 맞게 될 것이다. 그러
나 핵무기를 더 이상 사용할 수 없는 단계에 이른다면 인류에게 있
어서 전쟁은 끝난 것일까. 결코 그렇지 않다. 핵무기로 꽉 들어찬 지
구에 핵무기를 사용하지 않은 평화 상태와 핵무기가 하나도 없는 지
구촌의 평화 상태를 한번 비교해 보라. 인류는 어떤 평화 상태에서
사는 지구에 더 큰 희망이 있다고 생각하겠는가.

북핵 도미노

인류가 존재하는 한 전쟁은 종식될 수 없을지도 모른다. 그리고
보다 더 많은 국가들이 핵무기를 보유하게 되면 전쟁은 '핵의 억지
효과' 때문에 핵을 갖고 있는 국가들 간에는 서로 전쟁을 하지 않을
수도 있을 것이다. 그러나 그렇게 되면 결국 군사력은 다시 재래식
무기의 경쟁시대로 접어들 수밖에 없을 것이다. 많은 나라들이 핵무
기를 보유한 상태에 이르게 되면 재래식 군사력이 강한 나라가 결국
강대국이 되는 것은 명확해진다. 그래서 재래식 군사력은 경제력과
비례한다는 점에서 북한이 핵을 갖고 있어 봐야 주변 국가들이 모두
핵무기를 보유하게 되면 북한의 핵무기 보유에 대한 효과는 순식간

에 상쇄될 수밖에 없다. 이를 다른 말로 표현하면 북한의 핵무기 보유는 한반도는 물론이고 세계와 동북아 평화 체제를 불안한 국면으로 몰고가 결국 평화무드를 해체할 수도 있지만, 그에 앞서 자신들의 체제를 스스로 해체하는 결과를 초래할지도 모른다. 그 이유는 북한의 핵무기가 바로 세계 3대 화약고 가운데 하나인 한반도에서 또 다른 전쟁의 위기를 몰고올 수도 있기 때문이다.

북한의 핵무기는 몇 가지 점에서 한반도는 물론이고 세계와 동북아 평화에 전쟁의 씨앗으로 자라고 있다. 첫째, 미국의 관점에서 북한의 핵무기 보유가 세계 핵확산의 촉매자가 될 것으로 판단되고, 북한과의 핵협상에서 또 다시 미국이 실패한다면 미국은 북한 핵시설에 대한 군사적 공격을 재고할 수 있기 때문이다. 특히 일본이 북한 핵무기 개발을 명분으로 내세워 미국이 북한 핵무기를 협상이든 군사적 공격이든 포기시키지 않으면 일본은 자위권을 보다 적극적으로 강화시켜 결국 핵무기 개발에 나설 수밖에 없다는 의지를 강행할 경우, 미국은 일본의 핵개발 압력에 견디지 못해서 북한의 핵시설을 군사적 폭격으로 파괴시킬지도 모른다.

지금은 먼 미래의 일이라 생각할지 모르지만, 이시하라 신타로石原愼太郎와 같은 극우주의자들이 집권 자민당의 당권을 장악하게 된다면 일본의 핵무장은 불가능한 일이 아니다. 그리고 미국과 중국은 일본의 핵무장을 극력 경계하고 있기 때문에 북한이 끝까지 핵개발을 포기하지 않을 경우 미국과 중국은 서로 합의하여 북핵시설에 대한 군사적 선제공격을 강행할지도 모른다. 그럴 경우 북한의 핵무기는 한반도에 새로운 전쟁의 불씨가 될 수 있다. 특히 미국이 북한의 핵시설을 공격하겠다고 결심을 하는 경우는 일본의 핵개발 의지가 북한의 핵포기 의지보다 더 강해질 경우이다. 미국의 판단에 북한의 핵 무력화만이 일본의 핵개발 의지를 막을 수 있다고 판단되는 경우에 한해서일 것이다.

둘째, 미국이 북핵 문제는 더 이상 대화로 해결할 수 없는 문제라고 단정짓고, 미국이 확실히 북한의 핵 군사력을 선제공격함으로써 전멸시킬 수 있는 능력인 "제1격 능력(선제공격능력)"을 갖췄다고 판단하거나 아니면 북한의 반격을 완전히 방어할 수 있다고 확신 혹은 오판했을 때, 미국은 북한 핵시설을 폭파할지도 모른다.

셋째, 미국이 북한의 핵무기 능력을 과소평가하는 경우이다. 만일 미국이 자체적으로 분석하기로 아직 북한이 핵무기를 상용할 수 있는 단계에까지 진입하지 못한 것으로 판단하고, 북한의 재래식 군사력을 지나치게 과소평가할 경우에 한해서, 미국은 북한이 상용할 수 있는 핵무기 개발의 시점 이전에 북한의 핵보유 능력 자체를 완전히 해체시키려 할 것이다. 이 경우 미국이 가장 우선적으로 공격할 목표물은 북한 미사일기지가 될 것이다.

미국은 북한이 재래식 무기로라도 미국과 그 동맹국들을 보복 공격할 능력이 없다고 판단할 경우에 군사적 공격을 단행할 것이다. 실제로 미국의 F-22 전투기는 한밤중에 평양으로 날아가 자신들이 판독한 평양의 군사기지를 초토화시킬 수 있으며, 이 비행기는 북한이 갖고 있는 레이더망에는 포착되지 않고 북한으로 날아들어 갈 수 있는 초정밀 전투기이다. 만일 실전에 들어간다면 현재 북한에 있는 소련제 MIG-19, 21 전투기를 모두 합쳐도 F-22 스텔스 전투기 한 대와의 전투에서 이길 수 없을지도 모른다. 결국 지금의 북한의 방위체제로 미국의 군사적 폭격을 막는다는 것은 어떻게 보면 여자 스타킹으로 M-16 총알을 막겠다는 것과 비슷한 상황에 비교된다고 할 수 있다.

미국의 F-22 스텔스 전투기 한 대가 저녁에 북한 영공을 뚫고 들어갔을 때, 이 비행기 한 대로 북한의 주요 군사기지는 모두 파괴될 수 있고 무력화될지도 모른다. 여기에는 북한이 일본열도와 한국을 향해 배치해 놓고 있는 장사정포 위치까지도 포함된다. 이 비행기가 어둠을 뚫고 북한 영공을 침투하게 되면 북한 레이더망에는 마치 밤하늘을 날아가는 기러기 한 마리처럼 보여 북한의 레이더 판독 수준으로는 정확히 비행기인지 아니면 하늘을 나는 새인지에 대한 판독이 불가능하다. 이런 상황에서 미국의 군사력을 북한의 방위체계가 막는다는 것은 한 미국 군인의 말에 의하면 "장갑차나 탱크를 당나귀나 노새를 앞세워 막아보겠다는 것이나 다름없는 수준"인 것이다.

넷째, 중국이 북한의 핵무기 보유와 그 위력을 실제로 인정하게 되는 경우이다. 중국은 어떤 경우에도 북한의 핵무기 보유를 원하지 않을 것이다. 북한이 핵무기를 보유하게 되면 가장 절박한 상황에 빠지게 될 나라는 바로 중국이다. 북한 핵무기 위협에 대처한다는 구실로 한미 군사동맹은 더욱 강화될 것이고, 미일 군사동맹 또한 더욱 공고화되면서 자위대의 활동반경은 공격적이면서도 넓어질 것이다. 그렇게 되면 이에 대한 모든 방어부담은 중국이 지게 된다. 미일 동맹이 강화되면 중국이 상상할 수 없는 미국의 최첨단 군사기술이 일본으로 이전된다는 사실은 지극히 당연한 일이다.

북한의 미사일과 핵공격에 대한 방어 구실로 미국과 일본이 미사일 방어시스템 개발에 더욱 박차를 가할 것이고, 여기에 대만까지 끌어 들인다면 대만 건너편 중국 푸젠성福建省에 대만을 겨냥해 배치되어 있는 미사일들은 쓸모없게 될지도 모른다. 그리고 북한의 핵무기 보유를 구실로 미국이 대만과 동북아 지역에 더욱 가까이 진입해 들어가게 되면 이는 곧 대중국 포위 전략으로 이어질 것이다. 특히 일본과 대만의 핵무장화는 중국의 지역 및 국제적 지위를 떨어뜨리고 대만과의 영토 통일을 불가능하게 만드는 요인으로 작용할 것이다. 무엇보다도 북한의 접경지대에 살고 있는 약 3억 명의 중국 동북 3성의 자국민들이 북한의 핵위협에 노출된다는 사실을 중국은 잘 알고 있을 것이다. 또한 북한의 핵무기가 중국내 분리 독립운동파들에게 들어갈 경우 상상할 수 없는 충격적 결과를 초래할 수도 있다.

이런 중국이 자국의 국경선 근처에 건립되어 있는 북한 핵시설에 대해서 미국의 폭파계획을 묵인하거나 아니면 자신들이 나서서 해체할 경우 이는 예상할 수 없는 긴장과 위기를 몰고 올 것이다. 중국이 북한의 핵무기 보유에 대해서 이렇다 할 증후를 드러내지 않고 있는 것은 아직 북한 핵무기 프로그램에 대한 정확한 정보를 갖고 있지 못하거나, 아니면 북한의 핵보유 주장을 액면 그대로 믿지 않기 때문일 것이다.

미국 외교의 대실패, 북한 핵

지금 한반도는 1953년 7월에 조인된 정전협정에 따라 휴전상태에 놓여있다. 평화조약을 체결하지 못한 채 사격중지 상태가 50년 이상 계속 되어온 것이다. 일시적으로 전쟁이 중지된 상태이지 전쟁이 완전히 종결된 상태가 아니다. 어떻게 보면 전쟁의 상태도 아니고 평

화의 상태도 아닌 '반전반평화半戰半平和'의 혼재 상태가 지금의 한반
도이다. 전쟁 속에 잠시 화염이 멈춰 있는 막간의 평화 상태인 것이
다. 그래서 한반도의 평화는 언제든지 깨지기 쉬운 미완의 평화이자
불완전한 평화이다. "1899년과 1907년 두 차례에 걸쳐 전쟁 규약을
명문화한 헤이그 조약에 따르면 원래 전쟁은 선전포고로 시작하고
평화조약으로 끝내야 한다"고 되어 있다.[2] 그러나 한국전쟁은 선전
포고도 평화조약도 없는 전쟁이었다. 전쟁의 시작도 예시하지 않고
새벽에 기습적으로 일으킨 전쟁이었고, 전쟁의 종결을 상징하는 평
화조약도 아직 없는 상태이다. 그래서 남과 북은 지금까지 제휴조차
없는 적대적 대결 관계를 50년 동안이나 지속해 오고 있다. 그동안
북한과 한국 · 미국 간에는 직접적인 적대관계가, 북한과 일본 사이
에는 간접적인 적대 관계가 지속되었다.

그러는 사이에 북한 핵문제는 한반도에서 몇 번의 전쟁의 위기를
초래했고 또 지금도 계속해서 전쟁의 씨앗으로 남아 있다. 북한 핵문
제는 이미 1993년과 94년에는 일촉즉발의 전쟁 상황을 만들었고,
2002년에도 극단의 위기를 불러 일으켰다. 1993년 북한의 NPT 탈퇴
와 IAEA 탈퇴에 이어 촉발된 1994년의 북핵 위기는 미국으로 하여금
"한국에 패트리어트 미사일을 배치토록 만들었고 동시에 해상봉쇄
준비와 유사시 작전지원 등을 위해서 비밀리에 일본 방위청에 협력
을 타진토록 했다. 이를 받아들인 이시하라 노부오石原信雄 관방부장
관은 극비리에 방위청과 외무성에 연구를 개시하도록 했다. 북한은
한국 국민과 해외교포에게 김영삼 정권을 타도하자고 호소했을 정도
였다."[3] 당시 미 국방장관은 육 · 해 · 공군 1만 명 증파와 F-17 스텔
스 폭격기의 증파, 항공모함 인근 해역 배치라는 안을 채택할 준비를

하고 있었고, 북한은 이때 전쟁을 각오하고 있었다. 그리고 만일 전쟁이 발발했을 경우를 예측하기 위해 존 살리카쉬빌리 미 합동참모본부 의장이 소집한 전체회의의 검토결과는 북한과의 전쟁 기간을 90일로 잡았을 때 이로 인해서 발생할 사상자는 미군 5만 2000명, 한국군 49만 명에 달했고, 전체적으로는 미군 사상자 8~10만 명을 포함해 군인·민간인 사상자가 100만 명에 이를 것이라는 예측이 나왔다.

결국 카터의 방북으로 북핵 위기는 극복될 수 있었고, 그 결과로 맺어진 북·미간의 제네바협약으로 북핵 위기는 끝을 맺게 되는 듯했었다. 그러나 이 북핵 위기는 2002년 10월 제임스 켈리 당시 국무부 차관보의 방북으로 위기의 불씨가 다시 되살아나기 시작했고, 부시 행정부가 들어와서는 일촉즉발의 전운이 감돈 급박한 상황으로 급변했다. 당시 부시 행정부의 참모들은 이라크의 사담 후세인을 제거한 후, 그 다음 제거 대상은 바로 북한의 김정일이라는 말을 감추지 않고 했었다.

당시 부시의 국가안보관에는 성경에서나 읽을 수 있는 '악의 개념'이 되살아났다. 부시의 사고체계에는 '악'이라는 개념이 중요한 부분으로 차지하고 있었고, 부시는 로널드 레이건 전 대통령의 사고체계에서 '악'이라는 개념이 중요한 위치를 차지했던 것처럼, 자신도 레이건 대통령을 따라가고 싶어 했다. 부시는 1982년에 로널드 레이건이 영국 의회에서 구 소련을 향해 '악의 제국'이라고 공격했듯이 테러지원국으로 지정된 나라들에 대해서 '악의 축'이란 말로 공격했다. 그리고 자신이 직접 "제국의 시대는 지나갔지만 악은 여전히 남아 있다"는 연설도 했다. 그리고 테러리스트들을 향하여 자신은

"파리 잡는 일은 지긋지긋합니다. 방어 놀이도 신물 납니다. 공격 놀이를 하고 싶습니다. 지금이라도 비행기를 타고 테러리스트들에게 날아가 공격을 하고 싶습니다"[4]라는 말을 거침없이 쏟아냈다.

부시에게 있어서 북한은 악의 존재이자 테러지원국가로 선제공격의 대상이었다. 당시 미국의 동맹국인 한국의 많은 사람들은 이라크와의 전쟁이 끝나자 부시가 북한의 핵시설을 폭격할지도 모르며, 북한에 강압적인 정권교체를 시도할지도 모른다고 우려하는 사람들이 늘어나고 있었다. 그러면서 또 다른 한편으로는 전쟁을 우려했다. 미국이 북한을 공격할 경우에 대비하여, 일부 한국인들 중에는 외국으로 이민가겠다고 목청을 높이는 사람들도 나타났다. 당시 한국의 시민사회는 미국의 대북한 군사공격에 반대한다는 여론 조성 및 확산 작업에 뛰어들었고, 반전·반부시 평화운동을 전개해 나갔다. 북한의 지도자 김정일은 한동안 공개적인 현장 시찰 활동을 중단한 채 모습을 감추고 말았다.

이후 다시 북핵 협상이 소강상태에 빠져 들자 북한은 미국과의 핵협상을 재개하기 위해서 2006년 7월에 미사일 시험 발사에 나섰고, 한반도는 또 다시 긴장과 위기의 상황을 맞게 되었다. 이때 당시 한국의 노무현 대통령은 노골적으로 미국의 대북 강경정책에 대하여 "미국은 오류가 없는 국가냐, 미국의 오류에 한국은 입 다물고 있어야 하느냐"[5]라는 취지의 발언을 하여 북한의 미사일 시험 발사로 인한 유엔 안보리 대북결의문 통과 이후 추가 대북 금융제재로 압박수위를 높이려던 미국, 일본 주도의 태도에 반대하는 입장을 취했다. 당시 노무현 대통령의 이런 발언은 부시의 북한 폭격론에 위협을 느끼고 있었던 한국인들의 불안한 정서를 대변한 측면도 없지 않았다. 당시 다수의 한국인들은 핵과 미사일을 시험 발사했던 북한의 김정일보다는 재임 중 두 번에 걸쳐 전쟁을 일으켰던 미국의 부시 대통령을 한반도 평화에 더욱 위협적인 인물로 보고 있었다. 시점은 조금 달랐지만 이미 세계 여론 또한 북한보다는 미국이 세계 평화에 더욱 위험한 존재라고 보았다. "BBC가 2003년에 11개국을 대상으로 실시한 여론조사에 따르면 많은 사람들이 미국을 오만한 초강대국이자 북한보다도 세계 평화에 더 위험한 존재로 인식하는 것으로 나타났다. 미국을 포함한 11개국을 상대로 조사한 여론조사에서 전체 응답자 중 과반수 이상인 65%가 미국이 오만하다고 응답했다."[6]

사실상 미국의 동맹국인 한국뿐 아니라 세계의 여론이 부시 대통령이 집권한 이후 매우 좋지 않은 방향으로 조성되었다. 심지어 영국에서마저 미국 지지 기운은 서서히 사라져갔다. "2003년 이라크 전쟁을 준비하던 시기에 실시된 여론 조사 결과를 보면 유럽 대부분의 국가에서 미국을 지지하는 비율은 평균 30%나 떨어졌다. 이슬람권에서의 지지율은 유럽보다 더 떨어졌다. 전쟁이 끝난 뒤에도 19개 조사대상국 중 3분의 2의 국가에서 반미감정이 팽배한 것으로 나타났다. 부정적인 인식을 드러낸 국가의 국민들 대부분은 미국 자체보다는 부시 행정부의 정책을 비난하는 태도를 보였다."[7]

실제로 동맹국인 한국에서도 한미 간의 동맹관계가 부시 대통령의 무리한 일방주의 정책으로 인하여 악화되고, 동맹국의 의사가 무시되고 있다는 불만이 튀어나왔다. 그러면서 급속히 고조된 반미감정의 원인은 미국에 있는 것이 아니라 부시의 일방주의 정책에 있다는 주장들이 제기되면서 사실상 반미감정과 반부시감정을 구분짓는 경향까지 나타났다. 부시 독트린에 입각한 일방주의 외교정책과 선

제공격론으로 북한과의 새로운 전쟁이 언제 발생될지도 모른다는
불안감을 갖고 지냈던 한국인들은 이제 부시 대통령의 퇴임으로 그
불안감들이 다소 약화되긴 했지만, 또 다른 북핵 위기 상황의 재현
가능성에 긴장의 끈을 늦추지 않고 있다.

북핵문제와 힐러리 클린턴 변수

이제 북한 핵문제는 미국 오바마 행정부의 테이블로 넘어갔다. 그
는 지난 대통령 선거 캠페인 중에 "부시 행정부가 북·미협상을 포
기하는 바람에 북한이 핵실험을 하는 상황까지 초래되었다"며 북·
미 직접협상 방침을 분명히 밝혔다. 그러면서 "북한이 만일 핵무기
폐기 의사를 확실히 한다면, 김정일과도 만날 수 있다"고 언급했다.
그는 대선 캠페인 과정에서도 경쟁자인 매케인 후보에게 "왜 적대국
가의 지도자를 만나지 못한다는 말이냐"고 반문하면서 자신은 부시
행정부에서 대화조차 거부했던 지도자들을 기꺼이 만날 용의가 있
다고 했다. 그러나 그의 외교적 대화 노선은 미국이 금융위기를 맞
은 뒤로 점점 후퇴하는 기조를 보이고 있다.
현재 그의 외교정책의 기조는 "단호하고 직접적인Tough and Direct"
태도를 견지하는 노선을 지향하고 있다. 대화를 하기는 하되 부드러
운 대화를 하는 것이 아니라 터프한 대화를 하겠다는 것이다. 낮은
자세의 대화는 하지 않고 '힘 있는 직접 대화'를 하겠다는 것이다.
이는 처음부터 대화도 하지 않고 대결로 들어갈 생각은 없지만, 그
렇다고 모든 대화가 다 좋은 것만은 아니라는 강력한 메시지를 담고

있다. 소위 부시처럼 군사력, 명령, 억압, 지배에 기초한 하드 파워 Hard power에 직접적으로 호소하는 일방주의적인 문제 해결 방식을 취하지는 않겠지만, 그렇다고 무작정 대화, 설득에 기초한 소프트 파워Soft power에만 의존하여 세계문제를 풀어가는 그런 방식도 취하지 않겠다는 것이다. 소위 '힘의 대화'를 추구하겠다는 것이다. 힘이 밑받침되지 않은 대화와 협상은 한계가 있다고 보는 것이다. 외교도 마찬가지이다. 강력한 군사력이 뒷받침 되지 않은 외교는 그 목표를 달성할 수 없다고 보고 있다. 북핵 위기를 타개하기 위해서는 오바마 외교노선이 추구하고 있는 대화정책이 일단 평화로운 방법으로 핵 위기를 타개하겠다는 의지를 보여주고 있다는 점에서 다행스러울지 모르지만, 터프하고 직접석인 대북한 대화정책이 별반 효력을 낳지 못할 경우에 그가 언제까지나 대화만 하고 있을 것인가 하는 점을 생각해 본다면, 그의 '터프하고 직접 대화에 기초한 외교 방식'이 예상치 못한 또 다른 위기를 부를 수 있다. 즉, 북핵문제와 관련하여 오바마의 대화우선주의에 입각한 대북핵정책이 좋은 결실을 얻지 못하고 그의 대화노선이 교착국면에 빠질 경우, 그 이후에 오바마 대통령이 뽑아들게 될 대북 핵정책은 무엇일까.

이점과 관련하여 힐러리 클린턴 국무장관의 선택도 매우 중요한 위치를 차지할 것이다. 힐러리 클린턴 국무장관은 지난 대선 캠페인 기간에 '21세기를 위한 안보와 기회'란 글을 통해 21세기에 미국이 직면하게 될 도전으로서 미국에 대한 위협, 글로벌 테러 조직의 네트워크 반대 캠페인, 핵무기를 보유하려는 이란과의 긴장 고조, 불확실한 미래를 갖고 다시 부활하는 러시아, 급속히 경제성장을 하는 중국을 세계체제로 통합시켜야 하는 일, 이스라엘을 위협하는 중동의 위험한 상황이 오일 공급을 저해함으로써 세계경제를 어렵게 만들지도 모른 점, 지구온난화 문제를 포함한 지구건강 문제 등을 차기 미대통령이 다뤄 나가야 핵심 이슈로 나열했다.[9] 그러나 여기에 북한 핵문제는 빠져 있었다. 그리고 그녀가 이런 문제를 다뤄 나가는 방식에 있어서도 "이데올로기에 사로잡힌 잘못된 선택을 피하고, 군사력을 모든 문제를 해결하는 수단으로 사용할 것이 아니라, 폭넓은 전략 가운데 하나의 요소로서 사용하며, 국제제도를 작동시켜 세계문제들은 이 제도를 통해서 해결하겠다"는 입장을 밝혔다. 그리고 "민주주의는 반드시 약속을 지킨다는 점을 보여 줄 것이며 미국의 가치를 지지하고 그 가치에 따라 살아 갈 것"이라고 말했다.[9]

힐러리 클린턴 국무장관의 대선 캠페인 당시 주장을 보면 확실히 부시의 지난 8년간의 외교정책 기조와는 정반대 방향에 서있음을 알 수 있다. 미국의 일방주의 외교정책 노선이 아니라 국제사회의 폭넓은 의견을 수용한 다자주의 혹은 국제기구 등을 통한 문제해결을 시도하겠다는 것이다. 그래서 그녀의 주장은 직접 대화방식을 취하고 있는 오바마 대통령의 외교 방식과도 대화노선을 견지한다는 측면에서는 동일하면서도, 어떤 형식의 대화를 시도해 나갈 것인가 하는 부분에 있어서는 상당한 차이성을 드러내고 있다. 오바마 대통령은 모든 적대국 지도자들과의 만남을 두려워하거나 회피하지 않고 직접 만나 대화로 문제를 풀어 나가겠다고하는 반면에, 힐러리 클린턴 국무장관은 국제기구나 제도를 통해서 세계문제를 해결해 나가겠다는 외교방식을 밝히고 있다.

그녀는 국무장관직을 수락할 때 외교문제에 관한 한 자신에게 전권에 가까운 자율권을 달라고 요구하여 사실상 전권이나 다름없는 외교권한을 오바마 대통령으로부터 부여받은 상태에서 국무장관직 요청을 수용했다. 이렇게 되면 힐러리 클린턴의 국무부는 오바마 행정부 내의 '작은 정부'나 다름없는 파워 있는 부서가 될 것이고, 힐러리 국무장관은 닉슨 대통령 시절 국무장관을 했던 헨리 키신저 이래 가장 막강한 국무장관의 탄생을 의미한다고 볼 수 있다. 그녀의 남편이 빌 클린턴 전 대통령이라는 점은 미국에 새로운 '정치의 외교시대'와 '외교의 정치시대'를 개막하게 될지도 모른다.

그러나 힐러리 클린턴 국무장관이 지구촌의 모든 문제를 대화로만 해결해 나가게 될 것인지에 대해서는 의문이다. "빌 클린턴 전 대통령은 14년 전 북한의 핵 프로그램을 제거하기 위해 한국에 고개 한 번 끄덕하지 않고 북한에 대한 군사 행동을 준비했었다고 시인했다." 그리고 노무현 대통령은 "우리는 1993년에 북한과 거의 전쟁의 일보 직전까지 갔으나 그 당시에는 그것을 알지도 못하고 있었다"고 말했다.[10] 클린턴 전 대통령은 북한에 대한 군사 공격 계획을 고민하면서 당시에 퍼스트레이디였던 힐러리 클린턴에게도 조언을 구했을까 구하지 않았을까. 클린턴 국무장관은 당시 자신의 남편인 클린턴 대통령이 북핵시설을 폭파할 계획을 갖고 있었다는 사실을 사전에 알고 있었을까 몰랐을까. 이 점이 매우 궁금해지지 않을 수 없다. 그리고 당시에 힐러리 국무장관은 클린턴 대통령이 북핵시설을 군사적으로 공격하는 문제를 상의했다면, 남편의 이런 구상에 찬성했을까 반대했을까.

이 문제에 대한 힐러리 국무장관의 당시 생각이 어떠했는지 먼저 파악하는 일은 향후 북핵문제가 대화로 순조롭게 잘 풀려 나가지 않았을 경우에 그 다음의 조치로서 힐러리 국무장관이 어떤 수순을 밟아나갈지를 예측하는 데 매우 중요한 기준이 될 것이다.

오바마·김정일 정상회담과 북핵위기 5단계 해법

이제 북한 핵무기 해결 문제는 오바마 대통령과 힐러리 클린턴 손으로 넘어갔다. 21세기의 한반도가 전쟁의 길로 갈 것인지 그렇지 않으면 평화의 길로 들어서게 될 것인지 하는 문제도 이제 워싱턴과 평양의 결정에 달린 셈이다.

분명히 말해서, 미국과 북한 두 나라는 지금 치열한 핵게임을 펼치고 있다. 미국은 미국대로 북한 핵을 확보하여 이것이 알 카에다나 반미 테러주의자들에게 유출되는 것을 막아야 자국의 안전한 안보 상태를 유지할 수 있다. 북한은 북한대로 지금과 같이 주변국가들로부터 위협을 느끼고 있는 상황에서는 최소한 핵무기라도 보유하고 있어야만, 자신들의 체제안전을 유지할 수 있다고 믿고 있다. 그러나 북한이 핵을 보유하고 있는 한, 한반도 및 세계와 동북아 평화는 요원하다. 오히려 전쟁으로 치닫는 위기와 긴장만이 더욱 크게 조성될 것이다.

미국은 북한이 왜 핵무기를 보유하려고 하는지 그 의도를 정말 알고 있을까. 북한이 왜 핵무기를 추구하는지, 혹은 최소한 핵무장 옵션을 유지하려고 노력하는지 북한의 생각을 읽고 있을까.

북한의 핵무기는 미국의 군사적 공격 가능성에 대한 억지력의 추구일 수도 있고, 국제 사회에서의 자국의 지위를 높이기 위한 외교적 협상 카드일 수도 있고, 또는 수출을 통해 외화를 벌어들이기 위한 경제적 목적일 수도 있고, 내부 체제단속용일 수도 있다. 그리고 그 모두일 수도 있다. 그러나 미국은 지금까지 북한 핵문제를 외교적, 군사적, 경제적인 모든 방법을 동원했지만 해결하지 못했다. 그래서 북핵문제 해결을 위한 미국 외교는 실패한 외교이다. 북한을 외교적으로 설득하여 핵무기를 포기시키지도 못했고, 영변 핵시설에 대해 군사적인 방법을 통해서 핵 불능화를 이뤄보고자 계획했지만, 공격에 따른 비용과 희생이 너무 크다고 판단하여 시도해 보지도 못했다. 6자회담과 같은 국제공조협의체를 구성하여 핵문제 해결을 시도해 봤지만 이 방안도 성공하지 못했고, 6자회담 내에서 북·미양자접촉을 통한 핵문제 해결도 아무런 성과를 얻지 못했다. 미국은 또한 지난 1994년 제네바 합의처럼 북·미 직접대화 형식의 핵협상도 이끌어 봤지만, 결국 합의문을 지켜내는 데는 실패함으로써 북·미 직접대화에도 실패한 경험을 갖고 있다. 미국이 마지막 카드로 내세웠던 중국을 통한 대북 압박 전략도 중국의 대북한 영향력에 일정한 한계가 있다는 점을 충분히 예측하지 못한 결과, 결국 실패하고 말았다.

이제 미국이 갖고 있는 대북 핵문제 해결에 대한 나머지 옵션은 어떤 것이 남아 있을까. 최종적으로 두 가지 정도의 옵션이 남아 있는 것으로 보인다. "첫째, 북한을 인도, 이스라엘, 파키스탄처럼 핵보유국으로 받아들이는 것이다. 그래서 북한 핵을 묵인하는 것이다. 대신, 북한이 핵기술이나 핵물질 그리고 핵무기를 테러집단에 이전하거나 제3국으로 유출할 경우에 한해서 군사적 공격을 통해 정권붕괴도 배제하지 않는다는 점을 공개적으로 천명하는 것이다. 그리고 6자회담 참가국들로 하여금 미국의 이런 입장에 동조하도록 외교적 노력을 기울이는 것이다. 6자회담 참가국들 간의 합의는 북한 핵물질 유출 억지를 위한 강력한 시그널이 될 것이며, 만일 억지가 실패하여 실제 핵무기가 사용되거나 이전되는 경우에는 미국이 주도하는 군사 행동을 지지하는 (혹은 최소한 반대하지 않는) 자원이 될 수 있기 때문이다."[11]

그러나 북한을 핵보유국으로 인정해 주는 데에는 너무 큰 위험이 따른다. 북한의 김정일은 미국이 북한 핵보유를 인정해 주는 대신에, 반드시 북한을 봉쇄할 것이고 국제사회로부터 더욱 고립시킬 것이며 대북경제제재는 강화할 것이라고 볼 것이다. 이렇게 되면 김정일은 틀림없이 미국에 대한 반미제국주의 투쟁노선을 강화해 나갈 것이며, 한반도에서의 주한 미군 철수론도 다각도로 진행시켜 나갈 것이다. 이는 곧 한반도의 안보 불안은 말할 것도 없고 동북아 지역의 안보 상황까지 위태롭게 만들 것이다. 그리고 김정일은 미국이 자신의 체제와 권력 유지를 방해할 것이며, 북한경제를 더욱 어렵게 만들 것이라고 생각할 것이다. 그렇게 되면 김정일은 자신의 체제와 권력 유지 그리고 절박한 외화벌이로 경제를 살리기 위해서도 미국 몰래 핵물질을 제3의 집단에 이전하려 할 것이다. 북한이 핵보유국임을 미국이 인정해 주는 그 순간부터 미국의 안보는 북한의 핵물질 앞에 노출되는 것이나 다름없는 상황이 될 것이다. 그리고 미국의 대북 핵물질 억지정책은 작동되지 않을 수 있다. 미국의 대북 핵물질 봉쇄작전은 또 다시 실패하게 될 것이며 이것은 결국 세계평화를 해치는 엄청난 재앙의 불씨로 작용하게 될지도 모른다.

한 가지 우려스러운 점은 최근 들어 미국 국방부에서 북한을 핵보유국으로 인정해 주는 듯한 발언들이 나오고 있다는 점이다. 이것은 다름 아닌 북한의 핵보유를 묵인해주면서 북한 핵물질이 외부로 유출되지 않도록 강력한 억지와 봉쇄정책을 펼치겠다는 의도에서 나온 것으로 보인다. 그리고 북한이 제3국으로 핵물질을 이전했을 경우 그래서 미국의 북한 핵물질 억지정책과 봉쇄정책이 실패했을 경우 이를 빌미로 미국은 북한에 대한 군사공격의 명분을 확보하기 위한 것이 아닌가 하는 의구심이 짙게 든다. 만일 이러한 분석이 정확한 것이라면 미국의 대북핵정책은 평화를 얻는 데 또 하나의 실패한 정책을 더하는 것 이외에는 아무것도 아니며, 이 정책의 실시 결과는 한반도 및 세계와 동북아 평화 구축에 엄청난 재앙을 가져다주게 될 것이다. 미국이 이러한 정책을 수행한다면 사실상 이는 제2의 한국전쟁이나 다름없는 희생과 고통의 비용을 수반하게 될 것이며, 그 희생과 고통은 한국에만 떨어지는 것이 아니라 미국의 강력한 동맹국인 일본에게도 상상할 수 없을 정도의 재앙이 될 것이다.

미국은 이미 군사적인 방법을 통한 북한 핵무기 제거 작업을 시도하려다 그 비용과 희생의 대가가 너무 큰 나머지 포기했었다. 그런데도 다시 이런 계획을 생각하고 있다면 이는 가장 경악할 만한 정책이라 하지 않을 수 없다. 그런데 놀랍게도 '악의 종식'이란 글을 써서 네오콘의 극단적 생각을 유감없이 펼쳤던 데이비드 프럼David Frum과 리처드 펄Richard Perle은 "우리에게는 알 카에다나 다른 테러 집단에 팔려간 북한의 핵무기가 한반도 내의 전쟁보다 더 위험스럽다"며 한반도에서의 전쟁발발에 대한 가능성을 예시하여 한국인들의 마음을 더욱 불안케 하고 있다.[12]

북한 핵문제 해결을 위한 두 번째 옵션은, 미국이 북한과 직접 대화를 추구하는 것이다. 보다 정확히 말하면, 북 · 미 정상회담에서 직접 담판을 짓는 것이다. 북한 핵문제 해결은 오바마 대통령과 김정일 위원장이 타결짓겠다고 결심만 하면 다음과 같은 다섯 단계를 거쳐서 가장 빠른 시일 내에 결론을 내릴 수 있다. 북·미 정상회담을 통한 북핵 문제의 5단계 해법이자 전략인 셈이다.

회담은 정상회담을 통한 담판 형식으로 규정하되, 타결안에 대해서는 북·미 일괄타결안의 형식을 취해야 한다. 그리고 정상회담을 통한 5단계 과정을 밟아 들어가기에 앞서, 북·미 양국은 우선적으로 실무급들을 내세워 북·미 정상회담을 통한 직접담판 형식이 북핵문제 해결을 위한 최선의 카드인지에 대한 양국의 의사를 타진해야 한다. 그래서 이런 방식에 대하여 양국 간의 이견이 없는지에 대한 확인 작업에 들어가야 한다. 만일 북·미 양국 모두가 정상회담을 통한 북핵문제 해결에 적극적인 것으로 확인되면 다음과 같은 단계를 밟아 북핵문제를 해결하면 된다. 제1단계로, 먼저 북·미 양국 간의 정상회담을 준비하는 특사를 파견하여 특사 미팅을 가져야 한다. 이 특사는 양국 최고통치자의 신임을 받는 인물이어야 한다. 여기서는 정상회담에서 논의할 큰 틀의 협상안들을 서로 내놓고 의사를 타진할 수 있어야 한다. 그리고 핵문제 해결을 위한 개략적인 일괄타결안도 어느 정도 준비해서 양국 특사들 사이에서 의견을 맞출 수 있어야 한다. 개략적이고 거시적인 틀을 논하면서 양국이 갖고 있는 각각의 의견을 타진해야 한다.

다음 제2단계에서는 특사미팅을 통해 확인된 개론적인 양국 입장들을 미시적으로 세분화시켜 정리하고, 이를 실제화시킬 수 있는 핵심 실무급들을 구성하여 실무급 미팅을 가져야 한다. 이 실무급 구성은 최소한 국장급으로 이뤄져야 한다. 그리고 여기서 실제적으로 양국 정상들이 만나서 해결할 수 있는 핵심의제, 행동 대 행동의 원칙, 이행절차 등을 포함한 모든 프로세스를 일괄 합의해야 한다.

사실 미국과 북한이 결심만 한다면 합의를 이뤄야 할 세부적인 사항들은 이미 모두 준비되어 있는 것이나 다름없다. 어떻게 보면 이 부분이 가장 힘들고 복잡하고 어려울 것으로 생각되나 가장 쉽게 결론을 도출할 수 있는 부분이다. 문제는 서로 핵문제 타결을 위한 의지가 있느냐 그렇지 않느냐의 문제만 남았을 뿐이다. 1994년 제네바 합의문도 있고, 9.19 및 2.13 합의문도 있다. 남북한 비핵화 선언도 있고, 남북교류협력에 관해서는 6.15 공동선언과 10.4 선언도 있다. 문제는 미국이 북한의 핵 포기에 대한 대가를 지불해 줄 생각이 있느냐 그렇지 않느냐의 문제와 북한의 에너지 지원을 경수로 발전소로 할 것인가 아니면 또 다른 대체 에너지를 공급해 줄 것인가 하는 문제만 남았다. 만일 미국이 일방적으로 핵을 포기시킨 리비아의 가다피식 협상을 북한에 요구한다면 북핵 문제는 풀리지 않을 것이다.

3단계에서는 실무급 미팅에서 합의된 내용을 토대로 북·미정상회담 개최를 발표한다. 여기서 북한은 핵무기 포기 선언을 하고, 과거, 현재, 미래의 핵문제까지 투명성 보장을 약속해야 하고, 북한 내 모든 핵시설에 대해서 철저히 검증받아야 한다. 그리고 NPT 복귀, 특별사찰, IAEA 핵 안전조치의 전면적 이행, 한반도 비핵화 공동선언의 준수까지도 약속해야 한다. 대신, 미국은 북한에 대해서 체제 안전을 보장하고, 북·미 관계 정상화, 경제 및 에너지 지원을 약속한다. 그리고 북한의 국제사회 활동을 보장하며 남북관계 정상화, 북·일관계 정상화를 적극 지지하고 촉구한다. 물론 남북정상회담과 북·일정상회담에 대한 지지 의사도 적극 표명한다. 현 분단 상황을 규정짓고 있는 정전체제를 평화체제로 전환하는 문제도 타결지어야 한다.

그런 후 4단계에서는 북·미 정상회담에서 이뤄진 일괄타결안을 6자회담 참여국 중 나머지 4개국(한, 일, 중, 러)이 추인하고 보장하기 위해서 6개국 외무장관 회담 및 정상회담을 개최해야 한다. 북한이 합의사항을 이행하지 않을 경우에는, 경제적, 정치적 제재를 가할 수 있는 강력한 5개국 공동제재 방안도 마련해야 한다.

끝으로 5단계에서는 북·미 정상회담을 통해 이뤄진 핵 폐기 합의안에 대해 최종적으로 UN 안전보장이사회의 결의를 구하고, UN의 제안하에 남북한 및 미·일·중·러 등을 중심으로 동북아 다자간 집단안보체제를 구축한다.

'불완전한 평화'를 넘어서
'영구평화'의 미래로

사실상 북한 핵문제는 북미 양국정상들의 정치적 결단에 달려 있다. 외교적이거나 군사적인 해결은 모두 실패했다. 하나 남아 있는 것은 정치적 해결 방식뿐이다. 북핵 문제는 북·미 간 정상회담을 통해, 그리고 일괄타결 형식으로 매듭지어야 한다. 이 문제를 관료들에게 맡겨놓고 하의상달bottom-up 방식의 절차를 취해 나간다면, 이 문제의 해결은 백년하청百年河淸이다. 그러나 북·미 정상이 정치적 의지를 갖고 직접적인 일괄타결 방식으로 결단을 내린다면 쉽게 해결될 수 있는 문제이다. 즉, 상의하달top-down 식 절차를 밟아 나가야 한다. 2000년 남북정상회담은 바로 이런 과정을 밟았기에 성공할 수 있었고, 개성공단과 금강산 관광도 곧바로 실시될 수 있었다.

북핵문제가 해결되고 남북한 경협이 확대되면, 한반도는 대륙과 해양의 물류중심지가 되고, 유라시아와 태평양을 연결하는 거점으로서 세계 경제의 중심축이 된다. 21세기의 세계는 아시아 태평양

시대가 될 것이며, 한반도는 아시아 태평양 시대의 중심지로 거듭나게 될 것이다. 한반도는 더 이상 대륙국가와 해양국가들 간의 군사적 전초기지이자 충돌지가 아니라 경제교류의 허브로 동서 문명이 공존하는 평화의 허브로 자리매김하게 될 것이다. 한반도와 동북아시아가 번영과 평화의 중심지역으로 발돋음할 수 있느냐 그렇지 않으냐의 문제는 바로 북한의 핵폐기 여부에 달려 있는 것이다. 또한 북한은 북·일 수교를 맺음으로써 일본이 약속한 경제협력에 의해 북한 경제의 활성화를 위한 인프라 구축, 전력개발, 수출력 있는 기업창출을 위한 플랜트 제공 등을 실현해 나갈 수 있게 될 것이다. 무엇보다도 일본으로부터 100억 불에 달하는 전쟁배상금을 받게 되면 이는 북한 경제를 발전시킬 수 있는 핵심자금이 될 것이다.

상황이 이렇게까지 진전되면, 북한 핵포기로 경제발전의 기회가 새롭게 열려 한국, 일본, 중국, 러시아 및 미국 기업들까지 북한의 값싼 임금에 바탕해 투자에 열을 올리게 될 것이다. 북한은 고난의 행군이 아닌 투자의 행군 국가로 바뀌게 될 것이다. 북한의 경제특구는 과거 중국과 베트남 경제특구 못지않은 새로운 발전지대로 변해 갈 수 있다. 이 상황에서 정전협정이 종결되고 한반도 평화협정이 체결되면 한반도는 또 다른 차원의 새 운명을 맞게 될 것이다.

첫째, 현재 북한 때문에 북방 대륙 진출이 막혀 있는 한국인들의 대륙진출이 쉬워질 것이며, 우리 국민들의 정신적 영토도 그만큼 팽창될 것이다.

둘째, 남북한 간의 경제적 상호의존도가 높아짐에 따라 군사적 긴장과 대결의식이 약화되어 한반도 평화지수는 지금보다 훨씬 더 높아질 것이며, 세계 투자자본가들은 한반도를 투자의 안정지대로 다시 볼 수 있다. 이로써 남북한 경제상황도 훨씬 더 좋아질 것이다.

셋째, 남한의 자본과 기술이 북한의 값싼 토지 및 노동임금과 만나 남북한 경제가 동시에 상승하는 발전의 기회를 갖게 될 것이다.

넷째, 한국의 시장도 지금의 남한에서 북한까지 더욱 확대될 것이다.

다섯째, 시베리아횡단철도, 중국횡단철도, 일본과의 해저터널이 연결되면 한반도는 대륙과 해양의 물류중심지로 자리잡게 될 것이며, 이는 곧 동북아의 새로운 경제 허브로 발돋움하게 될 것이다. 또한 북한의 핵폐기는 한반도에서 전쟁의 씨앗을 없애는 결과를 낳을 것이며, 남북한 간 민족화해·협력의 새 시대를 여는 단초가 될 것이다. 더 나아가 한반도를 글로벌 경제의 중심무대로 광역화하면서 민족발전 무대를 지금의 한반도에서 세계와 동북아로 넓혀 '위대한 한반도 시대'를 열게 될 것이다. 이를테면 북한을 경유해 남한과 러시아를 잇는 육상가스관 건설로 경협 루트를 다변화하고, 핵무기 같은 군사적 수단에 의한 평화를 넘어 경제적 수단에 의한 평화 패러다임의 단초를 마련하는 식이다. 물론 이같은 패러다임이 정착하려면 에너지원을 보유한 러시아에 일방적으로 휘둘리지 않을 지정학적 안전판을 마련해야겠지만, 다극체제로의 전환이 가시화한 현 시점에서 깊이 음미해볼 만한 한반도 경제광역화 전략이라고 할 수 있다.

위대한 한반도 시대가 열리고 한반도 및 세계와 동북아의 평화가 보장되려면 그 첫 번째 조건은 북핵 폐기와 더불어 남북한 간 경협을 활성화시키는 것이어야 한다. 그래서 북한의 선군정치先軍政治를 일차적으로는 선경정치先經政治로 전환시켜 나가도록 유도해야 한다. 그 다음 북한 경제가 일정한 단계에 오르면 다시 선경정치를 선민정치先民政治로 전환시켜 궁극적으로는 북한이 민주평화체제를 유지하도록 해나가야 한다. 이것만이 세계 3대 화약고 중 하나인 한반도를 세계와 동북아 평화와 번영의 허브로 자리잡게 만드는 지름길이다.

북핵 폐기로 한반도 및 세계와 동북아 평화가 착근되려면 북한과의 경협을 활성화시켜서 남북한 간의 경제적 상호의존도를 높여 나가야 한다. 경제적 상호의존도를 높이게 되면 군사적 갈등이나 대결은 그만큼 줄게 될 것이다. 그리고 북한을 점진적인 개혁개방체제로 유도해서 궁극적으로는 경제체제만이라도 베트남과 중국처럼 시장경제를 지향해나가도록 해야 한다. 북한이 시장경제를 지향하도록 하기 위해서는 북한을 세계자본주의 시장경제체제에 편입시켜야 하고, 북한이 편입되면 중국, 베트남처럼 세계은행과 IMF 등과 같은 국제금융기구를 통해 북한에 대한 개발 원조를 적극적으로 해줘야 한다. 북한이 지금과 같은 경제난을 해결함과 동시에 새로운 경제발전의 동력을 얻게 되면 더 이상 군사적 대결정책을 지향하지 않게 될 것이다. 북한은 빈곤 문제를 해결함으로써 테러행위도 하지 않게 될 것이며 경제발전을 위해서 더욱 안정된 안보환경을 만들려고 노력할 것이다. 그리고 더 이상 핵물질과 같은 대량살상 무기를 외화벌이 수단으로 해외에 유출하지 않을 것이다. 이러한 상태가 되면 북한은 장기적으로 중산층이 더욱 늘어나서, 시장경제가 더욱 활성화될 수 있는 정치체제를 자발적으로 채택하게 될 것이다. 이는 단기적으로 한반도와 동북아의 평화를 담보하는 길이기도 하다.

그러나 북한이 핵 포기 후 이같은 발전 코스를 밟더라도 이 모든 것이 한반도 영구평화를 보장하진 못한다. 한반도가 또 다시 전쟁이 아닌 평화의 길로 들어서 영구평화를 유지할 수 있으려면, 최소한 다음과 같은 두 가지 조건이 충족되어야 한다.

첫째, 지금의 수령제 사회주의 체제인 북한과 중국의 공산주의 정치체제가 민주주의 체제로 전환되어야 한다. 한 나라가 민주적일수록 그 나라는 평화 지향적이며, 더욱이 민주국가 상호간에는 전쟁이 없다는 칸트의 명제가 아직 깨지지 않고 있다는 점에서[1] 북한의 수령제 사회주의 체제와 중국의 공산주의 체제도 민주체제로 전환되어야만, 남북한은 물론이고 미·중 간의 전쟁도 피할 수 있게 되어 한반도는 영구평화의 조건을 갖추게 된다. 북한이 정치적 민주주의 체제로 전환되고 시장경제체제를 작동하는 단계가 되면 남북 간에는 이미 민주주의와 시장경제에 기반한 단일통일국가나 연방제 통일국가를 이루는 상태에 도달해 있을 것이다.

둘째, 북한과 중국이 민주체제로 전환되면 동북아 다자간 안보체제를 보다 구체화시켜 상호간의 전쟁을 방지할 수 있도록 구속력 있는 평화조약을 맺어야 한다. 궁극적으로 한반도의 영구평화를 담보하려면 동북아 다자간 안보체제를 토대로한 '동북아시아 안보공동체'를 만든 다음, 이를 다시 '동북아시아 평화공동체'로 발전시켜야 한다. 그런 연후에 동북아 지역에 확고한 평화의 기운이 자리를 잡게 되면, 이를 토대로 '동북아시아 경제공동체'를 만들어 동북아시아 국가 간의 경제적 상호의존도를 더욱 높여가야 한다. 그래서 동북아시아에 평화와 번영이 동시에 성장할 수 있는 기회를 만들어야 한다. 그런 연후에는 유럽연합과 같은 '동북아시아 정치공동체'를 이뤄내 동북아시아 전역을 하나의 연합체제로 구축해 나가야 한다.

이렇게 되면 북한 핵무기 포기로 인한 한반도의 평화무드는 동북아시아로, 나아가 아시아 태평양을 향해 확산되어 결국 세계로 뻗어갈 것이다. 21세기가 아시아 태평양 시대임을 전제했을 때 동북아시아는 아시아 태평양 시대의 구심점이 될 것이다. 그리고 한반도는 동북아시아 경제 및 평화의 허브로 자리매김하게 될 것이다.

이런 문명사적 세계 평화와 번영의 역사가 한반도에 새겨질 것인가 그렇지 않을 것인가는 바로 북한 핵문제에 달려 있다. 북한의 핵문제가 북·미 정상회담을 통해 외교적 수단인 대화로 해결된다면 한반도의 평화는 세계와 동북아시아 평화의 반석이 되겠지만, 폭격과 같은 군사적 수단이 쓰일 때 한반도는 또다른 재난과 희생의 전장이 될 수밖에 없다. 북한의 핵문제는 전쟁과 평화의 기로에 선 한반도의 운명을 좌우하는 핵인 것이다.

끝으로 이명박 대통령에게 제안한다. 남북문제를 더 이상 미국과 북한에만 맡기지 말고 한국이 주도권을 발휘할 개입 경로 확보에 나서야 한다. 이를 위해 이 대통령은 국가의 연속성 측면에서 과거 남북한 정부가 합의한 6.15 선언과 10.4 선언 내용을 준수, 이행해야 한다. 김정일 위원장도 한반도 비핵화 선언과 우리 민족끼리라는 정책노선에 우선적으로 비중을 두겠다고 한 이상, 반주체적이고 사대주의적 '통미봉남通美封南' 외교에서 탈피할 필요가 있다. 6.15 선언에서 이미 합의했던 남한 답방도 이행해야 함은 물론이다. 이명박 대통령은 김정일 위원장에게 3차 남북정상회담을 제의하는 한편 6.15 선언과 10.4 선언, 한반도 비핵화 선언, 김정일 답방의 동시 이행을 제안하고, 이를 적극 추진해야 한다. 그리고 서울에서 3차 남북정상회담이 열리면 이명박-김정일 서울 공동 코뮤니케를 발표하여 남북한이 한반도 평화체제 구축에 대한 진전된 합의를 이뤄내야 한다. 그것이 분단과 전쟁으로부터 실질적으로 벗어나 한반도에 민주적 통일과 영구평화를 앞당기는 길이다.

주

● **1장**

1) 최원기 · 정창현, 《남북정상회담 600일》 (김영사, 2000), 109쪽.

2) 시게무라 도시미츠 지음 · 신지호 옮김, 《북한은 무너지지 않는다》 (지식공작
   소, 1997), 88쪽.

3) 같은 책, 89쪽.

4) 같은 책, 같은 곳.

5) 〈한겨레21〉 2000년 5월 25일자.

6) 올가 말리체바, 박정민 · 임을출 옮김, 《김정일과 왈츠를》 (한울, 2004), 26쪽.

7) 같은 책, 44쪽.

8) 서대숙, 《현대 북한의 지도자: 김일성과 김정일》 (을유문화사, 2002), 174쪽.

9) 정창현, 《곁에서 본 김정일》 (김영사, 2000), 74쪽.

10) 같은 책, 71쪽.

11) 서대숙, 《현대 북한의 지도자: 김일성과 김정일》 (을유문화사, 2002), 176쪽.

12) 정창현, 《곁에서 본 김정일》 (김영사, 2000), 76쪽.

13) 서대숙, 《현대 북한의 지도자: 김일성과 김정일》(을유문화사, 2002), 177쪽.

14) 정창현, 《곁에서 본 김정일》(김영사, 2000), 89쪽.

15) Albright, Madeleine, *Madam Secretary*(New York: Miramax Books, 2003), p. 466.

16) 정창현, 《곁에서 본 김정일》(김영사, 2000), 88쪽.

17) 같은 책, 90쪽.

18) 같은 책, 91쪽.

19) 황장엽, 《나는 역사의 진리를 보았다》(한울, 1999), 308~309쪽.

20) 김대중 전 대통령 기조연설, 6.15 남북공동선언 4주년 기념 국제토론회, 2004년 6년 15일.

21) 올가 말리체바, 박정민 · 임을출 옮김, 《김정일과 왈츠를》(한울, 2004), 97쪽.

22) 〈문화일보〉 2004년 8월 3일자.

23) Albright, Madeleine, *Madam Secretary*(New York: Miramax Books, 2003), p. 465.

24) 같은 책, 같은 곳.

25) 최원기 · 정창현, 《남북정상회담 600일》(김영사, 2000), 52쪽.

26) 하버드대학교 케네디스쿨 편 · 서재경 옮김, 《한반도 운명에 관한 보고서》(김영사, 1998).

27) 성혜랑, 《등나무집》(지식나라, 2001).

28) 최원기 · 정창현, 《남북정상회담 600일》(김영사, 2000), 210, 211쪽, 중앙일보 당시 김진국 정치부 차장과 동아일보 최영묵 정치부 차장의 평가 재인용.

● **2장**

1) 후지모토 겐지, 신현호 옮김, 《김정일의 요리사》(월간조선사, 2003).

2) 황장엽, 《나는 역사의 진리를 보았다》 (한울, 1999), 211쪽.

3) 같은 책, 222쪽.

4) 〈주간조선〉 1999년 6월 3일자.

5) 임동원, 《피스메이커: 남북관계와 북핵문제 20년》 (중앙Books, 2008), 66쪽;
   올가 말리체바, 박정민 · 임을출 옮김, 《김정일과 왈츠를》 (한울, 2004), 86쪽.

6) 올가 말리체바, 박정민 · 임을출 옮김, 《김정일과 왈츠를》 (한울, 2004), 86쪽.

7) 황장엽, 《나는 역사의 진리를 보았다》 (한울, 1999), 217쪽.

8) 〈월간중앙〉 2000년 6월호.

9) 올가 말리체바, 박정민 · 임을출 옮김, 《김정일과 왈츠를》 (한울, 2004), 53쪽.

10) 장성민, *The Financial Times*, 2007년 6월 24일자.

11) 정창현, 《곁에서 본 김정일》 (김영사, 2000), 53쪽.

12) 같은 책, 22~23쪽.

13) 같은 책, 24쪽.

14) 임동원, 《피스메이커: 남북관계와 북핵문제 20년》 (중앙Books, 2008), 66쪽

15) 〈연합뉴스〉 2008년 9월 19일.

● 3장

1) Albright, Madeleine, *Madam Secretary*(New York: Miramax Books, 2003), p. 466.

2) 이한영, 《김정일 로열패밀리》 (시대정신, 2004), 28쪽

3) 같은 책, 25~26쪽.

4) 정창현, 《곁에서 본 김정일》 (김영사, 2000), 29쪽.

5) 정성장, "김정일 이후 북한 권력 어디로 가나", 북한연구소 · 북한학회 공동주최 학술회의 발표문, 2008년 6월 23일.

6) 이한영,《김정일 로열패밀리》(시대정신, 2004), 29쪽; 중앙일보 특별취재반,
《조선민주주의 인민공화국》(중앙일보사, 1992), 376쪽.

7) 같은 책, 37~38쪽.

8) 같은 책, 42~44쪽.

9) 같은 책, 177쪽.

10) 황장엽,《나는 역사의 진리를 보았다》(한울, 1999), 127쪽.

11) 이한영,《김정일 로열패밀리》(시대정신, 2004), 177쪽.

12) 같은 책, 179쪽.

13) 〈신동아〉 2001년 6월호.

14) 같은 책.

15) 〈신동아〉 2007년 8월호.

16) 〈한국일보〉 2007년 11월 16일자.

17) 정성장, "김정일 이후 북한 권력 어디로 가나", 북한연구소 · 북한학회 공동
주최 학술회의 발표문, 2008년 6월 23일.

18) 이한영,《김정일 로열패밀리》(시대정신, 2004), 107쪽.

19) 정성장, "김정일 이후 북한 권력 어디로 가나", 북한연구소 · 북한학회 공동
주최 학술회의 발표문, 2008년 6월 23일.

20) 〈위클리경향〉 2003년 12월 26일자.

21) 정성장, "김정일 이후 북한 권력 어디로 가나" 북한연구소 · 북한학회 공동
주최 학술회의, 2008년 6월 23일.

22) 〈주간동아〉 2008년 4월 10일자.

23) 〈위클리경향〉 2003년 12월 26일자.

24) 〈레이디경향〉 2006년 6월 23일자.

25) 후지모토 겐지, 신현호 옮김,《김정일의 요리사》(월간조선사, 2003).

26) 〈연합뉴스〉 2009년 1월 15일.

27) 이한영, 《김정일 로열패밀리》(시대정신, 2004), 96쪽.

28) 황장엽, 《나는 역사의 진리를 보았다》(한울, 1999), 210~211쪽.

29) 정창현, 《곁에서 본 김정일》(김영사, 2000), 91쪽.

30) 〈서울신문〉 2000년 6월 30일자.

31) 황장엽, 《나는 역사의 진리를 보았다》(한울, 1999), 211쪽.

32) 〈한겨레〉 2002년 11월 5일자.

33) 이한영, 《김정일 로열패밀리》(시대정신, 2004), 97~98쪽.

34) 황장엽, 《나는 역사의 진리를 보았다》(한울, 1999), 144쪽; 이한영, 《김정일 로열패밀리》(시대정신, 2004), 98쪽.

35) 〈데일리NK〉 2008년 9월 24일자.

● 4장

1) 이교덕 · 이상원, "김정일 정권의 외교전략과 전망", 《평화연구》 12권 1호, 고려대학교 평화연구소, 2004.

2) 임동원, 《피스메이커: 남북관계와 북핵문제 20년》(중앙Books, 2008), 61쪽.

3) 같은 책, 60-61쪽.

4) 콘스탄틴 풀리코프스키, 성종환 옮김, 《동방특급열차》(중심, 2003), 11~12쪽.

5) 김용호, 《북한의 협상 스타일》(인하대학교 출판부, 2004).

6) 콘스탄틴 풀리코프스키, 성종환 옮김, 《동방특급열차》(중심, 2003), 60~61쪽.

7) 최원기 · 정창현 지음, 《남북정상회담 600일》(김영사, 2000).

8) 〈연합뉴스〉 2000년 6월 14일자.

9) 콘스탄틴 풀리코프스키, 성종환 옮김, 《동방특급열차》(중심, 2003), 56쪽.

● **5장**

1) Moltz, James Clay · Mansourov, Alexandre Y. Ed, *The North Korean Nuclear Program: Security, Strategy, and New Perspectives from Russia*(New York: Routledge, 2000).

2) 같은 책.

3) 같은 책.

4) 시게무라 도시미츠, 신지호 옮김, 《북한은 무너지지 않는다》 (지식공작소, 1997), 73쪽.

5) 김대중, 《나의 길 나의 사상: 세계사의 대전환과 민족통일의 방략》 (한길사, 1994).

6) Albright, Madeleine, Madam Secretary(New York: Miramax Books, 2003).

7) 테드 게일런 카펜더 · 더그 밴도, 유종근 옮김, 《한국과 이혼하라: 미국 보수주의의 눈으로 본 한반도와 한미 동맹》 (창해, 2007), 135쪽.

8) 와다 하루키, 서동만 · 남기정 옮김, 《북조선: 유격대국가에서 정규군국가로》 (돌베개, 2002), 180~181쪽.

9) 강석승, 《북핵 판도라 X파일》 (동서문화사, 2008), 105쪽.

10) Oberdorfer, Don, *The Two Koreas: A Contemporary History*(U.S.: Basic Books, 2001).

11) 같은 책

12) 〈월간중앙〉 2007년 7월호.

13) Krieger, David, "Why Nations Go Nuclear", *Nuclear Age Peace Foundation*, November 2005.

● **6장**

1) 시게무라 도시미츠, 신지호 옮김, 《북한은 무너지지 않는다》 (지식공작소, 1997), 156쪽.

2) Suh, Dae-Sook, Chae-Jin, Lee eds., *North Korea after Kim Il Sung* (Boulder and London: Lynne Rienner Publishers, 1998), p. 90.

3) 나초스, 황재옥 옮김, 《북한의 기아: 기아, 정치 그리고 외교정책》 (서울: 다할미디어, 2003), 295쪽.

4) 김정일, "주체사상을 유지하고 혁명과 건설을 지켜나가는 데 대하여", 1997년 6월 19일 평양 연설.

5) 나초스, 황재옥 옮김, 《북한의 기아: 기아, 정치 그리고 외교정책》 (다할미디어, 2003), 295쪽.

6) 같은 책, 297쪽.

7) 같은 책, 296쪽.

8) 스즈키 마사유키, 유영구 옮김, 《김정일과 수령제 사회주의》 (중앙일보사, 1994).

9) 로스 테릴, 이춘근 역, 《새로운 제국》 (나남, 2005), 190쪽.

10) 같은 책, 191쪽.

11) 서진영, 《21세기 중국외교정책: '부강한 중국'과 한반도》 (폴리테이아, 2006), 143쪽.

12) Samuel S. Kim, "China and the Future of the Korean Peninsula", Akaha, Tsuneo Ed, *The Future of North Korea*(London: Routledge, 2002), p. 107.

13) 서진영, 《21세기 중국외교정책: '부강한 중국'과 한반도》 (폴리테이아, 2006) 23~24쪽.

14) 서규환 · 이완종, "사회주의와 민족문제: 소련의 민족정책을 중심으로", 〈슬

라브연구〉 23권 1호, 한국외국어대학교 외국학종합연구센터 러시아연구소,
2007.

15) 고재홍, "한반도 미래전투환경 재검토와 미래군사력 지향방향: 북한의 군사
쿠데타 가능성과 대응방안", 〈군사논단〉 55권, 한국군사학회, 2008.

16) 같은 글, 같은 곳.

17) 같은 글, 같은 곳.

18) 시게무라 도시미츠, 신지호 옮김, 《북한은 무너지지 않는다》 (지식공작소,
1997), 133쪽.

19) 같은 책, 134쪽.

20) Hwang, Jang-Yop, *Far Eastern Economic Review*, February 27, 1997,
p. 15.

21) Bajoria, Jayshree, "North Korea After Kim", www.washingtonpost.
com, September 25, 2008

22) 전봉근, "북한의 권력 변동 시나리오 연구: 김정일 '건강이상설' 이후", 외교
안보연구원, 2008년 10월 10일.

● 7장

1) Woodward, Bob, *Bush at War*(New York: Simon & Schuster, 2002).

2) Cumings, Bruce, *North Korea: Another Country*(New York: The New
Press, 2004).

3) mbn TV, 2004년 8월 25일.

4) 임수호, "실존적 억지와 협상을 통한 확산: 북한의 핵 정책과 위기조성 외교
1989~2006", 서울대학교 박사학위논문, 2007년도.

5) 박명림, 《한국 1950 전쟁과 평화》 (나남출판, 2002).

6) 〈중앙일보〉 2008년 7월 5일자.

7) 같은 매체, 같은 일자.

8) 같은 신문, 같은 일자.

9) 〈오마이뉴스〉 2003년 4월 25일자.

10) 〈연합뉴스〉 2003년 4월 11일자.

11) 브루스 커밍스, 남성욱 옮김, 《김정일 코드》 (따뜻한손, 2005), 210쪽.

12) 같은 책, 같은 곳.

13) 〈월간중앙〉 2007년 7월호.

14) 같은 책.

15) 같은 책.

16) 1994년 북미 제네바합의문.

17) 〈연합뉴스〉 2000년 10월 11일.

18) 같은 매체, 같은 일자.

19) 북미 공동 커뮤니케, 2000년 10월 12일.

20) 오동룡, "김계관, 뉴욕에서 核폐기 선언했다: 장성민 前 청와대 국정상황실
   장이 전하는 美北·남북접촉 막후비화", 〈월간조선〉 2007년 4월호.

21) 오동룡, 같은 글, 같은 곳.

22) 임동원, 《피스메이커: 남북관계와 북핵문제 20년》 (중앙Books, 2008), 62쪽.

23) 같은 책, 63쪽.

24) 〈연합뉴스〉 2001년 2월 22일.

25) 김대중, 뉴욕 월도프아스토리아호텔 코리아 소사이어티 초청 연설, 2007년
   9월 25일.

26) 브루스 커밍스, 남성욱 옮김, 《김정일 코드》 (따뜻한손, 2005).

27) 〈연합뉴스〉 2001년 3월 8일자.

28) 〈동아일보〉 2001년 3월 9일자.

29) 〈조선일보〉 2007년 7월 20일자.

30) 이용준,《북한 핵, 새로운 게임의 법칙》(조선일보사, 2004), 216쪽.

● 8장

1) 이종석,《북한-중국관계 1945-2000》(중심, 2000), 22쪽.

2) 김일성,《세기와 더불어 I》(평양: 조선로동당출판사, 2003).

3) 이종석,《북한-중국관계 1945-2000》(중심, 2000), 69쪽.

4) 백학순, "중국내전시 북한의 중국공산당을 위한 군사원조: 북한군의 파견 및 후방기지 제공", 〈한국과 국제정치〉 제10권 1호, 경남대학교 극동문제연구소, 1994.

5) 이종석,《북한-중국관계 1945-2000》(중심, 2000), 211~212쪽, 215쪽.

6) 박명림,《한국 1950 전쟁과 평화》(나남출판, 2002), 485쪽.

7) 브루스 커밍스, 남성욱 옮김,《김정일 코드》(따뜻한손, 2005), 183쪽.

8) 같은 책, 182쪽.

9) 같은 책, 149쪽.

10) 장 크리스토프 빅토르,《아틀라스 세계는 지금: 정치지리의 세계사》(책과함께, 2007), 129쪽.

11) US-China Business Council, 2007.

12) Ji, You, "China and North Korea: A fragile relationship of strategic convenience", *Journal of Contemporary China*, No. 28, 2001.

13) Moore, Gregory J., "How North Korea Threatens China's Interests: understanding Chinese "duplicity" on the North Korean nuclear issue", *International Relations of the Asia-Pacific*, Vol.8, 2008.

14) 김홍규 · 최명해, "양빈(楊斌) 사건과 북한 · 중국 관계", 〈한국정치학회보〉39권 1호, 한국정치학회, 2005.

● 9장

1) 〈朝日新聞〉, 1991년 1월 1일자.

2) 에릭 홉스봄, 이원기 옮김,《폭력의 시대》(민음사, 2008), 24~25쪽.

3) 와다 하루키, 이원덕 옮김,《동북아시아 공동의 집》(일조각, 2004), 116쪽.

4) 이보 H. 달더 · 제임스 M. 린제이, 이주영 옮김,《고삐 풀린 초강대국 미국: 부시의 외교정책》(예솜출판, 2005), 141쪽.

5) 〈세계일보〉 2006년 7월 26일자.

6) 조지프 S. 나이, 홍수원 옮김,《소프트파워》(세종연구원, 2008), 128쪽.

7) 같은 책, 78쪽.

8) Clinton, Hillary Rodham, "Security and Opportunity for the Twenty-first Century", *Foreign Affairs*, November/December 2007.

9) Clinton, Hillary Rodham, 같은 글, 같은 곳.

10) 테드 게일런 카펜더 · 더그 밴도, 유종근 옮김,《한국과 이혼하라: 미국 보수주의의 눈으로 본 한반도와 한미 동맹》(창해, 2007), 64쪽.

11) Haass, Richard, *The Opportunity*(Public Affairs, 2006), pp. 91~92.

12) 테드 게일런 카펜더 · 더그 밴도, 유종근 옮김,《한국과 이혼하라: 미국 보수주의의 눈으로 본 한반도와 한미 동맹》(창해, 2007), 67쪽.

● 맺음말

1) 최상용, "민주평화사상과 한국", 〈평화연구〉제7호, 1998, 276~277쪽.

● 논문 · 기고문

강성윤, "김정일 정권의 안정화 가능성과 북한체제의 변화전망",《아시아태평양지역연구》제1권 1호, 전남대학교 아시아태평양지역연구소, 1998.

고병철, "북한의 외교정책", 박한식 편,《북한의 실상과 전망》(동화연구소, 1991).

고유환, "동북아 안보협력과 한반도 평화체제 구축",《북한연구학회보》제7권 제2호, 북한연구학회, 2003.

고재홍, "한반도 미래전투환경 재검토와 미래군사력 지향방향: 북한의 군사쿠데타 가능성과 대응방안",《군사논단》55권, 한국군사학회, 2008.

곽태환, "국제 환경의 변화와 북한의 통일정책",《북한의 통일정책》(북한의인식 11) (을유문화사, 1989).

김경수, "김정일시대 이후 북한의 대외정책: 중국, 러시아와의 관계를 중심으로",《한국정치외교사논총》, 한국정치외교사학회, 2004.

김구섭, "한반도 평화협정 체결가능성과 한계",《1995 통일논총》, 민주평화통일

자문회의, 1996.

김근식, "김정일시대의 북한 경제정책 변화",《통일경제》2001년 12월호.

김성철·이상현, "미중일관계와 동북아질서",《세종정책총서》2003-2, 세종연구소, 2003.

김연수, "냉전의 종식과 북한의 안보전략변화: 북·미관계에의 함의",《북한연구학회보》제7권 1호, 북한연구학회, 2003.

김영윤, "금강산 관광 10년의 의미", 통일연구원, 2008년 11월 18일.

김영윤, "북한의 군사분계선(MDL) 통행 제한과 개성공단", 통일연구원, 2008년 11월 12일.

김예경, "중국의 부상과 북한의 대응전략: 편승전략과 동맹, 유화 그리고 현안별 지지정책",《국제정치논총》제47집 2호, 2007.

김용현, "한국전쟁 이후 중국인민지원군의 역할에 관한 연구",《북한연구학회보》제10권 제2호, 북한연구학회, 2006.

김일수, "북한의 대미정책과 핵협상: 김정일의 인식을 중심으로",《한국동북아논총》, 한국동북아학회, 2008.

김진현, "한국의 환경변화와 생존전략",《연세행정논총》15, 연세대학교행정대학원, 1990.

김학성·허문영·홍용표·박영호·박종철·제성호·김창수·신상진, "한반도 평화전략", 연구총서 2000-33, 통일연구원, 2000.

김흥규·최명해, "양빈(楊斌) 사건과 북한·중국 관계",《한국정치학회보》39권 1호, 한국정치학회, 2005.

류길재, "남북정상회담에 대한 평가", 남북정상회담 평가 학술회의, 한국정치학회, 2000.

문흥호, "중·미 관계와 한반도",《통일경제》통권 제85호, 현대경제연구원, 2005.

박관용, "한민족연합체통일방안",《민족지성》38권, 민족지성사, 1989.

박영호 · 박형중 · 조 민 · 황병덕 · 허문영, "정상회담 이후 남북한 평화공존의 제도화 추진 방안", 인문사회연구회 협동연구총서 2001-03, 통일연구원, 2001.

박인휘, "세계정치와 동북아 안보: 중 · 일 갈등을 통해 본 균형과 간극",《세계정치》제5집 1호, 서울대 국제문제연구소, 2006.

박철희, "군사동맹 변혁과 일본 방위정책의 재구조화: 자위대의 역할을 중심으로",《군사논단》49권, 2007.

박홍서, "탈냉전기 중미간 '협조체제'의 출현?: 9.19 공동성명 후 북핵문제에 대한 중미간 협력",《국제정치논총》제47집 3호, 2007.

백성호, "김일성 사후 북한 외교노선의 변화와 대외관계의 특징: 1995년부터 2004년까지〈로동신문〉의 사설분석을 중심으로",《국제정치논총》제45집 4호, 2005.

백승주, "선군정치하 북한군 역할과 위상 변화",《국방정책연구》2001년 겨울호.

백학순, "북 · 미 관계-미국측 시각" 통일전략포럼 보고서 23권, 경남대학교 극동문제연구소, 2001.

백학순, "중국내전시 북한의 중국공산당을 위한 군사원조-북한군의 파견 및 후방기지 제공",《한국과 국제정치》제10권 1호, 경남대 극동문제연구소, 1994.

서규환 · 이완종, "사회주의와 민족문제-소련의 민족정책을 중심으로",《슬라브연구》23권 1호, 한국외국어대학교 외국학종합연구센터 러시아연구소, 2007.

서보혁, "북한과 미국의 관계정상화에 관한 비교연구",《국제정치논총》제48집 2호, 2008.

서상현, "핵무기 폐기의 이론적 접근: 남아공 사례를 중심으로",《한국아프리카학회지》제26권 No.32, 한국아프리카학회, 2007.

성채기, "미-중, 미-베트남의 수교과정을 통해 본 북-미관계 정상화의 전개양상 및 전망",《국방정책연구》제45호, 1993.

소치형, "중국과 북핵",《중국연구》, 건국대 중국문제연구소, 2003.

소치형, "중국의 '東北工程'과 정치적 의도", 《중국연구》, 건국대 중국문제연구소, 2004.

소치형, "햇볕정책의 외적 제약 요인", 《세계지역연구논총》, 한국세계지역학회, 2002.

스티븐 W. 보스워스, "한·미관계: 현황 및 향후 전망", 학술연구보고서, 세계경제연구원, 2003년 2월.

안인해, "북·미관계개선과 중국의 동북아 외교정책", 《국제정치논총》 제34집 2호, 1994.

오동룡, "김계관, 뉴욕에서 핵폐기 선언했다: 장성민 전 청와대 국정상황실장이 전하는 미북·남북접촉 막후비화", 월간조선 2007년 4월호.

우승지, "남북관계 연구-검토와 과제", 《국제정치논총》 제46집 특별호, 2007.

월간 말 편집부, "김일성, 김정숙, 김정일을 말한다", 《월간 말》 1994년 9월호.

윤덕민, "한국의 안보정책: 새로운 장기적 패러다임을 찾아서", 《외교》 56, 한국외교협회, 2001.

윤재문, "북한 김정일 체제의 외교정책에 관한 연구-외교환경 변화와 그 대응전략을 중심으로", 《정치정보연구》, 한국정치정보학회, 2004.

이경호, "김대중 정부 시기 대북정책과 국가자율성에 관한 연구: 비판적 성찰과 대안의 모색", 《국제정치논총》 제47집 1호, 2007.

이교덕·이상원, "김정일 정권의 외교전략과 전망", 《평화연구》 12권 1호, 고려대학교 평화연구소, 2004.

이상우, "21세기의 도전과 한국의 대응", 《21세기의 세계질서:변혁시대의 적응논리》 (오름, 2003).

이신화, "한반도에서의 예방외교와 조기경보", 《국제관계연구》 제8권 제1호 통권 제15호, 고려대학교 一民국제관계연구원, 2003.

이주천, "김정일의 핵무장과 통일전략의 시나리오", 《한국논단》 2003년 7월호.

이채진, "미국의 한반도정책과 한미 동맹관계-안보환경 변화 따른 과도기적 상황", 《통일한국》, 평화문제연구소, 2005년 9월.

이홍표, "새로운 세계정세의 변화와 남북한관계의 개선방향: 등소평 시대의 한중관계 - 변화추이와 전망", 《국제정치논총》 30권 1호, 한국국제정치학회, 1990.

임수호, "실존적 억지와 협상을 통한 확산: 북한의 핵정책과 위기조성외교 1989-2006", 서울대학교 박사학위논문, 2007.

임재형, "김정일시대 북한의 외교정책결정 구조와 특징", 《북한연구》, 명지대 북한연구소, 2001.

임혁백, "미국의 동아시아 전략과 동북아 지역안보: 현황과 전망", 《국방연구》 47권 2호, 국방대학교 안보문제연구소, 2004.

장 훈, "한국의 민주화와 외교정책: 위임형 외교정책결정의 등장과 구조", 《한국과국제정치》 23권 4호, 경남대학교 극동문제연구소, 2007.

장노순, "약소국의 갈등적 편승외교정책: 북한의 통미봉남 정책", 《한국정치학회보》 33권 1호, 한국정치학회, 1999.

장성민, "미-중 '大밀월시대'의 북핵", 〈프레시안〉 2003년 12월 17일.

장성민, "중국, 과연 '믿을만한 중재자' 인가", 〈프레시안〉 2004년 12월 6일.

장성민, "탈냉전이후 미국의 대북한외교정책에 관한 연구: 핵문제를 중심으로", 서강대학교 석사학위논문, 1995.

전병곤, "중국의 북핵 문제 인식과 중북관계의 변화", 《중국학연구》, 중국학연구회, 2006.

전봉근, "북한의 권력 변동 시나리오 연구: 김정일 '건강이상설' 이후", 외교안보연구원, 2008년 10월 10일.

전재성, "한반도 평화체제", 《한국과 국제정치》 제22권 제1호 통권 제52호, 경남대학교출판부, 2006.

전현준, "북한의 '위기조성(crisis making)' 전술과 우리의 대응", 통일연구원, 2008년 11월 25일.

정성장, "김정일 이후 북한 권력 어디로 가나", 뉴스한국, 2008년 8월 4일자.

정세현, "기본합의서의 법적 성격과 정치적 의의", 《남북화해·협력시대, 우리의 좌표와 과제》, 통일연구원 학술회의총서, 1992.

정영태, "오바마 행정부 출범 이후 북한의 대미 '군사 및 핵외교' 전략", 통일연구원, 2008년 11월 24일.

정우곤, "김정일 정권의 국가발전전략: '강성대국'을 중심으로", 《한국과국제정치》 20권 4호, 경남대학교 극동문제연구소, 2004.

정종욱, "정상회담 이후 중국의 한반도 정책", 《동아시아연구논총》 제12집, 제주대학교 평화연구소, 2002.

조동호·이상근, "북한경제 중국예속론의 비판적 고찰", 《국제지역연구》 12권 3호, 한국외국어대학교 외국학종합연구센터, 2008.

조영남, "개혁기 중국 민족주의와 대외 관계: 기존 논의에 대한 비판적 검토" 《한국사회과학》 제24권 제1호, 서울대학교사회과학연구원, 2002.

조화성, "북한 최고통치자의 리더십과 외교전략: 대미협상을 중심으로", 고려대학교 박사학위논문, 2005.

진희관, "북한에서 '선군'의 등장과 선군사상이 갖는 함의에 관한 연구", 《국제정치논총》 제48집 1호, 2008.

차창훈, "전략적 경쟁자(strategic competitor) 혹은 이익공유자 (stakeholder): 미중 군사교류에 대한 일 고찰", 《국제정치논총》 제46집 2호, 2006.

최명해, "1960년대 북한의 대중국 동맹딜레마와 '계산된 모험주의'", 《국제정치논총》 제48집 3호, 2008.

최상용, "민주평화사상과 한국", 《평화연구》 제7호, 1998.

최진욱, "오바마 행정부의 출범과 북·미관계 전망", 통일연구원, 2008년 11월 5일.

토마스 C. 허바드, "9.11사태와 미국의 한반도 정책", 학술연구보고서, 세계경제연구원, 2002년 11월.

통일연구원, "한반도 평화회담의 과거와 현재", 학술회의총서 04-05, 통일연구원, 2004.

하동매, "북핵문제와 중국",《한국북방학회논집》13권, 한국북방학회, 2005.

함택영·리영희·홍관희·김재한·이 장·문정인·백운선·이서항·곽태환, "남북한 군비경쟁과 군축", 통일연구시리즈7, 경남대 극동문제연구소, 1992.

현인택, "미국의 선택, 북한의 선택: 충돌과 해결의 기로",《21세기의 세계질서: 변혁시대의 적응논리》(오름, 2003).

홍우택, "대북 삐라 살포의 정치적 함의와 우리의 정책 방향", 통일연구원, 2008년 11월 24일.

홍현익, "미국의 미사일방어체제와 한국의 대응", 세종정책연구 2004-06, 세종연구소, 2004.

황원탁, "정전협정 대체의 과제와 평화협정 수립의 요건",《외교》제77호, 한국외교협회, 2006.

Armitage, Richard L.·Nye Jr., Joseph S., "A Smarter, More Secure America", *Report of the CSIS Commission on Smart Power*, November 6, 2007.

Cha, Victor D., "Korea's Place in the Axis", *Foreign Affairs*, May/June 2002.

Clinton, Hillary Rodham, "Security and Opportunity for the Twenty-first Century", *Foreign Affairs*, November/December 2007.

Gregg, Donald P., "The Lasting Impact of the 2000 Pyongyang Summit", At the 6th anniversary of Kim Dae-jung's winning the 2000 Nobel Peace Prize, Dec 7, 2006.

Hill, Christopher R., "Status of the Six-Party Talks for the Denuclearization of the Korean Peninsula", Statement Before the Senate Foreign Relations Committee, February 6, 2008.

International Crisis Group, "China and North Korea: Comrades Forever?", *Asia Report* No.112, International Crisis Group, February 2006.

Ji, You, "China and North Korea: A fragile relationship of strategic convenience", *Journal of Contemporary China*, No. 28, 2001.

Kim, Samuel S., "North Korean Foreign Relations in the Post-Cold War World", April 2007.

Kleine-Ahlbrandt, Stephanie · Small, Andrew, "China's New Dictatorship Diplomacy- Is Beijing Parting With Pariahs?", *Foreign Affairs*, January/February 2008.

Krieger, David, "Why Nations Go Nuclear", *Nuclear Age Peace Foundation*, November 2005.

Laney, James T. · Shaplen, Jason T., "How to Deal With North Korea", *Foreign Affairs*, March/April 2003.

Moore, Gregory J., "How North Korea Threatens China's Interests: understanding Chinese "duplicity" on the North Korean nuclear issue", *International Relations of the Asia-Pacific* Vol.8, 2008.

Niksch, Larry A., "Korea-U.S. Relations: Issues for Congress", *CRS Report for Congress*, April 28, 2008.

Niksch, Larry A., "North Korea's Nuclear Weapons Program", *U.S. Congressional Research Service*, January 3, 2007.

Niou, Emerson · Feaver, Peter Douglas, "Managing Nuclear Proliferation: Condemn, Strike, or Assist", International Studies Quarterly, Summer, 1996.

Plunk, Daryl M., "Countering the North Korean Threat and Coping with its Crisis: An American Perspective", the 3rd Seoul Shinmun International Forum, September 26, 1997.

Plunk, Daryl M., "Sino-Soviet rivalry over the Korean peninsula and its regional implications: an American perspective", *Asian perspective*, Spring/Summer 1987.

Revere, Evans J. R., "A Road to Peace in the Korean Peninsula", ICAS Winter Symposium, February, 2005.

Rice, Condoleezza, "Rethinking the National Interest- American Realism for a New World", *Foreign Affairs*, July/August 2008.

Rice, Susan E., "We Need to Talk to North Korea", *Brookings Institution*, June 3, 2005.

Sagan, Scott D., "Why Do States Build Nuclear Weapons?- Three models in search of a bomb", *International Security*, Vol.21, No.3, Winter 1996/97.

Scobell, Andrew, "China and North Korea: From Comrades-in-Arms to Allies at Arm's Length", March 2004.

Scobell, Andrew, "Kim Jong Il and North Korea: The Leader and the System", March 2006.

Sherman, Wendy R., "Sunshine through Cloudy Skies: Peace and Security in Northeast Asia", *Asian Perspective*, Vol.26, No.3, 2002.

Snyder, Scott, "North Korea's Challenge of Regime Survival: Internal Problems and Implications for the Future", *Pacific Affairs* Vol.73, No.4, Special Issue: Korea in Flux, Winter, 2000-2001.

Stephens, Kathleen, Statement before the Senate Foreign Relations Committee, April 9, 2008.

"Strategic Leadership: Framework for a 21st Century National Security Strategy", Center for a New American Security, July 2008.

Vershbow, Alexander, "U.S.-Korean Relations: 2006 and Beyond",

Remarks to the Korean-American Association, January 4, 2006.

Wolfsthal, Jon B., "What They'll find in North Korea", Center for Strategic and International Studies, October, 2007.

● **단행본**

강석승,《북핵 판도라 X파일》(동서문화사, 2008).

강성학 편저,《동북아의 평화사상과 평화체제》(리북, 2004).

강성학 편저,《동아시아의 안보와 유엔체제》(집문당, 2003).

강종일,《고종의 대미외교- 갈등 · 기대 · 좌절》(일월서각, 2006).

강준만 · 김환표,《권력과 리더십4》(서울: 인물과사상사, 1999).

개번 맥코맥 지음 · 박성준 옮김,《범죄국가, 북한 그리고 미국》(이카루스미디어, 2006).

경남대 극동문제연구소 편,《위기의 세계와 한국》(나남, 1994).

구영록 외,《한국의 통일정책》(나남, 1993).

김 덕,《약소국 외교론》(탐구당, 1992).

김경원,《전환시대의 생존전략》(삶과꿈, 2005).

김대중,《나의 길 나의 사상:세계사의 대전환과 민족통일의 방략》(한길사, 1994).

김덕중,《미 · 중관계와 러시아》(태학사, 2002).

김병국,《국가 · 지역 · 국제체계- 변화와 연속성》(나남, 1995).

김성진,《독재자 리더십》(황소자리, 2007).

김숙련 · 김영림,《중국연변》(김영사, 2005).

김영윤,《북한경제개혁의 실태와 전망에 관한 연구》(통일연구원, 2006).

김영희,《마키아벨리의 충고》(생각의나무, 2003).

김용구,《영구 평화를 위한 외로운 산책자의 꿈- 루소와 국제정치》(도서출판 원, 2001).

김용구 · 하영선,《한국 외교사 연구》(나남, 1996).

김용호,《북한의 협상 스타일》(인하대학교 출판부, 2004).

김용호,《현대북한외교론》(오름, 1996).

김우상,《신한국책략- 동북아시아 국제관계》(나남, 2001).

김우상 · 김재한 · 김태현 · 박건영 · 백창재 · 신욱희 · 이호철 · 조기숙 편역,《국제관계론강의1, 2》(한울, 1998).

김정원,《한국외교발전론》(집문당, 1996).

김지용,《한 · 중 · 일 500년사》(도서출판 새로운 세상, 1999).

김태우 · 김재두,《미국의 핵전략 우리도 알아야 한다》(살림, 2003).

김태호 외,《중국외교연구의 새로운 영역》(나남, 2008).

김학준,《한국전쟁- 원인 · 과정 · 휴전 · 영향》(박영사, 1990).

김현식,《나는 21세기 이념의 유목민》(김영사, 2007).

김형국,《국제제도론- 정치와 법의 만남》(한울, 2008).

김호진,《대통령과 리더십》(청림출판, 2006).

나초스 지음 · 황재옥 옮김,《북한의 기아: 기아, 정치 그리고 외교정책》(다할미디어, 2003).

다케시다 히데시, 이혁재 옮김,《두려운 전략가 김정일》(다락원, 2001).

등 용, 임계순 옮김,《불멸의 지도자 등소평》(김영사, 2001).

라종일,《증언으로 본 한국전쟁》(서울: 예진, 1991).

로버트 코헤인 · 헬렌 밀러 엮음, 강태규 · 김기석 · 설규상 · 안승국 · 유호근 · 이상환 · 주미영 · 황영배 옮김,《국제화와 국내정치》(한울, 1999).

로버트 쿠퍼, 홍수원 옮김,《평화의 조건》(세종연구원, 2004).

로스 테릴, 이춘근 역,《새로운 제국》(나남, 2005).

루스 베네딕트, 이종인 옮김,《문화의 패턴》(연암서가, 2008).

리언 시걸, 구갑우 · 김갑식 · 윤여령 옮김,《미국은 협력하려 하지 않았다: 북한
　과 미국의 핵외교》(사회평론, 1999).

리처드 하스 외, 장성민 옮김,《9.11 테러이후 부시행정부의 한반도 정책》(김영
　사, 2002).

리처드 하스, 장성민 옮김,《미국 외교정책의 대반격》(김영사, 2005).

리처드 E. 뉴스타트, 이병석 옮김,《대통령과 권력》(도서출판 신사, 1992).

마빈 조니스 · 댄 레프코비츠 · 샘 윌킨, 김덕중 옮김,《빅맥이냐 김치냐: 글로벌
　기업의 현지화 전략》(지식의날개, 2006).

마이클 하워드, 김한경 옮김,《클라우제비츠》(문경출판, 1986).

민병천 편저,《북한의 대외관계》(문왕사, 1987).

박건영 · 박선원 · 박순성 · 서동만 · 이종석,《한반도 평화보고서》(한울, 2002).

박길용 · 김국후,《김일성 외교비사》(중앙일보사, 1994).

박명림,《한국 1950 전쟁과 평화》(나남, 2002).

박세일,《대한민국 선진화 전략》(21세기북스, 2006).

박재규,《북한이해의 길라잡이》(법문사, 2003).

박종철,《미국과 남북한-갈등과 협력의 삼각관계》(도서출판 오름, 2002).

박준영,《국제정치학》(박영사, 2003).

박준영,《북한정치론》(전영사, 2004).

박창근,《세계화와 한국의 대응》(백산자료원, 2003).

박태균,《우방과 제국, 한미관계의 두 신화》(창비, 2006).

박형중,《미국과 중국의 대북 핵정책 및 한반도 구상 및 한국의 정책공간》(통일
　연구원, 2005).

박호성,《남북한 민족주의 비교연구 - '한반도 민족주의'를 위하여》(당대, 1997).

방영철,《이제 벤처는 평양이다》(김영사, 2000).

백경남,《독일의 길 한국의 길》(한울, 1999).

백경남,《한반도 평화론》(한울아카데미, 2006).

브루스 커밍스, 남성욱 옮김, 《김정일 코드》(따뜻한손, 2005).

빅터 차, 김일영·문순보 옮김, 《적대적 제휴-한국, 미국, 일본의 삼각 안보체제》(문학과지성사, 2004).

서대숙, 서주석 옮김, 《북한의 지도자 김일성》(청계연구소, 1989).

서대숙, 《현대 북한의 지도자: 김일성과 김정일》(을유문화사, 2002).

서성교, 《하버드 리더십 노트: 하버드 케네디스쿨에서 제시하는 성공 리더의 조건》(원앤원북스, 2003).

서재진, 《세계체제이론으로 본 북한의 미래》(황금알, 2004).

서진영, 《21세기 중국외교정책: '부강한 중국' 과 한반도》(폴리테이아, 2006).

성혜랑, 《등나무집》(지식나라, 2001).

손광주 외, 《김정일 대해부》(시대정신, 2006).

송기도 외, 《권력과 리더십5》(인물과사상사, 2000).

송병기, 《한국, 미국과의 첫만남》(고즈윈, 2005).

송봉선, 《북한은 왜 멸망하지 않는가?》(학문사, 2007).

스즈키 마사유키, 유영구 옮김, 《김정일과 수령제 사회주의》(중앙일보사, 1994).

시게무라 도시미츠, 신지호 옮김, 《북한은 무너지지 않는다》(지식공작소, 1997).

신동아 편집부, 《김정일 북한대백과》, 동아일보사, 1995년 1월호 별책부록.

신일철, 《북한정치의 시네마폴리티카》(이지북, 2002).

심지연, 《남북한 통일방안의 전개와 수렴:1948-2001 자주화 국제화의 관점에서 본 통일방안 연구와 자료》(돌베개, 2001).

심지연·김일영 편, 《한미동맹 50년- 법적 쟁점과 미래의 전망》(백산서당, 2004).

아서 M. 슐레진저 2세, 정상준·황혜영 옮김, 《미국 역사의 순환》(을유문화사, 1993).

안드레이 란코프, 김광린 옮김, 《소련의 자료로 본 북한 현대정치사》 (오름, 1995).

안쏘니 기든스, 진덕규 옮김, 《민족국가와 폭력》 (삼지원, 1993).

안충영, 《현대 한국 · 동아시아 경제론》 (박영사, 2002).

알렉산드르 만소로프 · 제임스 클레이 몰츠 편, 박명서 · 정지웅 옮김, 《북한 핵 프로그램: 통일시대에 북한은 핵 보유국이 될 것인가?》 (사군자, 2000).

알바 뮈르달, 동서군축문제연구소 옮김, 《핵전쟁의 위협》 (동광출판사, 1984).

알버트 아인슈타인, 박상훈 옮김, 《나는 세상을 어떻게 보는가》 (한겨레, 1991).

앨빈 토플러 · 하이디 토플러, 김중웅 옮김, 《부의 미래》 (청림출판, 2007).

양문수, 《북한경제의 구조: 경제개발과 침체의 메커니즘》 (서울대학교출판부, 2001).

양성철, 《북한정치론》 (박영사, 1991).

양성철 · 강성학 공편, 《북한외교정책》 (서울프레스, 1995).

에드워드 사이드, 김성곤 · 정정호 옮김, 《문화와 제국주의》 (도서출판 창, 1995).

에릭 홉스봄, 이원기 옮김, 《폭력의 시대》 (민음사, 2008).

에이미 추아, 이순희 옮김, 《제국의 미래》 (비아북, 2008).

엘리아스 카네티, 심성완 옮김, 《군중과 권력》 (한길사, 1986).

연합뉴스 민족뉴스취재본부, 《김정일 100문 100답》 (연합뉴스, 2000).

오기평, 《21세기 미국패권과 국제질서》 (오름, 2000).

오기평, 《현대국제기구정치론》 (법문사, 1997).

올가 말리체바, 박정민 · 임을출 옮김, 《김정일과 왈츠를》 (한울, 2004).

와다 하루키, 서동만 · 남기정 옮김, 《북조선: 유격대국가에서 정규군국가로》 (돌베개, 2002).

와다 하루키, 이원덕 옮김, 《동북아시아 공동의 집》 (일조각, 2004).

우평균, 《소련붕괴와 현대러시아정치》 (도서출판 매봉, 2002).

워런 베니스, 서규환 옮김,《성공한 리더 실패한 리더십》(의암출판, 1997).

워렌 코헨, 하세봉 · 이수진 옮김,《미국은 동아시아를 어떻게 바라보는가》(문화디자인, 2003).

윌리엄 애플맨 윌리엄스, 박인숙 옮김,《미국 외교의 비극》(도서출판 늘함께, 1995).

유석열,《북한정책론》(법문사, 1988).

유호열,《북한의 사회주의 건설과 좌절》(생각의나무, 2004).

윤태영,《동북아 안보와 위기관리》(인간사랑, 2005).

이기택,《전환기의 국제정치이론과 한반도》(일신사, 1996).

이대근,《북한 군부는 왜 쿠데타를 하지 않나》(한울아카데미, 2003).

이보 H. 달더 · 제임스 M. 린제이, 이주영 옮김,《고삐 풀린 초강대국 미국-부시의 외교정책》(예솜출판, 2005).

이삼성 외,《한반도의 선택》(삼인, 2001).

이상옥,《전환기의 한국외교》(삶과 꿈, 2003).

이상우,《우리가 살아갈 21세기》(기파랑, 2007).

이상우 · 양호민 · 이태욱 · 양재천 · 백종천 · 이경숙 · 김학준,《북한 40년: '조선민주주의인민공화국'의 특성과 변천 과정》(을유문화사, 1990).

이수훈,《세계체제, 동북아, 한반도》(아르케, 2004).

후지타 쇼죠, 이순애 엮음, 이홍락 옮김,《전체주의의 시대경험》(창작과비평사, 1998).

이용준,《북한핵 새로운 게임의 법칙》(조선일보사, 2004).

이장희 외,《한반도안보관련 조약의 법적 재조명》(백산서당, 2004).

이종석,《북한-중국관계 1945-2000》(중심, 2000).

이종석, "북한 대남정책의 전개와 변화과정",《통일문제연구》가을호, 통일원, 1992.

이종원,《통일경제론》(해남, 1997).

이즈미 하지메, "김정일의 '자주외교'와 그 한계", 《김정일 체제의 북한: 정치 외
　　교 경제 사상》 (고대아연출판부, 2004).

이한영, 《김정일 로열패밀리》 (시대정신, 2004).

이항구, 《김정일과 그의 참모들》 (도서출판 신태양사, 1995).

이호재, 《21세기 통일한국의 이상론》 (화평사, 2003).

이호재, 《핵의 세계와 한국핵정책-국제정치에 있어서 핵의 역할》 (법문사,
　　1987).

이홍구, 《마르크시즘 100년- 사상과 흐름》 (문학과지성사, 1984).

이홍표, 《중국의 해양전략과 동아시아 안보》 (한국해양전략연구소, 2003).

임 은, 《북한 김일성 왕조 비사》 (한국양서, 1982).

임동원, 《피스메이커: 남북관계와 북핵문제 20년》 (중앙Books, 2008).

임수호, 《계획과 시장의 공존: 북한의 경제개혁과 체제변화 전망》 (삼성경제연
　　구소, 2008).

임현진, 《21세기 통일한국을 향한 모색》 (서울대학교출판부, 2005).

자크 아탈리, 양영란 옮김, 《미래의 물결》 (위즈덤하우스, 2007).

장 크리스토프 빅토르, 《아틀라스 세계는 지금- 정치지리의 세계사》 (책과함께,
　　2007).

장성민, 《전환기 한반도의 딜레마와 선택: 북핵, 한미관계, 그리고 정치개혁》
　　(나남출판, 2004).

재스퍼 베커, 김구섭·권영근 옮김, 《불량정권》 (기파랑, 2005).

정몽준, 《일본에 말한다》 (김영사, 2001).

정용석, 《미국의 대한정책 1845~1980》 (일조각, 1990).

정재호, 《중국의 강대국화》 (길, 2006).

정창현, 《곁에서 본 김정일》 (김영사, 2000).

정태익, 《러시아, 동북아시아 그리고 한국》 (연경문화사, 2006).

제임스 맥그리거 번스, 조중빈 옮김, 《역사를 바꾸는 리더십》 (지식의날개,

2006).

조성렬, 《한반도 평화 체제-한반도 비핵화와 북한 체제의 전망》 (푸른나무, 2007).

조지프 S. 나이, 홍수원 옮김, 《소프트파워》 (세종연구원, 2008).

조한범 엮음, 《해외자료로 본 북한체제의 형성과 발전 I》 (선인, 2006).

존 J. 미어세이머, 이춘근 옮김, 《강대국 국제정치의 비극》 (자유기업원·나남, 2004).

중앙일보 특별취재반, 《조선민주주의 인민공화국》 (중앙일보사, 1992).

진덕규, 《민주주의의 황혼》 (학문과 사상사, 2003).

최상용 외, 《민족주의, 평화, 중용》 (까치, 2007).

최상용, 《평화의 정치사상》 (나남, 1997).

최완규 엮음, 《북한의 국가성격 변용에 관한 연구: 예외국가의 공고화》 (한울, 2001).

최원기·정창현, 《남북정상회담 600일》 (김영사, 2000).

칼 번스타인, 조일준 옮김, 《힐러리의 삶》 (현문미디어, 2007).

칼 폴라니, 홍기빈 옮김, 《전 세계적 자본주의인가 지역적 계획경제인가》 (책세상, 2002).

콘돌리자 라이스 외, 장성민 옮김, 《부시행정부의 한반도리포트》 (김영사, 2001).

콘스탄틴 풀리코프스키, 성종환 옮김, 《동방특급열차》 (중심, 2003).

콜린 플린트, 한국지정학연구회 옮김, 《지정학이란 무엇인가》 (도서출판 길, 2007).

쿠엔틴 스키너 외, 강정인 편역, 《마키아벨리의 이해》 (문학과지성사, 1993).

크리스천 류스-스미트, 유나영 옮김, 《미국의 권력과 세계질서》 (울력, 2008).

칼 폰 클라우제비츠, 류제승 옮김, 《전쟁론》 (책세상, 1998).

테드 게일런 카펜더·더그 밴도, 유종근 옮김, 《한국과 이혼하라: 미국 보수주의의 눈으로 본 한반도와 한미 동맹》(창해, 2007).

프란체스코 알베로니, 홍재완 옮김,《지도자의 조건》(교양인, 2007).

하버드 대학교 케네디스쿨 편, 서재경 옮김,《한반도, 운명에 관한 보고서》(김영
   사, 1998).

하영선,《한반도 군비경쟁의 재인식– 전쟁에서 평화로》(인간사랑, 1988).

하영선,《한반도의 핵무기와 세계질서》(나남, 1991).

하영선 · 김봉진 · 조성환 · 신욱희 · 이태환 · 양기웅,《국제화와 세계화: 한국 ·
   중국 · 일본》(집문당, 2000).

한국정치학회,《남북한의 최고지도자》(백산서당, 2001).

한국통일포럼 편,《한반도 평화프로세스》(건국대학교출판부, 2005).

한승조 편저,《리더쉽 이론과 한국정치》(민족지성사, 1988).

한승주,《남과 북 그리고 세계》(나남, 2000).

한승주,《세계화시대의 한국 외교》(지식산업사, 1995).

한용섭 엮음,《자주냐 동맹이냐–21세기 한국 안보외교의 진로》(오름, 2004).

한용섭.《한반도 평화와 군비통제》(박영사, 2005).

허버트 스타인, 권혁승 옮김,《대통령의 경제학》(김영사, 1999).

헨리 A. 키신저, 이춘근 옮김,《핵무기와 외교정책》(청아출판사, 1980).

헬렌–루이즈 헌터, 남성욱 · 김은영 옮김,《CIA 북한보고서》(도서출판 한송,
   2001).

헬무트 슈미트, 나누리 옮김,《미래의 권력》(갑인공방, 2005).

헬무트 슈미트,《독일통일의 노정에서: 결산과 전망》(시와 진실, 2007).

현대경제연구원,《허브한반도》(거름, 2003).

S.E. 화이너 지음, 김영수 옮김,《현대정치와 군부: 군부 정치의 비교정치학적 분
   석》(현암사, 1989).

황병무,《전쟁과 평화의 이해》(오름, 2001).

황장엽,《나는 역사의 진리를 보았다》(한울, 1999).

《황장엽 비밀파일》월간조선 1997년 4월호 별책부록.

후나바시 요이치, 오영환 외 옮김, 《김정일 최후의 도박》(중앙일보시사미디어, 2007).

후지모토 겐지, 신현호 옮김, 《김정일의 요리사》(월간조선사, 2003).

히야마 요시아키, 류유정 옮김, 《북핵이 서울을 노리고 있다》(동아출판사, 1994).

Akaha, Tsuneo Ed., *The Future of North Korea*(London: Routledge, 2002).

Albright, Madeleine, *Madam Secretary*(New York: Miramax Books, 2003).

Aron, Raymond, *Peace and War: A Theory of International Relations*(New York:Praeger, 1966).

Art, Robert J. · Jervis, Robert, *International Politics-Enduring Concepts and Contemporary Issues*(New York: Harper Collins Publishers, 1992).

Bandow, Doug, *Tripwire: Korea and U.S. Foreign Policy in a Changed World*(Washington D.C.: The Cato Institute, 1996).

Betts, Richard K, *Conflict After the Cold War: Arguments on Causes of War and Peace*(New York:Macmillan Publishing, 1994).

Breen, Michael, *Kim Jong-Il: North Korea's Dear Leader*(Singapore: John Wiley & Sons(Asia) Pte Ltd, 2004).

Brzezinski, Zbigniew, *Second Chance*(New York: Basic Books, 2007).

Brzezinski, Zbigniew, *The Choice: Global Domination or Global Leadership*(New York: Basic Books, 2004).

Bush, George · Scowcroft, Brent, *A World Transformed*(New York: Alfred A. Knopf, 1998).

Bush, Richard C. · Michael E. O'Hanlon, *A War Like No Other: The Truth About China's Challenge to America*(Wiley, 2007).

Caldicott, Helen, *The New Nuclear Danger- George W. Bush's Military-Industrial Complex*(New York: The New Press, 2002).

Campbell, Kurt M. · Einhorn, Robert J. · Reiss, Mitchell B., *The Nuclear Tipping Point: Why States Reconsider Their Nuclear Choices*(Brookings Institution Press, 2004).

Cha, Victor D. · Kang, David C., *Nuclear North Korea: A Debate on Engagement Strategies*(Columbia University Press, 2005).

Chinoy, Mike, *Meltdown: The Inside Story of the North Korean Nuclear Crisis*(New York: St. Martin's Press, 2008).

Clarfield, Gerard H. & Wiecek, William M., *Nuclear America: Military and Civilian Nuclear Power in the United States, 1940-1980*(New York: Harper & Row, 1984).

Clinton, Bill, *My Life*(New York: Knopf, 2004).

Cohen, Avner · Lee, Steven Ed., *Nuclear Weapons and the Future of Humanity*(New Jersey: Rowman & Allanheld Publishers, 1986).

Cumings, Bruce, *The Origins of the Korean War*(Princeton: Princeton University Press, 1981).

Cumings, Bruce · Abrahamian, Ervand · Ma'oz, Moshe, *Inventing the Axis of Evil: The Truth About North Korea, Iran, and Syria*(New York: The New Press, 2004).

Cumings, Bruce, *North Korea: Another Country*(New York: The New Press, 2004).

Downs, Chuck, *Over the Line- North Korea's Negotiating Strategy*(Washington D.C.: The AEI Press: 1999).

Eberstadt, Nicholas, *The End of North Korea*(Washington, D.C.: The AEI Press, 1999).

Feffer, John, *North Korea South Korea- US Policy At a Time of Crisis*(New York: Seven Stories Press, 2003).

Feng, Huiyun, *Chinese Strategic Culture and Foreign Policy Decision-Making: Confucianism, Leadership and War*(New York: Routledge, 2007).

Freedman, Lawrence, *The Evolution of Nuclear Strategy*(New York: St. Martin's Press, 1981).

Fromkin, David, *A Peace to End All Peace: The Fall of the Ottoman Empire and the Creation of the Modern Middle East*(New York: Holt Paperbacks, 2001).

Funabashi, Yoichi, *The Peninsula Question: A Chronicle of the Second Korean Nuclear Crisis*(Brookings Institution Press, 2007).

Gaddis, John Lewis, *We Now Know: Rethinking Cold War History* (Oxford: Oxford University Press, 1997).

Gallucci, Robert L. · Steinberg, David I., *Korean Attitudes Toward the United States: Changing Dynamics* (M.E. Sharpe, 2005).

Gill, Bates, Rising Star: China's New Security Diplomacy(Washington, D.C.: Brookings Institution Press, 2007).

Gilpin, Rrobert, *War & Change in World Politics*(New York: Cambridge University Press, 1981).

Haass, Richard, *The Opportunity*(Public Affairs, 2006).

Hagstrom, Linus · Soderberg, Marie, *North Korea Policy: Japan and the Great Powers*(New York: Routledge, 2006).

Halberstam, David, *War In a Time of Peace*(New York: Touchstone, 2002).

Hao, Yufan · Su, Lim, *China's Foreign Policy Making: Societal Force and*

Chinese American Policy(England: Ashgate, 2005).

Harrison, Selig S., Korean Endgame: A Strategy for Reunification and U.S. *Disengagement*(Princeton: Princeton University Press, 2002).

Hedges, Chris, War is a Force That Gives Us Meaning(New York:Anchor Books, 2003).

Kang, Chol-Hwan · Rigoulot, Pierre, *Aquariums of Pyongyang: Ten Years in the North Korean Gulag*(New York: Basic Books, 2001).

Kennan, George F., *The Nuclear Delusion: Soviet-American Relations in the Atomic Age*(New York: Pantheon Books, 1983).

Kihl, Young Whan · Hayes, Peter · Scalapino, Robert A. Ed., *Peace and Security in Northeast Asia: The Nuclear Issue and the Koren Peninsula* (M.E. Sharpe, 1997).

Kim, Byung-Kook · Jones, Anthony, Ed, *Power and Security in Northeast Asia: Shifting Strategies*(Colorado: Lynne Rienner Publishers, 2007).

Kim, Samuel S. ed., *The North Korean System in the Post-Cold War Era*(New York: Palgrave, 2001).

Kirk, Donald, *Korean Crisis : Unraveling of the Miracle in the IMF*(New York: Palgrave, 2001).

Kirk, Donald · Choe, Sang-Hun, *Korea Witness*(Seoul: EunHaeng NaMu, 2006).

Kissinger, Henry, *Does America Need a Foreign Policy?: Toward a Diplomacy for the 21st Century*(New York: Simon & Schuster, 2001).

Kwak, Tae-Hwan · Joo, Seung-Ho, *The United States and the Korean Peninsula in the 21st Century*(England: Ashgate 2006).

Lee Chae-Jin, *A Troubled Peace: U.S. Policy and the Two Koreas* (Baltimore: The Johns Hopkins University Press, 2006).

Lee, Chong-Sik, *Japan and Korea: The Political Dimension*(Stanford: Hoover Institution Press, 1985).

Leebaert, Derek, The Fifty-Year Wound: The True Price of America's *Cold War Victory*(New York: Little, Brown and Company, 2002).

Liang, Zhang(Compiler) · Nathan, Andrew J. · Link, E. Perry(Editor), *The Tiananmen Papers*(New York: Public Affairs, 2001).

Margolis, Eric S., *War at the Top of the World*(New York: Routledge, 2000).

Mazarr, Michael J., *North Korea and the Bomb*(Hampshire: Macmillan Press, 1995).

Mearsheimer, John J., *The Tragedy of Great Power Politics*(New York: W.W. Norton & Company, 2001).

Moltz, James Clay · Mansourov, Alexandre Y. Ed., *The North Korean Nuclear Program: Security, Strategy, and New Perspectives from Russia*(New York: Routledge, 2000).

Moon, Chung-In · Okonogi, Masao · Reiss, Mmitchell B., *The Perry Report, the Missile Quagmire, and the North Korean Question— the Quest of New Alternatives*(Seoul: Yonsei University Press, 2000).

Mueller, John Ed., *Peace, Prosperity and Politics*(Colorado: Westview Press, 2001).

Nixon, Richard, *Beyond Peace*(New York: Random House, 1994).

Noland, Marcus, *Avoiding the Apocalypse: the Future of the Two Koreas* (Washington, D.C.:Institute for International Economics, 2000).

Noland, Marcus, *Korea after Kim Jong-il*(Washington, D.C.: Institute for International Economics, 2004).

Nye Jr., Joseph S., *Soft Power: The Means To Success In World Politics*

(Public Affairs, 2004).

Oberdorfer, Don, *The Two Koreas: A Contemporary History*(U.S.: Basic Books, 2001).

Oh, Kongdan & Hassig, Ralph C., *North Korea: Through the Looking Glass*(Washington, D.C.: Brookings Institution Press, 2000).

O'Hanlon, Michael & Mochizuki, Mike, *Crisis on the Korean Peninsula* (New York: McGraw-Hill, 2003).

Ong, Russell, *China's Security Interests in the 21st Century*(New York: Routledge, 2007).

Palmer, Mark, *Breaking the Real Axis of Evil: How to Oust the World's Last Dictators by 2025*(Lanham: Rowman & Littlefield Publishers,Inc., 2003).

Powell, Colin, *My American Journey*(New York: Random House, 1995).

Pritchard, Charles L., *Failed Diplomacy – The Tragic Story of How North Korea Got the Bomb*(Brookings Institution Press, 2007).

Roehrig, Terence · Seo, Jungmin · Heo, Uk. Ed., *Korean Security in a Changing East Asia*(Westport: Praeger Security International, 2007).

Ross, Robert S. ed., *After the Cold War*(New York: East Gate Book, 1998).

Rozman, Gilbert, *Strategic Thinking about the Korean Nuclear Crisis*(New York: Palgrave, 2007).

Shin, Gi-Wook · Yun, Philip ed., *North Korea: 2005 and Beyond* (Shorenstein APARC, Brookings Institution Press, 2006).

Shin, Inseok, *The Korean Crisis: Before and After*(Seoul: Korea Development, 2000).

Sigal, Leon V., *Disarming Strangers: Nuclear Diplomacy with North

Korea (Princeton: Princeton University Press, 1998).

Somerville, John, *The Philosophy of Peace*(New York: Liberty Press, 1954).

Stoessinger, John G., *Why Nations Go to War*(New York: St. Martin's Press, 1985).

Suh, Dae-Sook · Chae-Jin Lee, eds., *North Korea after Kim Il Sung* (Boulder and London: Lynne Rienner Publishers, 1998).

Sutter, Robert G., *China's Rise in Asia: Promises and Perils*(Lanham: Rowman & Littlefield, 2005).

Tanter, Raymond, *Rogue Regimes : Terrorism and Proliferation*(New York: St. Martins Press, 1999).

Tow, William T. · Thomson, Mark J. · Yamamoto, Yoshinobu · Limaye, Satu P., *Asia-Pacific Security: US, Australia and Japan and the New Security Triangle*(New York:Routledge, 2007).

Tuck, Richard, *The Rights of War and Peace*(Oxford: Oxford University Press, 2001).

Wickman, Jr., John A., *Korea on the Brink: A Memoir of Political Intrigue and Military Crisis*(Washington, D.C.: Brassey's, 2000).

Wit, Joel S. Poneman, Daniel B. · Gallucci, Robert L., *Going Critical: The First North Korean Nuclear Crisis*(Washington, D.C.:Brookings Institution Press, 2004).

Woodward, Bob, *Bush at War*(New York: Simon & Schuster, 2002).

Woodward, Bob, *State of Denial*(New York: Simon & Schuster, 2007).

Woodward, Bob, *The War Within: A Secret White House History 2006–2008*(New York: Simon & Schuster, 2008).

● **북한자료**

김일성, "사상사업에서 교조주의와 형식주의를 퇴치하고 주체를 확립할 데 대하여", 《김일성 저작선집》 제9권 (평양: 조선노동당출판사, 1980).

김정일, "당 사상사업을 더욱 개선강화할 데 대하여", 《김정일 선집》 제17권 (평양: 조선노동당출판사, 1996).

《김일성 저작선집》 제1권 (평양: 조선노동당출판사, 1967).

《김일성 저작선집》 제4권 (평양: 조선노동당출판사, 1970).

김일성, 《김일성 혁명역사》 제3권 (평양: 조선노동당출판사, 1992).

김일성, 《세기와 더불어 I》 (평양: 조선로동당출판사, 2003).

김정일, 《주체철학 이해에서 제기되는 몇 가지 문제에 대하여》 (평양: 조선노동당출판사, 1974).

김정일, 《주체사상에 대하여》 (평양: 조선노동당출판사, 1983).

Kim Jong Il: Short Biography (Pyongyang: Foreign Languages Publishing House, 2001).

● **온라인자료**

경남대 극동문제연구소 ifes.kyungnam.ac.kr

고려대학교 평화연구소 www.peacekorea.or.kr

국가안보전략연구소 www.inss.re.kr

대외경제정책연구원 www.kiep.go.kr

삼성경제연구소 www.seri.org

세종연구소 www.sejong.org

외교안보연구원 www.ifans.go.kr

통일부 www.unikorea.go.kr

통일연구원 www.kinu.or.kr

KDI 한국개발연구원 www.kdi.re.kr

KOTRA www.kotra.or.kr

미국 국무부 www.state.gov

국제전략문제연구소 www.csis.org

랜드연구소 www.rand.org

브루킹스연구소 www.brookings.org

우드로윌슨센터 www.wilsoncenter.org

카네기 국제평화재단 www.carnegieendowment.org

헤리티지재단 www.heritage.org

조선일보 통한문제연구소 nk.chosun.com

유용원의 군사세계 bemil.chosun.com

〈경향신문〉

〈데일리NK〉 www.dailynk.com

〈조선일보〉 동아시아칼럼

〈매일경제〉

〈서울신문〉

〈세계일보〉

〈연합뉴스〉

〈중앙일보〉

〈프레시안〉

〈한겨레신문〉

〈한국일보〉

〈오마이뉴스〉

《신동아》

《월간조선》

《월간중앙》

Korea Herald, The

Korea Times, The

Asia Times, The

China Daily, The

Economist, The

Financial Times, The

International Herald Tribune, The

Japan Times, The

Los Angeles Times, The

Mainichi Shimbun, The

New York Times, The

Newsweek

TIME

Wall Street Journal, The

Washington Post, The